Spanish

2

¡nuevos amigos!

Third Edition

bju press®

Greenville, South Carolina

SPANISH 2: ¡NUEVOS AMIGOS!
Third Edition

Coordinating Writer Andrew Wolfe, MDiv	**Academic Oversight** Jeff Heath, EdD	**Cover Illustrator** Cynthia Long
Writer Antonio Moyano, MA	**Editors** Dennis Cone, MA Heather Lonaberger, MA	**Page Layout** Lydia Thompson Carrie Walker
Consultants Amos Kasperek, PhD L. Michelle Rosier	**Project Coordinator** Kyla J. Smith	**Illustrators** Margaret Barbi Manny Juah
Biblical Worldview Bryan Smith, PhD Tyler Trometer, MDiv	**Designers** Ciara Chafin Briseydi Velasco Rouse	**Permissions** Ashleigh Schieber Elizabeth Walker

Additional text acknowledgments appear on page 435.

Photo credits appear on pages 437–39.

Texto bíblico: *Reina-Valera* 1960® © Sociedades Bíblicas en América Latina,1960.

Renovado © Sociedades Bíblicas Unidas, 1988. Utilizado con permiso.

Reina-Valera 1960® es una marca registrada de las Sociedades Bíblicas Unidas y puede ser usada solo bajo licencia.

Contents

The items in blue under each main heading list the contextualized vocabulary or grammatical topics within that section.

Cuauhtémoc (Temo) Chávez is a sixteen-year-old from **Mexico City**. He is Lupita's cousin. He knows how to get around Mexico City and enjoys visiting the anthropological museum.

Guadalupe (Lupita) Chávez is from **Mexico City**. Lupita is seventeen years old and in her last year of preparatory school. Lupita wants to learn how computer programs can be written to better support field research.

Itzel Rodríguez is a sixteen-year-old from **San Marcos, Guatemala**. She is friendly and knows everyone in town. She is multi-lingual and wants to become an English teacher someday. Itzel is learning a Mayan language. Her chihuahua, Chuchis, loves to be with her.

Juan Pérez is a sixteen-year-old from **Tapachula, Mexico**, a city near the Guatemalan border. His father's family is from Mexico, but his mother's family is from Guatemala. He enjoys astronomy and being outdoors when not helping at his father's pharmacy.

María Villegas is a fifteen-year-old from **Cusco, Peru**. She attends the same school Luis de la Vega does. She is naturally curious, which sometimes gets her into some interesting situations. She has visited Machu Picchu several times and is an avid archaeology student.

Luis de la Vega is a sixteen-year-old from **Cusco, Peru,** who is of both Inca and Spanish heritage. He knows a lot about his family's history but does not normally share unless asked. He enjoys reading and playing his charango. He would like to visit Spain someday to see where his ancestor was buried.

Pilar (Pili) Díaz is a fifteen-year-old from **Segovia, Spain**. She enjoys giving visitors tours of the aqueduct in Segovia and answering questions about Spain. Pili and Edu attend the same youth group.

Eduardo (Edu) López is a seventeen-year-old from **Segovia, Spain**. Eduardo has been wanting to visit certain cities in southern Spain to learn more about their history. He has found Pilar to be a careful reporter who is a natural at presenting what they have learned in writing or on video.

SPANISH 2: ¡NUEVOS AMIGOS!

You will learn about the lives of each of these students in SPANISH 2: ¡NUEVOS AMIGOS! In each unit the storyline involves a different region of the Spanish-speaking world. All these students are connected by Iztel's blog, *Arqueología sin Fronteras*. They all contribute at her request by investigating their own country's past and sharing what they find. You will be able to read their blog entries in each chapter. They (and you) will learn to appreciate things that create a common bond to make their long-distance friendship possible.

Las palabras interrogativas básicas

¿Qué?	What?
¿Por qué?	Why?
¿Cuándo?	When?
¿Dónde?	Where?
¿Cómo?	How?
¿Quién(es)?	Who?
¿Cuántos/as?	How many?

Los verbos *ser* y *estar*

pronombre	ser (*to be*) (characteristics)	estar (*to be*) (condition/location)
yo	soy	estoy
tú	eres	estás
él, ella, usted	es	está
nosotros, nosotras	somos	estamos
vosotros, vosotras	sois	estáis
ellos, ellas, ustedes	son	están

Actividad A: Preguntas de comprensión

Read the character introductions on pages x–xi, then choose the best answer for each question.

1. ¿Quién es de Mexico?

   A. Temo es de México.

   B. Lupita, Temo y Juan son de Mexico.

2. ¿Dónde vive Iztel?

   A. Vive en San Marcos, Guatemala.

   B. Vive en San Marcos, México.

3. ¿Cuántos años tiene Pili Díaz?

   A. Tiene quince años.

   B. Tiene dieciséis años.

4. ¿Cómo se llama el perro de Iztel?

   A. Se llama Chihuahua.

   B. Se llama Chuchis.

5. ¿Cómo es María Villegas?

   A. Es un poquito tímida.

   B. Es bastante curiosa.

6. ¿Cuántos estudiantes están en el grupo de *Arqueología sin Fronteras*?

   A. Hay ocho estudiantes.

   B. Hay seis estudiantes.

INTRODUCTION

As you begin *SPANISH 2: ¡NUEVOS AMIGOS!*, there are a few things to remember about language learning. First, you can do this! Learning a language takes time, but think of the things you can do already in Spanish. Give yourself time to think, understand, and speak. Eventually sentences will start to connect.

You are taking the next step toward becoming proficient in Spanish at the intermediate level. This year you will learn how to get around when you travel abroad. You will also become more effective at communicating, which is an important skill in life. In addition, you will analyze and evaluate past and present aspects of cultures in Spanish-speaking countries from a biblical worldview. This will help you become more competent as you interact with people from different backgrounds and as you share the gospel. You will also notice how knowing a second language can help you in other areas of academics and expand your capacity for understanding new concepts.

Why is it necessary to learn a foreign language? Why are there so many languages in the world today? The Word of God records that languages came about as a result of man's rebellion against God's command to fill the earth. God confused man's language at the tower of Babel. Some modern linguists reject the biblical account in Genesis 11 as mere religious fiction. Yet they cannot provide an adequate answer as to why various languages began to appear in the world about four thousand five hundred years ago.

Not only did God confuse people's speech at Babel, but He has also shown us that languages are not an impediment for His accomplishing His ultimate purposes. At Pentecost (Acts 2) the apostles, endued with the Holy Spirit, had the miraculous ability to communicate God's truth to those who had come to Jerusalem from different nations and people groups. It was a remarkable demonstration to all who heard of what God's coming kingdom would be like. God would "have all men to be saved, and to come unto the knowledge of the truth" (1 Timothy 2:4). God's commanding us to go into all the nations to preach the gospel implies that He expects us to use our minds to acquire languages to further His redemptive work. When the history of redemption culminates in heaven around God's throne, the Lamb of God will be praised for ransoming people for God from "every kindred, and tongue [language], and people, and nation" (Revelation 5:9). We encourage you to use the power of language for the gospel and for God's glory. These are the greatest reasons for learning another language.

Proficiency in Spanish

The BJU Press ¡Nuevos Amigos! series was created to help students communicate in Spanish—not just know things about Spanish. Some of the primary discussions in language learning today are about what it means to know a language and how we learn languages. This starting point was what determined the approach in ¡Nuevos Amigos!

Teachers, students, and researchers have tried to find the best way to teach and learn foreign languages. The human brain was designed to acquire and produce language. The book of Genesis tells us that as soon as God breathed life into Adam, he was able to speak and understand God's instructions. He was also able to name all the animals. Adam never went through the process of learning to speak. That is because God made man in His own image, and that image included the ability to communicate.

The current consensus is that becoming proficient in a language starts with a process by which the learner is exposed to the sounds, words, and sentence patterns of a language. Then, the brain does what it was designed to do—acquire that language. So *proficiency* is the key term when it comes to learning Spanish or any other language.

As you progress through the chapters, you will start learning Spanish one piece at a time. As the things you learn become familiar and you use them in conversations, they will become second nature to you. Becoming proficient is a growing process, not an act of memorizing a few sentences and passing a test. Remember that the goal is to communicate in Spanish.

Scientists have been studying the way our brains learn languages and have used that knowledge to develop concepts and methods that use our natural ability to get better results in our learning process. As Christians, we welcome such knowledge and methods that help us develop our gifts for the Lord.

Standards-based learning

Standards-based learning is widely used in language learning. It focuses on what a student can do with the language—grammar and vocabulary simply help us do it. Language is learned one piece at a time, as a house is built brick by brick. At every level, you learn specific tasks appropriate for that level. For example, at one level you learn how to greet someone or describe someone's physical appearance. Once you can greet or describe someone confidently in spontaneous conversation, you have become proficient in greeting or describing in Spanish.

The language proficiency continuum

The American Council for the Teaching of Foreign Languages (ACTFL) has identified five major levels of proficiency: novice, intermediate, advanced, superior, and distinguished. The entire continuum develops the use of the language through three modes of communication: interpersonal (conversing with another person), interpretive (understanding what you hear or read), and presentational (being able to express your ideas through speaking or writing).

SPANISH 1: ¡NUEVOS AMIGOS! targeted proficiency at the novice level. SPANISH 2: ¡NUEVOS AMIGOS! will help you become proficient at the intermediate level. Proficiency is the ultimate goal at every level.

proficiency continuum		
novice	intermediate	advanced/superior/distinguished
SPANISH 1: ¡NUEVOS AMIGOS!	SPANISH 2: ¡NUEVOS AMIGOS!	

Actividad B: Preguntas de discusión

Discuss the following with a classmate:

1. How long do you think it will be before you can start using Spanish?

2. Can learning another language help enrich your life? How?

3. Why can Christians use the knowledge and methods of the scientific community in language learning?

4. What is the focus of standards-based learning?

5. What is the real goal of learning a language?

Strategies for using *Spanish 2: ¡Nuevos Amigos!*

The following are tips to help you get the most benefit from the features in this book:

- **Objectivos comunicativos**: Each chapter opens with a list of language and cultural objectives explaining what you will be able to do by the end of the chapter. At the end of each chapter you can rate your abilities with the *Autoprueba* rubric. You will see yourself progress throughout the year and learn how to set your own goals in language learning.

- **Nota de lengua / Más informacíon**: These notes provide additional information for language concepts you will use to complete activities and grow in your understanding of the Spanish language.

- **Nota de léxico:** These notes offer insight into individual words or cognates.

- **Nota cultural:** These notes provide additional background information.

- **Resumen gramatical**: Each chapter concludes with a two-page summary of the grammar concepts and vocabulary presented in the chapter. The more you practice the concepts in conversation, the sooner they will become second nature to you.

- **Vocabulario**: Knowing vocabulary words allows you to quickly understand and create in any language. Make flashcards of the words from each chapter and review them regularly. The relevant vocabulary from each chapter appears at the back of the textbook.

- **Audio**: This icon 🔊 indicates a listening activity that you will complete using an audio file. All audio files are available at AfterSchoolHelp.com.

More strategies for language learning

Immerse yourself in authentic Spanish. Use a Spanish Bible at church to follow along as Scripture is read aloud in English. Check out Spanish children's books from a library. Use Spanish subtitles when you watch a familiar movie. Look for ways to interact with native speakers in your community. Listen to the news or podcasts in Spanish. The more you expose yourself to real-life Spanish, the more you will understand it and be able to produce it.

Focus on meaning. Remember to focus on the meaning of sentences. When a word has multiple forms, think about how those forms change the meaning of that sentence.

Take risks. Everyone makes mistakes when learning a language. Don't let your fear of making mistakes keep you from trying to use Spanish. Instead, turn your errors into learning points. The more you try to communicate in Spanish, the more you will learn from your mistakes.

Relax and have fun. Learning a language should be a fun part of your education. Enjoy the experience! Look at where you are now and what you will be able to do.

Show Christlike love. You may not feel that you know enough to be able to speak with native speakers you meet, but when you have the opportunity, start a conversation! The fact that you have tried to learn their language goes a long way toward showing people that you care about them. Pray that God will give you opportunities to show the love of Christ to Hispanics wherever you are for His glory!

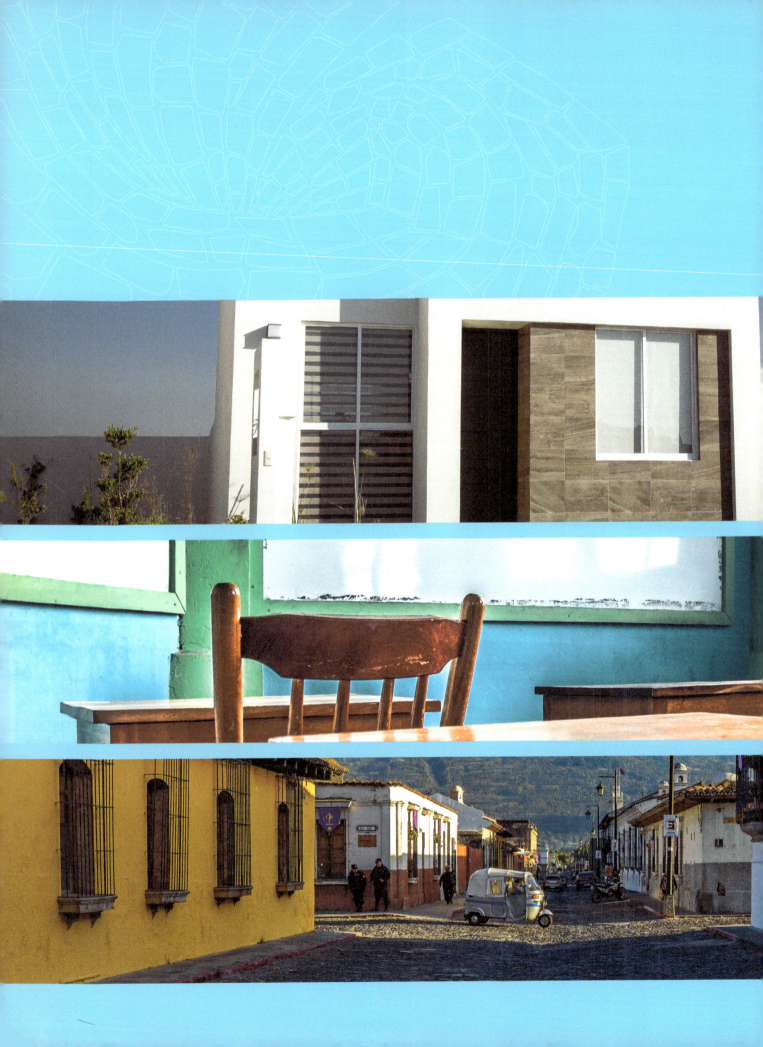

Mis vecinos nuevos

In this chapter you will meet Itzel, a student who lives in San Marcos, Guatemala. One day as she is looking out the window, she sees a family moving into the house next door. The new family is from Tapachula in southern Mexico, just two hours away from San Marcos. Itzel's family goes out to meet the new neighbors, and she meets Juan, the oldest of the siblings. As they talk, they begin comparing their families and learning about what they have in common.

La familia nueva

Capítulo 1

Objetivos comunicativos

By the end of this chapter you will be able to . . .

1. describe family relationships.

2. compare expressions of endearment in the family.

3. compare family members' personalities.

4. describe family routines and occupations.

5. describe family life in earlier Mayan culture.

6. ask and answer questions about everyday life.

Preguntas esenciales

1. ¿Cómo es tu familia?

2. ¿Por qué son diferentes las familias?

3. ¿Cómo es un día normal para ti?

Diálogo 1-1: Nuevos amigos 🔊

Hola, me llamo Itzel.

Entonces, ¿son ustedes de México?

Hola, y yo me llamo Juan.

Bueno, mi mamá es guatemalteca, pero mi papá sí es de México.

¿Y tienen familia aquí en San Marcos?

No, mi mamá tiene familia en Quetzaltenango y en la Ciudad de Guatemala, pero la familia de mi papá vive en México y en otros países.

México

Guatemala

Ah, pues, mis *abuelitos*[1] también viven en la Ciudad de Guatemala con mis tíos. Ya son muy *ancianitos*[2], pero están *muy bien de salud*[3].

Entonces, tus abuelos son más jóvenes que los míos.

Mi abuelito tiene sesenta y cuatro años y mi abuelita tiene sesenta y dos.

Sí, no son demasiado mayores. Mi abuelita tiene el pelo gris y es muy tímida. Mi abuelito es un poco tímido, pero no es tan tímido como mi abuela.

Mis padres son muy dulces y muy trabajadores pero mi mamá es más divertida que mi papá. ¡Le gusta mucho *hacer bromas*[4] y *contar chistes*[5]!

Ah, ¿sí? ¡Qué *chistoso*[6]!

Mi papá también es más serio que mi mamá. ¡A él le gusta leer libros sobre *química*[7] y *medicinas*[8]!

Yo soy como mi papá. Me gusta leer y estudiar, pero también soy más *soñador*[9] que él. ¡Cuando miro las estrellas por el telescopio, me imagino que soy un explorador galáctico!

---

[1] grandparents
[2] elderly
[3] in good health

[4] to kid around
[5] to tell jokes
[6] How funny!

[7] chemistry
[8] medicines; pharmaceutical drugs
[9] dreamer

Yo también soy muy soñadora y bastante habladora.

¡Mi mamá me dice que hablo más que un *loro*[10]!

¡No puedo evitarlo[11]!

¡Me gusta hablar con la gente!

Mi papá dice que su hermano es más inteligente que él porque es ingeniero espacial[12].

Mi tío vive en los Estados Unidos y trabaja en *Cabo Cañaveral*[13], y está casado con una española.

Madrid

España

¡Ay!

¡También tengo una tía que está casada con un español! Pero viven en Madrid y tienen tres hijos pequeños. *Así que*[14] tengo *primitos*[15] españoles.

¿Ah sí? Pues, yo tengo familia en Colombia, Argentina y Alemania.

Si quieres, está bien. Tenemos más cajas para descargar en el camión.

¡Qué interesante!

Y por cierto[16], ¿necesitan ayuda con la mudanza[17]?

---

[10] parrot
[11] I can´t help it!
[12] space engineer

[13] Cape Canaveral (Florida)
[14] so
[15] little cousins

[16] by the way
[17] the move

Actividad 1-1: Preguntas de comprensión

Read each statement and decide whether it is *cierto* or *falso*.

F 1. El papá de Juan es de Guatemala.

C 2. La familia de Itzel es de Guatemala.

F 3. Las mamás de Itzel y Juan son simpáticas.

4. Los abuelos de Itzel viven solos e independientes.

5. Los abuelos de Juan son muy jóvenes.

6. Juan y su padre tienen la misma personalidad.

7. Los padres de Itzel tienen la misma personalidad.

8. Itzel y Juan tienen familia española.

9. Juan tiene familia en los Estados Unidos.

10. Itzel tiene familia en Alemania.

LOS MIEMBROS DE MI FAMILIA

La familia de Itzel

Itzel and Juan spend much of their conversation describing family members. To describe your own family members, become familiar with the words that describe their relationships to you and to each other. Use Itzel's family tree to study family relationships.

Nota de lengua

The preposition *de* is used to express different ideas.

- to describe possession
  la casa *de* Pedro

- to describe origin
  Juan es *de* México.

- to describe family relationships
  la hermana *de* Marta

Nota de léxico: ¿Masculino o femenino?

Words ending in *o* replace *o* with *a* for feminine.

Juan es el hij**o**; María es la hij**a**.

El hij**o** y las hij**as** de Pedro son amables.

Exceptions:

padre / madre

yerno / nuera

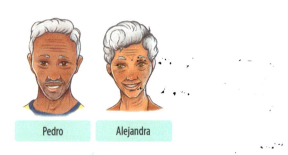

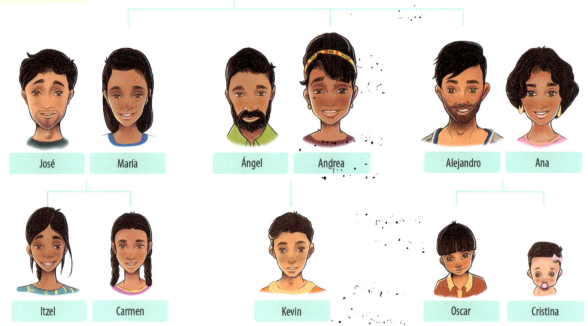

Actividad 1-2: El árbol familiar

Paso 1

Itzel shows Juan pictures of her family. Juan asks Itzel to identify the family members. Use Itzel's family tree and the word bank to respond.

Modelo: Juan: ¿Quién es Pedro?   **Itzel:** Pedro es mi *abuelo.*

1. **Juan:** ¿Quién es Carmen?   **Itzel:** Carmen es mi _hermana_

2. ¿Quiénes son María y José?   María y José son mis ___.

3. ¿Quiénes son Pedro y Alejandra?   Pedro y Alejandra son mis ___.

4. ¿Quiénes son Andrea y Ana?   Andrea y Ana son mis ___.

5. ¿Quién es Oscar?   Oscar es mi ___.

banco de palabras
la bisabuela / el bisabuelo
la abuela / el abuelo
la madre/mamá / el padre/papá
la esposa / el esposo
la hermana / el hermano
la hija / el hijo
la nieta / el nieto
la prima / el primo
la sobrina / el sobrino
la tía / el tío
la cuñada / el cuñado
la suegra / el suegro
la nuera / el yerno

Paso 2

Ask your partner questions about Itzel's family tree. One of you will pretend to be Juan and the other Itzel. Follow the examples in Paso 1.

Actividad 1-3: Los miembros de la familia

Use the word bank and Itzel's family tree to complete the sentences about her family relationships.

Modelo: Pedro y Kevin
Pedro es **el abuelo** de Kevin.
Kevin es **el nieto** de Pedro.

1. María y Ángel
   María es ___ de Ángel. ~~yerno~~ cuñada
   Ángel es ___ de María. ~~yerno~~ cuñado

2. Ana y Oscar
   Ana es ___ de Oscar. mamá
   Oscar es ___ de Ana. hijo

3. Alejandro y Carmen
   Alejandro es ___ de Carmen. tío
   Carmen es ___ de Alejandro. sobrina

4. Alejandra y Cristina
   Alejandra es ___ de Cristina. abuelita
   Cristina es ___ de Alejandra. nieta

5. Pedro y José
   Pedro es ___ de José. suegro
   José es ___ de Pedro. ~~yerno~~

6. Ana y Alejandra
   Ana es ___ de Alejandra. nuera
   Alejandra es ___ de Ana. suegra

Nota de léxico

1. Some nationalities have an accent mark in the masculine form (*alemán, portugués, senegalés, francés*). However, the -*a* ending in the feminine form makes the accent mark unnecessary (*alemana, portuguesa, senegalesa, francesa*).

2. Nationalities ending in -*e* apply to either masculine or feminine.
Ella es estadounidense.
Él es estadounidense.

3. Countries are capitalized in Spanish, but nationalities are not.
Soy de Inglaterra y soy inglés.

4. Since not all nationality terms follow the same rules, you may have to do a search to find the word referring to a person from a particular country.

Actividad 1-4: Mi familia

Read the following description Juan gives to Itzel of his family.

Mi padre se llama Juan y mi madre se llama Marta. Tengo un hermano y una hermana. Mi hermano Pedro está en cuarto grado de la escuela primaria y mi hermana Marta está en el segundo grado. Mis abuelos paternos se llaman Juan y María, y mis abuelos maternos se llaman Pablo y Rut. Mi madre tiene dos hermanos y mi padre tiene un hermano y una hermana. Todos mis tíos tienen hijos. En total, tengo ocho primos.

Paso 1

Complete the chart with the names of Juan's family members.

familia del padre de Juan	familia de la madre de Juan	los hermanos de Juan
mi padre:	mi madre:	mi hermano:
mi abuelo:	mi abuelo:	mi hermana:
mi abuela:	mi abuela:	
mi tío: Marcos	mi tío: Pablo	
mi tía: Ana	mi tío: David	

Paso 2

Create your own family chart similar to Juan's. Then write four sentences about several members of your family.

Modelo
Mi padre se llama Jonathan y mi madre se llama Janice. Tengo tres hermanos y dos hermanas. Mis hermanos estudian en la escuela secundaria. Mis abuelos viven en [nombre de la ciudad].

Las nacionalidades

Even though Juan was born in Mexico, his mother is from Guatemala, and he has relatives in other countries. Itzel has family in Madrid, Spain. When describing family members, you can include their nationality or country for those who are from or live in another country. Compare the names of the countries on the map and the nationalities listed on the next page.

Actividad 1-5: Países y personas

Paso 1

Reread the dialog on pages 4–5. List all the countries and nationalities that are mentioned.

Paso 2

Write the nationality that corresponds to each country in Paso 1 (or the country that corresponds to the nationality).

Modelo
Japón: *japonés*
chilena: *Chile*

Paso 3

Think of three family members, friends, or people you know who are originally from another country. For each person, write the name, nationality, country, and relationship to you.

Modelo

nombre	nacionalidad	país	relación
Suna	coreana	Corea del Sur	amiga
Matthew	canadiense	Canadá	cuñado
Étienne	francés	Francia	tío

país	nacionalidad
Francia	francés/francesa
Italia	italiano/a
Alemania	alemán/alemana
Rumanía	rumano/a
Inglaterra	inglés/inglesa
Holanda	holandés/holandesa
Dinamarca	danés/danesa
Noruega	noruego/a
Suecia	sueco/a
Portugal	portugués/portuguesa
Rusia	ruso/a
Polonia	polaco/a
Ucrania	ucraniano/a
Grecia	griego/a

Actividad 1-6: Mis raíces familiares

Itzel and Juan can trace their family roots back several thousand years to the ancient Maya people, but most Americans have to trace their family roots back to a specific country in the world. Since the United States is a nation formed by immigrants, the American family experience is different from that of families in most other countries.

Paso 1

Write four sentences describing your family roots.

Modelo

La familia de mi padre viene de Alemania y Francia. La familia de mi madre viene de Italia e[1] Irlanda. Mi abuelo paterno es alemán y mi abuela paterna es francesa. Mi abuelo materno es italiano y mi abuela materna es irlandesa.

Paso 2

With a classmate, take turns asking each other where your family or a family member is from and give the nationality or the country. If you don't know, choose any country.

Modelo

Estudiante 1: ¿De dónde es tu familia?
Estudiante 2: Mi familia viene de Rusia.
Estudiante 1: Entonces, tu familia es rusa.

¡Esta foto es perfecta para mi nuevo blog!

. . . enviando . . .

---
[1] *The word* **e** *is equivalent to* **y** *("and"). It is used when the following word starts with* **i** *or* **y.** *Ex.* "Juan **e** Itzel"

CONEXIONES CULTURALES CON EL PRESENTE

Expresando cariño en la familia

Every family has expressions for referring to each other that become commonplace at home. For example, families use certain terms of endearment to express love and affection. You have learned the usual terms for various family members such as *padres*, *abuelos*, and *hermanos*. Do you remember how Iztel and Juan referred to their relatives? How did they change the names when talking about their family members?

A feature widely used to express endearment in the Spanish family is the **diminutive** form. Spanish speakers apply the diminutive ending to names by adding *-ito* or *-cito* (*-ita* or *-cita* for the feminine). For example, the diminutive for *abuelo* is *abuelito*. It can be used in all family relationships. So at home or when someone is referring to others in the family, you often hear words such as *hermanita* instead of *hermana* and *abuelita* for *abuela*. While this form sometimes connotes "small in size" in some contexts, in the family setting it conveys the sense of dearness.

other. Here are a few words spouses may use to address each other in Spanish-speaking homes. Some of these expressions are used with the diminutive ending to make them sound more affectionate. For example, instead of *cariño,* they may say *cariñito,* or instead of *amor,* they may say *amorcita.*

term of endearment	literal meaning
cariño	darling
amor	love
dulzura	sweetness
cielo	sky or heaven
corazón	heart

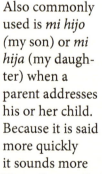

The diminutive is also used with proper names. For example, the diminutive of *Juan* is *Juanito* or for *Susana*, *Susanita*. By the time children become teenagers, the diminutive ending is usually dropped from their names. Do you use any nicknames for your younger sister or brother? Do you have a preference for what you are called?

Do your parents say things like "*Sweetheart,* I'm going to the store"? Spouses often have a favorite name for each

Also commonly used is *mi hijo* (my son) or *mi hija* (my daughter) when a parent addresses his or her child. Because it is said more quickly it sounds more

term of endearment	literal meaning
mi vida	my life
mi alma	my soul
mi viejo	my old man (husband)
mi gordo	my fatty
mi flaco	my skinny

like *mijo* or *mija* (because the *h* is always silent in Spanish). And very often, they address them directly with the diminutive name like *Pablito* or *Carmencita.*

Grandparents are an integral part of the Spanish-speaking family. So a number of names are available to address grandparents. In addition to *abuelito* and *abuelita*, some countries use *yayo* and *yaya* to express love and respect for them.

In contrast to English usage, kinship terms may be used to directly address an in-law (e.g., "¡Hola, cuñado!" or "Buenos días, suegro"). This is often done with the terms *cuñado* (brother-in-law), *cuñada* (sister-in-law), *suegro* (father-in-law), and *suegra* (mother-in-law).

You know that the pronoun *tú* is used when speaking to your friends and *usted* is used to show respect. But which pronoun do children use to address their elders in the home? While customs vary from one region to another, generally a son or daughter respectfully uses the familiar *tú* as well as the appropriate title when speaking to his or her parents, grandparents, uncles, or aunts. The formal pronoun *usted* would come across as cold, almost as if they were addressing a stranger. Outside of the family, however, *usted* is normally used whenever addressing one's elders.

Actividad 1-7: Preguntas de discusión

1. Survey expressions of endearment used in your classmates' families.

2. Are terms of endearment common across all cultures? How similar or different might they be to our culture?

3. Do you think the diminutive is used in English when addressing family members? Can you give some examples?

4. What are ways to show love and respect to others in the home? How is speech involved?

5. Identify a passage in the Bible where speaking with love and respect is commanded.

6. Imagine you are visiting in San Marcos, Guatemala, and Juan Pérez from the textbook introduces you to his father. Would you address his father with *usted* or *tú*? How would Juan probably address his father?

¿CÓMO ES MI FAMILIA?

Itzel: Ya son muy ancianitos . . .

Juan: Mi abuelito tiene sesenta y cuatro años y mi abuelita tiene sesenta y dos. Mi abuelita tiene el pelo gris y es muy tímida.

Itzel: Mis padres son muy dulces y muy trabajadores . . .

Los verbos *ser* y *tener*

Look at the example sentences from the dialog. Why does Juan use *tener* instead of *ser*?

Spanish and English construct descriptions similarly (subject + verb + adjective).

> **Soy** valiente. = **I am** brave.

In both Spanish and English, *valiente* and *brave* are adjectives. The verbs *ser* and *to be* are used respectively. However, Spanish does not always use an adjective that matches the English; it may use a noun instead. If you use a noun to describe a person, you must use the verb *tener* rather than *ser*.

> **Tengo** miedo. = **I am** afraid.

Since *miedo* is a noun, Spanish uses *tener*. However, English uses *to be* because *afraid* is an adjective. Study the chart in the margin to distinguish between descriptions that are used with *ser* and ones that are used with *tener*.

Actividad 1-8: ¿*Ser* o *tener*?

Itzel and Juan continue conversing with each other. Choose the correct verb they should use for each situation: *tener* or *ser*. Refer to the chart as needed.

1. **Itzel:** Siempre ___ mucho sueño porque no duermo bien en las noches. (tengo/soy)

2. **Juan:** Mi papá nunca ___ miedo. (tiene/es)

3. **Itzel:** Ustedes ___ bastante valientes. (tienen/son)

4. **Juan:** Comemos a todas horas porque siempre ___ hambre. (tenemos/somos)

5. **Juan:** Mi tío ___ muy alto porque mide seis pies y cinco pulgadas. (tiene/es)

6. **Itzel:** Los niños ___ frío porque no hay calefacción en la escuela. (tienen/son)

español	inglés
ser alto / bajo / gordo / flaco	to be tall / short / fat / skinny
ser valiente	to be brave
tener miedo	to be afraid
tener hambre	to be hungry
tener frío / calor	to be cold / hot

Ser and *tener* are used to describe people.

ser	tener
soy	tengo
eres	tienes
es	tiene
somos	tenemos
sois	tenéis
son	tienen

Other uses of *ser* and *tener* in Spanish and English

Occupations: You may use *ser* to identify a person's job or occupation.

> Itzel y Juan son estudiantes.
> El padre de Itzel es contador público, y la madre de Juan es profesora.

(Notice that Spanish does not use the article [*a* or *an*] before the occupation as English does. Examples: *Andrés es médico. Andrew is a doctor.*)

Age: In Spanish, age is always expressed using the verb *tener*, whereas English always uses the verb *to be*.

> Pedro **tiene** treinta años.
> Peter **is** thirty years old.

MÁS INFORMACIÓN

Actividad 1-9: Profesiones y edad con *ser* y *tener*

Juan and Itzel continue their conversation, sharing more about their families. Read each sentence and choose the correct form.

1. **Itzel:** Mi abuela ____ ochenta años. (tiene/es)

2. **Juan:** Mi padre ____ farmacéutico. (tiene/es)

3. Itzel y Juan ____ dieciséis años. (son/tienen)

4. **Itzel:** Mi hermana ____ estudiante en la primaria. (es/tiene)

5. **Juan:** Mi tío ____ ingeniero espacial y trabaja en la NASA. (tiene/es)

6. **Itzel:** Mis padres ____ treinta y nueve años. (son/tienen)

La personalidad

Read the example sentences at the top of page 12. Notice how Itzel and Juan describe their family members. They mention not only how old they are but also what their personalites are like. The following table has a number of words (pairs of opposites) that can be used to describe someone's personality.

personalidad	
simpático / antipático	valiente / miedoso
amable, dulce / grosero, desagradable	orgulloso / humilde
bueno / malo	responsable / irresponsable
fuerte / débil	gracioso, chistoso / aburrido, serio
trabajador / vago, perezoso	sabio / necio
inteligente, listo / ignorante, insensato	calmado / nervioso
generoso / tacaño	obediente / rebelde

Actividad 1-10: ¿Cómo es mi familia?

Read the statements below about some of Itzel's and Juan's family members. Choose the personality trait that best fits the description.

Modelo
Juan estudia todos los días. Es ____. (simpático / humilde / responsable)

1. La mamá de Itzel cuenta muchos chistes. Es ____.
(sabia / trabajadora / chistosa)

2. El abuelo de Juan no compra nada. Es ____. (tacaño / nervioso / grosero)

3. La hermana de Itzel no obedece a sus padres. Es ____.
(valiente / rebelde / débil)

4. El tío de Juan es ingeniero espacial. Es ____. (fuerte / vago / inteligente)

5. El padre de Itzel no tiene miedo de nada. Es ____.
(orgulloso / generoso / valiente)

6. El abuelo de Itzel no habla mucho. Es ____. (serio / débil / listo)

7. La hermana de Itzel habla tres idiomas. Es ____. (dulce / aburrida / lista)

8. La tía de Itzel no habla mal de nadie. Es ____. (graciosa / amable / necia)

Nota de léxico

Sometimes Spanish has an adjective that is similar to one in English, but when used with the verb *ser*, it indicates an inherent trait rather than a temporary state.

1. Juan **es miedoso**.
(Juan is fearful [typically afraid of everything].)

2. Juan **tiene miedo**.
(Juan is afraid [at this moment, not always].)

3. Juan **es friolento** [always cold].

4. Juan **tiene frío** [cold right now].

Nota de léxico: Falso cognado

Grosero means "rude", not "gross" and "disgusting." Not all words that appear to be cognates have the same meaning in both languages. We call such look-alike words "false cognates."

Language learning tip: It's easier to increase your vocabulary by learning opposite pairs.

los intensificadores
muy
poco
un poco
bastante
tan
no . . . nada
algo
demasiado
más o menos

Ejemplos

muy: Marcos es **muy** inteligente.

bastante: Marta es **bastante** simpática.

tan: María es **tan** dulce.
(María is so sweet.)

algo: Mi padre es **algo** serio.

más o menos: Los personajes[1] del libro son **más o menos** interesantes.

un poco: Soy **un poco** perezoso.

no . . . nada: Mi abuela **no** es **nada** orgullosa.

_____
[1] characters in a story, book, or film

¡Oye, Itzel!
¿Dónde estás?

Hola, Lupita. Estoy en Chichén Itzá, la famosa ciudad de los mayas. Este anillo de piedra es para el juego de pelota maya.

¡Magnífico! ¡Buena foto para el blog!

Actividad 1-11: ¿Cómo es tu familia? 🔊

Paso 1

Listen to Juan describe his family members. Indicate which traits you hear.

- **Papá**
  trabajador / inteligente / simpático / calmado / tacaño / responsable / vago

- **Mamá**
  humilde / trabajadora / nerviosa / sabia / simpática / generosa / dulce

- **Abuelo**
  fuerte / grosero / bueno / calmado / valiente / generoso / orgulloso

- **Abuela**
  antipática / amable / débil / graciosa / irresponsable / buena / calmada

- **Hermano**
  sumiso / chistoso / necio / simpático / miedoso / inteligente / responsable

- **Hermana**
  tacaña / vaga / obediente / humilde / irresponsable / buena / trabajadora

Paso 2

Describe your own family members on a sheet of paper using the vocabulary from Paso 1. Select two traits that are true of each of your family members.

Los intensificadores

Notice how Itzel and Juan describe family members (and themselves) in the dialog. They add words called **intensifiers**. They are used to make descriptions more precise. Intensifiers can be adjectives or adverbs.

> **Itzel:** Ya son **muy** ancianitos.
> **Juan:** Mi abuelito es **un poco** tímido.
> **Itzel:** Yo también soy **muy** soñadora . . . y **bastante** habladora.

Actividad 1-12: Mi familia es muy . . .

Paso 1

Using the sentences you wrote in Actividad 1-11 Paso 2, add an appropriate intensifier to each. Modify the sentences as needed. Use the list of *los intensificadores* in the margin.

> **Modelo**
> Mi padre es **muy** inteligente.
> Mi tío es **muy** trabajador y **bastante** simpático.

Paso 2

Ask a partner what his or her family members are like. Then he or she will ask you what your family members are like. Answer with the sentences you have written in Paso 1.

> **Modelo**
> ¿Cómo es tu padre / madre / abuelo / hermano?

Las comparaciones

Look at the examples from the dialog and notice how Juan and Itzel compare themselves to their family members:

> **Juan:** Yo soy como mi papá. También soy más soñador que él.
> **Itzel:** ¡Mi mamá me dice que hablo más que un loro! Mi hermanita es más callada y más inteligente que yo.

Nota de léxico: Falso cognado
Educated vs. *educado*: *Educación* in Spanish refers to good manners, not just studies. Thus, *educado* means "well-mannered."

¿Recuerdas las comparaciones?

As in English, there are three basic levels of comparison: *more . . . than, less . . . than,* and *as . . . as.*

1. más (adjective) que   Mi mamá es **más** chistosa **que** mi papá.

2. menos (adjective) que   Mi papá es **menos** serio **que** su hermano.

3. tan (adjective) como   Mi mamá es **tan** delgada **como** mi hermananita.

4. igual de (adjective) que   Mi mamá es **igual de** delgada **que** mi hermanita.

Actividad 1-13: ¿Más . . . menos . . . igual?

Now that you know how to describe your family members' personalities, compare their personal qualities to your own and to those of your classmates.

Paso 1

Use the sentences you wrote in Actividad 1-11 Paso 2 and the chart to the right to write three sentences comparing two of your family members. There is a more complete personality trait chart on page 30.

> **Modelo**
> Mi padre es **más** tímido **que** mi madre.
> Mi hermano es **menos** organizado **que** yo.
> Mi hermana es **tan** responsable **como** mi madre.

Paso 2

Using your sentences from Paso 1, share with two classmates the comparisons you made and ask them to share theirs with you. Then use the same trait to write a sentence comparing your classmate to one of his or her relatives.

> **Modelo**
> **You:** Mi padre es **más** tímido **que** yo.[1]
> **About your classmate:** La hermana de Mike es **más** tímida **que** él.

personalidad
simpático / antipático
amable / desagradable
bueno / malo
fuerte / débil
trabajador / vago, perezoso
inteligente / ignorante
generoso / tacaño
valiente / miedoso
orgulloso / humilde
responsable / irresponsable
chistoso / aburrido, serio
sabio / necio
calmado / nervioso
obediente / rebelde

---

[1] After *que* or *como,* be careful to use *yo* (not *mí*) or *tú* (not *ti*).

Diálogo 1-2: *Arqueología sin Fronteras* 🔊

In this dialog Itzel continues talking as she helps Juan carry the boxes inside his new house. As they converse, she asks why Juan's family moved to San Marcos. When they discover that they both like reading about ancient Mayan culture and history, they quickly become friends and decide to work together on Itzel's online blog, *Arqueología sin Fronteras*.

¿Y dónde pongo esta caja?

Esa caja va en la cocina, con las cajas de color rojo.

¿Y qué les trae[1] a San Marcos?

Bueno[2], mi papá va a abrir una farmacia nueva y mi mamá va a enseñar historia en el Colegio Evangélico.

¡De veras![3]

Sí, ¿por qué?

Porque nosotros somos cristianos y esa es mi escuela.

¡Qué casualidad![4] ¡Nosotros también somos cristianos, y yo también voy a estudiar allá!

¡Qué bueno! El lunes *te enseño*[5] la escuela y te presento a mis amigos y a los profesores. ¡*Te va a encantar!*[6]

Y tus padres, ¿qué hacen?[7]

Mi mamá trabaja en el banco Banrural* y mi papá es *contador público*[8] en la *municipalidad*[9].

¡Qué interesante!

---

[1] what brings you
[2] well
[3] Really!

[4] What a coincidence!
[5] I will show you
[6] You're going to love it!

[7] What do they do?
[8] accountant
[9] city hall

Actividad 1-14: Preguntas de comprensión

Read each statement and decide whether it is *cierto* or *falso*.

1. El papá de Juan es farmacéutico.
2. La mamá de Juan es enfermera.
3. Juan e Itzel van a estudiar en la misma escuela.
4. La mamá de Itzel trabaja en un banco.
5. El papá de Itzel es contador público.
6. La farmacia abre los domingos.
7. Juan trabaja en la farmacia los sábados.
8. Itzel estudia una lengua maya llamada mam.
9. Juan lee mucho sobre astronomía.
10. *Arqueología sin Fronteras* es un programa de televisión.

MI FAMILIA Y SU RUTINA DIARIA

Las profesiones

Notice how Juan and Itzel discuss their parents' jobs in the dialog.

Juan: Bueno, mi papá va a abrir una farmacia nueva y mi mamá va a enseñar historia en el Colegio Evangélico.

Itzel: Mi mamá trabaja en el banco Banrural y mi papá es contador público en el ayuntamiento.

The following is a list of jobs. A more complete list appears on page 31.

profesional	educación	comercio	salud	religioso
arquitecto/a	director(a)	farmacéutico/a	médico/a	pastor(a)
contador(a)	maestro/a	carnicero/a	enfermero/a	evangelista
abogado/a	profesor(a)	camarero/a	cirujano/a	misionero/a
fotógrafo/a	secretario/a	panadero/a	dentista	sacerdote

Actividad 1-15: ¿Qué hace el . . . ?

Like Juan's and Itzel's parents, our family members have jobs to make a living. What do the following professionals do?

1. La enfermera ____ a los enfermos. (cuida / acusa / vende)
2. El misionero ____ el evangelio. (maneja / predica / opera)
3. La secretaria ____ en una oficina. (cura / sentencia / trabaja)
4. El arquitecto ____ casas. (diseña / predica / maneja)
5. El carnicero ____ carne. (opera / hace / vende)
6. El taxista ____ un taxi. (defiende / visita / maneja)
7. La profesora ____ a los estudiantes. (diseña / enseña / cuida)

¿Recuerdas los tipos de verbos?

Los verbos regulares

Look again at the dialog. When Juan and Itzel describe their parents' occupations, they use action verbs such as *trabaja* and *enseña*. In Spanish there are three types of infinitive verbs (*-ar*, *-er*, and *-ir*). These endings determine the conjugation (ending patterns) the verbs use. Review the conjugations of the common verbs for "to work," "to eat," and "to live."

trabjar		comer		vivir	
trabjo	trabaj**amos**	como	com**emos**	vivo	viv**imos**
trabaj**as**	trabaj**áis**	comes	com**éis**	vives	viv**ís**
trabaj**a**	trabaj**an**	come	com**en**	vive	viv**en**

Actividad 1-16: ¿Qué hace tu familia?

Juan and Itzel are still discussing their families. Choose the correct verb for the context. Watch for plural or singular subjects.

Itzel

1. Mi padre ___ en el ayuntamiento.

2. Mi madre no ___ en la escuela.

3. Mi hermana y yo ___ a la escuela todos los días.

4. Mis padres ___ en el coro de la iglesia.

Juan

5. Mi padre ___ medicinas en la farmacia.

6. Mi padre ___ en la iglesia algunos domingos.

7. Mis abuelos ___ en México.

8. Yo también ___ en el coro de la iglesia.

predica
canto
caminamos
trabaja
viven
enseña
vende
cantan

Actividad 1-17: Las profesiones

Match the definitions with the occupations in the chart on page 18.

1. Persona que diseña edificios y casas

2. Persona que diagnostica problemas de salud

3. Persona que enseña en una universidad

4. Pesona que opera en una sala de operaciones

5. Persona encargada de la contabilidad de un negocio

6. Persona encargada de administrar una escuela o universidad

7. Persona que va a un país extranjero a predicar el evangelio

8. Persona que trabaja en una carnicería

9. Persona que sirve en un restaurante

10. Persona que defiende a un acusado en un juicio

Verb conjugation (present)

-ar	
-o	-amos
-as	-áis
-a	-an

cantar, caminar, hablar, enseñar, estudiar, practicar, necesitar, sacar

-er	
-o	-emos
-es	-éis
-e	-en

aprender, comer, deber, comprender beber, vender, responder, correr, leer

-ir	
-o	-emos
-es	-éis
-e	-en

abrir, asistir, decidir, recibir, escribir, vivir, servir, discutir, repetir, partir

Nota de lengua: The verbs *ir* and *dar*

The verb *ir* is one we use a lot, but it's irregular:
voy, vas, va, vamos, vais, van

The irregular verb *dar* is conjugated with the same endings as *ir*:
doy, das, da, damos, dais, dan

La rutina diaria

In the dialog Itzel and Juan talk about their parents' daily routines.

Itzel: Sí, mi mamá sale a trabajar todos los días a las siete y media porque trabaja de ocho de la mañana a dos de la tarde. Mi papá sale de casa a las nueve *a veces*[1], pero siempre vuelve del trabajo a las seis de la tarde.

Juan: Pues mi papá trabaja siempre hasta las ocho y media de la tarde. . . . Mi mamá va a enseñar tres días a la semana . . .

¿Recuerdas los verbos reflexivos?

Reflexive verbs are used to talk about many daily routines.

Me levant**o** a las 7:00, **me** duch**o**, **me** cepill**o** los dientes, **me** pein**o**, **me** vist**o** . . .

These verbs have the reflexive pronoun *me* because the subject is *yo*. However, the infinitive forms are *levantarse*, *ducharse*, *cepillarse*, and *peinarse*. The *se* at the end of the infinitive means that the action applies to the subject himself or herself.

Note that when the verb is in the infinitive form, the reflexive pronoun is attached to the verb. Otherwise, it comes before the verb.

lavarse	**Me lavo** las manos.
ducharse, cepillarse	Itzel **se ducha** y después **se cepilla** los dientes.
levantarse	**Nos levantamos** a las 8:00 de la mañana.
acostarse	**Nos acostamos** a las 10:00 de la noche.

pronombres reflexivos					
me	te	se	nos	os	se

Actividad 1-18: La rutina de mi familia

Read the following description Itzel gives of her family's daily routine. Supply the appropriate reflexive verbs in the most logical order.

1. a. se viste   b. se levanta   c. se ducha   d. se afeita

2. a. nos levantamos   b. se levantan   c. nos lavamos

3. a. se acuesta   b. nos bañamos   c. me acuesto   d. nos cepillamos

1. En mi familia, todos tenemos una rutina diaria. Mi papá (____) a las seis, (____) la barba, (____) y (____).

2. Mi mamá y mi hermano (____) a las siete, pero esperan a desayunar hasta que mi hermana y yo (____). Cuando mi hermana y yo regresamos del colegio en la tarde, (____) las manos y cenamos.

3. Antes de ir a dormir, (____) y (____)los dientes. Mi hermana (____) a las ocho y media, pero yo (____) a las diez.

---

[1] sometimes

Actividad 1-19: Un día normal 🔊

Listen to Juan talk about his daily routine. Complete the paragraph by supplying the correct form of each missing verb.

Me llamo Juan Pérez y (1)_____ en San Marcos con mi familia desde el mes pasado. Todas las mañanas (2)_____ a las 7:00, (3)_____ y me voy a (4)_____ media hora. Cuando (5)_____ de correr, (6)_____, desayuno y (7)_____ los dientes. A las 8:30 me voy a clase y (8)_____ a casa a las 3:00. Cuando (9)_____ a casa, hago las tareas de la escuela con mi vecina Itzel, y a las 7:00 de la tarde me voy a (10)_____. Los sábados, Itzel y yo (11)_____ en el blog de *Arqueología sin Fronteras* y el domingo (12)_____ a la iglesia.

> **Nota de lengua**
> In Spanish not every verb that describes a daily routine is reflexive, but many are. You must use reflexive and nonreflexive verbs correctly in the context of daily routines.

Actividad 1-20: ¿Qué haces cada día?

Paso 1

Read the sentences and note the routines that are true of you.

1. Me despierto antes de las 8:00 de la mañana. sí / no
2. Me levanto inmediatamente después de despertarme. sí / no
3. Me quedo en la cama un rato después de despertarme. sí / no
4. Me levanto antes de las 8:00 de la mañana. sí / no
5. Me ducho justo después de levantarme de la cama. sí / no
6. Me visto después de ducharme. sí / no
7. Desayuno después de vestirme. sí / no
8. Voy a clase después de desayunar. sí / no
9. Me acuesto antes de las 11:00. sí / no
10. Los fines de semana me acuesto tarde. sí / no

Paso 2

Choose five examples from Paso 1 and talk to two classmates about your daily routine. Invite them to describe their routines to you. Then answer questions about yourself. Follow the *modelo* and be as specific as you can about the days and times.

Modelo
Pregunta: Me despierto todos los días a las 7:30, ¿y tú?
Respuesta: Yo me despierto a las 7:00.

Pregunta: Los sábados me acuesto a las 11:00, ¿y tú?
Respuesta: Yo me acuesto a las 10:30.

Actividad 1-21: ¿Qué hace tu familia cada día?

Paso 1

Read the sentences and note which routines are true for your family members.

1. Mi padre se levanta a las 6:00. sí/no
2. Mi madre desayuna y después se cepilla los dientes. sí/no
3. Mi hermano se viste después de ducharse. sí/no
4. Mi hermana va a clase antes de las 8:00. sí/no
5. Mi padre va a trabajar después de las 8:00. sí/no
6. Cenamos antes de las 7:00. sí/no
7. Mis padres se acuestan depués de las 10:00. sí/no
8. Mis hermanos se duchan antes de acostarse. sí/no

Paso 2

Use Paso 1 as a model to describe your family members' routines to a classmate. Then ask each other about family routines. Follow the modelo and be as specific as you can about the days, times, and family members. Pay attention to the verb forms.

Modelo
Pregunta: Mi madre se despierta a las 7:30, ¿y tu madre?
Respuesta: Mi madre se despierta a las 7:00.

Pregunta: Mis padres se acuestan a las 11:00, ¿y tus padres?
Respuesta: Mis padres se acuestan a las 10:30.

¿Con qué frecuencia?

Daily routines involve actions that we do with a predictable frequency. However, some things are done more frequently than others.

Mi padre se levanta **todos los días** a las 6:30 de la mañana, pero durante las vacaciones **nunca** se levanta tan temprano. **A veces** se queda en la cama hasta las 11:00, pero **no muy a menudo**.

siempre	**Siempre** hago las tareas de la escuela.
casi siempre	Desayuno **casi siempre**.
muchas veces	Mi hermana camina a la escuela **muchas veces**.
muy a menudo	Juego al fútbol **muy a menudo**.
a menudo	Veo la televisión **a menudo**.
normalmente	**Normalmente** descanso los sábados.
a veces	**A veces** salimos de excursión con la clase de ciencias.
algunas veces	**Algunas veces** me duermo en la clase de historia.
poco	Veo las noticias **poco**.
casi nunca	**Casi nunca** *me enfado*[1].
nunca/jamás	**Nunca/jamás** tomo café en el desayuno.

Note: The adverbs in the table above go from *always* to *never* in a progression of decreasing frequency.

---
[1] I get annoyed

Nota de lengua

1. The days of the week are *lunes, martes, miércoles, jueves, viernes, sábado,* and *domingo*.

2. The days of the week in Spanish are not capitalized.

   Trabajo de **l**unes a **v**iernes.

3. On calendars in Spanish, the week starts on Monday rather than Sunday.

Notice the following examples from the dialog.

Itzel: Sí, mi mamá sale a trabajar **todos los días** a las siete y media. . . .
Mi papá sale de casa a las nueve **a veces**, pero **siempre** vuelve del
trabajo a las seis.

Juan: Pues mi papá trabaja **siempre** hasta las ocho y media de la
tarde. . . . Mi mamá va a enseñar tres días a la semana . . . los lunes,
los miércoles y los viernes.

Not every action happens consistently every day (*todos los días, siempre*), some
routines happen in other frequency patterns (*a veces, tres días a la semana*). Adverbs of frequency allow Juan and Itzel to be precise in describing their parents'
weekly routines. This applies to monthly or yearly habits as well: once a month /
twice a year.

Actividad 1-22: ¿Cuántas veces a la semana?

Paso 1

**Read each sentence about your family. Choose an appropriate frequency adverb
for each action based on what is true in your family. Refer to the frequency
adverb chart.**

actividad	frecuencia
Papá prepara la cena.	Mas o menos
Mamá lleva el carro al mecánico.	No Nvada
Mi hermano hace la cama.	No Nada
Mi hermana hace la comida.	Mas o menos
Mis padres escuchan música juntos.	frecuencia
Yo barro o paso la aspiradora.	NO, Nada
Mi padre se pone enfermo.	No frecuencia
Mi madre lee el periódico.	NO Frecuencia
Mis hermanos discuten.	Mas o menos
Mi perro ladra durante la noche.	NO, Nada

Paso 2

**Compare your answers with a classmate's answers. Which are different? Which
are similar?**

Frequency adverbs

1. Some frequency words or expressions can go in
   different positions in the sentence without changing
   the meaning. Word order in Spanish is sometimes
   more flexible than in English. Notice the following
   example with unchanged meaning.
   Siempre *hago las tareas de la escuela.*
   Hago las tareas de la escuela **siempre**.

2. However, the adverb *poco* can go only at the end.
   Veo las noticias **poco**.

3. Since the following pairs of adverbs mean virtually
   the same thing, you may choose either one.

a veces / algunas veces	muchas veces / muy a menudo
siempre / todos los días	nunca / jamás

MÁS INFORMACIÓN

CONEXIONES CULTURALES CON EL PASADO

La familia maya

The Maya cultivated varieties of corn and used nixtamalization, a process whereby the kernels are soaked and cooked in an alkaline solution like lime water. This process was an important step for their staple diet since it makes the grain suitable for grinding into flour and increases its nutritional value. When maize was introduced to Europe by Christopher Columbus, this process was not adopted. Deficiency diseases such as pellagra occurred (and still occur around the world) where maize became a dietary staple.

Other Mayan crops included beans (*frijoles*), squash (*calabaza*), hot peppers (*chiles*), avocados (*aguacates*), and cocoa (*cacao*), the seedpods used for making chocolate.

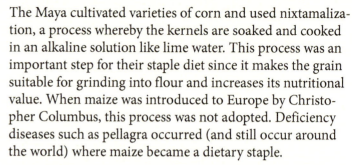

You have met Iztel and Juan, who live in San Marcos, Guatemala. They speak Spanish, yet they both come from a Mayan background, as do many people who live in Guatemala and the surrounding areas. To better understand the Spanish-speaking people in these locations, we will look at various aspects of the Mayan civilization that flourished in this region. Here we take a closer look at the Mayan family. What was it like growing up in a Mayan family? How much do we know about their everyday life—the kinds of clothing they wore, the foods they ate, and their daily schedule? Understanding these practices will help us describe life for the typical Mayan family from long ago and recognize how that culture still lives on in the land of their ancestors.

Mayan society was divided into different classes. At the top of the societal structure were the ruler and the noble families. The nobles were elite warriors, scribes, or government officials. Below them were the artisans (such as weavers and potters), traders, and the other warriors. About 90 percent of the people were commoners, who supported the remainder of the society with their agricultural production, the most important of which was corn, or maize (*maíz*).

In Mayan society the typical agricultural household included various extended family members, all living together in a one-room house. After rising early in the day from their reed mats (*petates*), they had a simple breakfast of *saka*, gruel made from cornmeal and water with chili peppers or honey for added flavor.

Mayan women wore a long skirt (*huipil*) and a blouse, but men's clothing consisted of a simple cotton loincloth (and a cape when the weather was cold).

Women and girls spent much of their time weaving cloth, making pottery, and tending vegetable gardens or fruit trees near the house. Men and boys went to work in the fields. The Maya would plant beans and squash together in fields of corn so the beans could climb the corn stalks and the squash could help reduce soil erosion.

The midday meal for the workers in the fields was usually cornmeal dumplings (*tamales*) filled with meat and vegetables. In the evening the main meal of the day consisted of vegetables (and meat or fish when available) wrapped in corn tortillas. Soon after the sun went down, they would all settle in for the night.

There was always plenty of work for the commoners, but whenever their calendar called for it, the Maya took time to celebrate a religious festival. Everyone gathered at the ceremonial center, a plaza surrounded by pyramids, temples, and a ball court dedicated to the worship of their various false gods. It was a time of feasting on special foods and engaging in recreation.

While the children enjoyed playing together, on occasion the adults enjoyed a ballgame called *pitz* in classical Mayan. The players used a solid rubber ball ranging from the size of a softball to a soccer ball. They padded their hips, knees, feet, and forearms, but even so, records tell of players being bruised and some even dying due to the weight and velocity of the ball.

The goal of *pitz* was for players to hit the ball to the opposite end of the court mainly by using their hips. Some courts had a stone ring attached to the side-wall. If a team managed to send the ball through that ring, it usually meant an automatic victory since that was a difficult feat to do without using hands. The games were intense as teams of two or three faced off against each other, hitting the ball back and forth. Spectators watching from above bet on the winning team.

Actividad 1-23: Preguntas de discusión

1. How do you know corn was an important agricultural crop for the Mayan family?

2. In the Creation Mandate (Genesis 1:26–28), God commissioned humans to exercise dominion over the earth. Is the way the Maya learned to make better use of corn in the past an example of this? How has it helped people who live in Mexico and Guatemala today?

3. Which other crops the Maya grew are still eaten today? Are they eaten only in Guatemala and Mexico?

4. Do you think the Maya today still make clothing the way their ancestors did?

5. What is *pitz*, and why was it so challenging?

6. What modern-day sports are similar to *pitz*?

A Arqueología sin Fronteras

Los mayas

5 de septiembre a las 8:15 de la mañana

¡Hola! Me llamo Itzel.

Bienvenidos a mi blog, *Arqueología sin Fronteras*. Hoy *les comparto*[1] un poquito de los mayas. Me gusta hablar de los mayas porque, bueno, mi familia viene de los mayas. Tengo unos nuevos amigos cristianos que se llaman Luis, Maria, Temo, Lupita, Eduardo, Pilar, y ahora Juan, que van a investigar conmigo sobre las culturas del pasado. También me va a ayudar mi perrito, Chuchis, que siempre me acompaña. Aquí hay unos datos fascinantes de los mayas.

Los mayas son una civilización mesoamericana que tiene más de 3.000 (tres mil) años. Los mayas viven en el sur de México, en Guatemala y en otros países de Centroamérica.

Los mayas todavía tejen su ropa como en el pasado. Usan una variedad de colores vibrantes.

Los mayas *usaban*[2] muchas joyas de jade. El jade es una piedra semipreciosa. En la foto vemos un ejemplo de sus diseños.

Todavía quedan muchas canchas de pelota de los mayas en Centroamérica. La cancha más grande de pelota es la de Chichén Itzá, una ciudad de los mayas.

¡Gracias por leer mi blog!

Los mayas
Los incas
Los aztecas
Los españoles

Un tejido maya

Una máscara maya de jade

Una cancha de pelota típica de Centroamérica

---

[1] I share (am sharing) with you
[2] they used

¿CÓMO ES MI VIDA DIARIA?

Questions help us get acquainted with people—to know where they are from, what they do, and what they like. Some questions require only a *yes* or *no* answer, but other questions elicit additional information.

Review these excerpts from the dialog.

Juan: Y tus padres, **¿qué hacen?**

Itzel: Mi mamá trabaja en el banco Banrural y mi papá trabaja en el ayuntamiento, es contador público.

Itzel: Y tú, **¿qué te gusta hacer?**

Juan: Me gusta leer sobre los mayas y la astronomía, y también estoy aprendiendo chol.

Las palabras interrogativas

Interrogative words are important for gathering information. Some interrogative words refer to things, situations, or activities. Others refer to people, places, or time. And some refer to the reason for something, a choice between things, or the way something is done.

interrogative words	
¿Qué?	What?
¿Cómo?	How?
¿Dónde?	Where?
¿Quién?	Who?
¿Cuándo?	When?
¿Cuál?	Which one?
¿Por qué?	Why?
¿Cuánto/a?	How much?
¿Cuántos/as?	How many?

Actividad 1-24: ¿Qué estudias?

Paso 1

On the first day of school, Juan meets a student during recess who asks him several questions. Choose the correct interrogative word for each (based on Juan's answer).

1. ¿___ te llamas?
   Me llamo Juan.
   Cuándo / *Por qué*[1] / Cómo/Cuál

2. ¿___ clase optativa tienes?
   Tengo astronomía.
   Qué / Cuándo / Por qué / Dónde

3. ¿___ estudias chol?
   Porque[2] me gustan las lenguas.
   Cómo / Cuándo / Por qué / Qué

4. ¿___ es tu profesor favorito?
   Mi profesor favorito es el señor Lara.
   Quién / Cuándo / Qué /Cuál

5. ¿___ vives?
   Vivo aquí, en San Marcos
   Cómo / Por qué / Qué / Dónde

6. ¿___ termina la clase?
   La clase termina a las 4:00.
   Cómo / Cuándo / Por qué / Cuál

Paso 2

Answer each question from Paso 1 as it applies to you. Use a complete sentence.

Modelo
Pregunta: ¿Por qué estudias español?
Respuesta: Porque me gustan las lenguas.

---

[1] **Pregunta:** ¿Por qué?
[2] **Respuesta:** Porque...

Actividad 1-25: ¿Qué haces? 🔊

Juan and Itzel continue asking questions about what they do. Listen to the dialog and fill in the gaps with the correct question word.

Paso 1

Indicate the correct question word.

Juan: ¿(1)___ escribes en el blog?

Itzel: Escribo los sábados si no tengo mucha tarea de la escuela.
¿(2)___ estudias astronomía?

Juan: Porque[1] es muy interesante. Y tú, ¿(3)___ estudias inglés?

Itzel: Para leer libros y ver videos por internet en inglés.
¿(4)___ es el profesor de astronomía?

Juan: El señor Martínez. Y ¿(5)___ enseña inglés?

Itzel: La señora Rodriguez.

Juan: ¿(6)___ estudias inglés?

Itzel: Con el libro de inglés, y también veo muchos videos de internet.

Juan: Yo también estudio astronomía así. Hay mucha información en internet.

Itzel: ¿(7)___ quieres empezar a escribir en el blog?

Juan: Primero necesito organizar mi dormitorio. Creo que puedo empezar en una semana o dos.

Itzel: Está bien, *no hay prisa*[1].
Y ¿(8)___ empieza tu mamá a enseñar en la escuela?

Juan: No estoy seguro, pero creo que empieza la semana próxima.

Paso 2

You and Juan just met online, and he asks you the following questions. Some questions may only need a *sí* or a *no*.

1. ¿Cómo te llamas?

2. ¿Por qué estudias español?

3. ¿Quién es tu profesor(a) de español?

4. ¿Te gusta el español?

5. ¿Qué días tienes clases de español en la escuela?

6. ¿Cómo estudias español?

7. ¿Cuándo estudias español en casa? ¿En la tarde o en la mañana?

8. ¿Piensas visitar Guatemala algún día?

---

[1] there's no hurry

COMPETENCIA COMUNICATIVA

The following scenario is designed to help you develop greater proficiency through various task-based activities using what you have done in this chapter.

Síntesis comunicativa: Los vecinos nuevos

A Spanish-speaking family has just moved into the house across the street. One of the kids is about your age. Use your language skills to learn about the family so you can introduce him or her to others in the neighborhood.

Paso 1: Interpersonal speaking

Choose a partner. Introduce yourself and then inquire about his or her family members focusing on parents, grandparents, and siblings. Remember to ask for details such as names, ages, nationalities, personality traits, and occupations.

Paso 2: Interpretive listening

As your partner tells you about his or her family, draw a family tree to help you remember the details.

Paso 3: Oral presentation

Introduce your partner to the class. Share enough facts so others can learn basic information about the family. Encourage your partner to clarify any pertinent details.

Autoprueba: I can . . .

Rate how confidently you are able to do the following in Spanish.

Task	Not at all confidently			Very confidently	
I can describe the relationships within my family.	1	2	3	4	5
I can describe my relatives' personality traits.	1	2	3	4	5
I can describe my own personality traits.	1	2	3	4	5
I can compare personalities in my family.	1	2	3	4	5
I can describe my daily routine.	1	2	3	4	5
I can describe the daily routines of my family members.	1	2	3	4	5
I can ask questions about daily life.	1	2	3	4	5
I can answer questions about daily life.	1	2	3	4	5

Rate how confidently you are able to do the following in English.

Task	Not at all confidently			Very confidently	
I can compare expressions of endearment from Spanish-speaking cultures to my own.	1	2	3	4	5
I can describe family life in Mayan society.	1	2	3	4	5

Las nacionalidades

país	nacionalidad
Canadá	canadiense
Estados Unidos	estadounidense
México	mexicano/a
Guatemala	guatemalteco/a
Salvador	salvadoreño/a
Honduras	hondureño/a
Nicaragua	nicaragüense
Costa Rica	costarricense
Panamá	panameño/a
Cuba	cubano/a
Puerto Rico	puertorriqueño/a
Republica Dominicana	dominicano/a
Colombia	colombiano/a
Venezuela	venezolano/a
Ecuador	ecuatoriano/a
Perú	peruano/a
Brasíl	brasileño/a
Bolivia	boliviano/a
Chile	chileno/a
Paraguay	paraguayo/a
Argentina	argentino/a
Uruguay	uruguayo/a
España	español(a)
Guinea Ecuatorial	ecuatoguineano/a

Características personales

positivas	negativas
alegre, contento	triste, deprimido, gruñón
amable, dulce	grosero, desagradable, intratable
apasionado	frío, desinteresado
calmado, tranquilo	nervioso, intranquilo
confiado	inseguro, acomplejado, retraído
culto, intelectual	ignorante, iletrado
disciplinado	indisciplinado
divertido	aburrido
educado (well-mannered)	maleducado, grosero
extrovertido	tímido
flexible, tolerante	exigente, riguroso, severo
fuerte	débil
generoso	tacaño
gracioso (funny), chistoso	aburrido, serio
hábil, ágil	torpe
honesto, honrado	mentiroso, deshonesto
humilde, sencillo	fanfarrón, presumido, orgulloso
inteligente, listo, ingenioso	ignorante, insensato
normal, corriente	extravagante, excéntrico
prudente, cauteloso	atrevido, osado
responsable	irresponsable
sabio	necio
sensible (sensitive)	duro, insensible
simpático (outgoing, nice)	antipático
sumiso	rebelde
trabajador	vago, perezoso
valiente	miedoso, cobarde

Los verbos reflexivos

verbo	significado
levantarse	salir de la cama o ponerse de pie
sentarse	acomodarse en una silla
acostarse	meterse en una cama para dormir
lavarse	aplicar agua y jabón a las manos o el cuerpo
ducharse	aplicar agua y jabón a todo el cuerpo en una ducha
bañarse	sumergir todo el cuerpo en agua en una bañera
peinarse	ordenar o arreglar el pelo
afeitarse	eliminar el pelo en la cara
vestirse	ponerse la ropa
llamarse	decir tu nombre

Las profesiones: Las personas que hacen el trabajo

construcción	educación	comercio	salud	religioso
plomero/a	director(a)	farmacéutico/a	médico/a	pastor(a) (protestante)
electricista*	maestro/a	carnicero/a	enfermero/a	evangelista (protestante)
carpintero/a	profesor(a)	pescadero/a	cirujano/a	misionero/a
albañil*	secretario/a	panadero/a	dentista*	sacerdote (católico)
pintor(a)	administrador(a)	verdulero/a	terapeuta/terapista	rabino (judío)

ciencias	tecnología	agricultura/mar	servicios	profesional
científico/a	técnico/a	agricultor(a)	policía*	abogado/a, juez(a)
biólogo/a	programador(a)	ganadero/a	bombero/a	arquitecto/a
químico/a	analista* de sistemas	pescador/a	cartero/a	contador(a)
físico/a	informático/a	ranchero/a	conductor(a)	escritor(a)
astrónomo/a	ingeniero/a	granjero/a	taxista*	fotógrafo/a

* This term has the same form for masculine or feminine (e.g., *el dentista o la dentista*).

Las profesiones: El trabajo que hacen

educación		profesional		salud		servicios	
enseñar	to teach/show	acusar	to acuse	curar	to cure, heal	apagar	to put out (fire)
administrar	to administer	sentenciar	to sentence	operar	to operate	repartir	to deliver (mail)
leer	to read	escribir	to write	cuidar	to care for	manejar	to drive
estudiar	to study	diseñar	to design	recetar	to prescribe	reparar	to repair
dibujar	to draw	programar	to program	diagnosticar	to diagnose	anunciar	to advertise

comercio		ciencias		religioso	
vender	to sell	investigar	to research	predicar	to preach
comprar	to buy	descubrir	to discover	evangelizar	to evangelize
pagar	to pay	analizar	to analyze	orar	to pray
cobrar	to charge	observar	to observe	visitar	to visit
pesar	to weigh	desarrollar	to develop	cantar	to sing

Las palabras interrogativas

la forma	¿Cómo?	¿Cómo se cocina un burrito?
la cosa	¿Qué?	¿Qué es eso?
la razón	¿Por qué?	¿Por qué estudias español?
la persona	¿Quién?	¿Quién es esa señora?
las personas	¿Quienes?	¿Quienes son tus amigos?
el lugar	¿Dónde?	¿Dónde vives?
el tiempo	¿Cuándo?	¿Cuándo termina la clase?
la opción	¿Cuál?	¿Cuál es tu color favorito?
la opción	¿Cuáles?	¿Cuáles clases no te gustan?
la cantidad	¿Cuánto?	¿Cuánto dinero tienes?
la cantidad	¿Cuánta?	¿Cuánta carne comes?
la cantidad	¿Cuántos?	¿Cuántos hermanos tienes?
la cantidad	¿Cuántas?	¿Cuántas hermanas tienes?

In this chapter Juan arrives early on campus for his first day of school, but he feels a bit lost. Itzel sees him and takes the time to show him around the school facilities, including all the classrooms. Itzel also goes over his class schedule and points out which classes are easiest and hardest. Juan is glad that the schedule will not be as hectic as it was at his previous school.

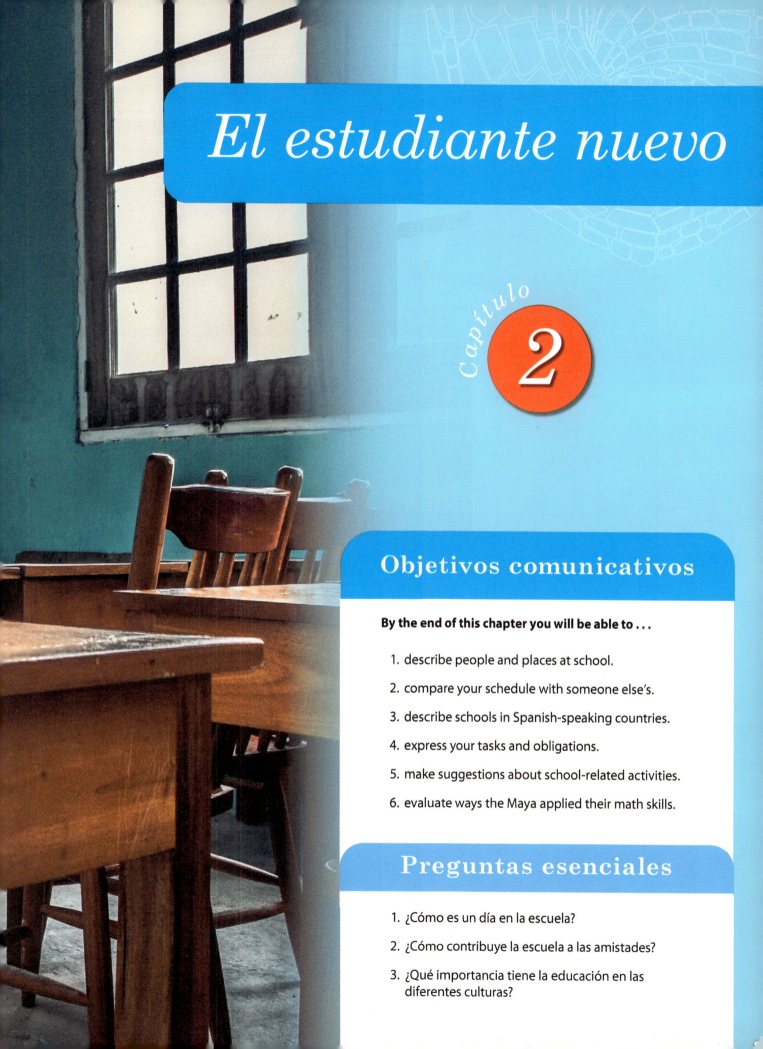

El estudiante nuevo

Capítulo **2**

Objetivos comunicativos

By the end of this chapter you will be able to . . .

1. describe people and places at school.

2. compare your schedule with someone else's.

3. describe schools in Spanish-speaking countries.

4. express your tasks and obligations.

5. make suggestions about school-related activities.

6. evaluate ways the Maya applied their math skills.

Preguntas esenciales

1. ¿Cómo es un día en la escuela?

2. ¿Cómo contribuye la escuela a las amistades?

3. ¿Qué importancia tiene la educación en las diferentes culturas?

Diálogo 2-1: Escuela nueva 🔊

---

1 How is it going?
2 don't worry
3 I'll show you

4 computer science classroom
5 downstairs, or on the floor below
6 nurse's office

7 basketball court
8 break between classes, recreational time

34

En todas las aulas hay una pizarra, un escritorio con una computadora y un proyector digital.

¡Tienen pizarras digitales!

Ahora mismo[9],tenemos pizarras digitales solamente en dos aulas, pero el año próximo van a instalar pizarras digitales en todas las aulas.

Y por cierto[10], ¿ya tienes[11] tu horario de clases?

No, todavía no[12].

Bueno, como vamos a las mismas clases, te enseño el mío.

En la mañana tenemos las clases normales y en la tarde tenemos las clases optativas[13].

HORARIO

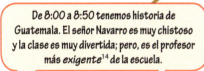

De 8:00 a 8:50 tenemos historia de Guatemala. El señor Navarro es muy chistoso y la clase es muy divertida; pero, es el profesor más exigente[14] de la escuela.

A las 9:00, tenemos la clase de matemáticas. Esta clase es la más difícil de todas, pero la señora López no es tan exigente como el señor Navarro.

Depende del día de la semana, de 10:00 a 11:00, tenemos la clase de literatura, física, química, inglés o lengua . . . y después tenemos la capilla[15] y el almuerzo.

¡Qué bien!

En la tarde tenemos música, gimnasia, arte, astronomía y contabilidad. Esas clases son optativas.

¡Astronomía!

El horario es mejor que el horario de mi escuela en México. Allá es peor[16] porque todos los días son ocupadísimos[17].

Pero, ¡el mejor día es el viernes porque nos vamos a casa temprano!

_____

[9] right now
[10] by the way
[11] do you already have?

[12] not yet
[13] elective classes
[14] demanding

[15] chapel
[16] worse
[17] very busy

Actividad 2-1: Preguntas de comprensión

Read each sentence and decide whether it is *cierto* or *falso*.

T 1. Juan está nervioso en su primer día de clase.

F 2. Las oficinas están el la planta de abajo.

T 3. La biblioteca está frente al aula de informática.

T 4. Hay un laboratorio de ciencias en la escuela.

F 5. La escuela no tiene gimnasio.

F 6. Todas las aulas tienen pizarras digitales.

F 7. La clase de historia de Guatemala es aburrida.

T 8. Hay clase de matemáticas en la mañana.

T 9. Los estudiantes van a casa temprano los viernes.

T 10. Los jueves hay clases optativas en la tarde.

Nota de léxico: La palabra *clase*

Clase may be used to refer to a school subject, an instructional session, a group of students, or the classroom.

¡VEN A VER MI ESCUELA!

Personas que trabajan en la escuela

Itzel is helping Juan become familiar with the school. Although teachers are the most important staff members in a school, all schools need other people to work in the administrative offices and to maintain the facilities.

Actividad 2-2: ¿Dónde trabaja el . . . ?

Itzel explains to Juan where the different places are in the school and who works there. Match the people at Colegio Evangélico with the type of jobs they do.

| **A.** administración | **C.** asistencia a los estudiantes |
| **B.** enseñanza | **D.** mantenimiento |

B 1. la profesora de matemáticas

C 2. la secretaria

C 3. la enfermera

B 4. el profesor de historia

C 5. el consejero escolar

D 6. el director

Actividad 2-3: ¿Qué hace el . . . ?

Match the person with the job description.

F 1. el director

A 2. la secretaria

E 3. la enfermera

B 4. el profesor de historia

C 5. el consejero escolar

D 6. la profesora de matemáticas

A. administra la escuela

B. enseña sobre la civilización maya

C. ayuda a los estudiantes con problemas académicos

D. enseña álgebra y cálculo

E. ayuda a los estudiante enfermos

F. trabaja en la oficina y ayuda al director

Las instalaciones escolares

Juan needs to become familiar with the facilities where all daily campus activities take place. He's very impressed with the facilities at Colegio Evangélico.

Actividad 2-4: Los objetos y las instalaciones 🔊

As you look at the pictures below, listen to discover the location of various objects at school. Based on what you hear, write the letter of the correct location for each numbered sentence.

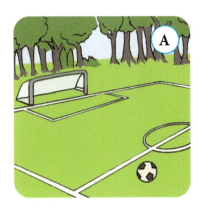
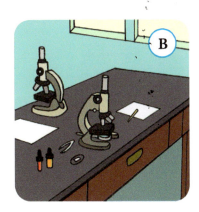

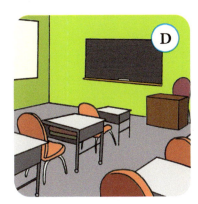

En mi escuela hay . . .

The verbs **tener** and **hay** may be used to describe objects in a room, building, or location. Even though they carry the same meaning, they function differently.

Notice how Itzel describes the school in the dialog.

> **Itzel:** Hay un laboratorio de ciencias. . . . También hay un campo de fútbol, un gimnasio y una cancha de baloncesto. . . . En todas las aulas hay una pizarra.

Itzel could have expressed the same idea with the verb *tener*.

> **Itzel:** [La escuela] tiene un laboratorio de ciencias. También tiene un campo de fútbol. Todas las aulas tienen una pizarra.

Actividad 2-5: ¿Qué hay en el aula de Juan?

Look at Juan's classroom and identify each labeled object.

1. un pupitre	5. una mochila	9. una goma de borrar
2. un escritorio	6. un mapa	10. unos libros
3. una pizarra	7. una silla	11. una estantería
4. un portátil	8. un proyector	12. un borrador

Nota de lengua: El verbo *hay*

Three important things to remember about using **hay**:

1. The form *hay* works for both singular and plural ("there is" or "there are").

   Hay una computadora.
   Hay cinco computadoras.

2. The verb *hay* is used with indefinite articles (*un, una, unos, unas*). For example: *En la escuela hay* **un** *gimnasio* or *en el aula hay* **unas** *computadoras*.

3. Since *hay* is an impersonal verb, no action is indicated by this verb. Something exists, or it doesn't.

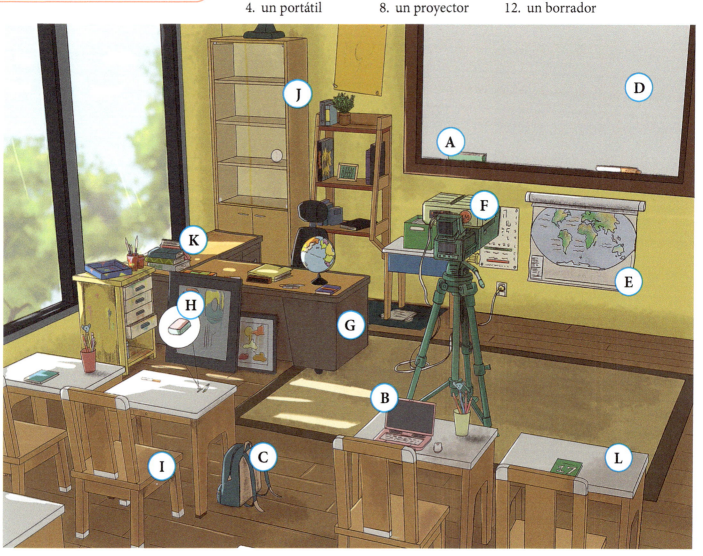

Actividad 2-6: ¿Qué hay en la clase?

Paso 1

Juan is looking around the room during his first class. Now, look at the picture on page 38 and write five sentences about what you see in the classroom.

> **Modelo**
> En la clase hay una pizarra.
> En la pared hay un mapa.

Paso 2

Find a partner and ask him to tell you what's in your Spanish classroom.

> **Modelo**
> **Estudiante 1:** ¿Qué hay en la clase?
> **Estudiante 2:** En la clase hay un reloj, hay diez pupitres y hay ocho estudiantes.

Actividad 2-7: ¿Qué hay en la escuela?

Compare the facilities at Colegio Evangélico with those at your school. In a group with three of your classmates, ask each other about the specific facilities on your campus. Use the following words and phrases.

un gimnasio	una biblioteca	un campo de fútbol
una cancha de baloncesto	un patio de recreo	unas oficinas
un aula de informática	una enfermería	un comedor
un laboratorio de ciencias	una capilla	

> **Modelo**
> **Pregunta:** ¿Hay un gimnasio en la escuela?
> **Respuesta:** Sí, hay un gimnasio. *or* No, no hay un gimnasio.

Mi escuela tiene . . .

The verb *tener* is also used to describe what's in a room, building, or location. Notice how Itzel tells Juan that they have digital whiteboards in only two of the classrooms.

> **Itzel:** Tenemos pizarras digitales solamente en dos aulas.

Itzel could have expressed the same idea in two different ways:

(1) Tenemos pizarras digitales solamente en dos aulas.

(2) Hay pizarras digitales solamente en dos aulas.

Notice that the verbs *tener* and *hay* in Spanish function very much like the English verbs *to have* and *there is / there are*.

> La escuela **tiene** un comedor. (The school **has** a cafeteria.)
> En la escuela **hay** un comedor. (In the school **there is** a cafeteria.)
> **Hay** un comedor en la escuela. (**There is** a cafeteria in the school.)

Actividad 2-8: ¿Qué tiene la escuela?

Paso 1

Read the dialog and look for all the facilities mentioned. Then, write four sentences specifying four facilities available at Colegio Evangélico.

> **Modelo**
> El Colegio Evangélico tiene un gimnasio.

Paso 2

Compare your school with Colegio Evangélico. Converse with a classmate about whether your school has the same facilities that Colegio Evangélico has. Use the sentences you wrote in Paso 1.

> **Modelo**
> **Pregunta:**   ¿Nuestra escuela tiene un gimnasio?
> **Respuesta:** Sí, nuestra escuela tiene un gimnasio. *or*
>   No, nuestra escuela no tiene un gimnasio.

Los artículos

There are two types of articles: definite and indefinite. Definite articles refer to specific objects or persons. An indefinite article refers to something or someone in general.

In Spanish, the articles must agree in gender (masculine/feminine) and number (singular/plural) with the nouns they modify.

	definite articles		indefinite articles	
	singular	**plural**	**singular**	**plural**
masculine	el	los	un	unos
feminine	la	las	una	unas

Notice the following examples from the dialog.

> **Itzel:**   También **hay un** gimnasio y **una** cancha de baloncesto.
>   Y frente **al** *aula*[1] de informática, está **la** biblioteca.

The first sentence refers to *a gym* and *a basketball court* (any, not a specific one). The second sentence refers to *the computer lab* and *the library* (two specific rooms in the school).

Actividad 2-9: ¿Definido o indefinido? 🔊

Listen to Juan describing Colegio Evangélico on the phone to his cousin in Mexico. Write the correct definite or indefinite article: *el, los, la, las, un, unos, una,* or *unas.*

(1)_____ Colegio Evangélico está en San Marcos. (2)_____ escuela es bastante grande. Tiene (3)_____ biblioteca, (4)_____ aula de computadoras, (5)_____ gimnasio, (6)_____ campo de fútbol y (7)_____ cancha de baloncesto.

(8)_____ biblioteca y (9)_____ aula de computadoras están en (10)_____ piso de arriba. En (11)_____ piso de abajo están (12)_____ clases. Todas (13)_____ clases tienen (14)_____ computadora y (15)_____ proyector.

---

[1] Note that some feminine nouns that begin with the *a* sound take masculine articles when singular (e.g., *el aula* or with the contraction [*a* + *el*], *al aula*).

Nota de lengua: Definite articles

1. English has only one definite article: ***the***.

2. Spanish has four definite articles: ***el*, *los*, *la*, *las***.

3. When used, the definite article always precedes the noun.

4. The definite article must agree in number (singular/plural) and gender (masculine/feminine) with the noun it modifies.

   el colegi**o** / **los** colegi**os**
   la escuel**a** / **las** escuel**as**

5. Only the masculine singular definite article ***el*** forms a contraction when it follows the prepositions ***a*** or ***de***.

   a + el = al
   de + el = del

   Juan va **al** (*a* + *el*) gimnasio.
   Juan viene **del** (*de* + *el*) gimnasio.

Nota de lengua: Indefinite articles

1. Remember that English has two indefinite articles: **a/an** (singular) and **some** (plural).

2. Spanish has four indefinite articles: ***un*, *unos*, *una*, *unas***.

3. When used, an indefinite article always precedes the noun it modifies.

4. The indefinite article must agree in number (singular/plural) and gender (masculine/feminine) with the noun it modifies.

   un colegi**o** / **unos** colegi**os**
   una escuel**a** / **unas** escuel**as**

Ahora mismo sólo dos aulas tienen ⁽¹⁶⁾____ pizarra digital. Pero ⁽¹⁷⁾____ año próximo van a poner pizarras digitales en todas ⁽¹⁸⁾____ aulas.

Hay ⁽¹⁹⁾____ profesoras hondureñas, y ⁽²⁰⁾____ profesores guatemaltecos y salvadoreños.

¿CÓMO ES TU HORARIO DE CLASES?

Acciones en progreso: El presente progresivo

In Spanish, the "in progress" idea is always expressed with *estar + gerundio* of the main verb.

Example: Este semestre **estoy tomando** inglés.

In English, the "in progress" idea is always expressed with *to be + verb-ing*.

Example: This semester **I am taking** English.

Gerundio endings:

- *-ar* verbs: *root + ando*
- *-er* and *-ir* verbs: *root + iendo*

Examples

estudiar   Nosotros estamos estudi**ando** astronomía este semestre.

comer   Itzel está com**iendo** con sus papás.

escribir   Itzel y Juan están escrib**iendo** en el blog.

The auxiliary verb *estar* changes according to the subject of the action.

estoy	estamos
estás	estáis
está	están

Las asignaturas

Notice how Itzel explained to Juan what subjects they are taking and when.

Itzel: En la mañana tenemos las clases normales y en la tarde tenemos las clases optativas. . . . De 8:00 a 8:50 tenemos historia de Guatemala. A las 9:00 tenemos la clase de matemáticas. . . . Depende del día de la semana, de 10:00 a 11:00 tenemos la clase de literatura, física, química, inglés o lengua. . . . En la tarde tenemos música, gimnasia, arte, astronomía y contabilidad. Esas clases son optativas.

Actividad 2-10: Mis asignaturas

Paso 1

Look at the following list of school subjects (*asignaturas*) that Juan and Itzel can choose from. Select the classes you are taking this semester. Include any electives (*optativas*) as well.

lista de asignaturas		
humanidades	ciencias	optativas
lengua	matemáticas	artes plásticas
literatura	física	formación musical
lengua extranjera	química	educación física
historia de EEUU	ciencias naturales	contabilidad general
historia universal	biología	astronomía
ciencias sociales	álgebra	dibujo técnico
geografía	geometría	programación
Biblia	pre-cálculo	taller

Paso 2

Compare your schedule of classes with a classmate's schedule. Ask him or her how many and what school subjects he or she is taking. Take turns asking each other questions.

Modelo
Pregunta: ¿Cuántas asignaturas tienes este semestre?
Respuesta: Este semestre tengo seis asignaturas.

Pregunta: ¿Qué asignaturas estás tomando este semestre?
Respuesta: Este semestre estoy tomando matemáticas e historia.

Paso 3

Ask each other which school subjects are your favorites.

Modelo
Pregunta: ¿Cuáles son tus asignaturas favoritas?
Respuesta: Mis asignaturas favoritas son ___. *or*
Mi asignatura favorita es ___.

Actividad 2-11: Asociaciones

School subjects in Guatemalan schools may be similar to ones you have. Using the chart above, match each statement with the related subject.

1. El 4 de julio de 1776 se firmó la declaración de independencia de los EEUU.

2. Una fracción representa una porción de un número.

3. Los Pirineos son unas montañas entre Francia y España.

4. Los triángulos tienen tres ángulos.

5. La población de EEUU en el siglo XIX era menos de cien millones.

6. En español, los adjetivos van después de los sustantivos.

7. La célula humana tiene un núcleo y una membrana.

8. La iglesia empieza en el libro de Los Hechos de los Apóstoles.

¿A qué hora es?

Numbers are used not only in math or for counting but also with class schedules. Look again at Diálogo 2-1 and notice how numbers are used.

Actividad 2-12: Los números 🔊

Listen to Juan and Itzel's conversation and indicate the numbers you hear.

1. 1 / 5 / 8
2. 10 / 13 / 6
3. 17 / 3 / 11
4. 16 / 4 / 9
5. 15 / 12 / 2
6. 19 / 7 / 14

Las horas y los minutos

In order to express the time in hours and minutes, think of the clock face as divided in two halves.

When the minute hand is on the right half (between 12:00 and 6:00), use the structure es/son *[hora]* **y** *[número] minutos.* For example, to express 2:10, you would say, "*Son las dos y diez minutos.*"

When the minute hand is on the left half (between 6:00 and 12:00), add one to the hour and use the structure es/son *[hora]* **menos** *[número] minutos.* (At 2:55 you would say, "*Son las tres menos cinco minutos.*")

1:10	Es la una **y** diez (including *minutos* is optional).
2:17	Son las dos **y** dicisiete minutos (17 minutes past two).
4:40	Son las cinco **menos** veinte minutos (20 minutes till 5:00).

los números	
1	uno
2	dos
3	tres
4	cuatro
5	cinco
6	seis
7	siete
8	ocho
9	nueve
10	diez
11	once
12	doce
13	trece
14	catorce
15	quince
16	dieciséis
17	diecisiete
18	dieciocho
19	diecinueve
20	veinte
21	veintiuno
22	veintidós
23	veintitrés
24	veinticuatro
25	veinticinco
26	veintiséis
27	veintisiete
28	veintiocho
29	veintinueve
30	treinta
31	treinta **y** uno
42	cuarenta **y** dos
59	cincuenta **y** nueve
64	sesenta **y** cuatro

Time expressions

1. Expressing the time in Spanish is somewhat flexible. For example, 2:40 can be said two different ways.

   Son las tres menos veinte minutos. **or**
   Son las dos y cuarenta minutos.

2. Hours are divided in four equal parts called *cuartos.*

Phrases for expressing the time:

12:00	*las doce* **en punto**	(12 o'clock on the dot)
12:15	*las doce* **y cuarto**	(a quarter past twelve)
12:30	*las doce* **y media**	(half past twelve)
12:45	*la una* **menos cuarto**	(a quarter till one)

MÁS INFORMACIÓN

Actividad 2-13: ¿A qué hora tienes . . . ?

Paso 1 🔊

Listen to Juan tell Itzel about his Monday schedule. Listen for the missing classes or activities.

Juan Pérez	lunes	martes	miércoles	jueves	viernes
8:00–8:50	historia	geografía	historia	ciencias sociales	historia
9:00–9:50		inglés	matemáticas	biología	inglés
10:00–10:50	literatura	química	inglés	física	lengua
11:00–11:50			capilla		
12:00–12:50					
13:00–13:50		biblioteca	astronomía	biblioteca	astronomía
14:00–14:50		arte	música	arte	
15:00–15:50	contabilidad	gimnasia	contabilidad	gimnasia	

Paso 2

Itzel wants to know about Juan's classes on Thursday. Answer the questions by referring to Juan's schedule in Paso 1. Use *de la mañana / de la tarde* to indicate morning or afternoon classes.

  Modelo
  ¿A qué hora tienes la clase de física?
  Tengo la clase de física a las 10:00 de la mañana.

1. ¿A qué hora tienes la clase de ciencias sociales?

2. ¿A qué hora tienes la clase de arte?

3. ¿A qué hora tienes la clase de gimnasia?

4. ¿A qué hora tienes la biblioteca?

5. ¿A qué hora tienes la clase de biología?

Paso 3

Use Juan's weekly schedule as an example to create a table with your class schedule in Spanish. Include each class and activity (chapel, breaks, etc.).

Paso 4

Look at your schedule and choose the day of the week when you have the most classes. Exchange schedules with a classmate and ask each other about the classes for that day.

  Modelo
  Pregunta: ¿A qué hora tienes la clase de matemáticas?
  Respuesta: Tengo la clase de matemáticas a las 8:00 de la mañana.

Las comparaciones y los superlativos

Chapter 1 presented the three basic types of comparison: *more than*, *less than*, and *equal to* or *the same as*. In Diálogo 2-1, Juan and Itzel talk about school and compare teachers, school days, classes, and Juan's previous school.

El señor Navarro es **el** profesor **más** exigente de la escuela.

La señora López **no es tan** exigente **como** el señor Navarro.

Tenemos **las** clases **más** fáciles, en la tarde.

Not every comparison is between two people or things. Sometimes an individual is compared to the other members in a group.

El señor Navarro . . . es **el** profesor **más** exigente de la escuela.

When Mr. Navarro is compared to all the other teachers in the school, he is the *most demanding* of all the teachers.

Juan es **más** alto **que** Itzel. (comparison of two individuals)
Juan es **el más** alto **de** la clase. (comparison of an individual to a group)

The structure *el/la más* ___ *de* is called the **superlative form**. It's used to compare individual persons or things to a group of people or things.

Nota de lengua: Comparatives

bueno y malo

Some adjectives have distinct comparative and superlative forms (like *good, better, best* or *bad, worse, worst*).

adjective	comparative	superlative
bueno	mejor	el/la mejor
malo	peor	el/la peor

grande y pequeño

These two adjectives are very common and are often used with *más . . . que*. They can also follow the pattern of *bueno y malo*:

grande	mayor	el/la mayor
pequeño	menor	el/la menor

Actividad 2-14: ¿Qué clase es . . . ?

Juan and Itzel conduct a survey of student opinions about school subjects. Listen to what they say while discussing the results of their survey and complete each sentence with the comparative or superlative form of the adjective.

Juan: Me sorprende que los estudiantes piensan que la clase de matemáticas es [1]_____.

Itzel: A mí también. Yo pienso que la clase de química es [2]_____ la clase de matemáticas.

Juan: ¿Crees que la clase de química es [3]_____ clase de ciencias?

Itzel: No, creo que la clase de física es [4]_____. La clase de química es [5]_____ que la clase de física.

Juan: Sí, el señor Moreno es [6]_____, pero su clase de física es [7]_____.

Juan: ¡Mira! Las clases de deportes y música son [8]_____.

Itzel: Sí, porque son [9]_____.

Juan: Y la señora López es la profesora [10]_____.

Itzel: Y la clase de historia es [11]_____ la clase de literatura.

Juan: Sí, porque la señora Alonso es [12]_____ el señor Navarro.

El calendario maya

. . . subiendo . . .

Actividad 2-15: La clase más . . .

This chart lists the results of Juan and Itzel's survey of student opinions about school subjects. Respondents were to choose all the adjectives they thought applied to each subject. For example, 78% of the students rated *química* as *difícil*.

	inglés	matemáticas	literatura	historia	deportes	biología	química	astronomía	música
difícil	46%	90%	40%	20%	5%	65%	78%	51%	22%
fácil	32%	8%	37%	67%	95%	36%	12%	68%	75%
divertida	25%	84%	26%	12%	89%	37%	15%	50%	80%
interesante	31%	80%	49%	52%	26%	92%	71%	88%	63%
aburrida	24%	6%	84%	83%	2%	16%	18%	9%	17%
creativa	7%	68%	80%	11%	22%	13%	24%	74%	95%
práctica	59%	39%	4%	3%	18%	88%	44%	47%	79%

Paso 1

Write sentences using the data from the table to indicate which subjects are the easiest, most fun, most interesting, and so on according to the students in Colegio Evangélico. Use the superlative comparison structure.

> **Modelo**
> *difícil:* La clase de matemáticas es **la más** difícil. *or*
> Matemáticas es **la** clase **más** difícil de todas.

1. fácil

2. aburrida

3. divertida

4. creativa

5. interesante

6. práctica

Paso 2

Discuss with a classmate which of your classes is the hardest, the easiest, the most interesting, and so on. Ask your classmate to tell you which classes he or she thinks are the hardest, easiest, and so on. Use the superlative comparison structure.

> **Modelo**
> *Para mí* [1], la clase de matemáticas es **la más** interesante. *or*
> Para mí, matemáticas es **la** clase **más** interesante de todas.

_____

[1] to me, in my opinion

Actividad 2-16: Nuestros profesores y profesoras

In another survey, Juan and Itzel ask their classmates about the teachers. This chart shows the percentage of students who think a particular teacher is the most demanding and so on.

	Sr. Navarro	Sra. López	Sr. Moreno	Sra. Alonso	Sra. Ruíz
exigente	83%	15%	23%	30%	8%
divertido/a	12%	70%	17%	45%	30%
calmado/a	73%	49%	98%	23%	72%
estricto/a	56%	19%	66%	91%	63%
amable	58%	64%	61%	71%	94%
interesante	65%	70%	92%	81%	59%

Paso 1

Use data from the table to indicate which teacher is the most demanding, the most fun, the strictest, the kindest, and the most interesting according to the students at Colegio Evangélico. Use the superlative comparison structure.

Modelo
exigente: El señor Navarro es **el profesor más** exigente.

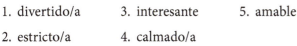

1. divertido/a   3. interesante   5. amable

2. estricto/a   4. calmado/a

Paso 2

Conduct a class survey about your teachers and decide what you and your classmates agree on regarding your teachers. Based on your survey, write four sentences describing which teacher is the most demanding, the most fun, and so forth. Use the vocabulary in Paso 1 and the superlative comparison.

Modelo
estricta: Mrs. Smith es **la profesora más** estricta.

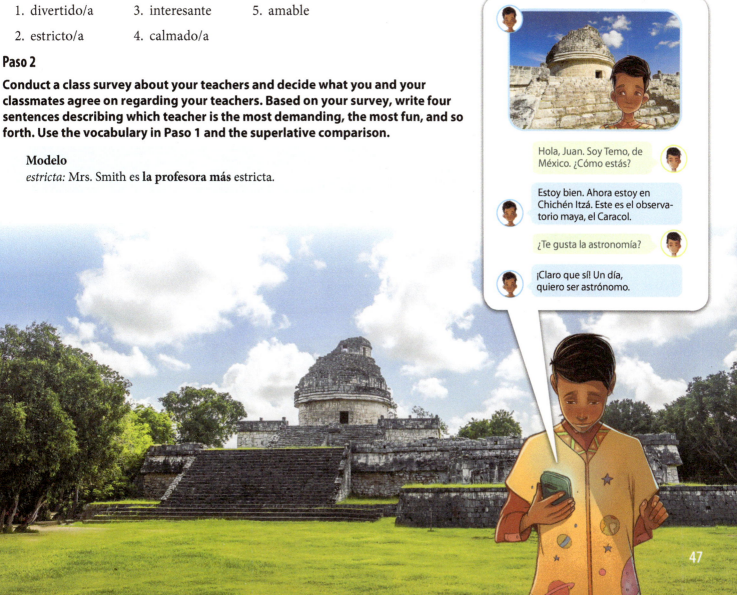

Hola, Juan. Soy Temo, de México. ¿Cómo estás?

Estoy bien. Ahora estoy en Chichén Itzá. Este es el observatorio maya, el Caracol.

¿Te gusta la astronomía?

¡Claro que sí! Un día, quiero ser astrónomo.

CONEXIONES CULTURALES CON EL PRESENTE

Las escuelas en los países de habla hispana

How do you think you would feel if you visited or attended a school in a Spanish-speaking country? What would be different from your school day now? Would you still have the same favorite subjects? Would you be taking English? What about your *boletín de notas*[1]? Hopefully it would show good grades, but would that mean it would show As and Bs? While schools vary from country to country, here is what you might find if you visited a school in a Spanish-speaking country.

use this space for playing basketball, but more often than not, during free time you would find them playing soccer here or on a school soccer field. You would also notice students coming to school in school uniforms. In most public and private schools, students are required to wear uniforms to provide a sense of discipline and orderliness.

Schools in Spanish-speaking countries usually start the day with the *juramento a la bandera*[2]. Everyone gathers in the patio or courtyard and stands at attention as flag-bearers present the country's flag. You would see students routinely practicing flag drills and hear bands practicing a version of taps and playing drums. Some schools start as early as 7:00 a.m. (*hora de entrada*) and go straight through until 1:00 or 2:00

First, you would notice the school entrance. Typically, you enter through a gated entrance and walk across a cement patio or courtyard. The patio may be surrounded by classrooms. Often, it serves as a play area or a basketball court. Students sometimes

p.m., when students are dismissed (*hora de salida*). In some cases students are dismissed for a two-hour lunch break so they can go home to eat and then come back to finish their school day. Public schools may also stay open for students who attend school in the afternoon or evening hours.

[1] report card
[2] pledge to the flag

Some countries use a ten-point grading scale, while others may use a hundred-point scale like most US schools. Here's an example of such a scale and the corresponding *notas*[3] used in Guatemala. Teachers may list either the points earned or the abbreviated grade. For example, *muy bien* is often abbreviated as *MB*. It is hard to always achieve grades that are *sobresalientes*[4].

calificación	nota
100	Sobresaliente
90–99	Excelente
80–89	Muy bien
70–79	Bien
60–69	Aprobado (pero debe mejorar)
0–59	Reprobado

Of course, you would be expected to take Spanish, but most likely you would also be studying English, a standard course in most schools. If you attended a private school, all your courses might be in English except language and history courses. Most schools have some kind of computer class as well. Here's an example of a high school schedule with a few electives.

Actividad 2-17: Preguntas de discusión

1. Compare schools in Spanish-speaking countries with schools in the United States. What are some similarities and differences?

2. Why do you think the school day might start as early as 7:00 a.m. in some countries? In what ways would this be (or not be) a good schedule for your school? Would you like to have a two-hour lunch break?

3. What advantage do you have in knowing English? What advantages might you have in knowing a second language?

4. What is the difference between *aprobado* and *reprobado* on a *boletín de notas*? Is there a biblical basis for this type of evaluation?

† **Instituto Juárez** — Horario de Clases — Grupo 701 — **Ciclo Escolar 2021–2022**

HORA	LUNES	MARTES	MIÉRCOLES	JUEVES	VIERNES
7:00–7:50	Biología	Laboratorio de Biología	Educación Física	Biología	Tecnología
7:50–8:40	Educación Física	Matemáticas	Inglés	Tecnología	Tecnología
8:40–9:30	Asignatura estatal	Geografía	Inglés	Matemáticas	Matemáticas
9:30–9:50	*DESCANSO*				
9:50–10:40	Lengua española	Asignatura estatal	Lengua española	Geografía	Desarrollo humano
10:40–11:30	Matemáticas	Inglés	Ecología	Lengua española	Certificación
11:30–12:20	Tutoría	Inglés	Geografía	Certificación	Geografía
12:20–12:30	*DESCANSO*				
12:30–13:20	Geografía	Música	Matemáticas	Asignatura estatal	Biología
13:20–14:10	Inglés	Lengua española	Biología	Laboratorio de Matemáticas	Biología
14:10–15:00	Inglés	Habilidad matemática	Música	Español	Español

[3] grades
[4] outstanding, excellent

Diálogo 2-2: Horario nuevo 🔊

Itzel and Juan are talking about the supplies they need for school. Because Juan needs to go downtown, they make plans to go to the public library after school and work on the *Arqueología sin Fronteras* blog.

¹ get, obtain
² school uniform
³ along with

⁴ take with you
⁵ ruler
⁶ drawing triangle

⁷ school supplies
⁸ city library
⁹ we could

10 if you like
11 just in case
12 ice cream
13 ice-cream shop
14 flavors
15 a little
16 next week
17 guys, kids
18 How exciting!
19 We're going to have such a great time!

Actividad 2-18: Preguntas de comprensión

Read each statement and indicate whether it is *cierto* or *falso*.

1. Juan sabe lo que necesita hacer primero.
2. Itzel sabe dónde conseguir lo que Juan necesita.
3. La escuela no requiere uniforme.
4. Juan no necesita nada para la clase de matemáticas.
5. Todas las clases requieren cuaderno y bolígrafo.
6. Juan necesita útiles escolares.
7. La biblioteca municipal es un edificio maya.
8. Juan no quiere llegar tarde a la biblioteca.
9. Itzel y Juan van a cenar después de ir a la biblioteca.
10. Itzel y Juan van a hablar con los otros jóvenes por internet.

¡TENGO QUE HACER MUCHAS COSAS!

Obligations are an important part of being a student. Completing homework, attending class, going to meetings, studying, making appointments . . . they all make us organize our activities and schedule the things we have to do.

Expresando obligación o necesidad

Juan and Itzel express obligation in different ways.

Juan: Sí, pero **tengo que hacer** muchas cosas. Primero, **necesito hablar** con los maestros.

Itzel: Para conseguir los libros, **debes ir** a la oficina de la secretaria.

There are three possible verbs for expressing obligation or necessity: *tener que*, *necesitar*, and *deber*. They all mean the same and may be used interchangeably. However, *tener que* ("have to") and *necesitar* ("need to") are used more often than *deber* ("must").

Note that when one of these verbs is used to mean obligation, it is always followed by an infinitive.

tener	*tener + que +* infinitive: Juan **tiene que comprar** ropa.
necesitar	*necesitar +* infinitive: Itzel **necesita ir** a la biblioteca.
deber	*deber +* infinitive: Juan **debe hablar** con los maestros.

Nota de lengua

The verb *tener* is irregular, but *necesitar* and *deber* are regular -*ar*, -*er* verbs.

necesitar	deber
necesito	debo
necesitas	debes
necesita	debe
necesitamos	debemos
necesitáis	debéis
necesitan	deben

The verb *necesitar* can take a noun or an infinitive verb as its object.

Juan **necesita libros**.
Juan **necesita comprar** libros.

Using the infinitive form

In general, when an English verb is the object of another verb, it may take the infinitive (*to* + verb) or the gerund (-*ing*). However, a Spanish verb used as the object of another verb must be in the infinitive form.

I need **to go** now.
Necesito **ir** ahora.

I love **going** to school.
Me encanta **ir** a la escuela.

MÁS INFORMACIÓN

Actividad 2-19: Lo que Juan necesita hacer

Paso 1

Juan has a long list of things he needs to do today. Construct a sentence with the clues you are given. Use *tener que* or *necesitar*.

> **Modelo**
> 3:00 de la tarde / ir al banco
> Juan **tiene que** ir al banco a las 3:00 de la tarde. *or*
> Juan **necesita** ir al banco a las 3:00 de la tarde.

1. 9:00 de la mañana / ir a la oficina

2. 9:30 de la mañana / hablar con el señor Navarro

3. 10:30 de la mañana / pagar los libros y el uniforme

4. 12:00 del medio día / comer con Itzel y Carlos

5. 4:00 de la tarde / ir al centro para comprar los útiles escolares

6. 7:00 de la tarde / ir a la biblioteca municipal

Paso 2

Juan's mother wants to know what he's doing today and asks Juan the following questions. Answer them as Juan would, using the clues above in Paso 1 and the same verb that's used in the question.

> **Modelo**
> **Mamá:** ¿A qué hora **tienes que** ir a la oficina?
> **Juan:** Tengo que ir a la oficina a las 9:00 de la mañana.

1. ¿A qué hora necesitas hablar con el señor Navarro?

2. ¿Cuándo tienes que pagar los libros y el uniforme?

3. ¿A qué hora tienes que comer con Itzel y Carlos?

4. ¿A qué hora necesitas ir al centro para comprar los útiles escolares?

5. ¿A qué hora tienes que ir a la bibioteca municipal?

> ¡De qué son esas dos cabezas!
>
> Son cabezas de serpiente al pie de esta pirámide.
>
> ¿Todavía estás en Chichén Itzá?
>
> Sí.

Expresando obligación o necesidad en tiempo futuro

Recall the conversation between Itzel and Juan regarding things they have to do the following day.

Juan: Muy bien. Entonces, **mañana necesito salir temprano** del colegio porque *voy* al centro a comprar los útiles escolares.

Itzel: Yo también **voy a salir pronto** porque tengo que ir a la biblioteca municipal; **voy a buscar** información.

Juan: Yo también **voy a la biblioteca mañana**, después de comprar los útiles escolares.

Though these actions will happen in the future, Juan and Itzel are using two common present tense verb constructions to refer to future activities. (Future tense will be presented in a later chapter of this textbook.)

- present tense: Mañana **necesito/tengo que** salir temprano del colegio.
- *ir a* + infinitive: Mañana **voy a salir** temprano del colegio.

Actividad 2-20: Tengo que . . .

Paso 1

List five things you need to do, places you need to go, or people you need to meet with this coming week. Be specific regarding the day of the week and time.

Modelo

tengo que . . .	día	hora
estudiar español	miércoles	4:30 de la tarde
comer con Mark	jueves	12:00 del mediodía
ir a la farmacia	sábado	10:15 de la mañana

Paso 2

Exchange lists with a classmate. Ask each other about your upcoming plans. Pay attention to the day of the week and time.

Modelo
¿Cuándo tienes que estudiar español?
Tengo que estudiar español el miércoles a las cuatro y media de la tarde.

¿Cuándo vas a comer con Mark?
Voy a comer con Mark el jueves a las doce del mediodía.

¿Cuándo necesitas ir a la farmacia?
Necesito ir a la farmacia el sábado a las diez y cuarto de la mañana.

¿POR QUÉ NO VAMOS JUNTOS?

Sugerir ideas y cambios

An important part of making plans with others is making suggestions. We negotiate time and place or even make changes to the activity itself through suggestions. Observe how Itzel and Juan make suggestions based on their schedules in order to work together after school.

Itzel: Sí, ¡perfecto! Si te parece bien, podemos ir a las 6:30.
Juan: ¿Por qué no vamos a las 7:00? Por si acaso llego tarde del centro.
Itzel: Sí, está bien. Podemos cenar y luego ir a la biblioteca.

Juan and Itzel use four ways to make suggestions.

1. First person plural + negative question: **¿Por qué no** vamos a las 7:00?

2. Negative question: **¿Por qué no** vas a las 7:00?

3. First person plural of *poder* + infinitive: **Podemos** ir a las 6:30.

4. *Poder* + infinitive: **Puedes** conseguir el uniforme.

The four forms actually correspond the way suggestions are made in English. The difference between 1 and 2 and between 3 and 4 is whether or not you include yourself in the suggestion.

Nota de lengua
The verb *poder* ("to be able") is a stem-changing verb. It follows the *o → ue* pattern.

puedo	podemos
puedes	podéis
puede	pueden

Other commom verbs that follow this pattern are *dormir, costar, contar, volver, recordar,* and *soñar.*

Actividad 2-21: ¿Por qué no . . . ?

Paso 1

Itzel and Juan are at Juan's house that evening working on the blog. Itzel makes some suggestions regarding information to include in the blog post. Write the sentences using the negative question or the verb *poder*.

Modelo
hablar *de El Caracol*[1]
¿Por qué no hablas de El Caracol? *or* ¿Por qué no hablamos de El Caracol? *or* ¡Puedes hablar de El Caracol! *or* ¡Podemos hablar de El Caracol!

1. describir El Castillo
2. describir El Templo del Jaguar
3. explicar el calendario maya
4. hablar de los números mayas

Paso 2

You and your classmate need to study for the upcoming Spanish test for this chapter. Suggest what you can both do to prepare for the test. Use the three ways to make suggestions and remember to conjugate the main verbs. Use some of the following clues.

leer el diálogo	describir los números de los mayas
practicar las horas	repasar las comparaciones
describir las escuelas en Latinoamérica	practicar el vocabulario sobre la escuela, las asignaturas y los horarios
repasar los números	
practicar las sugerencias	

[1]Although *de + el* is usually contracted into *del*, in this case *El* is part of the name *El Caracol*, so the contraction is not used.

CONEXIONES CULTURALES CON EL PASADO

Las matemáticas de los mayas

As archaeologists and students like Iztel and Juan study Mayan civilization, they find examples of a people who valued accuracy. For example, the Maya developed a sophisticated numbering system, which at the time may have been one of the most advanced in the world. Their concept of zero enabled them to calculate figures into the millions. A good understanding of mathematics was essential for their calendar, their study of the stars, and their buildings, all of which show how advanced they were in their knowledge. Whether or not the Maya realized it, God, who created all things, intended for humans to use the celestial bodies to keep track of time. The Maya did just that with definite skill.

The Maya developed a base-20 numbering system, which was easy to use since everyone has ten fingers and ten toes. However, instead of counting these, they used three simple symbols: a seashell for 0, a dot for 1, and a bar for 5. The chart at right shows the numbers from 0 to 19.

Based on this simple system, Mayan merchants and artisans could quickly calculate exchanges. But the Maya were also able to do highly accurate astronomical calculations. To represent a number larger than 19, they wrote their symbols vertically. Each place above a number increased the number by a power of 20 (20^1 [20], 20^2 [400], 20^3 [8,000], 20^4 [160,000], and so on).

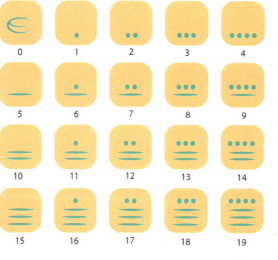

The Maya also adopted a cyclical system of interlocking calendars. They used a ritual calendar with a 260-day cycle and a civil calendar with a 365-day year similar to our Gregorian calendar with its days, months, years, centuries, and millenia. Every 52 years these two calendars coincided to start a new era. The ritual calendar is still used in the highlands of

$(20)^4$

+

$12(20)^3$

+

$6(20)^2$

+

$2(20)$

+

18

$= 258,458$

Guatemala and Chiapas, Mexico, for maize cultivation. For events spanning more than 52 years, they relied on a long-term calendar that used units of about 20 years and 400 years. The Maya would carefully date their monuments, showing how many days had elapsed since their beginning date of 3114 BC. With this complex calendar arrangement, the Maya recorded lunar and solar cycles, eclipses, and movements of planets with great accuracy. In some cases, the Mayan calculations were more accurate than the ones Europeans were making at the time. Their calculations arrived at 365.242 days as the length of the solar year (the modern value is 365.242198). The length of the lunar month for the Maya was 29.5308 days (the modern value is 29.53059).

El calendario sagrado tiene veinte meses y trece días.

The Maya combined their knowledge of mathematics and astronomy with their calendar in the design of their buildings. Perhaps most notable is the step pyramid called *El Castillo*[1], the name given by Spanish conquistadors. This ten-story-high structure overlooks the Chichén Itzá archaeological site in the Yucatán Peninsula of Mexico. Classified as one of the new seven wonders of the world, it served as a temple dedicated to the Mayan serpent god, Kukulcan. It has ninety-one steep steps on each of the four sides. These plus the platform step on top total 365 steps, one for each day of the solar year.

The Maya built the pyramid is such a way that during the spring and autumn equinoxes, a shadow of a serpent can be seen as if slithering down the steps and connecting with the head of the serpent at the bottom. This shadow effect is caused by the way the sun's rays hit the western balustrade of the pyramid's nine terraces. While no architectural evidence exists to prove it was a deliberate part of their design, it is hard to imagine that this phenomenon is merely coincidental.

Another example of Mayan ingenuity at the same site is seen in a round structure called *El Caracol*[2], so named for the spiral staircase inside. The Maya used it as an observatory, and like modern observatories, it offers a 360-degree view of the stars. Windows were put in certain places in the wall to allow observers to keep track of the planet Venus's erratic movements to determine when to engage in battles or sacrifice prisoners of war. This observatory is not square with the four cardinal directions (*norte, sur, este, oeste*) like the platform underneath it is. Instead, its stairs and the building itself are rotated 27.5 degrees north of west. The Maya engineered this building so that it would be in line with the exact point where Venus sets on the evening of its northernmost excursion, an event occurring once every eight years. No doubt, it took careful planning to arrange their buildings in this fashion.

Actividad 2-22: Preguntas de discusión

1. What was the Mayan numbering system based on, and which symbols did the Maya use? Was this as efficient as a base-10 system? Why?

2. Which calendar is still used in some parts of Guatemala and Mexico today for maize cultivation? Compare this calendar to our Gregorian calendar. Which is better?

3. How did the Maya employ their math skills in the design of some of their buildings? Why do you think they did that?

4. According to Genesis 1:14, what was God's intention for this part of His creation? Explain how the Maya fulfilled God's intention as stated in Genesis 1:14.

5. Evaluate whether the Maya employed their math skills in ways God did not intend.

Un escaneo láser 3D revela que el observatorio está alineado con Venus.

[2] The Snail

Arqueología sin Fronteras

Los mayas

Los incas

Los aztecas

Los españoles

Los mayas y las matemáticas

28 de septiembre a las 19:34

¡Buenas noches! Soy Juan, el nuevo amigo de Itzel. Vamos a la misma escuela y tenemos el mismo horario de clases. También estoy tomando una clase optativa de astronomía. Me fascina ver las estrellas de noche. Algún día, quiero ser astrónomo.

A los mayas les gustaban[1] mucho las matemáticas. Solamente *usaban*[2] tres símbolos para escribir sus cálculos: una concha, un punto, y una barra.

Usaban dos calendarios diferentes que *coincidían*[3] cada cincuenta y dos años.

Hay muchos edificios interesantes de los mayas. La pirámide en Chichén Itzá es una de los más famosos. Más de un millón de turistas visitan esta pirámide cada año. Esta pirámide también se llama El Castillo pero también *se conoce*[4] como el Templo de Kukulcán.

El Castillo tiene 364 escalones (noventa y uno en cada lado), y la plataforma de arriba suma 365 escalones, uno por cada día del año.

Otro edificio en Chichén Itzá se llama El Caracol. Tiene una escalera redonda. Es un observatorio sin telescopio, pero tiene unas ventanas para observar los movimientos del planeta Venus.

El calendario maya

El Castillo, Chichén Itzá

El Caracol, Chichén Itzá

---

[1] the Maya liked
[2] they used
[3] coincided
[4] is known

COMPETENCIA COMUNICATIVA

The following series of activities is designed to help you develop greater proficiency through various task-based steps using what you have read or learned.

Sonidos, palabras y patrones

In general, vowel sounds in Spanish are shorter than in English.

Pronunciación: Las vocales en español (*a, e, i, o, u*)

descripción del sonido *a*	palabras	frases
The sound of the Spanish vowel *a* is similar to the sound of the English vowel *a* in *father*, but it is said more quickly. The corners of the mouth are drawn back slighty, as for a smile.	hola cancha instalar casa	¡Hola, Juan! ¿Cómo te va? una cancha van a instalar Vamos a casa.
descripción del sonido *e*	**palabras**	**frases**
The sound of the Spanish vowel *e* is similar to the long *a* sound as in the word *make*, but much shorter.	es el tenemos exigente	esa es Es el profesor. En la mañana tenemos clase. No es tan exigente.
descripción del sonido *i*	**palabras**	**frases**
The sound of the Spanish vowel *i* is like the long *e* sound of *ee* in *see*, but shorter.	Itzel oficinas historia	Itzel y Juan las oficinas del director historia de Guatemala
descripción del sonido *o*	**palabras**	**frases**
The sound of the Spanish vowel *o* is similar to the beginning of the sound of the *o* in *hope*. Pucker your lips slightly and pronounce the *o* without moving your jaw or closing your lips, in order to avoid forming the diphthong sound *ou* as in English.	no poco chistoso mismo año	No, todavía no. un poco nervioso Sr. Navarro es muy chistoso. ahora mismo el año próximo
descripción del sonido *u*	**palabras**	**frases**
The sound of the Spanish vowel *u* is similar to the sound of the *u* in *flu* or the sound of *oo* in *boot*. Your lips should be rounded into a small oval and puckered more than for the *o*.	una fútbol literatura	una computadora un campo de fútbol clase de literatura

Actividad 2-23: Pronunciación de sonidos 🔊

Repeat each word, phrase, or sentence you hear in Spanish.

Actividad 2-24: Dictado de palabras 🔊

Write each word, phrase, or sentence you hear in Spanish.

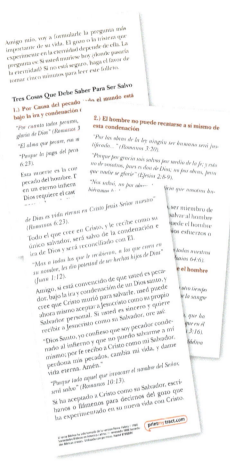

Los patrones de los verbos

In Spanish it is common to omit the subject pronouns since the verb form makes them unnecessary. Subject pronouns (*yo, tú, él, ella, usted, nosotros, vosotros, ellos, ellas, ustedes*) are used for emphasis or to clarify any ambiguity.

Actividad 2-25: Escucha los patrones 🔊

Listen to these sentences from Diálogo 2-2. Notice how Itzel and Juan omit the subject pronouns unless they are necessary for clarity or emphasis.

Presentar el evangelio

One of the primary ways to use your language skills is to present the good news of Jesus Christ to those who do not yet believe in Him. Throughout this book you will practice the skills you are developing to enable you to share the gospel in word, song, or testimony.

As you present the gospel, explain that God created man in His own image. Thus, humans are uniquely equipped to reflect what God is like, especially His holiness. For example, the proper response to a holy God is reverential worship that reflects His character. God designed us for worship and set apart a special day of the week to worship Him. He also gave us the ability to use His creation in beneficial ways. We are free to form our own creations, which make up our various cultures, but not in any way we choose. We should seek God's perspective as we fashion our work from creation. Being made in God's image also means that people have a unique ability to communicate. Our language or speech can be used to help others and to commune with God.

Here are some points that we can make when sharing the gospel.

1. **Dios es el creador del mundo entero.**

   Génesis 1:1 En el principio creó Dios los cielos y la tierra.

2. **La imagen de Dios es parte del ser humano.**

   Génesis 1:26 Hagamos al hombre a nuestra imagen, conforme a nuestra semejanza.

3. **El hombre debe ser santo como Dios es santo**

   en una *adoración*[1] que *agrada*[2] a Dios,
   en una *cultura*[3] que agrada a Dios y
   con un *lenguage*[4] que agrada a Dios y edifica a otros.

   1 Pedro 3:15 Sed también vosotros santos en toda vuestra manera de vivir.

Actividad 2-26: Escucha y repite los versículos 🔊

Listen to the above verses once, repeat each verse in sections, and then say the entire verse.

---

[1] worship

[2] pleases

[3] culture

[4] speech or language

Síntesis comunicativa: El horario de escuela

A new international student at school is trying to figure out his or her class schedule, which happens to match your schedule. Use your language skills to write out your class schedule in Spanish to help the new student.

Paso 1: Presentational writing

Write down a weekly schedule of your classes in Spanish. Include the day and times for each class.

* PRESENT next week *

Paso 2: Interpersonal speaking

Explain your class schedule to your partner. Use the present progressive to describe which classes you are taking and at what times. Describe a few of the objects in each classroom using *hay* or *tener*. Explain which class is the easiest, hardest, most fun, and most interesting.

Paso 3: Interpretive reading

Do an online image search ("*horario de escuela secundaria*") for weekly class schedules in a Spanish-speaking country. Choose one and compare it with the schedule you developed. Are there any differences? What are the similarities?

Autoprueba: I can . . .

Rate how confidently you are able to do the following in Spanish.

Task	Not at all confidently			Very confidently	
I can name the jobs of people who work in a school.	1	2	3	4	5
I can name the various facilities in my school.	1	2	3	4	5
I can name common classroom items.	1	2	3	4	5
I can name my school subjects.	1	2	3	4	5
I can say and write out numbers 1 through 100.	1	2	3	4	5
I can express the time and day each of my classes meets.	1	2	3	4	5
I can say which school subject is the hardest or the easiest.	1	2	3	4	5
I can say what I need to do or where I need to go after school.	1	2	3	4	5
I can make suggestions to other people.	1	2	3	4	5

Rate how confidently you are able to do the following in English.

Task	Not at all confidently			Very confidently	
I can describe what schools are like in Spanish-speaking countries.	1	2	3	4	5
I can describe the Mayan mathematical system and calendars.	1	2	3	4	5
I can describe the unique design features of some Mayan buildings.	1	2	3	4	5

La escuela

las personas	las instalaciones escolares	los objetos
director(a)	el aula / las aulas	el microscopio
secretario/a	la oficina	el telescopio
maestro/a	el gimnasio	la regla
plomero	la cancha de baloncesto	la escuadra
electricista	el campo de fútbol	el compás
enfermero/a	el patio de recreo	el cuaderno
consejero/a	el laboratorio	el bolígrafo
entrenador(a)	la biblioteca	la pizarra (digital)
sustituto/a	el comedor	el escritorio
bibliotecario/a	el baño	el proyector
asistente	el piso de arriba	la computadora
conserje	el piso de abajo	el reloj

Los números del 1 al 100

1	uno	20	veinte	40	cuarenta
2	dos	21	veintiuno	50	cincuenta
3	tres	22	veintidós	60	sesenta
4	cuatro	23	veintitrés	70	setenta
5	cinco	24	veinticuatro	80	ochenta
6	seis	25	veinticinco	90	noventa
7	siete	26	veintiséis	100	cien
8	ocho	27	veintisiete		
9	nueve	28	veintiocho		
10	diez	29	veintinueve		
11	once	30	treinta		
12	doce	31	treinta y uno		
13	trece	32	treinta y dos		
14	catorce	33	treinta y tres		
15	quince	34	treinta y cuatro		
16	dieciséis	35	treinta y cinco		
17	diecisiete	36	treinta y seis		
18	dieciocho	37	treinta y siete		
19	diecinueve	38	treinta y ocho		
		39	treinta y nueve		

La hora: *es, son* y *menos*

1:05	**Es** la una **y cinco** minutos.
12:55	**Es** la una **menos cinco** minutos.
3:20	**Son** las tres **y veinte** minutos.
2:40	**Son** las tres **menos veinte** minutos.

After the thirty-minute mark (*y media*), use the next hour and *menos*.

La hora y los cuartos de hora

12:00	las doce **en punto**	12:30	las doce **y media**
12:15	las doce **y cuarto**	12:45	la una **menos cuarto**

Los artículos

	artículos definidos		artículos indefinidos	
	singular	**plural**	**singular**	**plural**
masculino	el	los	un	unos
femenino	la	las	una	unas

Los comparativos y los superlativos

adjetivo	comparativo	superlativo	adjetivo	comparativo	superlativo
bueno	mejor	el/la mejor	*grande	†mayor	el/la mayor
malo	peor	el/la peor	*pequeño	†menor	el/la menor

*The comparatives of *grande* and *pequeño* also use the *más . . . que* structure:

> más grande que = mayor que
> más pequeño que = menor que

† *Mayor que* and *menor que* usually refer to age, whereas *más grande que* and *más pequeño que* can refer to age or size.

Expresando obligación o necesidad

verbo	estructura	ejemplo
tener	*tener que* + infinitive	Juan **tiene que comprar** ropa.
necesitar	*necesitar* + infinitive	Itzel **necesita ir** a la biblioteca.
deber	*deber* + infinitive	Juan **debe hablar** con los maestros.

Sugerir ideas y cambios

estructura	ejemplo
poder + infinitive	**Puedes** conseguir el uniforme en la oficina.
first person plural of *poder* + infinitive	**Podemos** ir a las 6:30.
negative question	**¿Por qué no** vamos a las 7:00?

El presente progresivo: Los verbos y el gerundio

The *-ing* verb ending is used to indicate an **action in progress.** For example: "This semester, **I am** tak**ing** English." In Spanish the "in progress" idea is always formed with *estar* + **gerundio** of the main verb.

All *-ar* verbs form the **gerundio** with the ending *-ando*, and all *-er/ir* verbs use the *-iendo* ending.

verbo	estructura	ejemplo
tomar	estar + tom**ando**	**Estoy tomando** cálculo.
comer	estar + com**iendo**	Itzel **está comiendo** con Juan.
vivir	estar + viv**iendo**	Los Pérez **están viviendo** en San Marcos.

In this chapter Itzel's father, Mr. Rodríguez, is helping Juan's father, Mr. Pérez, to file the required paperwork to open a new pharmacy in San Marcos. Juan can give Itzel the street names for the new pharmacy, but he still doesn't know how to get there. Itzel takes the time to explain how to find the pharmacy downtown and the best way to get there from their neighborhood.

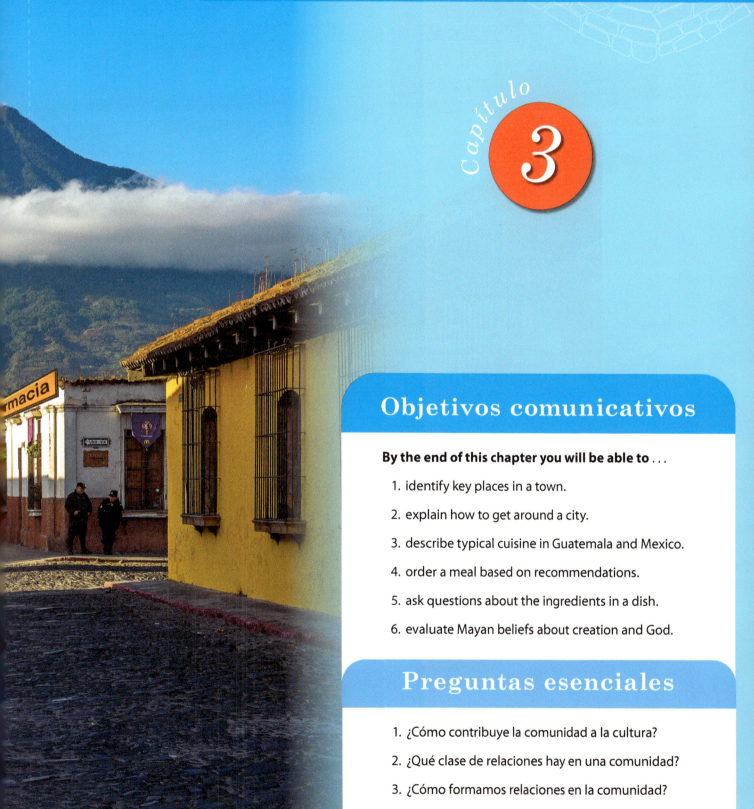

La farmacia nueva

Capítulo

3

Objetivos comunicativos

By the end of this chapter you will be able to . . .

1. identify key places in a town.

2. explain how to get around a city.

3. describe typical cuisine in Guatemala and Mexico.

4. order a meal based on recommendations.

5. ask questions about the ingredients in a dish.

6. evaluate Mayan beliefs about creation and God.

Preguntas esenciales

1. ¿Cómo contribuye la comunidad a la cultura?

2. ¿Qué clase de relaciones hay en una comunidad?

3. ¿Cómo formamos relaciones en la comunidad?

Diálogo 3-1: La farmacia nueva 🔊

¿Sabes qué[1]? Mi papá está con el tuyo[2] en la municipalidad para obtener[3] los permisos[4] para abrir la farmacia.

Ah, ¿sí?

Sí, ya tenemos un local[5] para la farmacia y tu papá está ayudando al mío con los trámites[6].

Mi papá conoce a mucha gente en la municipalidad. Y ¿sabes dónde está la farmacia?

Está en la esquina[7] de la Novena[8] Calle con la Octava[9] Avenida.

¡Ah, sí! Conozco esa área. Está al lado del Parque Central. Allá está la municipalidad. También hay tiendas, bancos, centros comerciales y muchos restaurantes.

¡Qué bien! Tengo muchas ganas de[10] ir al centro otra vez, pero no sé cómo ir en transporte público.

Yo te puedo enseñar cómo ir. Podemos ir en el bus o en un tuk-tuk.

¿Qué? ¿En tuk-tuk?

¡Sí! Así llamamos al mototaxi aquí en Guatemala.

¡Ah! ¡El pochimóvil!

¿Pochimóvil?

Sí, así se llama el mototaxi en algunas partes de México.

---

[1] Guess what!
[2] yours
[3] to get, obtain
[4] permits

[5] store, shop
[6] paperwork
[7] corner
[8] ninth

[9] eighth
[10] I really want

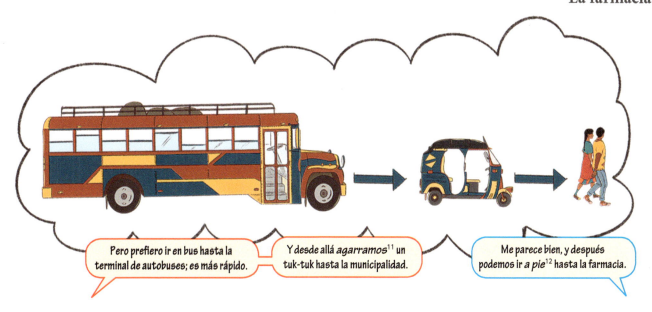

Pero prefiero ir en bus hasta la terminal de autobuses; es más rápido.

Y desde allá *agarramos*[11] un tuk-tuk hasta la municipalidad.

Me parece bien, y después podemos ir *a pie*[12] hasta la farmacia.

Sí, sólo está a unos cien metros de la municipalidad. Desde allá regresamos en carro con mi papá.

Pero antes, quiero ir al centro comercial y comprar un *cargador*[13] para mi teléfono celular.

¡Por supuesto![14] El centro comercial queda cerca de la farmacia, entre el banco y la floristería.

Si me das un segundo, le digo a mi mamá que vamos al centro.

Sí, yo también le digo a *la mía*[15].

Creo[16] que mis papás quieren invitar a tu familia a cenar en un restaurante esta noche.

¿Sí? ¡Qué bueno!

---

[11] we catch or take
[12] on foot
[13] charger

[14] of course
[15] mine
[16] I think

Actividad 3-1: Preguntas de comprensión

Read each sentence and indicate *cierto* or *falso*.

1. El papá de Itzel ayuda al papá de Juan.

2. La farmacia está en el centro.

3. La municipalidad está lejos de la farmacia.

4. Itzel conoce el centro.

5. Juan tiene pocas ganas de ir al centro.

6. El centro es muy tranquilo y aburrido.

7. Guatemala y México tienen mototaxis.

8. Itzel y Juan caminan hasta la municipalidad.

9. Itzel y Juan regresan a casa en autobús.

10. Los padres de Juan e Itzel van a cenar juntos.

¡VAMOS AL CENTRO!

Los verbos *saber* y *conocer*

Juan: **¿Sabes qué?** Mi papá está con el tuyo en la municipalidad. . . .
Itzel: Mi papá **conoce** a mucha gente en la municipalidad. Y ¿**sabes** dónde está la farmacia? . . .
Itzel: ¡Ah, sí! **Conozco** esa área. . . .
Juan: No **sé** cómo ir en transporte público.

The idea of "to know" is expressed in Spanish using *saber* and *conocer*. Though these two verbs are close in meaning, they are not interchangeable.

Conocer **is used for . . .**

- knowing someone personally: ¡Mi papá **conoce** a mucha gente!

- being familiar with a place: **Conozco** esa área. Está al lado del Parque Central.

- meeting someone for the first time: Encantado de **conocer**te.

Saber **is used for . . .**

- knowing the facts about something or someone:
  Juan **sabe** que Itzel es cristiana.

- knowing how to do something (a skill):
  Itzel **sabe** inglés. Juan **sabe** tocar la guitarra.

- introducing a clause with *cómo*, *qué*, *quién*, *dónde*, *cuándo*, *cuál*, or *por qué*:
  ¿**Sabes** dónde está la farmacia?

Let's summarize!

1. *Conocer* is used to indicate you are familiar with people or places.

2. *Saber* is used to say that you know facts, information, or the way to do something.

Nota de lengua

The verb *conocer* may be followed by a place or a person.

¿Conoces Canadá?
¿Conoces a alguien famoso?

When followed by a person, the verb *conocer* always has the "personal *a*."

Conozco **a** Juan.
(I know John.)

Actividad 3-2: ¿Saber o conocer? 🔊

Paso 1

Juan's father and Itzel's father are completing the paperwork to open the pharmacy. Listen to the conversation and complete the sentences with *saber* or *conocer*.

Sr. Rodríguez: ¡Señor Pérez! ¿Cómo está?

Sr. Pérez: ¡Muy bien, gracias!

Sr. Rodríguez: ¿(1)____ a algún abogado aquí en San Marcos?

Sr. Pérez: No, pero (2)____ que hay un *despacho de abogados*[1] en el centro; mi esposa (3)____ la dirección exacta.

Sr. Rodríguez: Perfecto. Yo también (4)____ a un abogado si usted no (5)____ a *nadie*[2].

Sr. Pérez: Muy bien, gracias. Ya tengo todos los papeles listos y (6)____ que necesito registrar la farmacia y presentar los papeles en el *registro mercantil*[3], pero no (7)____ dónde está.

Sr. Rodríguez: Yo sí (8)____ dónde está; (9)____ esa zona muy bien.

Sr. Pérez: Después tengo que pagar cincuenta *quetzales*[4] para obtener el permiso.

Sr. Rodríguez: Eso está en la municipalidad. ¿(10)____ dónde está la oficina?

Sr. Pérez: No estoy seguro.

Sr. Rodríguez: No hay problema. También (11)____ al señor *a cargo*[5] de los pagos y registros. Es amigo mío.

Sr. Pérez: Muchas gracias por todo.

Paso 2

Based on the dialog in Paso 1, indicate *cierto* or *falso* for each statement.

1. El señor Pérez conoce a un abogado en San Marcos.

2. La señora Pérez sabe dónde hay un despacho de abogados.

3. El papá de Itzel no conoce a nadie.

4. El señor Pérez sabe qué trámites tiene que hacer.

5. El señor Pérez sabe dónde está el registro mercantil.

6. El papá de Itzel sabe quién está a cargo de los pagos en el registro.

Actividad 3-3: ¿Qué sabes y qué conoces?

Read the following dialog excerpt and notice how Juan and Itzel use the verbs *saber* and *conocer*.

> **Itzel:** Mi papá **conoce** a mucha gente en la municipalidad. Y ¿**sabes** dónde está la farmacia? . . .
>
> **Juan:** ¡Qué bien! Tengo muchas ganas de ir al centro . . . pero no **sé** cómo ir.

Nota de lengua

The verbs *saber* and *conocer* are *-er* verbs with irregular first person singular forms.

sé	conozco
sabes	conoces
sabe	conoce
sabemos	conocemos
sabéis	conocéis
saben	conocen

---

[1] law firm
[2] no one
[3] commercial registry (government office where businesses are officially registered)
[4] monetary unit of Guatemala
[5] in charge

Paso 1

Read Diálogo 3-1 again and indicate *cierto* or *falso* for each statement about Juan or Itzel.

1. Itzel no sabe que su papá y el Sr. Pérez están en la municipalidad.

2. El papá de Itzel conoce a personas en la municipalidad.

3. Juan sabe dónde está el local de la farmacia.

4. Itzel no sabe dónde está el Parque Central.

5. Juan no sabe qué es un tuk-tuk.

6. Itzel sabe qué es un pochimóvil.

7. Itzel sabe dónde hay un centro comercial.

Paso 2

You and your fellow students are playing a game at a class birthday party. Ask as many students as you can the following ten questions (choose *saber* or *conocer*). Ask each student all ten questions and keep track of their answers so you can identify the student with the most *sí* answers. This person is your *ganador(a)* [winner].

1. ¿Sabes/Conoces hablar otro idioma *además de*[2] español e inglés? ¿Qué idioma?   si/no

2. ¿Sabes/Conoces tocar un instrumento musical? ¿Qué instrumento?   sí/no

3. ¿Sabes/Conoces cuántos países hablan español?   sí/no

4. ¿Sabes/Conoces cómo se llama el primer presidente de los EEUU?   sí/no

5. ¿Sabes/Conoces los nombres de todos nuestros profesores?   sí/no

6. ¿Sabes/Conoces algún país hispano? ¿Qué país(es)?   sí/no

7. ¿Sabes/Conoces a alguien famoso o importante? ¿A quién?   sí/no

8. ¿Sabes/Conoces los nombres de las doce tribus de Israel?   sí/no

9. ¿Sabes/Conoces los nombres de los doce apóstoles?   sí/no

10. ¿Sabes/Conoces los nombres de todos los libros de la Biblia?   sí/no

[2] besides

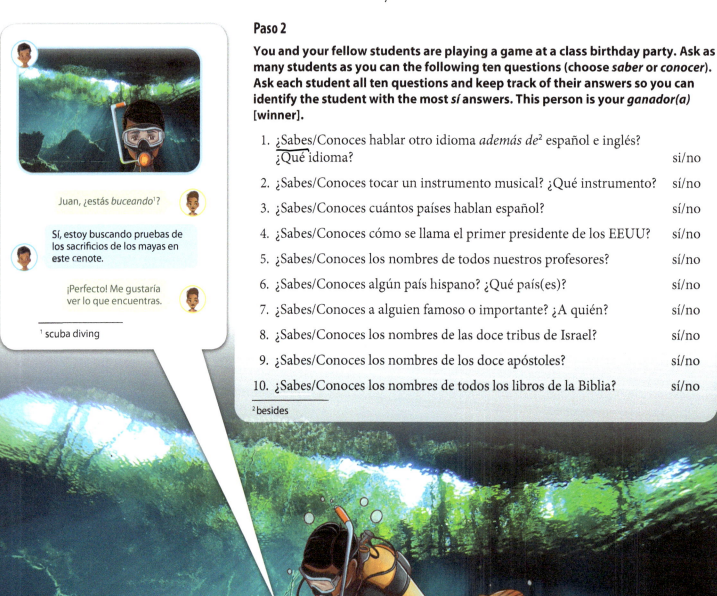

Juan, ¿estás *buceando*[1]?

Sí, estoy buscando pruebas de los sacrificios de los mayas en este cenote.

¡Perfecto! Me gustaría ver lo que encuentras.

[1] scuba diving

Paso 3

Now write five sentences about your winner and tell the class about him or her.

> **Modelo**
> El/la ganador(a) sabe/conoce hablar francés.
> El/la ganador(a) sabe/conoce al alcalde de la ciudad.

Los lugares y las preposiciones

When describing key places in town, we use prepositions to establish the exact location in reference to other places. Contemporary Spanish has twenty-one prepositions, but not all of them are used to identify locations. Like English, Spanish has many two- and three-word prepositions.

Actividad 3-4: El centro

Paso 1

Indicate with *sí* or *no* whether each city location or business is mentioned in the dialog.

1. el centro
2. la carnicería
3. el restaurante
4. el teatro
5. el Parque Central
6. el mercado
7. la farmacia
8. la municipalidad
9. la escuela
10. el centro comercial
11. la biblioteca municipal
12. la terminal de autobuses
13. la oficina de correos
14. el estadio de fútbol

Paso 2

Look at the places mentioned in Paso 1 and compare them with places in your city. Using *sí* or *no* indicate which of these locations or businesses your town or city has.

1. el centro
2. la carnicería
3. el restaurante
4. el teatro
5. el parque
6. el mercado
7. la farmacia
8. la municipalidad
9. la escuela
10. el centro comercial
11. la biblioteca municipal
12. la terminal de autobuses
13. la oficina de correos
14. el estadio de deportes

los lugares importantes del centro
el hotel
el parque
la iglesia evangélica
la estación de bomberos
la clínica
el mercado
el restaurante
la parada de taxis
la biblioteca
la municipalidad
la iglesia católica
la estación de policía
el hospital
la farmacia
el banco
la terminal de autobuses
la estación de tren

Nota de lengua

Spanish has twenty-one prepositions that are used in different contexts. Here is a list of some that express location.

en	in / on / at
entre	between
cerca de	near
al lado de junto a	beside next to
lejos de	far from
debajo de	under
sobre encima de	above on top of
detrás de	behind
frente a en frente de delante de	in front of / across from
fuera de	out of
dentro de	inside of

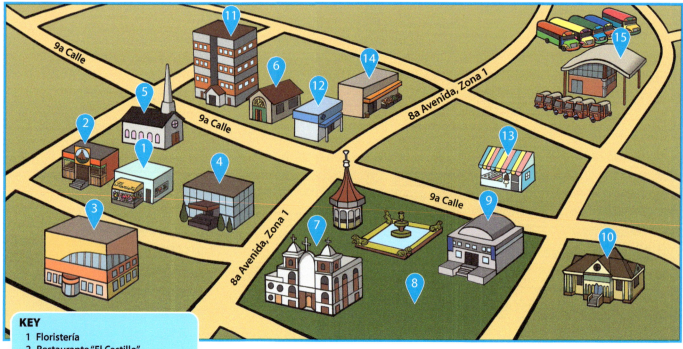

KEY
1 Floristería
2 Restaurante "El Castillo"
3 Centro comercial
4 Banco Azteca®
5 Iglesia evangélica
6 Pizzería
7 Iglesia católica
8 Parque Central
9 Municipalidad de San Marcos
10 Biblioteca
11 Hotel
12 Farmacia
13 Heladería
14 Supermercado
15 Terminal de autobuses y tuk-tuk

Actividad 3-5: ¿Dónde está?

Paso 1

Look at the map of downtown San Marcos above, and describe the exact location of the places in town. Use the prepositions below.

1. Hay un restaurante ____ centro comercial.

2. La floristería está ____ restaurante el y el banco.

3. Hay una iglesia evangélica ____ el restaurante y el hotel.

4. La farmacia está ____ la esquina.

5. La municipalidad está ____ la biblioteca.

6. La iglesia católica está ____ el Parque Central.

7. Los mototaxis están ____ la terminal de autobuses.

| en |
| cerca de |
| entre |
| al lado de |
| cerca del |

Paso 2 🔊

Listen to Itzel's mother talk with Juan's mother about going shopping in San Marcos. Write the prepositions you hear.

Juan's mother: La semana que viene necesito ir de compras.

Itzel's mother: En el centro hay un centro comercial muy grande.

Juan's mother: ¿Está (1)____ la farmacia?

Itzel's mother: No, está (2)____ al Banco Azteca.

Juan's mother: ¿El banco que está (3)____ la floristería?

Itzel's mother: Sí, (4)____ al Parque Central.

Juan's mother: ¿Y hay algún supermercado para comprar comida (5)____ allá?

Itzel's mother: Sí, (6)____ la farmacia hay un supermercado.

Juan's mother: ¡Después podemos comer (7)____ la pizzería (8)____ la farmacia!

Itzel's mother: ¡Me encanta la pizza!

¿CÓMO VAMOS AL CENTRO?

Los medios de transporte

In many Spanish-speaking countries, people depend on public transportation to get to work, shopping venues, doctor appointments, and so on.

English uses a variety of prepositions depending on the type of transportation (e.g., *on* the bus, *in* a car, *by* train, etc.). Spanish usually uses the preposition *en*, but there are some exceptions.

Some modes of transportation in Central America can be quite unique. Notice how Juan and Itzel talk about modes of transportation.

> **Juan:** No sé cómo ir **en transporte público.**
> **Itzel:** Prefiero **ir en bus** hasta la terminal de autobuses. Y desde allá **agarramos un tuk-tuk** hasta la municipalidad.
> **Juan:** Y después podemos **ir a pie** hasta la farmacia.
> **Itzel:** Desde allá **regresamos en carro** con mi papá.

> **Nota de léxico**
>
> *Transporte* vs. *transportación*
>
> Though the word *transportación* exists in Spanish, the phrase *medios de transporte* is used to refer to means of transportation.

Actividad 3-6: ¿Cómo vas al centro?

Paso 1

Indicate *sí* or *no* for the modes of transportation mentioned in Diálogo 3-1.

1. carro   sí/no
2. bicicleta   sí/no
3. motocicleta   sí/no
4. autobús   sí/no
5. a pie   sí/no
6. taxi   sí/no
7. a caballo   sí/no
8. mototaxi   sí/no
9. avión   sí/no
10. tren   sí/no

Vocabulario útil
a pie—on foot
a bordo—on board
a caballo—on horseback

Paso 2

Juan and Itzel have several options for getting around in San Marcos. They mention four of them in the dialog. Match the possible means of transportation in San Marcos with the correct description.

> a pie   carro   mototaxi   autobús   motocicleta   a caballo

1. Vehículo de dos *ruedas*[1] con motor
2. Vehículo grande que puede transportar a muchas personas
3. Caminar a un lugar sin vehículo
4. Vehículo individual o familiar
5. Animal que puede transportar a personas sobre sus *lomos*[2]
6. Taxi de tres ruedas
7. Vehículo de dos ruedas sin motor

---

[1] wheels, tires
[2] back of an animal

Paso 3

Indicate which modes of transportation you have used in the last year.

carro	taxi	metro	
bicicleta	a caballo	*tranvía*[1]	
motocicleta	mototaxi	*barco*[2]	
autobús	avión	*barca*[3]	
a pie	tren	*camión*[4]	

Las actividades y los verbos de movimiento

When using verbs of movement to express a specific activity, Spanish uses *ir de + noun*.

common expressions	
ir de compras	to go shopping
ir de excursión	to go on an excursion
ir de vacaciones	to go on vacation
ir de viaje	to go on a trip or to travel
ir de campamento	to go camping

MÁS INFORMACIÓN

Paso 4

Compare your list with a classmate's list in order to ask what mode of transportation he or she uses for the different activities.

Modelo
ir de vacaciones

¿Cómo vas de vacaciones normalmente?
Voy de vacaciones en avión.

1. ir a la escuela todos los días

2. ir a la iglesia los domingos

3. ir de compras al centro comercial

4. ir a un viaje misionero a Guatemala

5. ir a un campamento de verano

6. ir de excursión

Moverse por la ciudad

Notice the verbs and prepositions Itzel and Juan use to discuss going downtown and returning.

Itzel: Pero prefiero **ir** en bus **hasta** la terminal de autobuses. Y **desde allá agarramos** un tuk-tuk **hasta** la municipalidad. . . .

Juan: Y después podemos **ir a** pie **hasta** la farmacia.

Itzel: **Desde** allá **regresamos** en carro con mi papá.

----
[1] streetcar or trolley
[2] ship
[3] small boat
[4] truck

Actividad 3-7: ¿A dónde vas?

Paso 1

Itzel and Juan discuss how they are going to get to the restaurant with their parents. Complete the conversation by choosing the proper prepositions.

1. Itzel: ¿(Al/Desde) dónde van ustedes (hasta/en) el centro esta noche?

2. Juan: Nosotros vamos (a/desde) casa.

3. Itzel: ¿No van (en/desde) la farmacia?

4. Juan: No, porque mi mamá quiere ir (en/de) carro con toda la familia.

5. Itzel: Nosotros vamos de compras primero y vamos (del/al) restaurante (en/desde) el centro comercial.

6. Juan: ¿Está el centro comercial cerca (desde/de) El Castillo?

7. Itzel: Sí, (en/desde) el restaurante (de/hasta) el centro comercial hay dos minutos (a/en) pie.

8. Juan: Mi papá dice que la farmacia está a cinco minutos (del/al) restaurante.

Paso 2

Complete the sentences about the places you and your family usually go. Choose the right preposition and an appropriate mode of transportation.

1. Los domingos voy (en/desde) mi casa (de/a) la iglesia (en/a) ___.

2. Durante la semana voy (a/desde) mi casa (a/hacia) la escuela (en/a) ___.

3. Mis padres normalmente van (de/en) compras (a/en) ___.

4. Los veranos voy (hacia/de) vacaciones con mi familia (en/a) ___.

5. Voy (a/desde) los campamentos de la iglesia (en/a) ___.

Paso 3

Now get together with a classmate and compare your answers to his or her answers. Which ones are similar? Which ones are different?

common verbs for getting around			
ir	to go	venir	to come
entrar	to go or come in	salir	to go / come out
subir	to go up	bajar/ bajarse	to go down / to get off
llegar	to arrive	salir	to depart
volver	to return	regresar	to return

prepositions used with these verbs	
a (a + el = al)	to, toward
hacia	toward
de (de + el = del)	from, of
en	on, by, at
hasta	till, until
desde	from
desde . . . hasta	from . . . to

¡Por fin estoy en El Mirador aquí en Guatemala! Estoy tomando una foto de un panel de los héroes gemelos del año 200 antes de Cristo.

. . . subiendo . . .

75

Nota de lengua

There are five types of stem-changing verbs.

stem-change type	infinitive	stem change
e → ie	querer	qu**ie**ro
o → ue	dormir	d**ue**rmo
e → i	servir	s**i**rvo
i → ie	inquirir	inqu**ie**ro
u → ue	jugar	j**ue**go

Other *e → ie* verbs

cerrar, comenzar, confesar, contener, defender, detener, despertar(se), empezar, entender, gobernar, pensar, perder, recomendar, sentir, tener, and *venir.*

Stem-changing verbs (*e → ie*)

Notice the two verbs from the dialog.

Itzel:	**Prefiero** ir en bus.
Juan:	Pero antes **quiero** ir al centro comercial.
Juan:	Bien. Creo que mis papás **quieren** invitar a cenar a tu familia.

Many Spanish verbs require changes to the stem of the verb. These changes occur in the vowels of the last syllable of the stem. Though the stem changes, the verb tense endings are the same. The stem change affects all the forms except *nosotros* and *vosotros*. The verbs *querer* and *preferir* follow the *e → ie* pattern.

preferir	querer
prefiero	quiero
prefieres	quieres
prefiere	quiere
preferimos	queremos
preferís	queréis
prefieren	quieren

Actividad 3-8: El viaje en autobús

Paso 1

Juan and Itzel are planning to go see the new pharmacy. Juan and his mother are talking about how they will get there. Choose the correct verb form to complete each sentence.

quieres	tienen	entiendo	venimos
piensa	prefiere	prefiero	recomienda

Juan's mother: ¿Por qué van en autobús?

Juan: Porque Itzel (1)____ ir en un vehículo grande, y la mamá de Itzel también nos (2)____ viajar en autobús.

Juan's mother: Yo (3)____ viajar en tuk-tuk.

Juan: Yo también, pero Itzel (4)____ que no son muy seguros.

Juan's mother: Eso es cierto, pero los tuk-tuk te dejan donde tú (5)____.

Juan: Yo no (6)____ por qué los autobuses no paran en otros lugares.

Juan's mother: Porque son más grandes, y los autobuses (7)____ más regulaciones. Y por cierto, ¿cómo van a regresar a casa?

Juan: Itzel y yo (8)____ con su papá en carro.

Paso 2

Before listening to the story, read the questions in Paso 3 and the vocabulary list in the margin. Take some notes on the key points. Then listen to the story to find out what happens during Itzel and Juan's bus trip to downtown San Marcos.

Paso 3

Now write out your answers to the following questions about the story you heard.

1. ¿Por qué no quiere Itzel viajar en tuk-tuk?
2. ¿Qué opinión tiene Juan de los tuk-tuk?
3. ¿Cuánto dura el viaje normalmente?
4. ¿Qué pasa a los diez minutos de viaje?
5. ¿Qué hace el conductor?
6. ¿Cómo reaccionan los viajeros del autobús?
7. ¿Qué hace el conductor para calmar a los viajeros?
8. ¿Quién es el culpable?

Vocabulario útil

durar—to last for
el golpe—a blow or a hit
detener—to stop
dormido—asleep
asustado—scared, afraid
inspeccionar—to examine, to check
calmar—to calm (down), to quiet
el hoyo—hole
el culpable—guilty one, at fault

Actividad 3-9: Viaje de fin de curso

Paso 1

Your class is planning a trip to Guatemala for next summer. Form a group of three and ask your classmates which of the following options they prefer.

preguntas	posibilidades		
Transporte	ir en avión	ir en barco	ir en autobús
Mes	ir en mayo	ir en junio	ir en julio
Duración	quedarse una semana	quedarse dos semanas	quedarse un mes
Lugar	estar en una ciudad	estar en un pueblo	ir a la playa
Tipo de viaje	estar en San Marcos	viajar por el país	visitar sitios arqueológicos
Tipo de actividad	estudiar español	hacer turismo	hacer trabajo misionero

Modelo
¿Qué medio de transporte **prefieres**?
Prefiero ir en avión.

¿En qué mes **quieres** viajar?
Quiero viajar en junio.

Paso 2

Agree as a group about which mode of transportation to use, which month to go, how long to stay, which place(s) to visit, and what activities to do. Write six sentences about the group's preferences. (*Note:* The verbs *preferir* and *querer* may be used interchangeably.)

Modelo
Transporte: Nuestro grupo prefiere ir en avión.
Mes: Nuestro grupo quiere ir en mayo.

Paso 3

Compare your group's preferences with those of other groups in the class. Discuss the preferences of the boys versus those of the girls.

Modelo
Las chicas prefieren ir en barco, pero los chicos quieren ir en avión.

CONEXIONES CULTURALES CON EL PRESENTE

La comida guatemalteca y la mexicana

It has been said that food is the heart of a culture, so what better way to learn a language than over a meal conversing with friends and family? Juan and his family will enjoy eating with Itzel and her family at a restaurant near Mr. Peréz's new pharmacy. Part of learning another language is seeing how things are done differently in other places. The following is an explanation of the kinds of foods you can select from a menu in a typical Mexican or Guatemalan restaurant.

Los buenos modales en el restaurante

When the waiter asks how many are in your group, you can say, "*Una mesa para dos*" (or the number in your party). When you're ready to order, say something like, "*Para mí, una Coca-Cola®, por favor.*" Once your food is served, you may hear the waiter say, "*Buen provecho,*" which is like saying *bon appetite*. If you need more water, say, "*Me trae más agua, por favor.*" It is fine to raise a finger in order to get the waiter's attention or just say, "*Perdón.*" When you are ready to pay, say, "*La cuenta, por favor.*"

¿Qué van a tomar?

agua

If you don't want ice say, "*Sin hielo, por favor.*"

You can also order *agua de horchata* (rice water), *agua de tamarindo* (sour-tasting tamarind pulp), or *agua de jamaica* (from the hibiscus flower).

refrescos

Coca-Cola®, Pepsi®, Jarritos® (a Mexican soft drink that comes in various fruit flavors)

agua mineral

mineral water

té helado

iced tea

café

coffee (For cream, ask for *café con leche.*)

jugo de naranja

orange juice

limonada

lemonade (may be served with mineral water)

¿Quieren empezar con un aperitivo?

After the waiter brings the drinks, you may want an appetizer (also called *entremés* or *entradas*).

quesadilla

tortilla filled primarily with cheese and sometimes with other ingredients such as meat, mushrooms (*champiñones*), or spinach (*espinaca*)

guacamole

avocado-based dip with chopped onion, tomatoes, chili peppers, and seasoning (first developed by the Aztecs)

queso fundido

melted cheese with nacho chips (*totopos*)

ceviche de camarón

chilled shrimp in lime juice

ceviche de camarón

¿Cómo se prepara el plato?

When describing food preparation, *al* or *a la* refers to the method used to cook something: *al horno* (baked), *al vapor* (steamed), *a la parrilla (on the grill), a la plancha (on the griddle), and asado (roasted, barbecued).* Other terms are *ahumado* (smoked), *con adobo* (with a brine or marinade), *carne picada* (finely chopped meat or ground beef), *condimento* (seasoning), *empanizado* (breaded), *frito* (fried), *filete* (fillet), *ranchero* (ranch-style), and *mixto* (mixed).

¿Qué desean para comer? ¿Un plato guatemalteco?

tamales

steamed corn dough with a filling; wrapped in corn husks, banana leaves, or maxan leaves (removed prior to eating)

pepián

a traditional meaty, spicy stew with onion, cilantro, and cinnamon with Mayan spices

hilachas

shredded beef served with tomato sauce and tomatillos

kak'ik

Mayan turkey soup (very spicy)

pepián

Guatemalan food uses ingredients similar to those in modern-day Mexican food (corn, black beans, peppers). It typically has more rice, potatoes, vegetables (such as *repollo* [cabbage] or *yuca* [cassava]), and *frutas tropicales* (such as plantains).

¿Qué van a pedir? ¿Un plato mexicano?

enchiladas

corn or flour tortilla dipped in a chile sauce and filled with beef or chicken

chile relleno

poblano pepper stuffed with cheese or meat and coated in eggs

chile relleno

chalupa

fried corn tortilla (sometimes shaped like a boat) filled with meat, vegetables, or cheese

chalupa

tacos

corn or flour tortilla with a variety of meats like *tacos al pastor* (marinated pork meat cooked on a vertical spit with pineapple)

huarache

huarache

sandal-shaped corn dough with refried beans

fajitas

grilled meat strips usually cooked with onions and bell peppers

carnitas

small tender chunks of fried or roasted pork

tostada

crunchy corn tortilla, usually with a bean base and other toppings

Hot sauce is either a *salsa verde*, which contains green tomatoes (also called *tomatillos*) and chili peppers, or a *salsa roja*, made with red tomatoes and chili peppers. *Pico de gallo* is chopped tomato, onion, cilantro, serrano peppers, salt, and lime juice. For a milder hot sauce, ask for *una salsa que no pique mucho*.

¿Quieren postre?

pastel de tres leches

moist cake prepared using milk, powdered milk, and condensed milk

flan

creamy egg custard with caramel topping

pastel de tres leches

churros

fried dough pastry sprinkled with sugar or cinnamon

sopapilla

fried pastry

buñuelos

fried dough ball

dulce de leche

milk confection used as a filling or topping

Actividad 3-10: Preguntas de discusión

1. Why is food such a distinctive part of culture? In what ways are the Mexican and Guatemalan food cultures similar? In what ways are they different?

2. Look up the phrase *buen provecho*. Do Americans customarily communicate this idea when eating with others?

3. What are some of the main ingredients in foods that the Maya and the Aztec ate that are still eaten today in Mexico and Guatemala?

4. Which main foods and ingredients do you think the Spaniards brought over to the Americas?

5. What makes meat taste different from one country to another?

Diálogo 3-2: En el restaurante 🔊

Mrs. Rodríguez and Mrs. Pérez are discussing where to eat dinner and decide on a Guatemalan restaurant. After the waitress brings their drinks, they have to decide on what to order. They ask the waitress several questions about the menu items and then finally make their selections. After they get their food, they ask for a few more items.

¿Qué les gustaría[1] cenar? Tenemos restaurantes mexicanos, italianos, americanos, españoles y guatemaltecos.

Nos gustaría *probar*[2] comida típica guatemalteca.

El mejor restaurante de comida guatemalteca auténtica es El Castillo.

Me parece bien. *Hace mucho que no como*[3] comida auténtica de Guatemala.

¡Pues, vamos!

Buenas noches, ¿*qué desean*[4] para beber?

Nosotros vamos a tomar agua, y para los muchachos, una soda.

En el restaurante

¡Nosotros queremos Coca-Cola!

Aquí les dejo el menú, mientras les *traigo*[5] las bebidas.

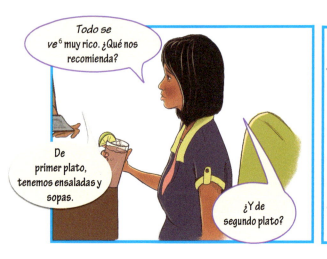

Todo se *ve*[6] muy rico. ¿Qué nos recomienda?

De primer plato, tenemos ensaladas y sopas.

¿Y de segundo plato?

Nuestra especialidad es el kak'ik, pero también tenemos enchiladas, chuchitos, tamales, pepián y marisco.

¿Qué es el kak'ik?

Es un *recado*[7] de chompipe con diferentes verduras, ajo, cebollas, hierbabuena, pimienta, cilantro y chile. También *va servido*[8] con arroz.

¿Qué es un chompipe?

Así llamamos al pavo.

---

[1] What would you like
[2] to try, taste
[3] It's been a long time since I have eaten
[4] what do you want/wish
[5] I [will] bring
[6] everything looks
[7] a Guatemalan sauce/soup
[8] it is served

Nosotros vamos a pedir una ensalada y un kak'ik. Nos encanta el pavo.

Y los chuchitos, ¿de qué están hechos[9]?

Los chuchitos tienen *masa*[10] de maíz y están *rellenos*[11] de pollo o carne de res.

¡Yo quiero chuchitos de carne de res!

Nosotros también vamos a pedir una sopa y chuchitos.

¡Yo prefiero los tamales!

Cuando regresa la mesera

¿Podría traer más *cubiertos*[12], por favor? Necesitamos una *cuchara*[13], un *tenedor*[14] y un *cuchillo*[15] más. Y más *servilletas*[16] también, por favor.

¡Por supuesto!

¿Desean algo más?

A mí me gustaría un guacamole y un poco más de agua, por favor.

¡Con mucho gusto!

---

[9] made
[10] dough
[11] stuffed

[12] silverware
[13] spoon
[14] fork

[15] knife
[16] napkins

Actividad 3-11: Preguntas de comprensión

Choose the correct answer.

1. ¿Qué tipo de restaurantes hay en San Marcos?
   A. Sólo hay restaurantes guatemaltecos.
   B. Sólo hay restaurantes de Latinoamérica.
   C. Hay restaurantes que sirven comida de varios países del mundo.

2. ¿Por qué quieren ir al restaurante El Castillo?
   A. Porque es el restaurante más prestigioso de San Marcos.
   B. Porque sirven la mejor comida guatemalteca.
   C. Porque es el único restaurante guatemalteco en San Marcos.

3. ¿Por qué quiere la Sra. Pérez comer comida guatemalteca?
   A. Porque El Castillo es un restaurante muy famoso.
   B. Porque le gusta la comida guatemalteca auténtica.
   C. Porque hace tiempo que no come comida guatemalteca.

4. ¿Qué platos típicos recomienda la mesera?
   A. Recomienda la especialidad del restaurante.
   B. Recomienda comida mexicana.
   C. Recomienda platos típicos de Guatemala.

5. ¿Qué tipo de carne tiene el kak'ik?
   A. El kak'ik tiene carne de cerdo.
   B. El kak'ik tiene pollo.
   C. El kak'ik tiene pavo.

6. ¿Qué tipos de carne tienen los chuchitos?
   A. Los chuchitos tienen carne de res o cerdo.
   B. Los chuchitos tienen pavo o pollo.
   C. Los chuchitos tienen pollo o res.

Nota de léxico

Mesero/a (waiter/waitress) is used mostly in Latin America, whereas people in Spain use *camarero/a*.

¿QUÉ NOS RECOMIENDA?

Making suggestions was introduced in Capítulo 2. Recommendations are closely related to suggestions. The way to express recommendations is also very similar. Notice how Mrs. Rodríguez and Mrs. Pérez offer and ask for recommendations.

> **Sra. Rodríguez:** ¿Qué **les gustaría** cenar?
> **Sra. Pérez:** **Nos gustaría** probar comida típica guatemalteca.
> **Sra. Rodríguez:** Todo se ve muy rico. **¿Qué nos recomienda?**
> **Mesera:** Nuestra especialidad es el kak'ik, pero también tenemos . . .

Nota de léxico

Caliente is used to refer only to temperature (hot vs. cold), not to describe spicy food.

Spanish uses *picante* or *picoso* to refer to spicy hot.

Actividad 3-12: ¿Le gustaría . . . ?

Look at the interactions between the waitress and Juan's and Itzel's parents at the restaurant. Match each question with the appropriate response.

Preguntas

1. ¿Les gustaría *pedir*[1] una ensalada para empezar?

2. ¿Les gustaría pedir una sopa de camarones de primer plato?

3. ¿Quieren un poco más de recado?

4. ¿Necesitan un poco de sal?

5. ¿Las enchiladas son picantes?

6. ¿Le gustaría un café después de la comida?

7. ¿Les gustaría un postre?

Respuestas

A. Sí, gracias. La comida está un poco *sosa*[2].

B. ¿Tiene de lechuga y tomate?

C. No, gracias. Pero a los niños les gustaría un helado.

D. Sí por favor, nos gusta mucho la sopa.

E. No mucho. Tienen muy poco chile.

F. No, gracias. La cafeína *no me deja dormir*[3].

G. Sí, *nos encanta*[4] el marisco.

Repaso del verbo *gustar*

The verb *gustar* is an important verb for expressing taste or preference. Notice its distinction from the English equivalent "to like."

Me gusta la carne.	I like meat.
¿**Te gusta** el arroz?	Do you like rice?
No **le gusta** la sopa.	He/she does not like soup.

The Spanish verb *gustar* expresses a passive idea. The thing (meat, rice, soup) pleases someone (me, you, him/her, etc.) or not. The order of the words is the reverse of the English sentence.

me	**gusta**	**la carne.**
object	verb	subject
Literally: Meat pleases me. *or* Meat is pleasing to me.		

There are three things to remember.

1. The verb gustar always uses an indirect object pronoun (me, te, le, nos, os, or les).

2. The verb is not affected by whether the object pronoun is singular or plural.

   Le gusta la carne.
   Les gusta la carne.

3. The subject (the thing the person likes or dislikes) is what determines whether the verb is singular or plural.

   Me gusta la manzana.
   Me gusta**n** la**s** manzana**s**.

---

[1] to order
[2] bland, tasteless
[3] does not let me sleep
[4] we love

Actividad 3-13: Me gusta o no me gusta

Paso 1 🔊

Juan and Itzel are talking about their food preferences before they place their order. Listen to determine what Itzel and Juan like or do not like.

comida	me gusta	me gustan	no me gusta	no me gustan
las hamburguesas				
el pollo frito				
las ensaladas				
la sopa de verdura				
los camarones				
la pasta con carne				
los tacos				
las carnes asadas				

Paso 2

You are now getting ready to order too. Include several foods you like and some you do not like. Make sure the verb agrees with subject (whether singular or plural). Are your likes more similar to Itzel's or to Juan's?

comida	me gusta	me gustan	no me gusta	no me gustan
las hamburguesas				
el pollo frito				
las ensaladas				
la sopa de verdura				
los camarones				
la pasta con carne				
los tacos				
las carnes asadas				

Paso 3

Compare your answers in Paso 2 with a classmate's. Write down two things he or she likes and two things he or she does not like. Use complete sentences and watch for singular and plural subjects.

> **Modelo**
> A Dolores le gustan las hamburguesas.
> A David no le gusta la ensalada.

La forma *gustaría*

Gustaría is another form of the verb *gustar*. It is used to express wishes, to make recommendations, to offer something to someone, or to make requests politely. The English equivalent is "would like."

> ¿Qué **les gustaría** cenar?
> **Nos gustaría** probar comida típica guatemalteca.

Actividad 3-14: Me gustaría

Paso 1

You and two other students are planning to go out to eat at a restaurant. Look at all the foods listed in Actividad 3-13. Write down two things you would like to eat, and mention them to your partners. Feel free to use other foods listed at the end of the chapter. Based on what you would like to eat, choose a local restaurant.

Modelo
Me gustaría comer una hamburguesa y una ensalada.
Me gustaría ir a La Reina de las Hamburguesas.

Paso 2

Choose two partners. Compare your choice of food and restaurant in Paso 1 with your classmates'. Discuss what is different and what is similar.

Expresiones útiles en el restaurante
el primer plato—first course
el segundo plato—second course
el postre—dessert
la cuenta—bill, check
la propina—tip
(pagar con) tarjeta de crédito—(pay by) credit card
(pagar) en efectivo—(pay) with cash

¿DE QUÉ ESTÁN HECHOS?

Many cultures have a special dish, and people readily identify the country it is from. There are times that the name of the dish does not give a clue about the food itself. So knowing how to ask what the basic ingredients are can help you decide what to order. Notice how the Pérez and Rodríguez families ask the waiter about the Guatemalan dishes.

Sra. Pérez:	**¿Qué es el kak'ik?**
Mesera:	Es un recado de chompipe con diferentes verduras.
Juan:	**¿Qué es un chompipe?**
Mesera:	Así llamamos al pavo.
Sra. Rodríguez:	Nosotros vamos a pedir . . . un kak'ik. Nos encanta el pavo.
Sra. Pérez:	Y los chuchitos, **¿de qué están hechos?**
Mesera:	Los chuchitos tienen masa de maíz y están rellenos de pollo o carne de res.

Actividad 3-15: Los ingredientes

Paso 1

The owners of Restaurante "El Castillo" want to have the ingredients on the menu in English for American customers who do not know Spanish. They ask you to classify their ingredients by type of food. Use the glossary at the end of the chapter as needed.

A. carne **B.** verdura/vegetal **C.** especia/condimento **D.** caldo/sopa	

cerdo	A	cebolla	consomé	sal	
ternera		lima	tomate	pollo	
lechuga		lechón	cocido	sopa	
recado		cilantro	ajo	zanahoria	
trigo		chile	maíz	aguacate	
perejil		pimienta	res	pimiento	

Paso 2

Indicate *sí* or *no* if you can determine the main ingredient(s) from the name of the dish on the El Castillo menu.

1. paella
2. arroz con pollo
3. enchilada
4. ceviche
5. camarones al ajillo
6. bacalao en salsa
7. churrasco
8. ropa vieja
9. huevos rancheros
10. vaca frita
11. tamales
12. asado de cerdo
13. arepas
14. arroz con frijoles
15. papas rellenas
16. asado de res
17. fajitas
18. huevos rellenos

Paso 3

Decide which dish you would like the most by reading the description and main ingredients. Then compare the dish you select with a classmate's choice, and describe your favorite ingredients.

1. **Pollo frito con puré de papas:** Este clásico plato tiene *muslos*[1], *alas*[2] y *pechuga*[3] de pollo rebozados en huevo y pan rallado y frito en aceite. Las papas están cocidas y trituradas con manteca y leche para una textura suave y cremosa.

2. **Huevos fritos con papas fritas:** Este es un plato clásico de Andalucía (sur de España). Es muy simple de hacer. Tiene papas cortadas y fritas en aceite de oliva virgen español y huevos fritos en el aceite de las papas. Se puede poner unos dientes de ajo en el aceite para dar más sabor.

3. **Ceviche de salmón:** Este es un plato típico de la costa de los Andes. Este plato tiene salmón fresco en limón con cilantro, cebolla, ajo, tomate y pimiento. Es un plato fresco y delicioso.

4. **Sandwich de vaca frita:** Este sandwich cubano tiene carne de ternera frita en la sartén con cebolla, adobo (condimento del Caribe) y mojo criollo. La carne se fríe con limón fresco para darle un sabor cítrico.

Paso 4

Think of your favorite dish and list as many of the ingredients as you can in Spanish. (Use the list of ingredients at the end of the chapter to help you.) Describe your favorite dish to a classmate using the list you created.

Modelo
Mi plato favorito es la hamburguesa.
Tiene carne de res, tomate, lechuga y cebolla.

---

[1] thighs

[2] wings

[3] chicken breast

Los cubiertos

Another important part of the restaurant experience is the eating utensils. They are designed for different types of food. Notice how Mrs. Rodríguez requests a set of utensils.

Sra. Rodríguez: ¿Podría traer más cubiertos, por favor? Necesitamos una *cuchara*, un *tenedor* y un *cuchillo* más. Y más *servilletas* también, por favor.

Actividad 3-16: Las comidas y los cubiertos

Choose the proper utensil for the type of food mentioned.

> **A.** tenedor   **B.** cuchara   **C.** cuchillo   **D.** plato   **E.** servilleta   **F.** vaso

1. La _____ se usa para comer la sopa.

2. El _____ se usa para cortar la carne y el pescado.

3. El _____ se usa para comer carne, pescado y ensalada.

4. La _____ se usa para limpiarte la boca o las manos.

5. El _____ se usa para beber agua o algún líquido.

6. El _____ se usa para servir la comida.

Nota de léxico

There are different terms for various types of dishes, bowls, and so forth.

- Un **plato hondo** se usa para las sopas y caldos.
- Un **plato llano** se usa para carnes, pescados y ensaladas.
- Un **plato de postre** se usa para dulces, tartas y pasteles.

Nota de lengua: *Se usa para . . .*

Spanish uses *se* + *usa* (third person singular/plural) as the equivalent of "it is used to/for."

El lápiz *se usa para* escribir.

CONEXIONES CULTURALES CON EL PASADO

La creencia de los mayas en cuanto a Dios y la creación

The study of the Maya is interesting for archaeologists and students like Juan and Itzel because the Mayan system of writing allowed them to keep detailed records of their history. An ancient Mayan book that is highly significant for the Guatemalan people is the Popol Vuh, which means "the Book of the People." Not only does this book chronicle the history of the K'iche' (Quiché) people, who lived in the Guatemalan highlands, but it also includes the Maya's understanding of how the world was created.

Around 1550, anonymous members of Mayan nobility recorded the Mayan creation story in the Popol Vuh because the orginal book and ancient writings had been lost. Many such documents were destroyed during the Spanish conquest. In the early 1700s, Francisco Ximénez, a Dominican priest in Guatemala, gained access to this book and translated it into Spanish. According to the Archaelogical Institute of America, archaeologists working at sites dating as far back as 200 BC have found images that match the Popol Vuh's account of creation.

The Spanish translation of the Popol Vuh describes the conditions of the world before creation began: "*No había todavía*[1] un hombre, ni un animal, pájaros, peces, *cangrejos*[2], árboles, piedras, cuevas, *barrancas*[3], hierbas, ni *bosques*[4]: sólo el cielo *existía*[5]. *No se manifestaba*[6] la faz de la tierra. Sólo estaban el mar en calma y el cielo en toda su extensión."

Portions of the Popol Vuh account of creation seem to correspond to the creation account recorded in the book of Genesis. The Mayan account includes other mythological details (such as the hero twins who become the sun and the moon) that are far from what Scripture records. However, there is sufficient similarity in the significant elements to cause us to ask, "Did the Maya have any knowledge about these early events from the beginning of their history?" If so, how could they have learned about events the Bible records? Here are translations of statements from the Popol Vuh.

The surface of the earth had not appeared, there was only the calm sea and the great expanse of the sky . . . Let the water recede and make a void, let the earth appear and become solid; let it be done. Thus they spoke. Let there be light, let there be dawn in the sky and on the earth! . . . Only by a miracle, only by magic art were the mountains and valleys formed; and instantly the groves of cypresses and pines put forth shoots together on the surface of the earth. . . . Then they made the small wild animals, the guardians of the woods, the spirits of the mountains, the deer, the birds, pumas, jaguars, serpents, snakes, vipers, guardians of the thickets. . . . Of earth, of mud, they made [man's] flesh.

According to the Maya account, the first attempt to make a man out of earth and mud failed because he had no strength to stand. So the gods made a man out of wood.

These were the first men who existed in great numbers on the face of the earth. . . . A great flood was formed which fell on the heads of the wooden creatures. . . . Those that they had made, that they had created, did not think, did not speak with their Creator, their Maker. And for this reason, they were killed, they were deluged. A heavy resin fell from the sky. . . . Black rain began to fall, by day and by night.

Una parte de la creación maya en un panel en El Mirador, Guate

---

[1] There was not yet
[2] crabs
[3] ravines
[4] forests
[5] was
[6] was not appearing

After the flood, the gods decided to make man again, this time using cornmeal dough. They created four men along with their wives, who were made when the men were asleep.

La creación maya: el hombre es formado del maíz.

They [the four wives] conceived the [other] men, of the small tribes and of the large tribes, and were the origin of us; the people of Quiché. . . . The speech of all was the same. . . . So, then, all arrived at Tulán. . . . And there it was that the speech of the tribes changed; their tongues became different. They could no longer understand each other clearly after arriving at Tulán. There also they separated, there were some who had to go to the East, but many came here."

The book concludes by telling about the migration of the Quiché people and gives their genealogy up until the time of the Spanish conquest.

According to Genesis 11, after the nations were judged at the tower of Babel, God dispersed them into all the world speaking different languages. No doubt they also went out remembering how God had judged man with a flood and at Babel. Eventually some of their descendants reached the Americas. People like the Maya incorporated this knowledge into their own story of beginnings, however imperfect that knowledge may have been or how much it changed over time. We know of other peoples around the globe that have some of these same accounts in their traditions. These all attest to the veracity of the historical events as told in Genesis.

Even though they appear to have had this previous knowledge of ancient history and of the testimony of God and His power as revealed in creation, the Maya eventually came up with another belief system involving various gods that had to be placated with extreme practices such as bloodletting and human sacrifices. The Maya would sometimes sacrifice victims after a ballgame by decapitation or would hurl adults and children into *cenotes* (sinkholes) during times of drought, famine, or disease in an effort to please their gods.

Actividad 3-17: Preguntas de discusión

1. Why is the Popol Vuh a significant book for the Mayan people of Guatemala?

2. What kind of animals are mentioned in the Popol Vuh? What could we conclude from these specific animals?

3. Can we determine from the Popol Vuh whether the Maya had any knowledge of the events recorded in Genesis? What significant elements in the Mayan account seem to indicate that they had some knowledge?

4. Who might the eight individuals be that were supposedly made after the flood? Why might the Maya believe that man was created after a flood?

5. What happened when the Maya chose not to worship God alone? Can you give an example of another people group who had greater knowledge of God and still rejected Him? What happened after they rejected Him?

Un sacrificio maya en un cenote sagrado

Arqueología sin Fronteras

El libro del pueblo

El doce de octubre a las 12:25

Los mayas

Los incas

Los aztecas

Los españoles

Los mayas son una civilización muy antigua. Sabemos mucho sobre los mayas porque *dejaron*[1] su historia escrita en muchas cosas, como en sus pinturas, en sus esculturas, y en sus libros. El libro más importante de los mayas es el Popol Vuh. El libro comienza con estas palabras: "No se *manifestaba*[2] la faz de la tierra. Sólo *estaban*[3] el mar en calma y el cielo en toda su extensión." Esta es la versión maya de la creación del mundo.

También, el Popol Vuh narra la historia de los Quiché que todavía viven en Guatemala. Hoy podemos visitar a sus descendientes en las tierras altas de Guatemala.

Los mayas *creían*[4] que los dioses *formaron*[5] al hombre del lodo, luego de madera y finalmente de maíz. ¡Qué curioso!

La leyenda de los héroes *gemelos*[6] se encuentra en algunas pinturas de los mayas.

En lugar de adorar al Dios de la Biblia, los mayas *adoraban*[7] a otros dioses. Muchas veces *sacrificaban*[8] a sus víctimas después de un juego de pelota o *tiraban*[9] a las personas vivas en un cenote. ¡Qué horror!

Gracias a Dios, hoy día hay un gran número de mayas que creen en el evangelio de Jesucristo. Debemos orar por los mayas que todavía no conocen a Cristo.

El pueblo quiché de Guatemala

La creación maya

Un cenote sagrado

[1] left
[2] appeared
[3] were
[4] they believed
[5] they formed
[6] twins
[7] they worshiped
[8] they sacrificed
[9] threw

COMPETENCIA COMUNICATIVA

The following activities are designed to help develop greater proficiency.

Sonidos, palabras y patrones

In general these consonants need to sound softer in Spanish than they are in English.

Pronunciación: Las consonantes *d, t, p, b, v,* y *z*

descripción del sonido *d*	palabras	frases
When the letter *d* occurs at the beginning of a word (or after the letters *l* or *n*), it is pronouced like the *d* in the English word *dough*, except that the tongue touches the back of the upper front teeth. When *d* occurs between vowels, it is pronounced somewhat like the *th* in the English word *the*.	dónde das dejo lado comida	¿Dónde está la farmacia? si me das un segundito Les dejo el menú. está al lado comida auténtica de Guatemala
descripción del sonido *t*	**palabras**	**frases**
The letter *t* like the *d*, is also dental. The tongue touches the upper teeth, but, unlike the English *t*, there is little or no aspiration.	tu tiendas auténtica	Tu papá está ayudando. También hay tiendas. comida auténtica guate- malteca
descripción del sonido *p*	**palabras**	**frases**
The letter *p* is similar to the English *p*, but with little aspiration.	papá parque transporte	mi papá del Parque Central en transporte público
descripción del sonido *b* o *v*	**palabras**	**frases**
The two letters are pronounced exactly the same way. At the beginning of a word (or after the letters *n* or *m*), they are pronounced like the *b* in *box*. Between vowels, *b* and *v* do not completely stop the flow of air through the lips.	bien banco vamos beber servido	¡Qué bien! entre el banco Vamos al centro. para beber Va servido con arroz.
descripción del sonido *z*	**palabras**	**frases**
The *z* is pronounced like an *s* (except in Spain). It is not pronounced like the *z* in *zebra*.	zapato brazo	unos zapatos azules el brazo izquierdo

Actividad 3-18: Pronunciación de sonidos 🔊

Repeat each word, phrase, or sentence you hear in Spanish.

Actividad 3-19: Dictado de palabras 🔊

Write each word, phrase, or sentence you hear in Spanish.

Los patrones con las preguntas

In written Spanish, questions are signaled by the inverted question mark at the beginning of the sentence. However, questions in spoken Spanish are often signified by a changed word order (subject follows the verb) and the inflection of the voice at the end of the sentence.

Actividad 3-20: Escucha bien los patrones 🔊

Listen again to the way the speakers in the dialogs ask each other questions. Notice how the the word or sentence is inflected at the end to signify a question.

Presentar el evangelio

Chapter 2 reviewed that man was created to reflect God's image in unique ways and that Christians are to be holy as God is holy. However, since Adam and Eve fell into sin, every one of us comes short of God's glory and fails to properly reflect Him. Instead of worshiping God as He commands, we try to worship God on our own terms, even replacing God with our own false gods. We try to get to heaven through our own efforts even though they can never be enough (Eph. 2:8–9).

God has given man stewardship over His creation to use it in beneficial ways with God's blessing. But man creates his own devices and culture without acknowledging God. He may sometimes develop good and commendable things in culture, but even those are tainted by sin and incorporate a fallen perspective in some way, like Cain who built the first city but lived apart from God's presence.

God gave man an amazing language ability to be used for praising God and helping others. However, instead of glorifying God, man avoids communing with God. Instead of using language to help others, he frequently uses language for selfish means. He often lies, cheats, maligns, and tears others down.

Here are some necessary points to make when presenting the gospel.

1. **El hombre es pecador. Su pecado se manifiesta . . .**

   en una adoración que *desagrada*[1] a Dios,
   en una cultura que *no toma en cuenta*[2] a Dios y
   en un lenguaje que no *edifica*[3] a otros.

   Romanos 3:10–11 "Como está escrito: No hay justo, ni aun uno; no hay quien entienda, no hay quien busque a Dios."

2. **El pecado tiene un precio.**

   Romanos 6:23 "Porque la paga del pecado es muerte."

3. **La muerte es estar separado de Dios y de su gloria para siempre.**

   Romanos 3:23 "Por cuanto todos pecaron, y están destituidos de la gloria de Dios."

Actividad 3-21: Escucha y repite los versículos 🔊

Listen to the above verses once, then repeat each verse in sections, and then say the entire verse.

---

[1] displeases
[2] does not take into account
[3] build up

Síntesis comunicativa: La comida en el restaurante

You and a friend decide to go out to eat for lunch at a local restaurant that serves Mexican and Guatemalan food. Use what you learned in this chapter to order a meal and ask the appropriate questions.

Paso 1: Interpretive writing

Form a group of three students. Together create a menu that includes three or four of each of the following that you would normally find at a Hispanic restaurant: appetizers, main dishes, drinks, and desserts. Make sure you know the ingredients of the main dishes. Look at some online menus if necessary.

Paso 2: Interpersonal speaking

Choose someone in the group to be the server (*mesero/a*) who will take the order from each person (*el/la cliente*).

1. First, the *mesero*/a needs to ask what each person would like to order. The *cliente* should ask for recommendations.

2. At that point the *mesero*/a will name one or two appropriate dishes.

3. Then the *cliente* should ask about the ingredients in the dish.

4. After the explanation, the *cliente* should order his appetizer, entrée, and drink using the polite form of *gustar*.

Paso 3: Interpretive listening

The *mesero/a* should note the order and repeat it back to the *cliente* to make sure he or she wrote down the entire order correctly.

Autoprueba: I can . . .

Rate how confidently you are able to do the following in Spanish.

Task	Not at all confidently			Very confidently	
I can describe key places in a typical town.	1	2	3	4	5
I can talk about people and places I know.	1	2	3	4	5
I can list various modes of transportation.	1	2	3	4	5
I can order a meal at a restaurant.	1	2	3	4	5
I can ask for recommendations when ordering food.	1	2	3	4	5
I can ask about the ingredients in a dish.	1	2	3	4	5

Rate how confidently you are able to do the following in English.

Task	Not at all confidently			Very confidently	
I can list typical dishes and foods from Mexico and Guatemala.	1	2	3	4	5
I can evaluate the ancient Mayan beliefs about creation and God.	1	2	3	4	5
I can describe the Popol Vuh.	1	2	3	4	5

La comida y los ingredientes

carnes/meats

el cerdo	pork
el cordero	lamb
la gallina	hen
el lechón	young pig
el pato	duck
el pavo	turkey
el pollo	chicken
la res	beef
la ternera	veal
el venado	venison

pescados/fish

la anchoa	anchovy
el atún	tuna
el bacalao	cod
la carpa	carp
la merluza	hake
el pez espada	swordfish
el salmón	salmon
la sardina	sardine
el tiburón	shark
la trucha	trout

mariscos/seafood

la almeja	clam
el calamar	squid
el camarón	shrimp
el cangrejo	crab
la cigala	prawn
la langosta	lobster
el mejillón	mussel
la ostra	oyster
el pulpo	octopus
la sepia	cuttlefish

granos/grains

el arroz	rice
los frijoles	beans
los garbanzos	chickpeas
las lentejas	lentils
el maíz	corn
el trigo	wheat

verduras/vegetables

el aguacate	avocado
el ajo	garlic
la cebolla	onion
el chile	chili
la lechuga	lettuce
el pimiento	bell pepper
el tomate	tomato
la zanahoria	carrot
la papa	potato

frutas/fruits

el arándano	blueberry
la banana	banana
la cereza	cherry
el coco	coconut
la frambuesa	raspberry
la fresa	strawberry
la lima	lime
el limón	lemon
la mandarina	mandarin
la manzana	apple
el melón	melon
la naranja	orange
la pera	pear
la piña	pineapple
la sandía	watermelon
la uva	grape

frutos secos/nuts

la almendra	almond
la avellana	hazelnut
el maní	peanut
la castaña	chestnut
la nuez	walnut
las pipas	sunflower seed
el pistacho	pistachio

lácteos/dairy

la leche	milk
el queso	cheese
el yogur	yogurt
la mantequilla	butter
la crema	cream

condimentos/spices

la canela	cinnamon	la hoja de laurel	bay leaf
el cilantro	cilantro	el orégano	oregano
el clavo	clove	el perejíl	parsley
el comino	cumin	el pimentón	paprika

la pimienta	pepper
el romero	rosemary
la sal	salt
el tomillo	thyme

bebidas/drinks

el agua	water
el jugo/zumo	juice
el café	coffee
el té	tea
la infusión	herbal tea

sopas/soups

el consomé	consommé
la sopa	soup
el caldo	broth/stock
el cocido/guiso	stew
la crema de . . .	cream of . . .

otros/others

el aceite	oil
la harina	flour
el huevo	egg
las olivas	olives
el vinagre	vinegar

Otros verbos como *preferir* y *querer*: e → ie

to close	to start	to understand	to recommend	to think	to lose
cerrar	empezar	entender	recomendar	pensar	perder
cierro	empiezo	entiendo	recomiendo	pienso	pierdo
cierras	empiezas	entiendes	recomiendas	piensas	pierdes
cierra	empieza	entiende	recomienda	piensa	pierde
cerramos	empezamos	entendemos	recomendamos	pensamos	perdemos
cerráis	empezáis	entendéis	recomendáis	pensáis	perdéis
cierran	empiezan	entienden	recomiendan	piensan	pierden

Other *e → ie* verbs: *comenzar, confesar, contener, defender, detener, despertar(se), gobernar*. *Tener* and *venir* are irregular in the first person—*tengo* and *vengo*.

Los lugares importantes del centro

el hotel	la municipalidad (el ayuntamiento)	el parque
la iglesia católica	la iglesia evangélica	la biblioteca
el hospital	el parque de bomberos	la clínica
la farmacia	la estación de tren	el banco
el restaurante	la terminal de autobuses	la parada de taxis
el mercado	la estación de policía	la escuela

Las preposiciones

a (to, toward)	hacia (toward)	de (from)
en (on, by)	hasta (till, until)	desde (from)
de/desde . . . hasta (from . . . to)	a pie (on foot)	a bordo (on board)

Los medios de transporte

en carro	en bicicleta	en autobús	en taxi	en mototaxi
en avión	en tren	en barco	a pie	a caballo (on horseback)

Los verbos *pedir* y *servir*: *el cambio e → i*

pido	pedimos	sirvo	servimos
pides	pedís	sirves	servís
pide	piden	sirve	sirven

En el restaurante: pedir comida

¿Qué nos recomienda?	Me/nos gustaría pedir . . .	Yo quiero . . .
Yo voy a pedir . . .	¿Podría traer . . . ?	primer/segundo plato

En el restaurante: preguntas y peticiones

¿Qué es el kak'ik?	¿De qué está hecho ____?	¿Podría traer un plato más, por favor?
¿Qué es un chompipe?		¿Nos trae la cuenta, por favor?

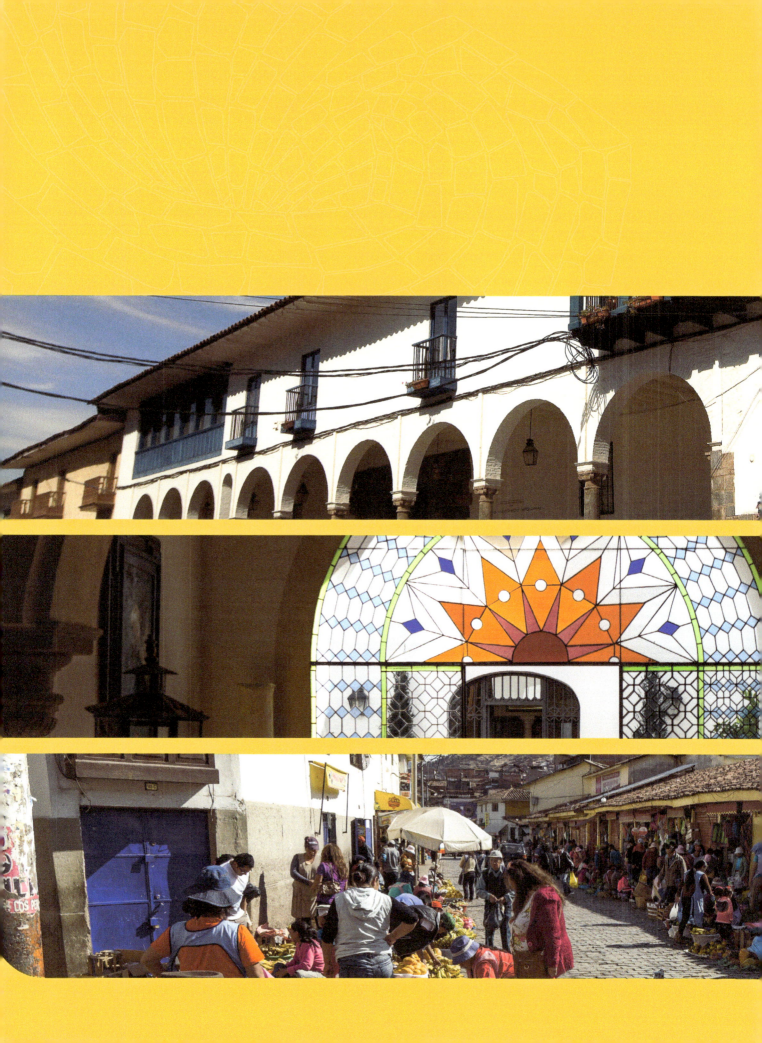

Historias de familia

In this chapter you meet Luis de la Vega, who lives in Cusco, Peru. One day after school, Luis invites some friends over to do homework. In the entryway of Luis´s house is a large portrait of El Inca Garcilaso de la Vega, a sixteenth-century writer who recorded the history of the Incas. María, one of the archaeology club members, is curious about why that portrait is hanging in Luis´s house.

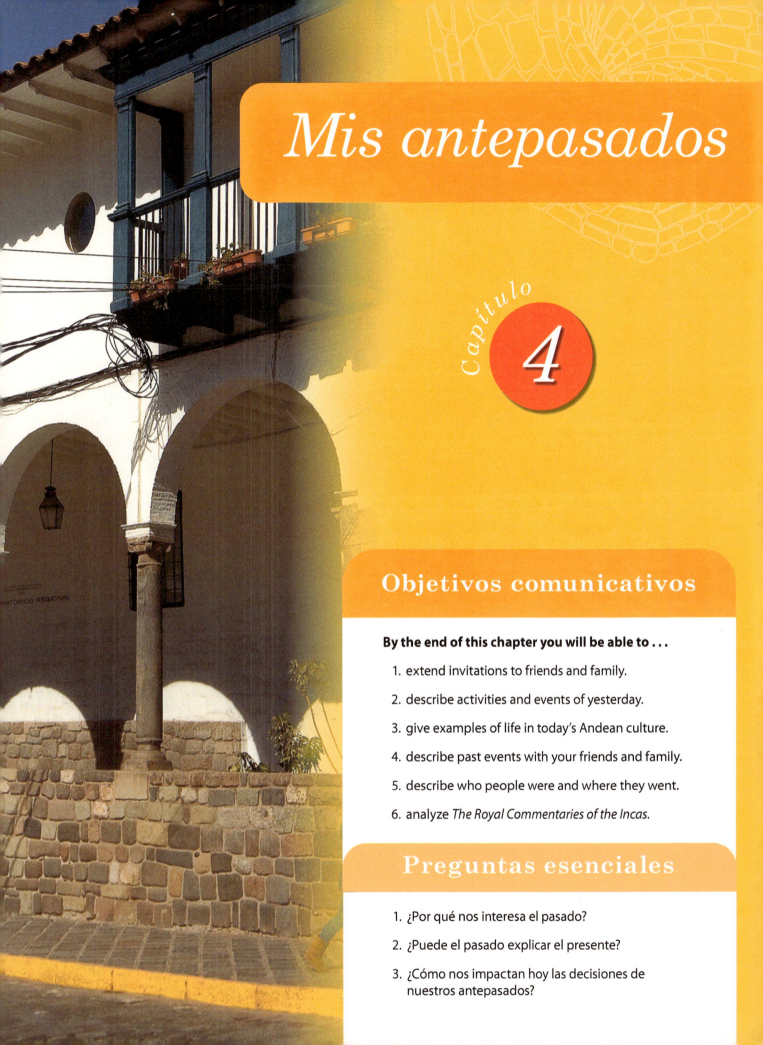

Mis antepasados

Objetivos comunicativos

By the end of this chapter you will be able to . . .

1. extend invitations to friends and family.

2. describe activities and events of yesterday.

3. give examples of life in today's Andean culture.

4. describe past events with your friends and family.

5. describe who people were and where they went.

6. analyze *The Royal Commentaries of the Incas*.

Preguntas esenciales

1. ¿Por qué nos interesa el pasado?

2. ¿Puede el pasado explicar el presente?

3. ¿Cómo nos impactan hoy las decisiones de nuestros antepasados?

Diálogo 4-1: ¿Quieres venir a casa? 🔊

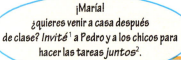

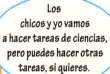

¡María! ¿quieres venir a casa después de clase? Invité[1] a Pedro y a los chicos para hacer las tareas *juntos*[2].

¡Sí, claro!

Los chicos y yo vamos a hacer tareas de ciencias, pero puedes hacer otras tareas, si quieres.

¿Puedo invitar a Laura a venir *conmigo*[3]? Tenemos que hacer un proyecto de literatura.

¡Está bien! ¿Y a qué hora salen ustedes de clase?

Nosotras salimos a las cuatro y media. Pero te llamo por teléfono antes de ir a tu casa.

Muy bien. Hablo *contigo*[4] esta tarde.

¡Hola!

¡Me encanta tu casa! ¡Es tan *rústica*[5]!

Gracias. La *heredamos*[6] hace mucho tiempo y la estamos *arreglando*[7].

¿Puedo poner mis libros aquí?

¿Y quién es este?

Este es mi *antepasado*[8], el Inca Garcilaso de la Vega.

¿El Inca Garcilaso es tu antepasado?

_____

[1] I invited
[2] together
[3] with me

[4] with you
[5] rustic
[6] we inherited

[7] we're fixing it up
[8] ancestor

Sí.
¿Y sabes que Garcilaso y Shakespeare murieron[9] el 23 de abril de 1616, y que Cervantes[10] murió[11] el día antes, el 22 de abril?

¡Qué coincidencia!

Y ustedes, ¿ya cenaron?[12]

No, no tenemos hambre. Normalmente almorzamos a las doce, pero hoy almorzamos[13] a las dos y media.

Yo también almuerzo temprano normalmente, pero hoy comí[14] tarde.

¿Dónde nos sentamos Laura y yo?

Laura y tú pueden estudiar en la sala. Nosotros estamos estudiando en el comedor.

¡Los sofás son más cómodos[15]!

Si tienen computadora, la clave[16] para el Wi-Fi® es "incagarcilaso1539."

¡Qué clave más ocurrente[17]!

---

[9] [they] died
[10] author of *Don Quixote*
[11] [he] died

[12] did you have supper
[13] we had lunch
[14] I ate

[15] comfortable
[16] password
[17] clever

Nota cultural

Cuzco or Cusco

The spelling for this important city has traditionally been *Cuzco*. However, in recent years, city residents have officially adopted the *Cusco* spelling.

Cuzqueño or cusqueño

The spelling of the word for a native of the city of Cuzco/Cusco is also affected—*cuzqueño* and *cusqueño* are both considered correct spellings.

Perú or el Perú
Cusco or el Cusco

It is correct to refer to the country and the city with or without the definite article. You can say, "Vivo en Perú/Cusco" or "Vivo en *el* Perú / *el* Cusco." But Peruvians usually refer to their country as *el Perú*.

Nota de lengua

The *ustedes* form can be used to address a group of friends (informal) or people to whom you owe respect (formal): *¿Quieren (ustedes) venir a casa?*

Using a more polite form such as *¿Les gustaría (a ustedes) venir a casa?* would also be appropriate in either situation. Latin American culture is very formal, and people greatly appreciate politeness.

Actividad 4-1: Preguntas de comprensión

Choose the best answer for each of the following questions.

1. ¿A quién invita Luis a casa después de las clases?
   A. A su amigo Pedro y a María.
   B. A los amigos de Pedro y a Laura.
   C. A Pedro, a otros chicos y a María.

2. ¿Por qué invitó María a Laura también?
   A. Porque están trabajando en el mismo proyecto.
   B. Porque es su mejor amiga.
   C. Porque a Laura le gusta la literatura.

3. ¿Por qué le gusta a María la casa de Luis?
   A. Porque es una casa nueva.
   B. Porque es una casa antigua.
   C. Porque tiene sofás cómodos en la sala.

4. ¿Cuándo compró la familia de Luis la casa?
   A. En 1616.
   B. No la compró; es una herencia.
   C. Hace un año.

5. ¿De quién es Luis descendiente?
   A. De Miguel de Cervantes.
   B. De una familia inglesa.
   C. Del Inca Garcilaso.

6. ¿Por qué es interesante el día que el Inca Garcilaso murió?
   A. Porque murió el día después de Cervantes.
   B. Porque murió en 1616.
   C. Porque murió en Abril.

¿QUIERES VENIR A CASA?

Las invitaciones

There are many different ways to extend an invitation. Notice how Luis invites his friend María to come over.

> **Luis:**   ¡María! ¿quieres venir a casa después de clase?

Since Luis and María are friends, he uses the *tú* form (informal). To invite two or more friends, he would have used the plural pronoun *ustedes* (used for both formal and informal in Latin American Spanish).

	singular	**plural**
informal	¿Quieres (tú) venir a casa?	¿Quieren (ustedes) venir a casa?
formal	¿Quiere (usted) venir a casa?	
polite informal	¿Te gustaría venir a casa?	¿Les gustaría (a ustedes) venir a casa?
polite formal	¿Le gustaría (a usted) venir a casa?	

Note that *gustaría* (a conjugated form of the verb *gustar* that has the idea "would like") may also be used in invitations to convey more politeness with either the *tú* form (informal) or the *usted* form (formal).

Actividad 4-2: ¡Te invito!

Paso 1

Luis is inviting people to different activities. Classify each invitation as one (or more) of the following: *formal*, *informal*, or *polite*.

	invitation	formal	informal	polite
1	¿Vienes a jugar al fútbol con nosotros?			
2	¿Les gustaría tomar un té?			
3	¿Quieres ir de compras el sábado?			
4	¿Te gustaría dar un paseo conmigo?			
5	¿Quieren ustedes ir a la iglesia el sábado?			
6	¿Le gustaría venir a la iglesia el domingo?			

Paso 2

You are planning various activities this week, and you want to invite different people to them. Express an appropriate invitation for each situation.

> **Modelo**
> Invita a un amigo a tu casa para ver el partido de fútbol en la televisión.
> ¿Quieres venir a casa para ver el partido de fútbol en la televisión?

1. Invita a tu amigo a ir a una conferencia de jóvenes en la iglesia.

2. Invita a tu profesora a ir a tu iglesia el domingo.

3. Invita a tus amigos a tu casa el viernes en la noche para ver una película.

4. Invita al pastor de tu iglesia a tu casa para tomar café después del culto.

5. Invita a tus compañeros de clase a tu fiesta de cumpleaños.

Aceptar o rechazar las invitaciones

You may either accept or decline an invitation, as in the following conversation.

María: Laura, ¿quieres venir a casa de Luis esta tarde?

Laura: Sí, me parece bien, pero antes necesito comprar unas cosas. ¿Te gustaría ir conmigo?

María: ¡Qué pena! No puedo. Tengo que cuidar de mi hermana hasta las 6:30.

accepting an invitation: common expressions	
¡Por supuesto! *or* ¡Sí, por supuesto!	Of course! *or* Yes, of course!
¡Claro! *or* ¡Sí, claro!	
¡Qué bien! *or* ¡Qué bueno!	Great!
¡Me parece bien!	It sounds good!

accepting an invitation with conditions
Sí, me parece bien, pero antes necesito/tengo que . . .
It sounds good, but first I need/have to . . .

declining an invitation: common expressions	
¡Qué pena! No puedo.	What a pity! I can't.
¡Qué lástima! No puedo.	
¡Lo siento, pero no puedo!	I'm sorry, but I can't!

Politely declining may also involve giving a reason why you cannot accept the invitation. Notice how María declines Laura's invitation.

María: ¡Qué pena! No puedo. Tengo que cuidar de mi hermana hasta las 6:30.

Actividad 4-3: ¿Quieres venir conmigo?

Paso 1 🔊

Listen to the exchanges between Luis and the boys. Determine how each one accepts or declines the invitation.

invitación	aceptar o rechazar
1	
2	
3	
4	
5	
6	

A. accepts

B. accepts with condition

C. declines politely

D. declines

Nota de léxico: *Pena* vs. *vergüenza*

Pena means "pity" or "sorrow," but people in Central America, the Caribbean, Mexico, Venezuela, and Colombia also use *pena* to mean "shame" or "embarrassment" as in "*Tengo pena*" or "*Me da pena*" ("I'm embarrassed").

However, in other Latin American countries and Spain, the usual term for "shame" or "embarrassment" is *vergüenza*.

"I am/feel embarrassed or ashamed" may be expressed as follows in any country:

Tengo vergüenza.
Me da vergüenza.
Siento vergüenza.

Conmigo and contigo

The preposition *con* ("with") is used to express association or company. In English, *with* is used with **object pronouns** (*me, you, him, her, it, us,* and *them*) to convey the same idea. In the dialog María asks Luis if she can invite Laura to come with her.

¿Puedo invitar a Laura a venir conmigo?

In Spanish the preposition *con* is followed by a **subject pronoun** (*él, ella, nosotros, nosotras, vosotros, vosotras, ellos,* or *ellas*) except with *yo* or *tú,* when the *conmigo* and *contigo* forms are used. They come from old Spanish forms that still remain in modern Spanish.

other examples	
María estudia conmigo.	María studies with me.
María estudia contigo.	María studies with you.
María estudia con él/ella/nosotros.	María studies with him/her/us.

MÁS INFORMACIÓN

Paso 2

Invite several classmates to the following activities. Record whether they accept or decline your invitation. When you are invited by a classmate, accept at least three of the invitations.

	invitación	acepta: ¿sí o no?	
1	ir al parque el sábado para jugar al fútbol		
2	venir a estudiar historia con nosotros esta tarde		
3	ir a tomar un helado después de clase		
4	ir a mi iglesia el domingo		
5	estudiar juntos para el examen de matemáticas		
6	ir a la biblioteca mañana después de clase		
7	hacer algo divertido este fin de semana		

Hola, Luís, te mando la foto del busto del Inca Garcilaso aquí en España.

¡Gracias, Eduardo! Voy a tomar una foto de la universidad que lleva su nombre aquí en el Perú.

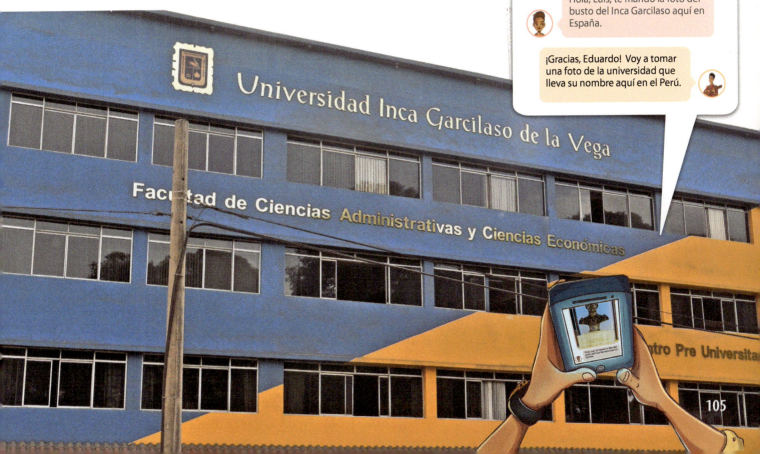

INVITÉ A LOS CHICOS

El pretérito de los verbos regulares (-*ar*)

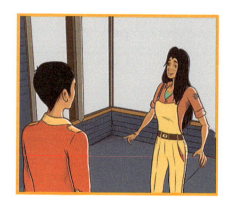

To this point the verb focus has been present tense, but much of our daily conversation is about things that happened in the recent or distant past.

The *pretérito* (preterite or simple past) is the tense used to talk about a completed action in the past. Consider this excerpt from the dialog.

> **Luis:** ¡María! ¿quieres venir a casa después de clase? **Invité** a Pedro y a los chicos para hacer las tareas juntos.

Here are the patterns of verb endings for *invitar*. Some past forms are easy to recognize because the verbs follow regular (predictable) patterns. Compare the present and past tense conjugations of the verb *invitar*.

persona(s)	el verbo (invitar)	
	presente	**pretérito**
yo	invit**o***	invit**é**
tú	invit**as**	invit**aste**
él/ella/usted	invit**a**	invit**ó****
nosotros	invit**amos*****	invit**amos*****
vosotros	invit**áis**	invit**asteis**
ellos/ellas/ustedes	invit**an**	invit**aron**

*Notice that the stress is on the second syllable, not the last.

**The accent mark in third person past identifies the stressed syllable, distinguishing it from first person present.

***The *nosotros* form of an -*ar* verb is the same in both past and present tense. Context and time adverbs will help you identify which tense is intended.

Actividad 4-4: ¿Ahora o ayer? 🔊

Listen to ten short exchanges between Luis and María. Determine whether the events mentioned happened in the past or are going on right now.

	presente	pasado			presente	pasado
1				6		
2				7		
3				8		
4				9		
5				10		

Los adverbios y las expresiones de tiempo

Adverbs and time expressions connect actions to a specific time. Some adverbs are used only to talk about the past, as in this line from the dialog:

Luis: La heredamos **hace mucho tiempo**.
(We inherited it **a long time ago**.)

ya	already	la semana **pasada**	**last** week
ayer	yesterday	el mes / año **pasado**	**last** month / year
anoche	last night	**hace** una hora	one hour **ago**
anteayer	day before yesterday	**hace** veinte años	twenty years **ago**
anteanoche	night before last	**hace** mucho tiempo	a long time **ago**

Actividad 4-5: Ayer te llamé por teléfono

Paso 1

Luis had lots to do the other day, so he made a to-do list. Copy his list on a separate sheet of paper, putting the items in the order you think Luis might have done them.

la lista de Luis
ir de compras
ver fotos del Inca Garcilaso
levantarme temprano
limpiar mi cuarto
llamar a Pedro
desayunar
estudiar para el examen

Paso 2 🔊

Look at your list as you listen to Luis; number the events in the order he mentions them.

Paso 3

María sees Luis and tells him that she called him the day before, but he did not answer. Luis tells her what he did all day. Complete the dialog with the correct verbs.

desayuné	llamé	encontré	compré	pasó
hablé	invitaron	me levanté	estudié	cené
limpié	enseñaron	contestaste	encontraron	

Vocabulario útil

pasar—to happen, to pass

contestar—to answer, to respond

limpieza—cleaning

ensenar—to teach, to show

María: ¿Qué (1)_____ ayer en la tarde? (2)_____ por teléfono a tu casa y no (3)_____.

Luis: Ayer en la mañana, (4)_____ temprano y (5)_____ un café con leche y pan con mermelada. Luego, (6)_____ dos horas para el examen de literatura. También (7)_____ mi cuarto y, durante la limpieza, (8)_____ las fotos de la casa del Inca Garcilaso para el blog.

María: ¿Y en la tarde qué pasó?

Luis: Después de comer, fui a la tienda y (9)_____ algunas cosas. Más tarde, a las 4:00, llamé por teléfono a Pedro y (10)_____ con él unos quince minutos. Luego, los chicos nos (11)_____ a su casa y nos (12)_____ unas fotos del Inca Garcilaso que (13)_____ en internet la semana pasada. Y a las 8:00 (14)_____ en casa.

Normalmente . . . pero ayer . . .

Daily routines were presented in Chapter 1. When talking about what we do on a regular basis, we use the *presente*.

> Normalmente, **me levanto** a las 7:00 y **desayuno** a las 7:30.

But when talking about something done on a specific day in the past or about something that varied from our normal routine, we use the *pretérito*.

> Ayer **me levanté** a las 8:30 y **desayuné** a las 9:00.

Actividad 4-6: Ayer, un día normal

Paso 1

The drawings below show what Luis told María he did yesterday. Match each picture with the correct statement.

_____ 1. "Estudié en la biblioteca."

_____ 2. "Cené en casa."

_____ 3. "Desayuné en casa."

_____ 4. "Estudié en casa."

_____ 5. "Me levanté temprano."

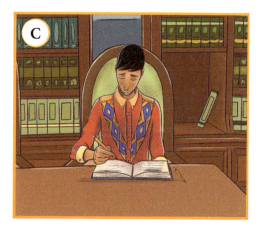

Paso 2

Compare what Luis did yesterday with what you did yesterday. Use complete sentences to describe your activities.

	Luis	yo
1	Luis se levantó temprano.	
2	Luis desayunó café con leche y pan con mermelada.	
3	Luis estudió dos horas para un examen.	
4	Luis habló con sus amigos por teléfono.	
5	Luis cenó a las 8:00 de la noche.	

Paso 3

Survey three classmates about what they did yesterday and what they normally do. Ask about yesterday with the preterite; ask what they usually do using present tense. Indicate whether or not they did something different.

Modelo

¿A qué hora te levantaste ayer?   Ayer me levanté a las 8:00.
¿A qué hora te levantas normalmente?   Normalmente me levanto a las 7:00.

	ayer	normalmente	¿diferente?
1	¿A qué hora te levantaste?		sí / no
2	¿Qué desayunaste?		sí / no
3	¿Estudiaste español?		sí / no
4	¿Cuánto tiempo dedicaste a las tareas?		sí / no
5	¿A qué hora cenaste?		sí / no

Paso 4

Find a classmate who did something different yesterday. Comment on what your classmate did differently yesterday from his or her normal routine.

Modelo

Mark normalmente cena a las 7:00, pero ayer cenó a las 8:30.

Actividad 4-7: Un mal día

Paso 1 🔊

Listen as María explains to Luis what happened the day before. Indicate which person(s) each numbered statement below refers to.

		María	Laura	Pedro	Luis
1	María invitó a ___.				
2	María se olvidó de ___.				
3	___ acabó las tareas a las 5:30.				
4	___ se enfermó.				
5	Los chicos estudiaron con ___.				
6	___ necesitó ayuda con la lección.				
7	___ estudió por la mañana.				
8	___ no encontró ninguna información.				

Nota de léxico

Olvidarse de means to forget about something or someone or to forget to do something.

María **se olvidó de** Luís.
(María **forgot about** Luís.)

María **se olvidó de invitar** a Luís.
(María **forgot to invite** Luís.)

Vocabulario útil

enfermarse—to become ill
ninguno/a—none, no one

109

Paso 2

Read what María and Luis normally do, and write sentences about what they did the day before that was different.

	normalmente	pero ayer
1	María siempre invita a Laura, Pedro y Luis a casa.	
2	María normalmente acaba las tareas de la escuela a las 3:00.	
3	María y Laura siempre estudian juntas.	
4	Luis normalmente estudia por la tarde.	
5	María siempre encuentra la información que necesita en internet.	

Actividad 4-8: ¡Ayer acabamos las tareas!

Paso 1

Luis's friends talked with him about María and Laura not being able to study together the previous day. Complete each sentence with the correct verb.

estudiaron	encontró	se enfermó	acabamos
acabaron	contestamos	contestó	estudiamos

Los chicos: ¡Hola, Luis!

Luis: ¡Hola, chicos!

Los chicos: ¿Sabes si María y Laura (1)____ juntas ayer?

Luis: No. Laura (2)____.

Los chicos: Nosotros (3)____ juntos toda la tarde.

Luis: Laura no (4)____ varias preguntas porque no (5)____ la información por internet.

Los chicos: ¡Qué lástima! Nosotros (6)____ todas las preguntas del libro.

Luis: ¡Pobres chicas! No (7)____ las tareas.

Los chicos: Nosotros sí las (8)____. *Podríamos reunirnos*[1] mañana con ellas y ayudarlas.

Luis: ¡Es una buena idea!

Paso 2

Find a classmate whose routine is similar to yours and form a group. Compare what your group does with what the other group did yesterday or last week. Write a sentence to share with the class.

Modelo
Nosotros nos levantamos a las 7:00, pero ellos se levantaron a las 7:30.
Nosotros cenamos en casa, pero ellos cenaron en una hamburguesería.
Nosotros estudiamos matemáticas, pero ellos estudiaron historia.

_____
[1] We could meet

111

CONEXIONES CULTURALES CON EL PRESENTE
La vida de la cultura andina

The Andes Mountains extend from the northernmost part of South America to the southern tip. When we speak of Andean culture, however, we're not referring to the entire Andes mountain range but rather to those people who were a part of the Inca Empire or were influenced by it. That empire included some 770,000 square miles of territory and covered parts of present-day Colombia, Ecuador, Peru, Bolivia, Chile, and Argentina. Over several centuries, Inca culture and European culture blended to form the Andean culture of today.

Since the rugged Andes are the world's second tallest mountain range (after the Himalayas), the people who lived there in times past had to survive in a cold climate. Yet they succeeded by growing different crops in the diverse terrain of the areas around the Andes (coastal deserts, rainforests, and highlands). They invented a food preservation/storage method to maximize their food supply. The Inca also organized a tribute system based on labor to encourage economic productivity. In other respects, life was extremely difficult in the barren Andes mountains. Today people visiting the Andes need to acclimatize themselves to the high elevations to avoid altitude sickness (or *soroche* as it is called in this region).

The people of the Andean region are either indigenous, of European descent, or *mestizo* (mixed blood). The languages spoken today are predominantly Spanish, Quechua (the language from the Incas), and Aymara, which is still spoken around Lake Titicaca. Spanish words borrowed from the Quechua include *cancha* (ball court or field), *cura* (priest), *carpa* (tent), and *coca* (as in Coca-Cola®). The fact that perhaps as many as 16 million people speak Quechua today shows how extensive the Inca Empire was.

If you visited this region nowadays, you would notice stone terraces built into the mountainsides. These platforms (*andenes*) were used for step farming and are still used by some farmers today. Native crops in the Andes include

Los andenes de tierra para el cultivo

maize (which grows well at lower elevations) as well as potatoes, tubers, and quinoa (all of which grow better at higher elevations). Corn and potatoes are still an important part of the Andean diet. For example, *api morado* (a thick sweetened drink) is made from purple corn and served hot or cold at breakfast. Peruvians still use a freeze-drying method developed by the Inca to make a food called *chuño*, which is still used in Peruvian cuisine. During the five-day process, potatoes of a frost-resistant variety are frozen and dehydrated by being exposed to very low nighttime temperatures and then to intense sunlight during the day. Once dried, *chuño* can last a very long time—sometimes decades.

The *llama*, a domesticated indigenous animal of South America, is used as a pack animal and provides food, wool, hides, tallow (for candles), and dried dung (used for fuel). Other members of this camel family are the *alpaca*, *guanaco*, and *vicuña*. Another well-known Andean animal is the condor, a large bird with a wingspan of up to ten feet or more. It is regarded as an important symbol of the Andes.

Andean textiles made from cotton, llama, or alpaca wool have a long tradition. Women can often be seen weaving by hand. It is a challenging skill that has been passed down from generation to generation. Their designs are derived from Spanish colonial and pre-Hispanic styles. In Peru and Bolivia, some women wear a layered skirt (*pollera*), a traditional bowler hat (*montera*), and a silky shawl (*manta*). In the cities women wear modern clothing, but when back in their

Dos mujeres hilan lana de llama.

You may wonder why people in the Andes continue living at altitudes where the climate is so cold and harsh. Yet we must remember that during the time of the Inca Empire, people learned to subdue the earth and thrive in these mountains and surrounding areas. It was and still is the way of life in this area of the world.

villages, they may wear their traditional Andean clothing. Men can be seen wearing a *chaleco* (vest) or a poncho for special occasions, and children usually have a *chullo* (knitted hat with earflaps) to protect them from the cold.

Andean music features unique wind instruments from pre-Hispanic times such as the *zampoña* (Andean panpipe), the *quena* and the *tarka* (flutelike instruments), and percussion instruments such as *bombo legüero* (drum) and the *palo de lluvia* (rain stick). After the Spaniards came, they added the stringed instruments such as the *guitarra* and the *charango*, which is traditionally made from the shell of an armadillo. The lively style of Andean music seems to capture life in the the Andes mountains. Traditional dances are still a part of local festivities. One such celebration is the *Festival de Cuy*. (*Cuy* is the word for a type of large guinea pig that originated in South America. Some are raised to show off in cute costumes at festivals, but others are raised for the meat.)

Actividad 4-9: Preguntas de discusión

1. What effects does geography have on a people's culture?

2. What were some ways the Incas adapted to living in the Andes?

3. Spanish has borrowed from Quechua and other languages. List some frequently used words in English that are borrowed from other languages.

4. What kinds of musical instruments were introduced in South America after the Spaniards came? How is Andean music a good example of what happens when cultures come together.

5. What makes it hard for people to change their cultural practices? Should Christians ever try to change a people's culture?

La música andina se toca con la quena y el bombo legüero.

Diálogo 4-2: ¿Qué pasó? 🔊

The next day María and Luis are talking on their way home from school. The conversation turns back to Luis's relative. After living in Cusco, Peru, for twenty-one years, Garcilaso spent the remainder of his life in Spain. María thinks they should share this part of Luis's family history in the blog. Then they talk about the school trip to Machu Picchu.

¡Hola! ¿Ya *escribieron*[1] tú y Laura el proyecto de literatura?

No, pero esta tarde lo acabamos.

¡Qué bien! Nosotros sí acabamos las tareas.

¿Sabes? Esta mañana le *conté*[2] a la profesora de historia que eres *descendiente*[3] del Inca Garcilaso de la Vega.

Ah, ¿sí? ¿Y qué *dijo*[4]?

Me dijo que Garcilaso *fue*[5] un escritor muy importante en *aquella época*[6]. Fue descendiente de reyes incas, y también *escribió*[7] la historia de los incas.

Sí, *vivió*[8] con la familia de su madre en Perú y aprendió *quechua*[9] y español y luego se *fue*[10] a España.

¿Y cuánto tiempo vivió en España?

No estoy seguro. *Creo*[11] que fue más de cincuenta años.

¿Y murió aquí en el Cusco?

No. Garcilaso *nació*[12] en el Cusco en 1539, pero murió en Córdoba, en España.

¡A los chicos de Arqueología sin Fronteras les va a encantar la historia del Inca Garcilaso de la Vega!

¡Sí! Ayer *recibí*[13] un email de Itzel y me *preguntó*[14] sobre los incas.

¿Y le *hablaste*[15] de Los comentarios reales del Inca Garcilaso?

---

[1] did you [plural] write	[7] he wrote	[13] I received
[2] I told	[8] he lived	[14] she asked me
[3] descendant	[9] Inca language	[15] did you talk with her
[4] did she say	[10] he went away	
[5] was	[11] I believe, think, suppose	
[6] that time period	[12] he was born	

16 I sent
17 we went
18 three years ago

Actividad 4-10: Preguntas de comprensión

Choose the best answer to each of the following questions about the dialog.

1. ¿Quién acabó las tareas?
   A. Luis, Pedro, y los chicos.
   B. Luis sí, pero Pedro y los chicos no acabaron.
   C. María y Laura acabaron el 50 por ciento.

2. ¿Por qué Garcilaso fue un escritor muy importante en aquella época?
   A. Porque es un escritor peruano.
   B. Porque es una antepasado de Luis.
   C. Porque escribió la historia de los incas.

3. ¿Por qué aprendió quechua el Inca Garcilaso?
   A. Porque su madre era inca y lo aprendió en casa.
   B. Porque necesitó el quechua para viajar a España.
   C. Porque estudió en una escuela inca.

4. ¿Dónde vivió el Inca Garcilaso más tiempo?
   A. Vivió más tiempo en Perú.
   B. Vivió más tiempo en España.
   C. Vivió la misma cantidad de años en los dos países.

5. ¿Por qué quiere la profesora hablar con los estudiantes?
   A. Porque le gusta Machu Picchu.
   B. Porque los estudiantes no conocen Machu Picchu.
   C. Porque quiere llevar a los estudiantes a Machu Picchu otra vez.

6. ¿Por qué están entusiasmados los estudiantes?
   A. Porque la profesora quiere hablar con ellos.
   B. Porque quieren volver a Machu Picchu.
   C. Porque hace tres años fueron a Machu Picchu.

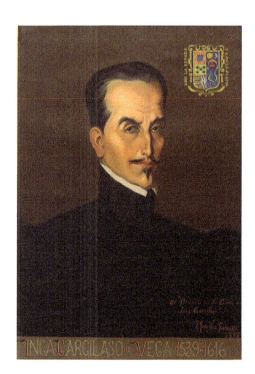

¿QUÉ PASÓ EN EL VIAJE?

El pretérito de los verbos regulares (-*er* e -*ir*)

Luis and María mention that Garcilaso **wrote** the history of the Inca people, that he **lived** with his Inca family as a boy, and that he **learned** Spanish and Quechua.

María: Y también **escribió** la historia del imperio inca.

Luis: Sí, **vivió** con la familia de su madre en Perú, y **aprendió** quechua y español.

Now look at the way the regular verbs *aprender* and *vivir* form the preterite. Regular -*er* and -*ir* verbs have identical endings in the preterite.

aprender (to learn)		vivir (to live)	
presente	pretérito	presente	pretérito
aprendo	aprendí	vivo	viví
aprendes	aprendiste	vives	viviste
aprende	aprendió	vive	vivió
aprendemos	aprendimos	vivimos	vivimos
aprendéis	aprendisteis	vivís	vivisteis
aprenden	aprendieron	viven	vivieron

Actividad 4-11: Viaje a Machu Picchu

Paso 1

Luis and Pedro are reminiscing about the school trip to Machu Picchu three years ago. Complete each sentence with the correct verb.

te escondiste	se rompió	subieron	llamé
corrí	subiste	asustaste	corriste
respondieron	aprendimos	pasó	

Luis: ¿Recuerdas el viaje escolar al Machu Picchu hace tres años?

Pedro: Sí, y recuerdo la competencia con las chicas.

Luis: Tú ⁽¹⁾____ la montaña más rápido que las chicas!

Luis: Y después, ⁽²⁾____ detrás de unas rocas y las ⁽³⁾____.

Pedro: ¿Recuerdas al hombre que ⁽⁴⁾____ las dos piernas?

Luis: Sí. ¿Viste cómo ⁽⁵⁾____?

Pedro: Creo que tú ⁽⁶⁾____ a buscar ayuda, ¿verdad?

Luis: Sí, ⁽⁷⁾____ hasta una casa y ⁽⁸⁾____ por teléfono.

Pedro: Los servicios de emergencia ⁽⁹⁾____ muy rápido.

Luis: ¡⁽¹⁰⁾____ la montaña en diez minutos solamente!

Pedro: Y también ⁽¹¹⁾____ mucho sobre los incas en ese viaje.

Luis: ¡Qué aventura!

Paso 2

Read the following statements from Paso 1 and determine whether Luis or Pedro is talking about himself or someone else.

	himself	someone else
Tú subiste la montaña más rápido que las chicas!		
Y llamé por teléfono.		
¡Subieron la montaña en diez minutos solamente!		
Sí, corrí hasta una casa.		
Y después, te escondiste detrás de unas rocas.		

Nota de lengua

The *nosotros* forms of -*ar* and -*ir* verbs are the same in the preterite and the present. Context and time adverbs determine the tense.

Mi hermano y yo **visitamos** a mis abuelos. (present, now)

Mi hermano y yo **visitamos** a mis abuelos ayer. (past, yesterday)

Mis hermanos y yo **vivimos** con mis padres. (present, at this moment)

Mis hermanos y yo **vivimos** con mis padres en el 2010. (past, in 2010)

Vocabulario útil

asustar—to scare

asustarse—to get scared

esconder(se)—to hide

peligroso—dangerous

romper(se)—to break

subir—to go up, to climb

volver—to return

Paso 3

Ask a classmate if he or she ever went on a school trip. Ask about his or her experiences on that trip. Use the clues provided.

lista	pregunta	respuesta
levantarse temprano	¿Te levantaste temprano?	Sí, me levanté temprano.
1 ver un lugar interesante		
2 aprender algo nuevo		
3 escribir algún proyecto		
4 comer alguna comida nueva		
5 enfermarse durante el viaje		

Actividad 4-12: Regreso a Machu Picchu

Paso 1

Luis's teacher is interested in taking her class to Machu Picchu again since it has been three years since the students last visited. She asks them questions regarding their past experience. Complete each sentence with the correct verb. (One verb is used twice.)

> aprendimos   nos escondimos   subimos   se escondieron
> aprendieron   nos asustaron   subieron

Profesora: ¿Les gustó el viaje a Machu Picchu?

Clase: Nos encantó. ¡Queremos volver!

Profesora: ¿(1)____ todos ustedes hasta la ciudad de Machu Picchu?

Clase: Sí, (2)____ todos.

Profesora: ¿Quién subió más rápido? ¿Las chicas o los chicos?

Chicos: Los chicos (3)____ más rápido.

Chicas: Los chicos (4)____ detrás de las rocas y (5)____.

Chicos: No (6)____ todos. Solamente Pedro se escondió.

Profesora: (7)____ algo interesante?

Clase: Sí, (8)____ muchas cosas sobre los incas.

Paso 2

Decide whether the following answers describe something that happened in the past or something that usually takes place.

	presente	pasado
¿Subieron todos ustedes hasta Machu Picchu? Sí, subimos todos.		
¿Quién subió más rápido? ¿Las chicas o los chicos? Los chicos subimos más rápido.		
¿Quién sube más rápido? ¿Las chicas o los chicos? Los chicos subimos más rápido.		
Los chicos se escondieron detrás de las rocas. Nosotros no nos escondimos.		
Los chicos siempre se esconden. Nos escondemos en las excursiones solamente.		

Paso 3

Find someone in the class who went on a family trip in the last year. Ask him or her the following questions about it. Write the answers.

1. ¿A dónde viajaron ustedes el año pasado?

2. ¿Comieron alguna comida interesante o exótica? ¿Cuál?

3. ¿Vieron algún lugar bonito? ¿Qué lugar vieron?

Paso 4

Write four sentences comparing your classmate's experiences with a trip you took with your family. Mention similarities and differences.

Modelo

El año pasado, mi familia y yo viajamos a Alaska, pero John y su familia viajaron a Florida.

Actividad 4-13: ¿Cuándo pasó?

Paso 1 🔊

Listen to the exchanges between Luis and María. Determine whether the action happened in the past or present.

	presente	pasado
1		
2		
3		
4		
5		
6		

Esta pintura es del emperador Atahualpa. Vivió treinta y un años y habló con los españoles cuando llegaron a su imperio.

¡Murió bastante joven!

119

Paso 2

In Paso 1 Luis and María were discussing things that happened in the past few days. Indicate which of the following things *you* did recently.

actividad	sí/no
Bebí jugo de naranja con el desayuno.	
Comí en un restaurante.	
Vi[1] un programa de TV.	
Aprendí algo interesante en mis clases.	
Salí con mis amigos.	

Paso 3

Answer the following questions about yourself and compare your answers to a classmate's. Which ones are similar, and which ones are different?

Modelo

¿Qué bebiste en el desayuno hoy?
Hoy bebí café. Y mi amiga bebió café también. *or*
Hoy bebí café pero mi compañero de clase bebió jugo de manzana.

1. ¿Qué comiste ayer en el almuerzo?

2. ¿*Viste*[2] algún programa de televisión anoche? ¿Cuál?

3. ¿Qué aprendiste la semana pasada en tu clase favorita?

4. ¿Respondiste todas las preguntas en tu último examen?

5. ¿Saliste la semana pasada con tus amigos?

Actividad 4-14: La vida del Inca Garcilaso de la Vega

Paso 1

Luis and María are writing down information about El Inca Garcilaso de la Vega's life for the blog. Use the words given and details from the dialog to write a sentence for each image. Use the preterite.

Nota de lengua: *Nacer*

In English the verb phrase *to be born* is a passive construction. However, the Spanish verb *nacer* is an active verb. Therefore, it does not need an auxiliary verb such as *ser* or *estar*.

Nací en Paraguay.
(I **was born** in Paraguay.)

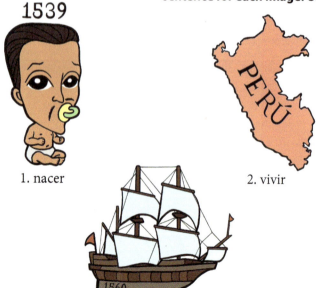

1. nacer

2. vivir

3. aprender

4. viajar a España

5. escribir la historia de los incas

[1] I saw
[2] did you see

Paso 2

You want to create a family blog. Gather information about your family members' lives to complete the following table as best as possible.

	nació en (lugar)	nació en (año)	vivió en (lugar)
papá			
mamá			
abuelo			
abuela			

Paso 3

Your classmates have decided to start a class blog. First, gather interesting facts about your classmates. Start with yourself and use the following questions to find out how many students' answers are the same as yours.

1	año de nacimiento	¿En qué año naciste?
2	mes del año	¿En qué mes naciste?
3	día del mes	¿En qué día del mes naciste?
4	país de nacimiento	¿En qué país naciste?
5	lugar de nacimiento	¿En qué ciudad/estado naciste?
6	edad	¿Cuántos años cumpliste en tu último cumpleaños?
7	salud	¿Cuántas veces te enfermaste el semestre pasado?

¿QUIÉN FUE Y A DÓNDE FUE?

El pretérito de los verbos *ser* e *ir*

Ser and *ir* are two important irregular verbs that are used very frequently. They are unique because their preterite forms are exactly the same. You must consider the context to determine the meaning (e.g., *fueron* can mean either "they were" or "they went").

ser		ir	
presente	pretérito	presente	pretérito
soy	fui	voy	fui
eres	fuiste	vas	fuiste
es	fue	va	fue
somos	fuimos	vamos	fuimos
sois	fuisteis	vais	fuisteis
son	fueron	van	fueron

Examples

Garcilaso **fue** escritor. (Garcilaso **was** a writer.)
Garcilaso **fue a** España. (Garcilaso **went to** Spain.)

Nota de lengua

Beginning with the year 2000 and the years following, the article *el* must be included.

> **Before the year 2000**
> Mi papá nació **en 1982**.

> **The year 2000 and after**
> Mi hermano nació **en el 2009**.

When saying or writing dates, adding *el año* is optional. You do not have to say or write, "*Nací en el año 2003.*" You may simply use "*Nací en el 2000*" or "*Nací en 1999.*"

Nota de lengua: *Ser* o *ir*

If the preposition *a* follows the verb, it's a clue that the verb is *ir* (rather than *ser*).

> **Fuimos a** Cusco de visita.
> (We **went to** Cusco to visit.)
> **Fueron a** estudiar inglés.
> (They **went to** study English.)

Actividad 4-15: ¿A dónde fuiste ayer?

Paso 1 🔊

Listen to the conversations between Luis and María. Determine whether they are talking about something that happened in the past or a present situation.

	presente	pasado		presente	pasado
1			6		
2			7		
3			8		
4			9		
5			10		

Paso 2

María y Luis are conversing about what each of them did the day before. Choose the correct verb form to complete each sentence. Some verbs will be used more than once.

> fuimos   fuiste   fui   fue

1. **María:** ¿___ a la reunión ayer?

2. **Luis:** No. ___ a comprar con mis padres al centro.

3. **María:** Yo ___ la única chica en la reunión.

4. **Luis:** ¿No ___ a la reunión con Laura?

5. **María:** No, Laura y yo ___ a visitar a su abuela antes de la reunión.

6. **Luis:** Nosotros ___ los únicos en las tiendas.

7. **María:** ¡Tú ___ muy afortunado!

8. **Luis:** ¿Por qué ___ afortunado?

9. **María:** Porque ___ a comprar.

10. **María:** La reunión ___ muy aburrida.

Paso 3

Reread the conversation in Paso 2 and decide whether Luis and María are describing someone or talking about going somewhere. Classify each past tense verb as a form of *ser* or a form of *ir*.

	ser	ir		ser	ir
1			6		
2			7		
3			8		
4			9		
5			10		

Actividad 4-16: ¿Cómo fue la reunión?

Paso 1

Luis and María continue the conversation about what happened at the meeting. Choose the correct verb form to complete each sentence.

1. **Luis:** ¿Quiénes (fueron / fuimos) a la reunión ayer?

2. **María:** (Fueron / Fuimos) los chicos, algunos profesores y yo.

3. **Luis:** ¿Por qué no (fueron / fuimos) tú y Laura juntas a la reunión?

4. **María:** Sí, (fueron / fuimos) juntas, pero Laura se quedó con su abuela.

5. **Luis:** ¡Entonces, los chicos (fueron / fuimos) los *protagonistas*[1] en la reunión!

6. **María:** Más o menos. Los profesores (fueron / fuimos) los organizadores de la reunión.

7. **Luis:** Nosotros (fueron / fuimos) al centro para comprar algunas cosas.

8. **María:** Después de la reunión, los chicos y yo (fueron / fuimos) a tomar un helado.

Paso 2

Find two classmates and ask them about a recent school, church, or family activity they participated in. Use the following questions to help you.

Modelo
¿Fuiste a alguna actividad recientemente?
Sí, fui a una actividad.

¿Quién fue contigo a la actividad?
Fuimos mis amigos y yo.

1. ¿Fuiste a alguna actividad recientemente?

2. ¿Cuándo fuiste?

3. ¿Quién fue a la actividad contigo? (familiares, amigos)

4. ¿A dónde fueron ustedes? (al campo, al centro, a la iglesia, a un campamento)

5. ¿Qué tipo de actividades fueron? (de iglesia, educativas, de familia, de compras)

6. ¿Cómo fueron las actividades? (divertidas, educativas, aburridas, interesantes)

Paso 3

Share with your class what your classmates did, when, and with whom.

Modelo
Kyla fue a una excursión con su iglesia hace dos meses.
Hace dos semanas Jonathan y su hermana fueron de compras.

---

[1] heroes

CONEXIONES CULTURALES CON EL PASADO

Los comentarios reales del Inca Garcilaso de la Vega

Garcilaso de la Vega, called "El Inca," was born shortly after the Spanish captured the Inca emperor in 1532. His mother was an Inca princess, and his father was a captain with the Spanish conquistadors. At age twenty-one, two years after his father died, Garcilaso left for Spain never to return to Peru. Almost fifty years later, he wrote *Comentarios reales de los incas* (*The Royal Commentaries of the Incas*).

El patio de la casa del Inca Garcilaso en el Cusco

Today he is highly regarded by the Peruvian people for recording his knowledge of the Incas, who at the time had no writing system. Of his childhood he wrote,

At that time, my mother was living in her native city, Cuzco, and every week, the members of her family . . . came to visit her. On these occasions, the conversation turned almost invariably to the origin of our kings and to their majesty. . . .

I do not believe that there was a single one of these conversations that did not end in tears and wailing, while all those present kept repeating, "Once we were Kings, now we are vassals!" Being but a child, I came and went freely amongst them, and I listened to what they said with rapt attention with which, at this age, one listens to fairy tales. . . . Then one day, while they were talking together as was the custom, I went up to the eldest of them and said: Inca, my uncle, you have no written records, how then can you remember these things of the past? . . . "My nephew," said he, "I shall answer you with the greatest pleasure, because it is important for you to have heard these things and you shall preserve them in your heart."

Garcilaso's uncle went on to explain that according to Inca tradition, the sun god sent his son and daughter to teach men how to worship him and obey his laws and precepts.

The city of Cusco became the center of the Inca Empire as it began to spread. The territory of the Inca grew quickly. They employed different strategies to dominate their neighbors. One strategy noted by Garcilaso was that the Incas first would offer terms of peace rather than war and show kindness to their enemies.

The imperial troops sought to avoid combat every time, however, and when they met wretched groups of women and children sent out by the besieged army to spare them the horrors of the siege, they always tried to console them, caring for them and feeding them as best as they could, before sending them back to their relatives. They did this in order to make them understand that the Inca's intentions toward them were of the best.

Later Garcilaso mentions Huayna Capac, the eleventh ruler of the Incas, who received reports of vessels off the coast of his empire as early as 1515. He also contracted a disease that was sweeping the royal city and surrounding areas. Before he died, he predicted that these new arrivals would eventually conquer the empire. He ordered his sons to serve them.

La iglesia de la Compañía de Jesús en el centro del Cusco

El conquistador Francisco Pizarro

GVAIИACAPAC

Huayna Capac

The Spaniards under the command of Franciso Pizarro reached the empire in 1532 and set up a meeting with the self-assured Inca emperor, Atalhuapa, who just the day before had received news that his rival brother had been captured in Cusco. When the Spaniards arrived at Cajamarca, a Spanish priest named Vincente de Valverde approached the Inca's royal litter with a cross and Bible in his hand. Through an interpreter who did not adequately know either Spanish or Quechua, the priest advised him to hear what he had to say. He proceeded with a speech about God and Adam, in whom all have sinned except Jesus Christ, who died on a wooden cross similar to the one he had in his hand. He explained that after Jesus rose from the dead, He ascended into heaven and willed that Peter should act as God's substitute and be over all the other apostles and Christians. He explained that the same was true for Peter's successors, the popes. The pope, then, had granted Charles V of Spain the right of conquest over their regions. They were to turn over their kingdom to him of their own free will. If they refused, the Spaniards would make merciless war on them.

Atahualpa understood that he had to submit voluntarily to Charles V as his master or he would be compelled to do so. He responded,

> It would have at least given me great pleasure if you had consented to speak to me through a more learned, more accurate, more experienced interpreter than the one you have; because you must know the incomparable value that words take on for anyone who wants to learn about the customs . . . of another people. . . . In addition to this, your herald spoke to me of five well-known men, whom I should know about. The first is . . . the creator of the universe. . . . The second is the one who you say is the father of the human species . . . . You call the third one Jesus Christ, who did not burden his fellow men with his sins, as all the other men did, but

who was killed. The fourth, you call the Pope, and the fifth, Charles . . . Lastly, to come back to that eminent man, Jesus Christ, who refused to burden others with his sins, I should like to know how he died: was it from sickness, or at the hands of his enemies?

The emperor never got to hear the answer to his question. During the dialog, the priest handed him the Bible as proof of his claims. Since the emperor could not make sense of it, he tossed it on the ground. Valverde hurried back and reported this to Pizarro, who was waiting in hiding with his men.

The Spaniards, who had grown impatient during this long speech, suddenly sprang from their hiding places and attacked the Indians in order to rob them of their handsome gold jewels encrusted with precious stones which they were wearing for this solemn occasion.

Atahualpa and those with him were taken by surprise, and he became their prisoner. The Inca Empire that had dominated other peoples for nearly a century came to a sudden end. So the Inca Garcilaso, who recorded these events years later, noted that he had become part of both cultures. In his diary he recorded, "*Tú eres mestizo. Tu padre, un grande del Perú; tu madre, noble Inca.*"

Actividad 4:17 Preguntas de discusión

1. What made Garcilaso uniquely qualified to write the history of the Inca and the Spanish conquest? What are some things God does to uniquely prepare us to serve Him with our lives?

2. Why did Garcilaso's uncle feel it was important to convey the history of his family to his young nephew? How important is our childhood to the rest of our adult life regarding our culture, family background, and language?

3. Based on what Garcilaso said, why do you think the Inca would take the time to feed their enemies? What principle from Romans 12:19–21 should Christians adhere to in their treatment of their enemies?

4. Were the conquistadors carrying out the Great Commission as commanded in the Bible? Why is it urgent that Christians study a language well enough to have a good understanding of another culture when witnessing?

Arqueología sin Fronteras

Los mayas

Los incas

Los aztecas

Los españoles

Los comentarios reales

El veintiuno de octubre a las 14:30

Buenas tardes. Soy Luis de la Vega y soy peruano. Nací en el Cusco, Perú, que es la ciudad de mis antepasados. También fue la ciudad *real*[1] de los incas. Quiero invitarles a venir al Perú algún día para conocer un poquito de mi historia.

El Cusco es la antigua capital de los incas. Mi antepasado Garcilaso de la Vega escribió sobre los incas en su libro *Los comentarios reales de los incas*.

Hoy en día[2] Garcilaso es reconocido en el Perú por darnos un mejor entendimiento de los incas y por su orgullo de ser llamado mestizo.

Su tío le habló acerca de los emperadores incas que extendieron su imperio desde el país de Colombia, al norte, hasta el país de Chile, al sur.

El emperador Atahualpa salió para encontrarse con los españoles. Los escuchó con mucha atención pero *no quiso*[3] aceptar su proclamación. También les preguntó de Jesús y de cómo murió.

Los españoles llegaron al Perú en el nombre de su rey, Carlos V. Conquistaron a los incas y terminaron con noventa y cuatro años de dominio del imperio incaico.

Atahualpa

Una vista del centro histórico en el Cusco

La captura de Atahualpa en 1532

[1] royal
[2] nowadays
[3] he did not want; he refused

COMPETENCIA COMUNICATIVA

The following activities are designed to help you develop greater proficiency.

Sonidos, palabras y patrones

Pronunciación: Las consonantes r, ñ, j y los dígrafos rr, ll

descripción del sonido r	palabras	frases
When the letter r occurs between two vowels or after another consonant, its sound resembles that of the flap of the tongue against the roof of the mouth, as in the double t in batter or the double d in ladder.	hora heredamos madre	a qué hora La heredamos hace mucho tiempo. Su madre es de Perú.
descripción del sonido rr	**palabras**	**frases**
The sound of the rr is the trilled r. To produce this sound, the tongue rapidly taps or trills against the gum ridge behind the teeth, much the same way some children do to make an engine sound for their toy cars. The rr sound is also used whenever a word begins with an r.	arreglando ocurrente rústica reales recibí	La estamos arreglando. ¡Qué clave más ocurrente! ¡Es tan rústica! Los comentarios reales Ayer recibí un email.
descripción del sonido ll	**palabras**	**frases**
While there are some variations, in many Spanish-speaking countries, the sound of the ll is similar to the sound of the y in the English word yes.	llamó aquella	Te llamó por teléfono. de aquella época
descripción del sonido ñ	**palabras**	**frases**
The sound for the ñ (n with a tilde over it) is similar to the ny sound in the English word canyon, but the tongue initially makes full contact with the alveolar ridge and covers part of the palate.	mañana español	esta mañana Aprendió quechua y español.
descripción del sonido j	**palabras**	**frases**
The sound of the Spanish j is similar to the English h, but there is often more friction caused by raising the tongue toward the velar region of the mouth.	dijo viaje	¿Y qué dijo? un viaje a Machu Picchu

> **Nota de lengua**
>
> Remember to pronounce the j sound at the end of words such as reloj.

Actividad 4-18: Pronunciación de sonidos 🔊

Repeat each word, phrase, or sentence you hear in Spanish.

Actividad 4-19: Dictado de palabras 🔊

Write each word, phrase, or sentence you hear in Spanish.

Los patrones con el pretérito

Now that your have been introduced to the past tense in Spanish, it is important to start training your ear to pick up on some patterns that differ from the present tense. Not only are there different endings for the preterite, but the stressed syllable has changed to give a more abrupt ending. For example, notice how the accent mark over the *o* can change a verb from the first person present tense to third person past tense (e.g., *invito* versus *invitó*).

Actividad 4-20: Escucha bien los patrones 🔊

Listen to sentences taken from the chapter dialogs. Notice how the preterite is formed and pronounced to let you know the speakers are talking in the past tense.

Presentar el evangelio

We saw in the previous chapter how man is a sinner and fails to reflect God's holy image by inadequately worshiping God, using his resources in a God-dishonoring way, and using his language ability to harm others. Man deserves the payment for his sin, which will be eternal separation from God in the lake of fire (Rev. 20:11–15).

The wonderful news is that God has made a way for us to be restored to Him! He sent His Son Jesus Christ, the light of the world, to die for our sins on the cross.

1. **Todo hombre está *perdido*[1] sin Dios.**

   Isaías 53:6 "Todos nosotros nos descarriamos como ovejas, cada cual se apartó por su camino."

2. **Dios *envió*[2] a Jesucristo al mundo para salvar a los hombres.**

   Lucas 19:10 "Porque el Hijo del Hombre vino a buscar y a salvar lo que se había perdido."

3. **Cristo *derramó*[3] su sangre en la cruz y murió por nuestros pecados.**

   1 Corintios 15:3 "Cristo murió por nuestros pecados, conforme a las Escrituras."

The gospel is rooted in historical facts as reflected in the use of the preterite tense in Scripture. What Jesus did for us really occurred. Now all people must come and believe in Him to have their sins forgiven. Pedro Grado Valdés, the translator of Isaac Watts's hymn "At the Cross," expressed it well:

Con pena *amarga*[4] fui a Jesús; *mostréle*[5] mi dolor;
perdido, errante, *vi*[6] su luz; *bendíjome*[7] en su amor.

Sobre una cruz, mi buen Señor, su sangre derramó
por este pobre pecador, a quien así salvó.

Coro: En la cruz, en la cruz, *do*[8] primero vi la luz, y las *manchas*[9]
de mi alma yo lavé; fue allí por fe do vi a Jesús, y siempre felíz con él *seré*[10].

Actividad 4-21: Escucha y repite los versículos 🔊

Listen to the verses once, repeat each verse in sections, and then say the entire verse.

---

[1] lost
[2] sent
[3] shed
[4] bitter
[5] I showed Him (literary way of placing the indirect object with the verb)
[6] I saw
[7] He blessed me (with)
[8] where (short form of *donde* used in poetry)
[9] stains
[10] I will be

Síntesis comunicativa: Describiendo el día de tu amigo

You want to describe your friend's day to your cousin. Using what you learned in this chapter, find out what your friend did yesterday. Based on your investigation, explain your friend's activities using exact times or time phrases.

Paso 1: Interpersonal speaking

A. Normalmente . . .

Choose a partner. Ask your friend what he normally does during a given day. Come up with a list of five to seven items. Include the time of day and list each item in the present tense. See pages 109–11 for examples.

B. Pero ayer . . .

Ask your friend about three activities that differed from his normal routine. It could be something from yesterday or last week (*la semana pasada*), including something he forgot to do. List his answers.

Paso 2: Presentational writing

Write down your friend's daily routine. If something changed from his routine, be sure to note that as well.

  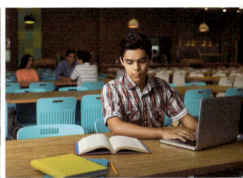

Autoprueba: I can . . .

Rate how confidently you are able to do the following in Spanish.

Task	Not at all confidently			Very confidently	
I can extend, accept, and decline invitations.	1	2	3	4	5
I can describe past activities and events.	1	2	3	4	5
I can describe important people of the past.	1	2	3	4	5
I can describe where people went.	1	2	3	4	5

Rate how confidently you are able to do the following in English.

Task	Not at all confidently			Very confidently	
I can explain current elements in Andean culture.	1	2	3	4	5
I can explain who El Inca Garcilaso de la Vega was.	1	2	3	4	5
I can describe *The Royal Commentaries of the Incas*.	1	2	3	4	5

Verbos regulares (-*ar*)

acabar	llevar
comprar	limpiar
desayunar	preguntar
cenar	contestar
cocinar	preparar
decorar	terminar
enseñar	pasar
estudiar	agarrar
cansarse	levantarse
mandar	mirar
tomar	tardar
invitar	ganar
llamar	hablar
curarse	enfermarse

Las invitaciones

accepting invitations: common expressions	
¡Por supuesto! *or* ¡Sí, por supuesto!	Of course! *or* Yes, of course!
¡Claro! *or* ¡Sí, claro!	
¡Qué bien! *or* ¡Qué bueno!	Great!
¡Me parece bien!	It sounds good!
accepting invitations with conditions	
Sí, me parece bien, pero antes necesito . . .	It sounds good, but first I need . . .
Sí, me parece bien, pero antes tengo que . . .	It sounds good, but first I have to . . .
declining invitations: common expressions	
¡Qué pena! No puedo.	What a pity! I can't.
¡Qué lástima! No puedo.	
¡Lo siento, pero no puedo!	I'm sorry, but I can't!
declining invitations: giving reasons	
María: ¡Qué pena! No puedo. Tengo que cuidar de mi hermana hasta las 6:30.	

Conmigo y contigo

Spanish: *con* + subject pronouns		English: *with* + object pronouns	
conmigo			me
contigo			you
con	él/ella	with	him/her/it
	nosotros		us
	vosotros		you
	ellos/ellas		them

Las fechas y los años

1492	Mil cuatrocientos noventa y dos	fourteen ninety-two
before 2000	Mi padre nació **en 1982**.	My father was born **in 1982**.
after 2000	Mi hermana nació **en el 2004**.	My sister was born **in 2004**.

Los adverbios y las expresiones de tiempo

ya	already	la semana pasada	last week
ayer	yesterday	el mes pasado	last month
anteayer	day before yesterday	el año pasado	last year
anoche	last night	hace una hora	one hour ago
anteanoche	the night before last	hace un día	a day ago
el otro día	the other day	hace dos días	two days ago
esta mañana	this morning	hace 20 años	twenty years ago
hoy en día	nowadays	hace mucho tiempo	a long time ago

El pretérito de verbos regulares (-*ar*)

	estudiar (-ar)	
pronombre	**presente**	**pretérito**
yo	estudio	estudié
tú	estudias	estudiaste
él/ella/usted	estudia	estudió
nosotros	estudiamos*	estudiamos*
vosotros	estudiáis	estudiasteis
ellos/ellas/ustedes	estudian	estudiaron

* In regular verbs the *nosotros* form is exactly the same in the present and the preterite.

El pretérito de verbos regulares (-*er*/-*ir*)

comer (-er)		vivir (-ir)	
presente	**pretérito**	**presente**	**pretérito**
como	comí	vivo	viví
comes	comiste	vives	viviste
come	comió	vive	vivió
comemos	comimos	vivimos*	vivimos*
coméis	comisteis	vivís	vivisteis
comen	comieron	viven	vivieron

* In regular verbs the *nosotros* form is exactly the same in the present and the preterite.

El pretérito de los verbos *ser* e *ir*

ser		ir	
presente	**pretérito***	**presente**	**pretérito***
soy	fui	voy	fui
eres	fuiste	vas	fuiste
es	fue	va	fue
somos	fuimos	vamos	fuimos
sois	fuisteis	vais	fuisteis
son	fueron	van	fueron

* *Ser* and *ir* conjugate the preterite form exactly the same.

Verbos regulares (-*er*/-*ir*)

beber	recibir
comer	escribir
esconder	abrir
prometer	subir
vender	vivir
aprender	discutir
deber	admitir
correr	permitir
temer	decidir
barrer	sufrir
responder	cumplir
ver	servir
romper	asistir
comprender	compartir

A few days after their previous conversation, María goes back to Luis's house to see some home improvements that they have completed. Luis shows her around the house, and she notices how nicely Luis's room is decorated. Luis explains that he helped his dad paint it and that his mom helped him select his bedroom furniture. Now he has plenty of space for reading, studying, and pursuing his hobbies.

La vida en casa

Capítulo

5

Objetivos comunicativos

By the end of this chapter you will be able to . . .

1. identify the rooms and furniture of a house.

2. describe tasks done in your room and house.

3. compare houses in the Hispanic world and in the United States.

4. describe your hobbies and interests.

5. discuss your reading habits.

6. evaluate the stonework in Inca buildings.

Preguntas esenciales

1. ¿Por qué decoramos nuestras casas?

2. ¿Cómo muestra nuestra habitación cómo somos?

3. ¿Por qué tenemos aficiones y pasatiempos?

Diálogo 5-1: Una habitación ideal 🔊

---

¹ didn't want; refused
² nor
³ neat, orderly

⁴ trained, taught
⁵ cleaning
⁶ hung

⁷ built-in closet

¿Y quién decoró la habitación?

¿Pintaste tú la habitación?

Mi mamá y yo. Yo escogí[8] el escritorio[9] y mi mamá la cama, la mesita de noche[10] y la cómoda[11].

La pintamos entre mi papá y yo, pero mi mamá escogió los colores.

El escritorio es muy amplio[12].

Ahora puedo poner mi computadora y tener mis libros abiertos en el escritorio.

¡Y tienes estanterías[13] con muchos libros!

Sí, ayer saqué[14] todos mis libros de las cajas, los organicé y los coloqué[15] en los estantes[16].

La habitación se ve muy bonita.

Ya sólo tengo que colgar esta pizarra de corcho[17] que compré.

Las pizarras de corcho son muy útiles para colgar notas y calendarios.

Es muy cómodo[18] tener tu propio[19] espacio para estudiar, leer, oír música y relajarte.

---

[8] chose
[9] desk
[10] nightstand
[11] dresser

[12] has a lot of space
[13] bookcases
[14] I took out
[15] I placed, put

[16] shelves
[17] corkboard
[18] comfortable
[19] your own

Notas de léxico: *Bedroom*

habitación, dormitorio y recámara

These three synonyms for "bedroom" are widely used in Spanish. (Even though only two or three countries use *recámara*, it is understood everywhere.)

Cuarto (the general word for "room") can refer to a bedroom too.

Falsos cognados

dormitorio vs. *dormitory*

Dormitorio refers to a bedroom, not a university dormitory. For that meaning, use *residencia estudiantil* or *dormitorios universitarios*.

habitación vs. *habitation*

Again, *habitación* is a synonym for *dormitorio* and refers to a bedroom. The English word *habitation*, however, is best translated *vivienda*, *residencia*, or *domicilio* when it refers to one's place of residence or *hábitat* when it refers to an environment or locality.

Actividad 5-1: Preguntas de comprensión

Read each sentence and choose the statement below that is closest in meaning.

1. ¡Me encanta la combinación de colores!
   A. Los colores son muy bonitos.
   B. Los colores están bien coordinados.
   C. Los colores son claros y oscuros.

2. ¡Me encantan las puertas y las ventanas de madera natural!
   A. Las puertas y las ventanas son muy bonitas.
   B. La madera es el mejor material.
   C. La madera sin pintura es muy bonita.

3. ¡Y la tienes muy arreglada!
   A. La habitación está bien organizada.
   B. La habitación es muy bonita.
   C. Los colores de la habitación son claros.

4. Mis papás nos educaron muy bien en el arte de la limpieza.
   A. Mis papás nos obligaron a estudiar arte.
   B. Mis papás nos obligan a limpiar nuestra habitación.
   C. Mis papás limpian nuestra habitación todos los días.

5. Ahora tengo espacio para toda mi ropa.
   A. Mi armario es adecuado para la cantidad de ropa que tengo.
   B. Tengo mucha ropa en el armario.
   C. Mi armario es adecuado sólo para jeans y camisetas.

6. Es muy cómodo tener tu propio espacio para estudiar, leer y relajarte.
   A. Los dormitorios son cómodos.
   B. Los dormitorios tienen mucho espacio.
   C. Los dormitorios son un espacio personal ideal.

UNA CASA BONITA

Actividad 5-2: Mi casa

Paso 1

How many objects in this picture can you name? List as many items as you can without looking up the words.

Paso 2

Compare your list with a classmate's. Identify the items you need to add to your vocabulary. You may use a dictionary.

Actividad 5-3: Cada cosa en su sitio

Paso 1 🔊

Luis's house is being decorated and furnished. Listen to the list of objects, and put each in the correct room. Some objects may go in more than one room.

cocina	comedor	sala
estufa	la mesa	el sofá
el horno	sillas	estanteria
lavaplates	la lámpara	el sillón
el microondas		chiminea
refrigederos		la lámpara

dormitorio	oficina	baño
la cama	el escritorio	el espejo
la mesita	la estantería	la dueha
la lámpara	la lampara	el inodoro
la cómoda	la computadora	bañero
		el lavabo

Paso 2

Decide if it is *lógico* or *ilógico* for the object to be in the designated room.

	objeto	parte de la casa	lógico o ilógico
1	un espejo	cocina	
2	una lámpara	comedor	
3	un escritorio	sala	
4	una mesita de noche	dormitorio	
5	una cómoda	baño	
6	una estufa	oficina	
7	un sillón	sala	
8	un inodoro	baño	
9	un lavaplatos	dormitorio	
10	un microondas	cocina	
11	una estantería	oficina	

Paso 3

Identify which rooms and how many rooms your house or apartment has. Also, designate which floor each room is on. Now, describe your house to a partner and have him describe his house to you. Compare your houses and indicate whether they are different or similar.

Modelo

Mi casa tiene dos plantas. Mi casa tiene cuatro dormitorios y dos baños.
Los dormitorios están en la planta de arriba. La casa de mi compañero es diferente; tiene una planta y tres dormitorios. Pero también tiene dos baños.

MI HABITACIÓN IDEAL

Bedroom decorations often reflect a person's individual personality and values of style and design.

Pretérito de verbos que acaban en *-car*, *-gar*, *-zar*

Chapter 4 introduced the preterite of regular verbs for all three verb types (*-ar*, *-er*, and *-ir*). However, not all verbs follow the regular pattern. For example, *colgar*, *sacar*, *organizar*, and *colocar* are regular verbs except for a spelling change in the *yo* form in the preterite.

Notice Luis's statements about decorating his bedroom.

Luis: Compré el póster del puma con el cóndor por internet y lo **colgué** hace unos días.

Luis: Sí, ayer **saqué** todos mis libros de las cajas, los **organicé** y los **coloqué** en los estantes.

Compare the present and preterite forms for first person singular in the following three verbs.

sacar		colgar		organizar	
presente	pretérito	presente	pretérito	presente	pretérito
saco	sa**qué**	cuelgo	col**gué**	organizo	organi**cé**
sacas	sacaste	cuelgas	colgaste	organizas	organizaste
saca	sacó	cuelga	colgó	organiza	organizó
sacamos	sacamos	colgamos	colgamos	organizamos	organizamos
sacáis	sacasteis	colgáis	colgasteis	organizáis	organizasteis
sacan	sacaron	cuelgan	colgaron	organizan	organizaron

These changes preserve the same sound in both preterite and present tenses. In Spanish, the letters *c* and *g* followed by the vowels *a*, *o*, or *u* have a hard sound (as in *casa* and *gato*), but when followed by *e* or *i*, they have a soft sound (as in *ciencia* and *gente*). Consequently, the spelling changes in order to offset the influence of the vowels *e* and *i*.

Other verbs that end in *-car*, *-gar*, or *-zar*

-car		-gar		-zar	
apli**car**	criti**car**	congre**gar**	investi**gar**	avan**zar**	finali**zar**
ata**car**	crucifi**car**	conju**gar**	interro**gar**	bauti**zar**	garanti**zar**
clasifi**car**	glorifi**car**	dele**gar**	juz**gar**	civili**zar**	legali**zar**
comuni**car**	testifi**car**	fati**gar**	propa**gar**	digitali**zar**	generali**zar**

Nota de lengua

The *z* → *c* change also occurs in nouns and adjectives when forming the plural of words that end in *z*.

Singular to plural noun

luz → luces
cruz → cruces
una vez → dos veces

Singular to plural adjective

capaz → capaces

¡Que vista tan maravillosa! No hay nada como el senderismo[1] aquí en el Perú. Estoy subiendo el camino inca hasta Machu Picchu. Fue parte de una red de caminos de 25,000 millas de largo. Los incas hicieron este camino para ir a todas las partes del imperio incaico.

. . . subiendo . . .

---
[1] hiking

Actividad 5-4: La habitación de Luis

Paso 1

María is talking with Luis's mother about his bedroom. She loved how it was decorated. Complete each sentence with the correct verb(s).

organicé	busqué	dediqué
escogió	pagué	sorprendió

María: ¡Me encantó la habitación de su hijo Luis!

Sra. de la Vega: Gracias, María. ⁽¹⁾____ muchas horas a buscar ideas en internet.

María: ¿Cómo ⁽²⁾____ usted los colores para las paredes?

Sra. de la Vega: ⁽³⁾____ las nuevas tendencias para la decoración de dormitorios de adolescentes, y encontré la combinación de gris claro y el azul piedra.

María: A Luis le encantan los colores. Dice que son ¡colores de hombre inteligente!

Sra. de la Vega: ¡Luis siempre es muy humilde!

María: Me ⁽⁴⁾____ el armario tan grande. Parece caro.

Sra. de la Vega: No, no fue muy caro. Lo encontré de oferta y ⁽⁵⁾____ solamente ochocientos soles.

María: ¿Sólo ochocientos soles?

Sra. de la Vega: Sí. Y me encanta el espacio dentro. Ayer ⁽⁶⁾____ toda la ropa de Luis en menos de media hora.

El pretérito de verbos regulares (repaso)

The preterite tense has two types of endings: *-ar* and *-er/-ir*.

preterite endings	
-ar verbs	*-er/-ir* verbs
-é	-í
-aste	-iste
-ó	-ió
-amos	-imos
-asteis	-isteis
-aron	-ieron

Paso 2

Make a list in Spanish of ten items in your bedroom, such as furniture, electronic devices, and books. Include two decorative features (e.g., the color of the walls, pictures, or posters). Exchange lists with a partner.

Paso 3

Prepare three questions about the items on your partner's list and two more questions about the decoration of his or her room. You want to find out, for example, whether he or she chose the color or bought the item. Use the question clues. ¡Ojo! Not all the verbs are *-car*, *-gar*, or *-zar verbs*.

question clues
¿Escogiste tú el color de . . . ?
¿Compraste el/la . . . ?
¿Pagaste mucho por el/la . . . ?
¿Decoraste tú el/la . . . ?
¿Organizaste tú el/la . . . ?

Modelo
¿Escogiste el color de tu habitación?
Sí, lo escogí yo. *or* No, lo escogió mi mamá.

Actividad 5-5: Una habitación limpia

Paso 1 🔊

Since Luis had a newly decorated bedroom, his mother gave him a to-do list for keeping it tidy. Listen to Luis describing his chores, and indicate what he has to do using *sí* or *no*. Use the *vocabulario útil* to help you.

responsabilidades sobre mi habitación	sí / no
1	hacer la cama	
2	limpiar el polvo de las estanterías	
3	barrer el piso	
4	fregar el piso	
5	organizar la ropa en el armario	
6	organizar la habitación	

Vocabulario útil

gris claro—light grey
azul piedra—stone blue
el polvo—dust
barrer—to sweep
fregar—to mop or wash

Paso 2

Look at the list of chores from Paso 1 and make a similar list of chores you do in your bedroom. Now, write three sentences about things you recently did in your bedroom. ¡Ojo! Not all the verbs are *-car*, *-gar*, or *-zar* verbs.

Modelo
El sábado pasado organicé mi armario.
Ayer pasé la aspiradora.

Paso 3

Ask a classmate if he or she did some of the chores from the list in Paso 2.

Modelo
¿Limpiaste el polvo de las estanterías en tu habitación?
Sí, limpié el polvo de las estanterías la semana pasada.

Actividad 5-6: Reglas para ser un buen estudiante

Paso 1

Luis's parents established some rules to help him avoid distractions during his study time. Read the study rules and indicate with *sí/no* if you have any of these rules. Make a similar list of your own rules. The infinitive form is commonly used to list rules.

reglas para estudiar	sí/no
organizar el escritorio	
empezar a estudiar después de la cena	
dedicar dos horas mínimo a hacer las tareas	
no platicar por teléfono durante el tiempo de tareas	
no entrar en las redes sociales	
no ver videos en internet	
utilizar la computadora solamente para hacer las tareas	
buscar en libros, diccionarios o internet antes de preguntar	

Vocabulario útil

platicar—to talk
la ballena—whale

Paso 2

Compare your list with a partner's. Find rules that are similar and rules that are different. Share with the class one similarity and one difference.

> **Modelo**
> Andy y yo empezamos a estudiar después de la cena.
> Andy no platica por teléfono durante el tiempo de tareas, pero yo sí platico por teléfono.

Paso 3

Look at your study rules list, and write three sentence about what you did during your last study time. Be specific about the subjects you studied.

> **Modelo**
> Ayer dediqué dos horas a hacer las tareas de geografía.
> Ayer busqué información en internet sobre las ballenas.

Actividad 5-7: Mis responsabilidades cotidianas

Paso 1 🔊

Luis's parents have given him a list of daily and weekly responsibilities at home. Listen to Luis tell what he has to do and mark the ones he mentions. Indicate whether he does them daily, weekly, or two or three times a week.

	responsabilidades	diarias	semanales	otro
1	levantarme temprano			
2	comenzar el día con mis devocionales			
3	lavar los platos			
4	sacar la basura después de cenar			
5	cortar la hierba			
6	practicar mi instrumento musical			

Paso 2

Using Luis's list as a guide, make a list of your responsibilities at home. Share with a partner what you did last week or over the past few days.

> **Modelo**
> El sábado pasado corté la hierba de mi jardín.
> Ayer practiqué el piano durante dos horas.

Pronombres de objeto directo *lo / los* y *la / las*

We typically use a pronoun to refer to the direct object when referencing something a second time in a conversation rather than using the noun again.

María:	¿Pintaste tú **la habitación**?	direct object = *la habitación*
Luis:	**La** pintamos entre mi papá y yo.	direct object pronoun = *la*

When the object is a *noun*, English and Spanish generally order sentences the same way (*subject + verb + object*). English places the direct object *pronoun* after the verb, keeping the same word order.

María:	¿Did you paint **the bedroom**?	(verb + object)
Luis:	My dad and I painted **it**.	(verb + object pronoun)

But Spanish changes the sentence order by placing the direct object *pronoun* in front of the verb.

María:	¿Pintaste (tú) **la habitación**?	(verb + object)
Luis:	**La** pintamos entre mi papá y yo.	(object pronoun + verb)

Spanish has three basic rules for direct object pronouns.

1. A direct object pronoun must agree in number and gender with the noun it refers to.

pronombre singular femenino o masculino	
Luis pinta **la habitación**.	Luis pinta **el cuarto**.
Luis **la** pinta.	Luis **lo** pinta.
pronombre plural femenino o masculino	
Luis pinta **las habitaciones**.	Luis pinta **los cuartos**.
Luis **las** pinta.	Luis **los** pinta.

2. A direct object pronoun always precedes the conjugated verb.

Luis pinta **el cuarto**.	subject + verb + direct object
Luis **lo** pinta.	subject + **lo/la** + verb

3. With a present progressive or infinitive, the object pronoun can either be placed before the verb or be attached to the end of the verb form.

Luis está pintando **el cuarto**.	
Luis **lo** está pintando.	Luis está pintándo**lo**.
Luis quiere pintar **el cuarto**.	
Luis **lo** quiere pintar.	Luis quiere pintar**lo**.

The placement of the object pronouns in compound tenses does not affect the meaning of the sentence but merely reflects the preference of the speaker.

Placement of the direct object pronoun is the same in negative statements.

negative sentence	negative with present progressive	negative with infinitive
Luis **no** pintó **el cuarto**.	Luis **no** está pintándo**lo**.	Luis **no** quiere pintar**lo**.
Luis **no lo** pintó.	Luis **no lo** está pintando.	Luis **no lo** quiere pintar.

Actividad 5-8: Decorar mi habitación

María: ¡Me encantan los pósteres de animales salvajes!

Luis: Compré **el póster** del puma con el cóndor por internet y **lo** colgué hace unos días.

Vocabulario útil

salvaje—wild
por falta de tiempo—for lack of time

Paso 1

Notice the example from the dialog. Once the direct object is stated, speakers use pronouns to refer to the direct object. Luis explains what changes they made to his bedroom. Complete the story with the correct pronouns. Use the *vocabulario útil* as needed.

La semana pasada cambiamos mi habitación. Mi mamá (1) _la_ decoró, y mi papá y yo (2) _la_ pintamos. Ayer decoré las paredes con unos pósteres de animales salvajes. No (3) _los_ escogió mi mamá; (4) _los_ escogí yo porque me gustan mucho los animales de los Andes, y (5) _los_ admiro porque son muy majestuosos, especialmente el puma y el cóndor. También compré una pizarra de corcho, pero no (6) _la_ colgué por falta de tiempo. (7) _la_ voy a colgar este fin de semana.

También me encantan mis estanterías nuevas. (8) _las_ compramos en una tienda de muebles del barrio. Coloqué los libros de texto que usamos en la escuela cerca del escritorio y (9) _los_ organicé por asignaturas. Mis otros libros son de arqueología y también de la Biblia porque (10) _la_ estudio todos los días.

Paso 2

List three objects in your bedroom or articles of clothing you own. Write who bought it, when, and where.

Modelo

artículo	quién la/lo compró	cuándo se compró	dónde se compró
la camisa	yo	hace dos meses	por internet
el escritorio	mi papá	hace una semana	en una tienda

Paso 3

Share with a partner the three items on your list, and ask each other about them.

Modelo
¿Quién compró **la camisa**?
La compré yo.

¿Cuándo compraste **la camisa**?
La compré hace dos meses.

¿Dónde compraste **la camisa**?
La compré por internet.

Actividad 5-9: ¿Qué cosas ya no necesito?

Paso 1

You are making changes in your bedroom and want to get rid of the things you no longer use. At the same time, your class is organizing a school sale to raise money for the spring break trip. On a separate sheet of paper, mark with *sí* or *no* the items that you have and want to donate. You may add additional items. Price each item (in dollars) for the school sale. Use the *vocabulario útil* as needed.

artículos	sí/no	precio
pelota de básquet / fútbol / béisbol		
gorra / bate / guante de béisbol		
juegos de computadora / de mesa		
películas en DVD		
camisetas		
libros de texto / otros libros		
tazas		

Vocabulario útil

la gorra—cap
el bate—baseball bat
el guante—glove
la camiseta—T-shirt
la taza—cup or mug

Paso 2

Collaborate with classmates to identify three items that others are selling that you might be interested in buying. Ask how much each item costs. They will ask you about your items.

Modelo
¿Por cuánto vendes **la pelota** de básquet?
La vendo por tres dólares.

Paso 3

List three items you found in Paso 2 and how much they are being sold for. Share with your partner the items you found and the prices.

artículo	precio
libro de aviones militares	$2
cámara de fotos	$5

Modelo
Tú: Encontré un libro de aviones militares.
Tu compañero/a: ¿Por cuánto lo venden?
Tú: Lo venden por dos dólares.

Hay muchas llamas aquí en Sudamérica, pero no son animales capaces de llevar piedras muy pesadas. Los incas subieron las piedras a Machu Picchu sin ayuda de animales.

...subiendo...

CONEXIONES CULTURALES CON EL PRESENTE

"Mi casa es su casa"

When María went over to Luis's house to admire the home improvements, she commented on several aspects of the house. Perhaps you have never put much thought into how your house was built or the materials used in the construction of it. But if you visited a Spanish-speaking country, one of the first things you would probably notice is how houses there differ from yours. House styles often differ based on cultural preferences, available materials, and climate.

Houses in Latin America and Spain today are usually made of concrete (*concreto* or *hormigón*), brick (*ladrillo*), or stone (*piedra*). While wood is available, you do not often see wood frame houses or wood paneling. One reason for this in Latin America is that building techniques inherited from the Spanish colonizers used a lot of stone, brick, and adobe. Some of the traditional techniques the Spaniards brought over had originally been influenced by the Arabs who lived in Spain for centuries. One Spanish word for builder, *albañil*, comes from the Arabic term for one who has skill

Unas viviendas en una carretera en el Cusco, Perú

in working with stone, brick, cement, and sand. When the Spaniards built forts, government palaces, and cathedrals in the Americas, they often employed indigenous labor. Since indigenous peoples such as the Inca, Maya, and Aztec already worked with stone, they quickly picked up these Spanish techniques and added their own decorative elements. The materials for making brick, concrete, and other construction materials are readily available in these countries.

Snowstorms are rare in most of Latin America and Spain, and for that reason you will not find many roofs with a steep slope. Many roofs are of clay or terracotta tile shingles varying in color from shades of deep red to clay brown. The weather also plays a role in home landscaping. For example, types of grass that grow well in the United States may not grow well in warmer tropical climates. Although some houses have lawns, they are usually smaller in size. In many cases shrubs and flowers adorn the patio or the front of the house.

Una sala típica en Latinoaméric

Wall-to-wall carpeting is not typical in houses in Spanish-speaking countries. Instead, the flooring is usually concrete, marble, or ceramic tile. Since it is water resistant, ceramic tile is also used to decorate bathroom walls. Some homeowners even use tile for the driveway. Indoor furniture is often a colonial style or a more contemporary style. It is customary to hire a carpenter to install a built-in closet (*armario empotrado*) once a room is completed.

Another common difference between houses in the United States and those in the Hispanic world is the lack of central

Una casa de Sudaméri

heating and air conditioning in the latter. During hot weather, the cement or tile walls and floors help keep houses cooler, while open windows and ceiling fans allow for air circulation. Now window unit air-conditioners are becoming more popular in some areas. During a rare cold snap, people bundle up and drink plenty of hot liquids. In areas of South America or northern Spain where the weather can be colder, some type of heating system is required.

Una casa de EEU

The Spanish colonial style stucco-covered walls are still seen in many Spanish-speaking countries. It is also common to see decorative ironwork (*hierro forjado*) on gates, windows, and balconies. Even houses that are not in the Spanish colonial style often incorporate wrought iron in windows and garage doors. Front doors and garage doors tend to be made of heavy materials such as wood or metal. Other elements of Spanish colonial design often used are semicircular arches, tiled floors, and stone-paved driveways. Enclosed courtyards and areas provide outdoor living space.

Un patio con aspectos coloniales españoles

Contemporary style houses are popular in many Spanish-speaking countries as architectural designs have evolved from elaborate façades to a more open, clean, modern look. This design is purposeful, with its well-defined straight lines utilizing all available space. It takes advantage of natural lighting with large plate glass windows augmented with artificial lighting.

A large number of houses have a simple design that is more practical in purpose. Because of the prevalence of concrete and stucco exteriors, most houses in Spanish-speaking countries are painted. You will notice a variety of unique and vibrant colors. Sometimes one color goes partway up the wall, and the top part is white or another color.

Mi casa es su casa is often heard when Spanish speakers express their desire for guests to feel at home. Now that you know some of the differences between houses in the United States and those in Spanish-speaking countries, the next time you visit someone's house in a Spanish-speaking country, you can feel a little more *en casa*.

Actividad 5-10: Preguntas de discusión

1. Compare and contrast the role culture plays in house styles in Spanish-speaking countries and in house styles in the United States.

2. Wood is an important building material in residential construction in the United States but not so much for houses in Spanish-speaking countries. Why do you think this is the case?

3. How does climate affect some house exteriors in Spanish-speaking countries?

4. Assess ways warmer weather affects the interior of houses in Spanish-speaking countries. How does weather affect the way houses are insulated in the United States?

5. List some of the elements of Spanish colonial style houses. Where in the United States can some of these architectural features be seen?

Una casa de estilo contemporáneo en Lima, Perú

Diálogo 5-2: Hobbies, pasatiempos y aficiones 🔊

After touring the house, María talks with Luis about a gift he recently received. They discuss some of their favorite hobbies and pastimes. María recently read the biography of the man who discovered the ruins of Machu Picchu. Luis would like to put up some of María's photographs of Machu Picchu alongside the posters in his room.

¡Oí que tienes un juguete nuevo!

¿Dónde lo oíste?

De tu mamá, pero no me dijo qué es.

¡Es un telescopio!

¿De veras? ¿Vas a estudiar astronomía, como Juan en Guatemala?

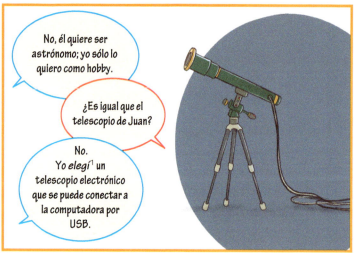

No, él quiere ser astrónomo; yo sólo lo quiero como hobby.

¿Es igual que el telescopio de Juan?

No. Yo *elegí*[1] un telescopio electrónico que se puede conectar a la computadora por USB.

¿Y cómo es el telescopio de Juan?

Él eligió un modelo normal de lentes, pero es más potente que el mío.

¡Muy interesante! Pero, ¿por qué te compraste un telescopio?

Estuve[2] hablando con Juan de los incas y la astronomía por internet, y me lo sugirió.

Y como mis padres *querían hacerme un regalo*[3], les pedí un telescopio.

_____

[1] chose
[2] I was
[3] wanted to give me a present

[4] every now and then; occasionally
[5] of course

Actividad 5-11: Preguntas de comprensión

Read the following statements about the dialog and decide whether they are *cierto* or *falso*.

1. Luis quiere ser astrónomo algún día.

2. El telescopio de Luis es menos potente que el telescopio de Juan.

3. El telescopio de Luis es más moderno que el de Juan.

4. Luis decidió pedir un telescopio después de hablar con Juan.

5. Los padres de Luis le sugirieron comprar el telescopio.

6. Luis tiene más de cinco pasatiempos.

7. María no tiene aficiones.

HOBBIES, PASATIEMPOS Y AFICIONES

Pretérito de verbos -*ar* y -*er* que cambian su raíz

Stem-changing verbs are irregular verbs because they undergo changes in their stem in the present tense. Many of these verbs are very common.

There are three things to remember about stem-changing verbs:

1. -*Ar* and -*er* verbs that are stem-changing in the present tense *do not change* in the preterite.

2. -*Ir* stem-changing verbs in the present also have a stem change in the preterite (see next section).

3. The preterite endings are the same as for regular verbs.

stem change *e → ie*

cerrar (to close)		defender (to defend)	
presente	pretérito	presente	pretérito
cierro	cerré	defiendo	defendí
cierras	cerraste	defiendes	defendiste
cierra	cerró	defiende	defendió
cerramos	cerramos	defendemos	defendimos
cerráis	cerrasteis	defendéis	defendisteis
cierran	cerraron	defienden	defendieron

stem change *o → ue*

contar (to count)		mover (to move)	
presente	pretérito	presente	pretérito
cuento	conté	muevo	moví
cuentas	contaste	mueves	moviste
cuenta	contó	mueve	movió
contamos	contamos	movemos	movimos
contáis	contasteis	movéis	movisteis
cuentan	contaron	mueven	movieron

Pretérito de verbos -*ir* que cambian su raíz

Notice this section of the dialog. Luis tells María what kind of telescope he chose and why he chose it.

Luis: Yo, **elegí** un telescopio electrónico. . . . Juan . . . me lo **sugirió**. Y como mis padres querían hacerme un regalo, les **pedí** un telescopio.

In these examples, the verbs *pedir* (to ask for, to order), *elegir* (to choose), and *sugerir* (to suggest) belong to a group of stem-changing -*ir* verbs that change only in third person singular and plural (*él/ella* and *ellos/ellas*) in the preterite.

stem change *e → i*

pedir (to ask for, to order)	
presente	**pretérito**
pido	pedí
pides	pediste
pide	pidió
pedimos	pedimos
pedís	pedisteis
piden	pidieron

stem change *o → u*

morir (to die)	
presente	**pretérito**
muero	morí
mueres	moriste
muere	murió
morimos	morimos
morís	moristeis
mueren	murieron

other -*ir* stem-changing verbs like *pedir* and *morir*	
e → i	
preferir	to prefer
medir	to measure
repetir	to repeat
impedir	to prevent
servir	to serve
competir	to compete
vestir(se)	to dress, to get dressed
despedir(se)	to say goodbye
reir(se)	to laugh
sonreir	to smile
derretir	to melt
divertir(se)	to entertain, to have fun
sugerir	to suggest
o → u	
dormir(se)	to sleep, to fall asleep

Actividad 5-12: El telescopio nuevo

Paso 1

Read the following conversation between Luis and his dad about a gift he wants. Choose the correct verb to complete each sentence.

1. **Papá:** ¿Ya (elegiste/repetiste) qué regalo quieres?

2. **Luis:** Sí. Ayer hablé con Juan sobre astronomía y me (repitió/sugirió) un telescopio.

3. **Papá:** Puedes ir a internet y (sugerir/pedir) el telescopio que quieres.

Un poco más tarde . . .

4. **Papá:** ¿Qué modelo (pediste/pidió)?

5. **Luis:** (Elegí/Eligieron) el mismo que Juan, pero electrónico.

6. **Papá:** ¿Por qué (prefirió/preferiste) el electrónico?

7. **Luis:** Porque (preferí/prefirió) un modelo que puede conectarse a la computadora.

Paso 2

Interview a classmate about a gift or purchase that he or she ordered or asked for.

1. ¿Recibiste algún regalo este año?

2. ¿Elegiste tú el regalo o lo eligió otra persona?

3. ¿*Pidió*[1] él o ella el regalo o lo *pediste*[1] tú?

4. ¿Lo pediste por internet o lo compraste en una tienda?

---

[1] ordered

Los verbos irregulares *dar* y *ver*

The verbs *dar* and *ver* have the same endings in the preterite tense. However, note that *dar* is an *-ar* verb that uses the regular *-er* endings in the preterite. Since the *yo* form and the *él / ella* forms are one-syllable words, they do not need accent marks.

dar (to give)	
presente	**pretérito**
doy	di
das	diste
da	dio
damos	dimos
dáis	disteis
dan	dieron

ver (to see)	
presente	**pretérito**
veo	vi
ves	viste
ve	vio
vemos	vimos
véis	visteis
ven	vieron

Paso 3

Compare your partner's answers with yours. Then write a brief summary of what you found out.

Modelo

Mi compañero/a y yo recibimos un regalo este año. Él/ella eligió el regalo, pero yo no elegí mi regalo; mis padres eligieron mi regalo. Mi compañero/a pidió el regalo por internet, pero mis pardres compraron en una tienda.

Actividad 5-13: Mis amigos, mi familia y nuestros pasatiempos

Paso 1

María's and Luis's family and friends at school, at church, and in the neighborhood enjoy different activities. Match what happened with the last time the person did the activity.

> A. María y Luis estudian arqueología.
> B. Los chicos del colegio juegan al fútbol.
> C. Laura y su hermana ven películas cómicas.
> D. Los papás de Luis salen a cenar los viernes en la noche.
> E. Los jóvenes de la iglesia tienen *fiestas de disfraces*[1].
> F. Los jóvenes del barrio participan en el *campeonato*[2] de básquet.
> G. El papá de María viaja en avión para ver la Copa de América de fútbol.

1. Se despidieron de él en el aeropuerto.

2. Compitieron contra otros equipos de baloncesto.

3. Prefirieron visitar las ruinas incas.

4. Se vistieron de piratas.

5. Prefirieron ir al campo de fútbol.

6. Les sirvieron su comida favorita.

7. Se rieron mucho.

Paso 2

Choose three of the situations below and write sentences describing what you did. Share your sentences with a classmate and compare them with his or hers. Use time expressions.

Modelo

Hace dos años competí en un campeonato de béisbol.

1. Competiste en un campeonato de deporte, un juego de mesa u otra actividad.

2. Te reíste mucho porque viste una película cómica, leíste un libro o te contaron un chiste.

3. Te invitaron a una actividad pero preferiste hacer algo diferente.

4. Te despediste de alguien en un aeropuerto o puerto o en una estación de tren o autobús.

5. Te *disfrazaste de*[3] _____ en una fiesta, actividad u obra de teatro.

---

[1] costume parties or masquerades   [2] championship   [3] dressed up as

Actividad 5-14: El hombre que descubrió Machu Picchu

Paso 1

María's favorite hobby is reading. She especially enjoys reading about Machu Picchu. The following statements tell the story of Hiram Bingham III, the man who rediscovered the famous ruins. Complete each sentence with the correct verb. (The events are listed in random order.)

A. Bingham [1](murió/moriste) en Washington, DC, en 1956, a la edad de ochenta años.

B. Más tarde, [2](estudiamos/estudió) en las universidades de Yale y Harvard y se especializó en historia de América del Sur.

C. Bingham [3](sirvió/serví) como profesor en Yale desde 1907.

D. En 1917, Bingham [4](sirvieron/sirvió) como aviador en el ejército estadounidense.

E. En 1911 [5](fue/fueron) a Perú para buscar la ciudad perdida de los incas.

F. Hiram Bingham III [6](nació/nacieron) en Hawái el 19 de noviembre de 1875.

G. Durante su viaje en Perú, [7](encontraron/encontró) varias ciudades.

H. Bingham [8](regresó/regresé) a Machu Picchu en 1912 con ayuda de la National Geographic Society y la universidad de Yale.

I. El padre y el abuelo de Hiram Bingham III [9](fueron/fuimos) misioneros protestantes.

J. También [10](sirvió/serví) como senador de los Estados Unidos desde 1926 hasta 1933.

K. El 24 de julio, [11](descubrió/descubriste) Machu Picchu.

Paso 2

Order the sentences in Paso 1 chronologically.

1		4		7		10	
2		5		8		11	
3		6		9			

Nota de léxico: *Morir* y *fallecer*

Both *morir* and *fallecer* mean "to die." However, *fallecer* is more polite and appropriate when talking about someone's deceased family member.

Paso 3

Think of a famous person you admire and write a brief biography. You may choose a biblical or historical figure such as King David, George Washington, or Cristóbal Colón. Use the cues that apply to the person's life.

1. ¿Quiénes fueron sus padres/abuelos?

2. ¿Dónde y cuándo nació?

3. ¿Dónde estudió?

4. ¿Qué cosa importante *hizo*[4]?

5. ¿Cuándo y dónde murió?

---

[4] preterite of *hacer*

LOS LIBROS Y LA LECTURA

Pretérito de verbos irregulares: El grupo Y

Here and in following chapters, we will group irregular high-frequency verbs by specific patterns.

Notice the verbs in these lines from the dialog:

María: ¡**Oí** que tienes un juguete nuevo!

Luis: ¿Dónde lo **oíste**? . . .

María: Por cierto, ayer **leí** la biografía de Hiram Bingham.

The verbs *leer* and *oir* belong to a class of irregular verbs called the *Y* Group. These verbs change the *i* to *y* in third person singular and plural. The first- and second-person endings are regular.

leer: (él/ella/usted) **leyó**   (ellos/ellas/ustedes) **leyeron**

oír: (él/ella/usted) **oyó**   (ellos/ellas/ustedes) **oyeron**

leer (to read)		oír (to hear)	
presente	pretérito	presente	pretérito
leo	leí	oigo	oí
lees	leíste	oyes	oíste
lee	**leyó**	oye	**oyó**
leemos	leímos	oímos	oímos
leéis	leísteis	oís	oísteis
leen	**leyeron**	oyen	**oyeron**

other *Y* Group verbs	
concluir	to conclude
incluir	to include
constituir	to constitute
construir	to build
destruir	to destroy
disminuir	to get smaller
fluir	to flow
poseer	to possess, to own
caer(se)	to fall
creer	to believe

Actividad 5-15: Me gusta leer

Paso 1

Luis bought new shelves for his books because he has so many. He loves reading all kinds of books and news articles. Read the article Luis wrote for his school newspaper on reading habits and complete each sentence with the correct verb(s).

El otro día [1](leo/leí) un artículo muy interesante sobre los hábitos de lectura. El autor explicó que los hombres de negocios [2](leen/leyeron) unos doscientos libros al año. Esto fue una sorpresa muy grande para mí. Yo solamente [3](leo/leí) unos cuarenta libros al año—casi un libro por semana.

El autor del artículo [4](incluyó/incluye) un poco de matemáticas básicas para saber cuántas páginas necesitas leer. En general, los libros tienen unas 200 páginas. Si multiplicas 200 libros por 200 páginas, el resultado es 40,000 páginas. Luego, divides 40,000 páginas entre los 365 días del año. El resultado es 110 páginas por día. Para leer 110 páginas, necesitas dedicar unas dos horas por día, quizá tres horas máximo.

Cuando [5](leí/leyó) el artículo, no lo [6](creí/creíste). Un estudio dice que la mayoría de los jóvenes pasan más de cuatro horas diarias delante de la televisión, con videojuegos o en las redes sociales. El año pasado, el 15 por ciento de los jóvenes no [7](leyeron/leí) ni un solo libro.

El artículo [8](concluyo/concluyó) con un testimonio personal del autor. ¡Ahora [9](lee/leyó) cuatrocientos libros al año!

Paso 2

Read the following statements about the article and determine if each is *cierto* or *falso*.

El artículo . . .	cierto	falso
1 . . . dice que los hombres de negocios leen muchos libros.		
2 . . . dice que las matemáticas son necesarias para leer.		
3 . . . recomienda leer unas dos horas al día.		
4 . . . muestra cómo calcular cuántas páginas debes leer.		
5 . . . dice que el 80 por ciento de los jóvenes lee demasiado.		
6 . . . dice que hay jóvenes que no leen ni un libro al año.		
7 . . . dice que el autor lee cuatrocientas páginas al año.		

Paso 3

In order to promote good reading habits, your school has asked you to conduct a survey to determine how much time students spend reading. Ask two classmates the following questions and note their answers.

Modelo
¿Qué libro leíste recientemente?
Recientemente leí *El león, la bruja y el armario* de C. S. Lewis.

1. ¿Qué libro leíste recientemente?

2. ¿Estás leyendo un libro ahora? ¿Cuál?

3. ¿Cuánto tiempo dedicas a leer cada día?

4. ¿Cuánto tiempo dedicaste a leer ayer?

5. ¿Y cuánto tiempo leíste la semana pasada?

6. ¿Cuantos libros leíste el año pasado?

Paso 4

Share with the class about your classmates' reading habits and what books they read recently. Compare their habits with yours.

Modelo
Mark lee muchos libros. Recientemente, leyó *El señor de los anillos*.
Ayer, Mark leyó durante dos horas. Yo leí una hora.
El año pasado, Mark leyó veinte libros. Yo leí quince libros.

¡Hola, Itzel! ¿Qué te parece la piedra del centro? ¡Mira la cantidad de ángulos que tiene!

¿Cuántos ángulos tiene?

Para colocarla en su sitio con precisión, le *hicieron*[1] doce ángulos.

¡Increíble! ¡Esa piedra no la mueva nadie!

[1] they made

CONEXIONES CULTURALES CON EL PASADO

Los incas y la piedra labrada

When Francisco Pizarro finally entered Cusco, his brother Pedro wrote that

> on top of a hill they [the Inca emperor] had a very strong fort surrounded with masonry walls of stones and having two very high round towers. And in the lower part of this wall there were stones so large and thick that it seemed impossible that human hands could have set them in place. . . . They were so close together, and so well fitted, that the point of a pin could not have been inserted in one of the joints.

Sacsayhuamán cerca del Cusco

Una vista aérea indica que muchas de las piedras fueron quitadas para construir otros edificios.

The Inca had developed an architectural style that was built to last—simple, symmetrical, and solid. Buildings still standing in Cusco and other places throughout the old Inca Empire display amazing engineering skill. Today at Sacsayhuamán, all we see is the foundation since the smaller stones were removed for other buildings. The site continues to be used for a theatrical representation of a festival dating back to Inca times—the Inti Raymi (festival of the sun), which takes place in June each year.

Building a stone house or even a small wall involves a great deal of labor, but the Inca employed thousands of laborers to drag these massive stones from the quarry using ropes. They then built dirt ramps to raise stones to the next level of the wall. They used stone tools to pound each stone into a perfect fit with the joint on the previous stone. It was laborious and time consuming. But numerous buildings and the extensive network of roads throughout the Inca Empire demonstrate their skill in stone craftsmanship.

After Francisco Pizarro captured the Inca emperor in 1532, another Inca ruler held out against the Spanish for forty more years in a remote location called Vilcabamba. In 1911 Hiram Bingham, a lecturer from Yale University, began looking for the lost city that he had heard described as "a great white rock over a spring of fresh water." He asked locals along the way if they knew of such a place. Finally a Quechua-speaking man led him across a log bridge over the Urubamba River and up Huayna Picchu Mountain. When Bingham reached the top, he found undisturbed stone ruins covered by vegetation. He thought he had found the lost city of the Inca. In reality, what he had found was the estate of one of the greatest Inca emperors, Pachacuti, a site we know today as Machu Picchu.

The place he was describing (called Sacsayhuamán) was an imposing structure on a hill overlooking the city of Cusco. Somehow the Inca had been able to carve out and transport stones weighing well over a hundred tons and shape them into a twenty-seven-foot-high wall. Three walls of stones arranged in a zigzag pattern protected the temple and other religious buildings. They placed these stones together with such precision that no mortar was needed in the joints.

Los andenes de Machu Picchu

Pachacuti built this estate as a royal retreat along with other fortified sites along the Inca highway. From this spot in the Andes, he could observe any movement in the Urubamba Valley below. To build on the summit of Machu Picchu, however, he first constructed numerous terraces that would protect the mountaintop retreat from possible mudslides because of the heavy rainfall in the area. Each terrace has several layers. On the bottom the Inca placed large stones, on top of which they put loose gravel. Next they spread a sand and gravel mixture, and finally they added topsoil that they brought up from the valley below. These terraces forced rainwater to slowly seep into the ground rather than rushing down the mountain. The terraces themselves have an overflow drainage system in case of too much rainfall.

Una vista más cerca de los andenes de Machu Picchu

The numerous buildings and temples at Machu Picchu housed about a thousand people. They were built in the classical Inca style of polished dry stones, again with no mortar between. Since Machu Picchu lies between two fault lines, the builders carefully designed the structures to withstand seismic activity. Their designs included trapezoidal doors and windows, reinforced and rounded corners, inward-leaning walls, and interlocking shapes that connect like jigsaw puzzle pieces. After an earthquake or tremor, the stones settle back down in the same way they were set. Due to its remote location in the Andes Mountains at around eight thousand feet, Machu Picchu is one of the few pre-Columbian sites that remained intact into the twentieth century.

The Inca were master stonemasons who knew how to build sturdy structures that incorporated the natural landscape and that would last. Machu Picchu and other sites high up in the Andes have survived over the centuries as a demonstration of Inca workmanship.

Actividad 5-16: Preguntas de discusión

1. Why did Pedro Pizarro write about the "fort" Sacsayhuamán on a hill near Cusco?

2. What characterized the Inca architectural style, and what makes it so significant?

3. Why was Inca stonework laborious and time consuming?

4. Explain the designs the Inca used to withstand erosion and earthquakes at Machu Picchu.

5. Although the Inca built their structures to last, eventually their empire came to an end. According to Acts 17:26–27, why does God limit the timespan and boundaries of any nation?

Dentro de una casa en Machu Picchu

159

A Arqueología sin Fronteras

Ciudades de piedra

11 de noviembre a las 10:22

¿Cómo están? Me llamo María. Ya leyeron sobre mi compañero de clase Luis de la Vega y de la historia de su antepasado el Inca Garcilaso de la Vega en el blog del 21 de octubre. ¡Fue muy interesante!

¡En verdad el Cusco es una ciudad con mucha historia! Cuando los incas llegaron aquí, construyeron sus edificios usando piedras muy pesadas. También las cortaron con mucha precisión. Hay una piedra que tiene doce ángulos. Es difícil imaginar cómo cortaron tantos ángulos en una sola piedra.

También me pregunto cómo movieron piedras tan enormes para construir Sacsayhuamán. Sin duda, necesitaron miles de hombres para colocar las piedras exáctamente en su lugar.

¿Saben que ya fui a Machu Picchu tres veces? Cada vez que subo la montaña y camino por las casas y los templos de los incas, me maravillo de cómo los construyeron. Los incas hicieron muchos andenes para plantar sus cultivos y evitar deslizamientos de tierra.

Machu Picchu está situada en la cima de una montaña. Los españoles nunca llegaron hasta allá. Un profesor, el doctor Bingham, encontró Machu Picchu en 1911 con la ayuda de un quechua.

Tal vez, algún día, *descrubriré*[1] una ciudad perdida en el Perú. *Sería*[2] muy emocionante, ¿no creen? Bueno, me despido. ¡Chao!

Los mayas
Los incas
Los aztecas
Los españoles

Cusqueñas con una llama

Sacsayhuamán

Una calle antigua del Cusco

Machu Picchu

---

[1] I will discover
[2] that would be

COMPETENCIA COMUNICATIVA

The following activities are designed to help develop greater proficiency.

Sonidos, palabras y patrones

Pronunciación: La acentuación

In Spanish, as in English, one syllable of a word is emphasized more than another. Let's review the basic rules to understand how to pronounce words in Spanish and when an accent mark is needed.

1. When a word ends in a vowel, *n,* or *s,* the stress falls on the next-to-last syllable.

ca<u>sa</u>	bo<u>ni</u>to
en<u>can</u>tan	traba<u>ja</u>ron
<u>vi</u>gas	electri<u>cis</u>tas

2. When a word ends with a consonant other than *n* or *s,* the stress falls on the last syllable.

fa<u>vor</u>	pas<u>tel</u>
inter<u>net</u>	ver<u>dad</u>
nacio<u>nal</u>	come<u>dor</u>

3. Whenever a word does not follow the first two rules, an accent mark is needed to indicate where the stress falls. As you learn new vocabulary terms, take note of any accent marks.

mamá   allí   papás   balcón   difícil   fácil

Rule 3 means that when the third-to-last syllable is stressed, it must carry an accent mark as in the words *rápido, crédito,* and *débito.*

Some adverbs have the accent mark (as in *económicamente*), but others do not (as in *solamente*), depending on whether the noun or adjective form (*económico, solo*) has an accent mark.

Monosyllabic words are pronounced the same way with or without an accent mark, but the meaning is different if there is an accent mark.

si (if)	sí (yes)
el (the)	él (he)
mas (but)	más (more)
se (reflexive & indirect object pronoun)	sé (I know)
tu (your)	tú (you)

Also, remember that accents marks are used with all interrogative words.

Actividad 5-17: Pronunciación de sonidos 🔊

Repeat each word, phrase, or sentence you hear in Spanish.

Actividad 5-18: Dictado de palabras 🔊

Write each sentence you hear.

Nota de léxico: Accent marks

Many verb conjugations use an accent mark because the difference in stress distinguishes between one tense and another. For example, *hablo* is first person present tense, but *habló* is third person preterite.

When the verb has an object pronoun attached to it, an accent mark may be necessary to indicate where the stress falls. *Comprarlo,* for example, does not need an accent mark, but *comprándolo* does.

Nota de léxico: Silent *u* versus *ü*

In order for the letter *g* to have a hard sound when followed by an *e* or an *i,* we add a silent *u* as in *guitarra* or *guerra.*

However, in order to pronounce the *u* in words where the *gu* is followed by *e* or *i,* we place a dieresis above the *u.*

bilingüe   vergüenza
pingüino   lingüista

This symbol lets you know the *u* should be pronounced with a *w* sound after the *g: /bi-lín-gwe/, /pin-gwí-no/.*

Los patrones con el pretérito

Now that you have been introduced to the past tense, it is important to start training your ear to pick up on some patterns that are different from the present tense. Always keep in mind the context of a sentence. Does it refer to a specific point or period in the past? Are there any time words? Notice the first person plural forms for *-ar* verbs. *Hablamos a la maestra* is present tense, while *ayer hablamos a la maestra* is preterite. Also, see if there are any other verbs in the sentence that indicate the tense.

Actividad 5-19: Escucha bien los patrones 🔊

Listen to some sentences from the dialogs. Notice how the preterite is formed and spoken to let you know the speakers are talking about the past.

Presentar el evangelio

In the previous chapter, we pointed out the great news that God has made a way for people to be restored to Him. He sent His Son, Jesus Christ, the Light of the World, to die for our sins on the cross. But a gospel presentation is not complete without the resurrection. The Scriptures speak clearly about the historical fact of the bodily resurrection of Jesus Christ by using the preterite tense. It happened. Because of His resurrection and glorification, we have the hope of our own literal resurrection and glorification.

1. Cristo fue *sepultado*[1] y *resucitó*[2] de los muertos.

> **1 Corintios 15:4** "Y que fue sepultado, y que resucitó al tercer día, conforme a las Escrituras."

2. El que cree en Jesucristo *será*[3] salvo.

> **Romanos 10:9** "Si confesares con tu boca que Jesús es el Señor, y creyeres en tu corazón que Dios le levantó de los muertos, serás salvo."

3. Jesús promete la vida eterna a los que creen en él.

> **Juan 11:25** "Le dijo Jesús: Yo soy la resurrección y la vida; el que cree en mí, aunque esté muerto, vivirá."

The third stanza of "En la cruz" speaks of Christ's resurrection:

> *Venció*[4] la muerte con poder, y al cielo se exaltó;
> Confiar en él es mi placer, morir no temo yo.

> *Coro:* En la cruz, en la cruz, do primero vi la luz, y las manchas
> de mi alma yo lavé; fue allí por fe do vi a Jesús, y siempre felíz con él seré.

Actividad 5-20: Escucha y repite los versículos 🔊

Listen to all the verses once, repeat each verse in sections, and then say the entire verse.

---

[1] buried
[2] rose
[3] will be
[4] overcame

Síntesis comunicativa: Pasando el tiempo en casa

Your teacher has asked you to find ways to get to know your classmates a little better. You decide to find out how your friend spends time around the house. Using the past tense skills you learned in this chapter, determine what he or she did around the house last week.

Paso 1: Preparation

Draw a quick sketch of your bedroom including furniture and decorative items (e.g, your bed, desk, pictures, or posters or items used for hobbies). Exchange drawings with a partner.

Paso 2: Presentational writing

Study your partner's drawing and make a list of ten questions that focus on decorating, organizing/cleaning, studying/reading, or a particular hobby or pastime.

Paso 3: Interpersonal speaking

Ask your partner about how he or she spends time at home. If you get yes or no as an answer, ask for more information, necessary details, and explanations. If someone else did the task, ask the name of that person.

Modelo
¿Organizaste tu escritorio en tu habitación?
Sí, lo organicé
¿Cuándo lo organizaste?
Lo organicé el lunes de la semana pasada.

Autoprueba: I can . . . .

Rate how confidently you are able to do the following in Spanish.

Task	Not at all confidently			Very confidently	
I can describe the rooms in my house.	1	2	3	4	5
I can explain the way my bedroom is decorated.	1	2	3	4	5
I can describe my daily responsibilities.	1	2	3	4	5
I can talk about the chores I did yesterday.	1	2	3	4	5
I can talk about some of my hobbies.	1	2	3	4	5
I can talk about my reading habits.	1	2	3	4	5

Rate how confidently you are able to do the following in English.

Task	Not at all confidently			Very confidently	
I can contrast houses in Spanish-speaking countries with houses in the United States.	1	2	3	4	5
I can explain how the Inca used stonework in their buildings.	1	2	3	4	5
I can name some places where Inca stonework can be found.	1	2	3	4	5

Verbos acabados en -*car*, -*gar*, -*zar*

buscar	
presente	pretérito
busco	bus**qué**
buscas	buscaste
busca	buscó
buscamos	buscamos
buscáis	buscasteis
buscan	buscaron

llegar	
presente	pretérito
llego	lle**gué**
llegas	llegaste
llega	llegó
llegamos	llegamos
llegáis	llegasteis
llegan	llegaron

empezar	
presente	pretérito
empiezo	empe**cé**
empiezas	empezaste
empieza	empezó
empezamos	empezamos
empezáis	empezasteis
empiezan	empezaron

Verbos -*ar* y -*er* que cambian su raíz

stem-change e → ie			
cerrar		defender	
presente	pretérito	presente	pretérito
c**ie**rro	cerré	def**ie**ndo	defendí
c**ie**rras	cerraste	def**ie**ndes	defendiste
c**ie**rra	cerró	def**ie**nde	defendió
cerramos	cerramos	defendemos	defendimos
cerráis	cerrasteis	defendéis	defendisteis
c**ie**rran	cerraron	def**ie**nden	defendieron

stem-change o → ue			
contar		mover	
presente	pretérito	presente	pretérito
c**ue**nto	conté	m**ue**vo	moví
c**ue**ntas	contaste	m**ue**ves	moviste
c**ue**nta	contó	m**ue**ve	movió
contamos	contamos	movemos	movimos
contáis	contasteis	movéis	movisteis
c**ue**ntan	contaron	m**ue**ven	movieron

Pronombres de objeto directo *lo/los* y *la/las*

1. A direct object pronoun must agree in number and gender with the noun it replaces.

Luis pinta **los cuartos**.	Luis pinta **la ventana**.	Luis pinta **las ventanas**.
Luis **los** pinta.	Luis **la** pinta.	Luis **las** pinta.

2. Direct object pronouns always go before the conjugated verb.

3. When the main verb is in the infinitive or present progressive form, the direct object pronoun can be attached to the infinitive/present progressive, or it may precede the conjugated verb.

Luis quiere pintar **el cuarto**.	
Luis quiere pintar**lo**.	Luis **lo** quiere pintar.

Luis está pintando **el cuarto**.	
Luis está pintándo**lo**.	Luis **lo** está pintando.

Verbos -ir que cambian su raíz

stem-change *e → i*		stem-change *o → u*	
pedir (to order)		**morir (to die)**	
presente	**pretérito**	**presente**	**pretérito**
pido	pedí	muero	morí
pides	pediste	mueres	moriste
pide	pidió	muere	murió
pedimos	pedimos	morimos	morimos
pedís	pedisteis	morís	moristeis
piden	pidieron	mueren	murieron

Los verbos irregulares *dar* y *ver*

dar (to give)		ver (to see)	
presente	**pretérito**	**presente**	**pretérito**
doy	di	veo	vi
das	diste	ves	viste
da	dio	ve	vio
damos	dimos	vemos	vimos
dáis	disteis	véis	visteis
dan	dieron	ven	vieron

Otros pretéritos de raíz irregular: El grupo *Y*

leer (to read)		oír (to hear)	
presente	**pretérito**	**presente**	**pretérito**
leo	leí	oigo	oí
lees	leíste	oyes	oíste
lee	leyó	oye	oyó
leemos	leímos	oímos	oímos
leéis	leísteis	oís	oísteis
leen	leyeron	oyen	oyeron

Otros verbos del grupo *Y*

concluir	to conclude	disminuir	to reduce, get smaller
incluir	to include	fluir	to flow
constituir	to constitute	poseer	to possess, to own
construir	to build	caer(se)	to fall
destruir	to destroy	creer	to believe

Otros verbos como *pedir y morir*

e → i	
preferir	to prefer
medir	to measure
repetir	to repeat
impedir	to prevent
servir	to serve
competir	to compete
vestir(se)	to dress/ to get dressed
despedir(se)	to say goodbye
reir(se)	to laugh
sonreir	to smile
derretir	to melt
divertir	to entertain
divertirse	to have fun
sugerir	to suggest
o → u	
dormir(se)	to sleep/ to fall asleep

In this chapter Luis and María run into each other while shopping for Christmas Eve dinner. They talk about their family members who have arrived for the occasion, discuss the menu for the big meal, and mention the New Year's Eve service at church. Then they go home to enjoy Christmas Eve dinner with their families.

Las Navidades en familia

Capítulo

6

Objetivos comunicativos

By the end of this chapter you will be able to . . .

1. describe family Christmas plans.

2. describe how you feel during the holidays.

3. analyze some Three Kings' Day traditions.

4. describe end-of-the-year celebrations.

5. specify for whom something is done.

6. evaluate Inca beliefs and traditions about the sun.

Preguntas esenciales

1. ¿Por qué celebramos los eventos especiales?

2. ¿Qué papel juega la familia en las celebraciones?

3. ¿Por qué celebramos eventos especiales con una comida?

Diálogo 6-1: La cena de Nochebuena 🔊

¿Cómo estás? ¿Qué haces por aquí?

Anduve de compras[1] toda la mañana para la cena de Nochebuena[2].

Nosotros también *estuvimos de compras*[3]. Mis abuelos, tíos y primos *vinieron*[4] hace un rato.

Mi familia también *vino*[5], pero mi abuelita no pudo venir porque *estuvo*[6] en el hospital enferma.

¿Y cómo está?

Ahora está mejor porque le *pusieron*[7] antibióticos por vía intravenosa[8].

¡Qué pena! La Navidad es un tiempo muy bonito para estar en familia.

Sí, estamos un poco tristes, pero *no pasa nada*[9]. Ella va a pasar el Año Nuevo con nosotros.

Eso es bueno. ¿Y qué van a comer?

Lo mismo que hubo el año pasado. Hay pavo, chocolate caliente, *panetón*[10] y puré de manzana.

¡Qué rico! La Navidad siempre me trae unos *recuerdos*[11] muy lindos.

A mí también. Ayer *pusimos*[12] un *nacimiento*[13] muy bonito adornado con muchas figuras.

---

[1] I went shopping
[2] Christmas Eve
[3] were shopping
[4] came (pl.)
[5] came (sing.)

[6] she was
[7] they gave (literally, put)
[8] intravenously
[9] It's not a big deal; don't worry!
[10] fruitcake

[11] memories
[12] we put or set up
[13] nativity scene

Más tarde en la casa de Luis

A la misma hora en la casa de María

---

[14] New Year's Eve
[15] Come!
[16] grab
[17] small Andean stringed instrument

[18] smells
[19] he wanted
[20] to give me a hand
[21] tree branches

[22] leaves
[23] I had to

Nota de léxico

These four terms are used to refer to the nativity scene set up as a Christmas decoration in many homes.

el nacimiento—birth
la natividad—birth
el belén—Bethlehem
el pesebre—manger

Actividad 6-1: Preguntas de comprensión

Choose the best answer to the following questions.

1. ¿Qué significa cuando María dice: "Anduve de compras toda la mañana"?
   A. María caminó toda la mañana.
   B. María pasó la mañana de compras.
   C. María compra todas las mañanas.

2. ¿Cómo trataron los médicos la enfermedad de la abuela de María?
   A. Le inyectaron antibióticos.
   B. No le dieron antibióticos.
   C. Le dieron antibióticos con la comida.

3. ¿Por qué está triste la familia de María?
   A. Porque su abuelita está en el hospital.
   B. Porque su abuelita está tomando antibióticos.
   C. Porque su abuelita no puede venir a la cena de Nochebuena.

4. ¿Qué es una comida tradicional navideña?
   A. Los platos que normalmente se preparan en Navidad.
   B. Es una comida que se inventó cuando Jesús nació.
   C. Una comida que sólo se puede comer en Navidad.

U Group stems	
verb	***U* stem + ending**
andar	***anduv*** + ending
estar	***estuv*** + ending
tener	tuv + ending
poder	***pud*** + ending
poner	***pus*** + ending
saber	***sup*** + ending
caber	***cup*** + ending

U Group preterite endings	
pronoun	**ending**
yo	**-e**
tú	**-iste**
él/ella/usted	**-o**
nosotros	**-imos**
vosotros	**-isteis**
ellos/ellas/ustedes	**-ieron**

¿QUÉ VAS A HACER EN NAVIDAD?

Los pretéritos irregulares: El grupo *U*

Irregular Spanish verbs can be grouped by the internal changes they undergo in the preterite. The *U* Group is composed of verbs that change their stem by introducing a *u* in the stem. Notice these excerpts from the dialog.

María: **Anduve** de compras toda la mañana para la cena de Nochebuena.

Luis: Nosotros también **estuvimos** de compras. Mis abuelos, tíos y primos vinieron hace un rato. . . .

María's dad: Sí, **tuve que** improvisar. (**I had to** improvise.)

Notice that *U* Group verbs undergo changes in their stem consonants as well. The *U* Group includes *-ar* and *-er* verbs. Notice the verbs *andar*, *estar*, and *tener*: **uv** + ending.

andar		estar		tener	
presente	**pretérito**	**presente**	**pretérito**	**presente**	**pretérito**
ando	and**uve**	estoy	est**uve**	tengo	**tuve**
andas	and**uviste**	estás	est**uviste**	tienes	**tuviste**
anda	and**uvo**	está	est**uvo**	tiene	**tuvo**
andamos	and**uvimos**	estamos	est**uvimos**	tenemos	**tuvimos**
andáis	and**uvisteis**	estáis	est**uvisteis**	tenéis	**tuvisteis**
andan	and**uvieron**	están	est**uvieron**	tienen	**tuvieron**

Another example of *U* Group stem changes are **ud** and **us** + ending.

poder		poner	
presente	**pretérito**	**presente**	**pretérito**
puedo	pude	pongo	puse
puedes	pudiste	pones	pusiste
puede	pudo	pone	puso
podemos	pudimos	ponemos	pusimos
podéis	pudisteis	ponéis	pusisteis
pueden	pudieron	ponen	pusieron

The third example of a *U* Group stem change happens in the verbs *saber* and *caber*. Notice the **up** + ending. Review the *vocabulario útil* list.

saber		caber	
presente	**pretérito**	**presente**	**pretérito**
sé	supe	quepo	cupe
sabes	supiste	cabes	cupiste
sabe	supo	cabe	cupo
sabemos	supimos	cabemos	cupimos
sabéis	supisteis	cabéis	cupisteis
saben	supieron	caben	cupieron

Los verbos *andar*, *estar* y *tener*

Actividad 6-2: Las compras de Navidad

Paso 1

Read the following conversation between Luis and María about some of the problems they had with Christmas shopping. Choose the correct verb.

1. **Luis**: ¿Dónde (tuviste/estuviste) de compras?

2. **María**: En el mercado. (Tuve/Anduve) que comprar más comida porque llegaron unos primos de Lima por sorpresa.

3. **Luis**: Yo (tuve/anduve) por el centro para comprar los regalos para el Día de Reyes.

4. **María**: ¿Y (tuviste/estuviste) suerte?

   Luis: No sé si fue suerte, pero encontré un regalo muy bonito para mi mamá.

5. **María**: ¿Y (estuviste/tuviste) que buscar mucho?

6. **Luis**: (Tuve/Anduve) que ir al centro porque en nuestro barrio no encontré nada.

7. **María**: Yo no (anduve/tuve) tiempo de comprar regalos porque (tuve/estuve) ocupada con la cena de Nochebuena y la familia.

   Luis: No hay problema; todavía hay tiempo.

Vocabulario útil

andar—to walk
poder—to be able to, can
poner—to put
saber—to know
caber—to fit

Nota de lengua: *Can* vs. *to be able to*

Usually the preterite of the verb *poder* will be the equivalent of *was/were able to*.

Spanish also uses other verbs such as *saber* to express ability and skill.

Mi papá **sabe** cocinar.
(My father **can** cook.)

Nota de léxico

The following phrases may be used to express "to go shopping."

ir de compras
andar de compras
estar de compras

Ayer **fui de compras**.
(Yesterday I went shopping.)

Ayer **anduve de compras**.
(Yesterday I went shopping.)

Ayer **estuve de compras**.
(Yesterday I was shopping.)

Paso 2

Christmas is an important time of family celebration. Mark *sí* or *no* depending on what you did last Christmas and what role you played in organizing, shopping, and preparing for the celebration. Indicate also what you plan to do this year.

mis planes	el año pasado (sí/no)	este año (sí/no)
estar en casa		
tener que trabajar		
tener que viajar		
tener que comprar regalos		
tener que ayudar con las decoraciones		
tener que ayudar con los preparativos		
ir de compras para la cena		

Paso 3

Using your notes from Paso 2, talk with a partner and compare last Christmas break with this year's. Ask each other three questions about activities last Christmas and plans for this coming Christmas.

Modelo

	el año pasado	este año
preguntas	¿Dónde estuviste las Navidades pasadas?	¿Y dónde vas a estar estas Navidades?
respuestas	Estuve en casa con mi familia.	Voy a estar en casa con mi familia.
	Estuve en casa de mis tíos.	Voy a estar en casa de mis tíos.
preguntas	¿Tuviste que ayudar con las decoraciones de Navidad?	¿Tienes que ayudar con las decoraciones de Navidad?
respuestas	Sí, tuve que ayudar a decorar el árbol de Navidad.	Sí, tengo que ayudar con las decoraciones de Navidad.
	No, no tuve que ayudar con las decoraciones.	No, no tengo que ayudar con las decoraciones de Navidad.

Actividad 6-3: Estuvimos en familia 🔊

Paso 1

Listen to Luis's account of last year's Christmas dinner. Complete the account with the appropriate verb.

Las Navidades pasadas (1)_____ una cena de Nochebuena con mis padres, mis tíos y mis abuelos. Fue muy divertido, pero mis tíos (2)_____ con nosotros solamente una hora porque (3)_____ que irse para atender a mi prima. Mi prima (4)_____ enferma con un virus contagioso. Mis tíos la llevaron al médico, y el médico le recetó descanso. Así que (5)_____ que quedarse en casa y no (6)_____ venir a la cena de Nochebuena. Cuando se curó, mi tía y mi prima (7)_____ de compras para comprar ropa nueva. A causa del virus, (8)_____ mucha fiebre y perdió casi diez kilos. Ahora ya está bien. Ayer (9)_____ en casa y comió con nosotros, y después (10)_____ en el parque paseando y hablando.

Paso 2

Survey three classmates about a recent Christmas family gathering. Use the following questions and write down their answers.

Modelo
¿Tuvieron una cena familiar las Navidades pasadas?
Sí, tuvimos una cena familiar.
No, no tuvimos una cena familiar.

1. ¿Tuvieron una cena familiar las Navidades pasadas?

2. ¿Cuántas personas estuvieron en la cena?

3. ¿Tuvieron algún plato especial?

4. ¿Estuvieron hasta tarde o se fueron a casa temprano?

5. ¿Tuvieron un tiempo agradable?

El pretérito del verbo *hay*: La forma *hubo*

Chapter 2 introduced the verb form *hay*. The preterite of *hay* is *hubo* ("there was / were"). It is a *U* Group verb, but it differs from the other *U* Group verbs in three ways.

1. It is used with an indefinite article: *un / una / unos / unas*.

2. Since it is an impersonal verb, there is no subject. It is followed by a direct object.

3. *Hay* is used with both singular and plural objects.

These characteristics apply to both tenses—present and preterite.

presente	pretérito
hay	hubo

Notice how María responds to Luis in Diálogo 6-1.

Luis:	¿Y qué van a comer?
María:	Lo mismo que **hubo** el año pasado. **Hay** pavo, chocolate caliente, panetón y puré de manzana.

Actividad 6-4: El programa de Navidad

Paso 1

Churches are significant in the celebration of Christmas. Mark the activities that your church had last year around Christmastime. Feel free to add any activity not included here.

las actividades de Navidad de mi iglesia	el año pasado (sí/no)
¿Hubo una obra de Navidad (Christmas play)?	
¿Participaste o ayudaste en la obra de Navidad?	
¿Hubo una cantata de Navidad?	
¿Cantaste en la cantata de Navidad de tu iglesia?	
¿Hubo una cena de Navidad?	
¿Hubo muchas visitas de la comunidad?	

Paso 2

Using the chart in Paso 1, write a brief paragraph describing the Christmas program at your church. Include the activities you participated in.

Modelo

El año pasado hubo un programa de Navidad en mi iglesia. Hubo una obra de Navidad y una cantata. Yo canté en la cantata, pero no participé en la obra.

Paso 3

Converse with a classmate, comparing what his or her church did last year and what the church is doing this year. Use the following clues.

Modelo
Pregunta: ¿Hubo una cena de Navidad en tu iglesia el año pasado?
Respuesta: Sí, hubo una cena de Navidad.
Pregunta: ¿Y este año?
Respuesta: Este año también hay una cena de Navidad.

1. ¿Hubo un programa de Navidad en tu iglesia el año pasado? ¿Y este año?

2. ¿Hubo una cantata de Navidad en tu iglesia el año pasado? ¿Y este año?

3. ¿Cantaste en la cantata de Navidad de tu iglesia el año pasado? ¿Y este año?

4. ¿Hubo muchas actividades en tu iglesia el año pasado? ¿Y este año?

Nota de léxico

poner la mesa, los platos, los vasos

The expression ***poner la mesa*** means "to set the table." The verb *poner* is also used when you place plates, glasses, and utensils on the table.

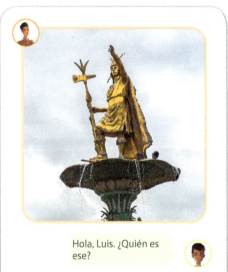

Hola, Luis. ¿Quién es ese?

Este es el emperador Pachacutec. Fue el noveno emperador, quien convirtió los incas a un gran imperio.

Los verbos *poder, poner, saber* y *caber*

Actividad 6-5: La lista de compras 🔊

Paso 1

Listen to María and her mother talking about the shopping list. Complete the sentences with the correct verb. Refer to the *vocabulario útil* in the margins.

Mamá: ¿(1)_____ encontrar las servilletas de papel con colores navideños?

María: (2)_____ por todas las tiendas del barrio y no (3)_____ encontrar las servilletas.

Mamá: No pasa nada. Nosotros tampoco (4)_____ encontrar las servilletas.

María: Pero (5)_____ encontrar los vasos, el chocolate blanco y las sodas de diferentes sabores.

Mamá: ¿Dónde (6)_____ los vasos de plástico?

María: Los (7)_____ encima de la mesa con el chocolate blanco.

Mamá: ¿No (8)_____ el chocolate en el frigorífico?

Maria: No. El frigorífico está lleno, y el chocolate no (9)_____ .

Mamá: ¿Y los otros alimentos (10)_____ ?

María: Sí, todo (11)_____ excepto el chocolate.

Mamá: ¿Y (12)_____ encontrar el mantel navideño y los caramelos para los niños?

María: No, no (13)_____ .

Mamá: Bueno, tu papá puede ir al centro comercial más tarde.

Paso 2

Choose the best answers. There may be more than one answer.

1. ¿Quién no pudo encontrar las servilletas de papel con colores navideños?

   A. María

   B. el papá de María

   C. la mamá de María

2. ¿Qué compras son comestibles (cosas que se pueden comer)?

   A. las servilletas de papel

   B. el chocolate

   C. los vasos de plástico

   D. las sodas

   E. los caramelos

3. ¿Cuántos alimentos cupieron en el frigorífico?

   A. todos

   B. todos menos el chocolate

   C. la mayoría

Vocabulario útil

el barrio—neighborhood
el mantel—tablecloth
el frigorífico—refrigerator
el refrigerador—refrigerator
la nevera—refrigerator
navideño—Christmas (adj.)

Paso 3

María puts some items on the table and some in the refrigerator. Classify the items by the place where you would normally put them.

1. las servilletas de papel   (en la mesa / en el frigorífico / en otro lugar)

2. las sodas   (en la mesa / en el frigorífico / en otro lugar)

3. el chocolate   (en la mesa / en el frigorífico / en otro lugar)

4. el mantel   (en la mesa / en el frigorífico / en otro lugar)

5. los caramelos   (en la mesa / en el frigorífico / en otro lugar)

6. los vasos de plástico   (en la mesa / en el frigorífico / en otro lugar)

Actividad 6-6: Preparando la cena de Navidad

Paso 1

Luis calls María to wish her a merry Christmas. While they're on the phone, they talk about the things they did to help with Christmas dinner. Read each sentence and select the correct verb.

1. **María**: Ayer, mi papá y yo (ponemos / pusimos) la mesa juntos para la cena de Navidad.

2. **Luis**: Anoche, mi mamá (pone / puso) la mesa, y mi papá le ayudó.

3. **María**: ¿Y tú nunca (pones / pusiste) la mesa?

4. **Luis**: Sí, (pongo / puse) la mesa todos los días.

5. **María**: Yo, no. Mi papá siempre (pone / puso) la mesa para cenar.

6. **Luis**: ¿Y ayer la (ponen / pusieron) tú y tu papá?

7. **María**: Sí, la (ponemos / pusimos) juntos porque fue una ocasión especial.

Paso 2

You have five minutes to survey as many classmates as you can about their Christmas in their homes. Find out how many students helped with the Christmas decorations, shopping, and setting the table.

	sí	no
¿Ayudaste con la compra?		
¿Pudiste encontrar todas las cosas en la lista?		
¿Ayudaste con las decoraciones de Navidad?		
¿Pusiste un árbol de Navidad?		
¿Pusiste un nacimiento?		
¿Ayudaste con la cena de Navidad en casa?		
¿Pusiste tú la mesa? ¿Quién la puso?		
¿Cupieron todos los regalos debajo del árbol?		

Paso 3

Give a report of your findings from Paso 2. Tell the class how many of the students you surveyed helped at home and with what.

Modelo

Cuatro estudiantes ayudaron con la compra. Dos estudiantes pudieron encontrar todas las cosas en su lista, y dos estudiantes no pudieron encontrar todas las cosas en su lista.

Actividad 6-7: La música navideña y los compositores

Paso 1

Luis and María love Christmas carols. Luis is telling María about an article he recently read about some famous carols and their composers. Read the following dialog.

Luis: Hace unos días leí un artículo sobre himnos navideños. ¿Sabes que el himno navideño número uno en el mundo es "Santa la noche"?

María: Yo siempre supuse que "Noche de paz" es el himno de Navidad más famoso.

Luis: No, "Noche de paz" es el número dos.

María: Es interesante conocer la historia de los himnos y quién los compuso.

Luis: Sí, por ejemplo, Joseph Mohr escribió la letra de "Noche de paz," y Franz Gruber compuso la música. Los dos son austriacos.

María: ¿Y quién compuso "Se oye un son en alta esfera"?

Luis: El evangelista inglés Charles Wesley puso la letra a la música que el músico alemán Felix Mendelssohn compuso.

María: A mí me encantan todos los himnos de Navidad, pero "Ángeles cantando están" es uno de mis favoritos.

Luis: Me gusta mucho cuando lo cantamos a cuatro voces con el bajo, el tenor, la melodía y la segunda.

María: ¿Y quién compuso "Santa la noche"?

Luis: La compusieron Placide Cappeau y Adolphe Adam, un poeta y un músico francés.

María: ¡Qué interesante! Escritores y músicos ingleses, alemanes, austriacos y franceses compusieron estos himnos tan bonitos.

Luis: Sí, y compusieron himnos que todavía cantamos después de siglos.

Paso 2

Do you know who wrote the words or composed the music of some of the most well-known Christmas carols? Answer these questions about the dialog.

1. ¿Quién escribió la letra de "Noche de paz"?
2. ¿Quién compuso la música de "Se oye un son en alta esfera"?
3. ¿Quién le puso letra a la música de Mendelssohn?
4. ¿Quién compuso la música de "Noche de paz"?
5. ¿De qué país son los compositores de "Santa la noche"?

Nota de léxico: *Letra y música*

Songs have both lyrics and music. The word *letra* refers to the words of a musical piece.

letra vs. *carta*

The word *letra* also means a letter of the alphabet. A letter that you write and mail to someone is a *carta*.

letra vs. *lírica*

The false cognate *lírica* refers to the words of a poem, not the words of a song.

Nota de lengua

Verbs formed by a prefix + *poner* are conjugated the same way as *poner* in all their tenses. The following are all cognates.

componer	to compose
exponer	to expose
imponer	to impose
suponer	to suppose
proponer	to propose
posponer	to postpone

Nota cultural

The following are the titles of some well-known Christmas hymns.

"Santa la noche" ("O Holy Night")

"Noche de paz" ("Silent Night")

"Ángeles cantando están" ("Angels We Have Heard on High")

"Se oye un son en alta esfera" ("Hark! The Herald Angels Sing")

"Al mundo paz" ("Joy to the World")

Paso 3

Survey two classmates and ask them about their favorite Christmas carols. Ask them who wrote the music and lyrics. If they do not know, research and then tell them what you find out.

> **Modelo**
> ¿Cuál es tu himno de Navidad favorito?
> ¿Sabes quién escribió la letra? ¿Sabes quién compuso la música?

Los pretéritos irregulares: El grupo *I*

The *I* Group includes verbs that introduce an *i* in their stem in the preterite. Notice these excerpts from the dialog and read the *nota de lengua* for more details. All *I* Group verbs are -*er* and -*ir* verbs.

> **Luis:** Mis abuelos, tíos y primos **vinieron** hace un rato.
> **María:** Mi familia también **vino**, pero mi abuelita . . .
>
> **María's mother:** Tu papá **hizo** el nacimiento con ramas y hojas del jardín.
> **María's mother:** Tu papá **quiso** echarme una mano con las decoraciones.

venir		hacer		querer	
presente	**pretérito**	**presente**	**pretérito**	**presente**	**pretérito**
vengo	**vin**e	hago	**hic**e	quiero	**quis**e
vienes	**vin**iste	haces	**hic**iste	quieres	**quis**iste
viene	**vin**o	hace	**hiz**o	quiere	**quis**o
venimos	**vin**imos	hacemos	**hic**imos	queremos	**quis**imos
venís	**vin**isteis	hacéis	**hic**isteis	queréis	**quis**isteis
vienen	**vin**ieron	hacen	**hic**ieron	quieren	**quis**ieron

Nota de lengua: Spelling changes

The verb *hacer* undergoes a spelling change (*c* → *z*) in the third-person singular to maintain the soft sound. Otherwise, it would be pronounced /iko/ instead of /iso/.

Both nouns and verbs utilize the *z* → *c* change. Remember that the change is just in the spelling; it does not affect the pronunciation of the plurals or verbs in either Spain or Latin America.

preterite stem *c* → *z* changes
hi**c**e, hi**c**iste → hi**z**o, hi**c**imos

Actividad 6-8: Los preparativos para una cena familiar

Paso 1

Think of the last time you had friends or family over for a meal. Indicate whether you did each task, and if not, tell who did. Answer in complete sentences.

	tarea	sí	no (¿Quién?)
1	¿Hiciste tú las compras?		
2	¿Hiciste tú la comida?		
3	¿Pusiste la mesa?		
4	¿Recibiste a los invitados?		
5	¿Serviste las bebidas?		
6	¿Vinieron tus amigos?		
7	¿Vino tu familia?		

Paso 2

Choose a partner and ask each other the questions in Paso 1. Write down his or her answers.

> **Modelo**
> ¿Hiciste tú las compras?
> Sí, yo hice las compras.
> No, mi mamá hizo las compras.

I Group stems	
verb	***I* stem + ending**
venir	***vin*** + ending
hacer	***hic(z)*** + ending
querer	***quis*** + ending

I Group preterite endings	
pronoun	**ending**
yo	**-e**
tú	**-iste**
él/ella/usted	**-o**
nosotros	**-imos**
vosotros	**-isteis**
ellos/ellas/ustedes	**-ieron**

Paso 3

Compare your answers with your partner's. Report the things you did the same way or differently.

> **Modelo**
> Yo hice la compra, pero Jan no hizo la compra.

Actividad 6-9: La Navidad en la escuela

Paso 1

Survey your class about last year's Christmas activities at your school. List things your class and other classes did and how many people came or participated.

> **Modelo**
> El año pasado hicimos galletas de Navidad.
> El año pasado hicimos una fiesta de Navidad.
> El año pasado los estudiantes del grado 7 hicieron galletas de Navidad.
> El año pasado los estudiantes del grado 7 hicieron una fiesta de Navidad.

Paso 2

Once you have listed last year's activities, list your ideas for this year.

> **Modelo**
> El año pasado hicimos una fiesta de Navidad.
> Este año vamos a hacer una fiesta de Navidad.

Paso 3

Use the following list of tasks to organize your activities. Find out who did what last year and ask them whether they want to do it this year. Organize committees to take care of the food, drinks, games, and invitations.

> **Modelo**
> ¿Hicieron ustedes la lista de alimentos el año pasado?
> Sí, nosotros hicimos la lista de alimentos.
>
> ¿Quieren hacer la lista de alimentos este año?
> Sí, queremos hacer la lista de alimentos.

	tarea	el año pasado		este año	
		sí	no	sí	no
1	hacer la lista de alimentos				
2	hacer la lista de bebidas				
3	hacer las compras				
4	comprar comida				
5	comprar las bebidas				
6	poner las mesas				
7	hacer la lista de juegos				
8	estar a cargo de los juegos				
9	hacer las invitaciones				
10	enviar las invitaciones				

Nota de léxico: *Hacer*

The verb *hacer* is translated "to make" or "to do," and it covers the meaning of both English verbs.

> **hacer las tareas**—to do homework
> **hacer galletas**—to make cookies

hacer una fiesta vs. *tener una fiesta*

> **El año pasado hicimos una fiesta.**
> (Last year we organized and put together a party.)
> **El año pasado tuvimos una fiesta.**
> (Last year there was a party, and we participated.)

"NOCHE DE PAZ, NOCHE DE AMOR"

Expresando emociones

Christmas celebrations evoke many emotions regarding family, church, and the birth of Christ. Notice how Luis and María express sadness because of María's grandmother.

> **Luis**: **¡Qué pena!** La Navidad es un tiempo muy bonito para estar en familia.
>
> **María**: Sí, **estamos un poco tristes**, pero **no pasa nada.** Ella va a pasar el Año Nuevo con nosotros.

Actividad 6-10: ¡Lo siento mucho!

Choose the best answer according to the dialog excerpt above.

1. What does Luis mean when he says, "¡Qué pena!"?

   A. ¡Es una noticia triste!

   B. ¡Estoy nervioso!

   C. ¡No es importante!

2. What does María mean when she says, "No pasa nada"?

   A. Mi abuela no estuvo en el hospital.

   B. Mi abuela no está enferma.

   C. No es un problema serio; todo va a salir bien.

Actividad 6-11: Las emociones

Paso 1

We refer to everyday emotions with nouns such as *sadness* or *happiness*, and we use the adjective forms to express how we feel (e.g., *sad* or *happy*). When María says, *"Estamos tristes,"* what feeling is she referring to? Match each noun of emotion with the corresponding adjective.

___ 1. ilusionado

___ 2. tranquilo

___ 3. sorprendido

___ 4. triste

___ 5. feliz

___ 6. nervioso

___ 7. enfadado

___ 8. preocupado

___ 9. orgulloso

___10. alegre

___11. molesto

___12. emocionado

A. felicidad

B. sorpresa

C. nervios

D. orgullo

E. alegría

F. tranquilidad

G. preocupación

H. enfado

I. molestia

J. emoción

K. tristeza

L. ilusión

Paso 2

When María mentions her grandmother's situation, Luis responds to the bad news with *¡Qué pena!* (How sad!). Read the following statements and choose the appropriate response.

> **A.** ¡Qué bendición!
>
> **B.** ¡Qué bueno verte de nuevo!
>
> **C.** ¡Qué pena!
>
> **D.** ¡Qué alegría verla!
>
> **E.** ¡Cuánto lo siento!
>
> **F.** ¡Qué emoción!

1. Luis saluda a su tía que no ve desde hace un año.

2. El primo de Luis aceptó al Señor en su corazón el domingo pasado.

3. El abuelo de María murió el año pasado.

4. María saluda a una hermana de la iglesia en la reunión de fin de año.

5. Luis le dice a María que el papá de Pedro tuvo un accidente de carro.

6. María y Luis van a dar sus testimonios en la reunión de fin de año.

Paso 3

The Christmas season produces a variety of emotions in people. Choose three different emotions that you associate with Christmas events (family or church) and share them with a classmate. You may express them using different structures.

Modelo

La cena de Nochebuena me da mucha alegría.

En la cena de Nochebuena, siempre estoy alegre.

Nota de lengua: Collective nouns

Remember that singular nouns that refer to a group of people (such as *familia* or *gente*) are always followed by third-person singular verbs.

Mi familia vino a la cena de Navidad.
La gente quiso esperar hasta el final.

CONEXIONES CULTURALES CON EL PRESENTE

El Día de los Reyes Magos

The arrival of the wise men is a Christian tradition that has been celebrated since the days of the early church. In Spanish-speaking countries, this tradition is called *Día de los Reyes Magos* or *Día de Reyes*. The word *mago,* from the same root as the word *magi,* actually means "magician," but in the context of Scripture, it refers to wise men (*hombres sabios*) or men of learning (*hombres de ciencia*) that had an astute understanding of the times based on the prophetic Scriptures.

The Three Kings' Day holiday is based on the account of the "wise men from the east" in Matthew 2, and it is traditionally celebrated on January 6 in Spanish-speaking countries. It is a holiday that is considered almost as important as Christmas Day. In most homes, the wise men are included in the nativity scene bringing their presents to Jesus.

The evening of January 5 is called *La Noche de Reyes*. It starts off with a *Cabalgata de Reyes* (parade of the kings). Back in the sixth century AD, the kings were given the names of Melchor, Gaspar, and Baltasar to represent Arabia, the Orient, and Africa. The three wise men usually ride on horses, donkeys, camels, or royal coaches. They are dressed in royal clothing and wear crowns. Spain declared January 6 a holiday for children to receive gifts as they do on Christmas Day in other places. The first *Cabalgata de Reyes* was celebrated in 1855 in Spain, and the custom later spread throughout other Hispanic countries. The parade usually includes various other floats with popular children's characters. As the parade (*desfile*) goes down the street, candies are thrown out for the observers.

Children who have written letters containing their wish lists give them to the three kings during or after the parade. In some households, families sing Spanish Christmas carols (*villancicos*) about the kings before they go to bed. In Puerto Rico and Venezuela, these songs take another form called *aguinaldos*, which refers to a gift given during Christmastime. In Peruvian homes, families celebrate the *Bajada de Reyes,* which is a small celebration on the day after the nativity scene is taken down and put away for the next year.

Carbón dulce

Before children go to bed on January 5, they leave their shoes by the door or near a window, ready for the magi to come with presents. They are also sure to leave some pastries for the kings plus hay and water for their camels. Children are told that if they do not go to sleep, the kings may skip their house. If they were good that year, they will get presents. However, if they were bad, they receive a lump of grey coal (*un carbón*) in their shoes. The coal is actually a hard candy (*golosina*) that looks like a piece of coal.

Los Reyes Magos

The morning of January 6, children receive small gifts either in their shoes or in boxes filled with hay. In some places, children have to follow a trail of hay (supposedly left by the camels) to find their gifts. After that, it is customary to eat a *roscón* or *rosca de reyes*, which is a twisted sweet bread roll. It is shaped in the form of a crown, with red and green candied fruit designed to look like the jewels in a crown. A curious aspect of the *roscón* is the baby figurine hidden somewhere inside. It represents the Christ child being hidden from Herod, who wanted to kill Him after the wise men returned home another way. Usually whoever ends up with the hidden piece has to either pay for the bread or plan the next party.

A recent change in the gift-giving custom is for children to receive presents on Christmas Eve *and* on Three Kings' Day. Traditionally, Christmas Eve is celebrated not with gifts but with a big family meal, wishing each other a merry Christmas at midnight, and then watching fireworks.

Actividad 6-12: Preguntas de discusión

1. What does the term *mago* literally mean today, and how is it used in Scripture?

2. Read Matthew 2:1–12 in Spanish and answer the following questions:

   ¿Dónde nació Jesús?

   ¿Qué les pasó a Herodes y a Jerusalén cuando oyeron la pregunta de los magos?

   ¿De qué los indagó Herodes de los magos en secreto?

   ¿Qué hizo la estrella cuando los magos llegaron a Belén?

   ¿Qué hicieron los magos después de entrar en la casa y de ver al niño Jesús con su madre?

3. List Hispanic traditions that are based on the story of the three kings.

4. How can Christians use these cultural customs to witness for Christ?

Rosca de Reyes

Cabalgata de Reyes

Diálogo 6-2: El fin del año 🔊

Luis and María are arriving at the special New Year's Eve meeting at church. They will have games and a time for songs, Scripture reading, prayer, and some testimonies. Then after a snack, they will watch some fireworks.

---

¹ arrived safely
² until
³ later, then
⁴ snack

⁵ fireworks
⁶ rockets and flares
⁷ set them off
⁸ did not bring [any]

⁹ brought
¹⁰ I am looking forward to

Yo quiero dar gracias al Señor porque *cuidó de*[11] mi abuelita. Hace dos semanas estuvo en el hospital muy enferma, pero ahora está en casa con la familia.

Más tarde . . .

Yo quiero dar gracias al Señor por el año que pasó. *Siento*[12] que *crecí*[13] mucho espiritualmente, *hice*[14] nuevos amigos y aprendí muchas cosas nuevas.

Luego . . .

Este cohete sube muy alto y, cuando explota, produce luces rojas y verdes.

A mí me gustan más los *petardos*[15]. ¡Me gusta ver a la gente *saltar*[16] de miedo!

¡Qué malo eres!

¡No soy malo, sólo un poco *travieso*[17]!

Allá están los chicos con Laura. ¡Vamos con ellos!

Sí, ¡vamos!

---

[11] He took care of
[12] I feel
[13] I grew

[14] I made
[15] firecrackers
[16] to jump

[17] mischievous

Vocabulario navideño

la **Nochebuena**—Christmas Eve
la **Nochevieja**—New Year's Eve
los **reyes magos**—the wise men
el **Día de Reyes**—Three Kings' Day

Actividad 6-13: Preguntas de comprensión

Choose the best answer to the following questions.

1. ¿Dónde está la abuela de María?

   A. Está en su casa.

   B. Está en casa de María.

   C. Está en el hospital con la mamá de María.

2. ¿Por qué no vino el papá de María a la reunión de fin de año?

   A. Se quedó para ayudar a la mamá de María.

   B. Quiso quedarse en casa a descansar.

   C. No le gustan los fuegos artificiales.

3. ¿Qué actividades van a hacer hasta las once?

   A. Juegos, testimonios y un refrigerio.

   B. Cantar unos himnos, juegos y oración.

   C. Solamente juegos.

4. ¿Cuándo van a tener el tiempo de testimonios?

   A. Después del refrigerio.

   B. Después de los juegos.

   C. Después de los fuegos artificiales.

5. ¿Por qué María da gracias al Señor?

   A. Porque su abuela estuvo en el hospital.

   B. Porque su abuela ya está en casa con la familia.

   C. Porque su abuela estuvo enferma.

6. ¿Por qué Luis da gracias al Señor?

   A. Porque pasó el año.

   B. Porque creció mucho y ahora es alto.

   C. Porque creció espiritualmente, hizo más amigos y aprendió cosas nuevas.

Los fuegos artificiales durante el Año Nuevo en el Cusco

LA NOCHEVIEJA

Los pretéritos irregulares: El grupo *J*

Irregular Spanish verbs may be grouped by the internal changes they undergo in the preterite. The *J* Group is composed of *-er* and *-ir* verbs that change their stems by introducing a *j*. Notice these lines from Diálogo 6-2.

Luis:	El pastor **dijo** que vamos a tener juegos hasta las 11:00 . . . .
María:	Yo **traje** cohetes y bengalas para encenderlos en la plaza.
Luis:	Ah, ¿sí? Yo no **traje**, pero los muchachos **trajeron** suficientes para empezar una guerra.

The verbs *decir* (to say) and *traer* (to bring) are *J* Group verbs. There are other verbs that end in *-decir* and *-traer*. See the *verbos útiles* in the margin for additional examples.

decir		traer	
presente	**pretérito**	**presente**	**pretérito**
digo	**dije**	traigo	**traje**
dices	**dij**iste	traes	**traj**iste
dice	**dijo**	trae	**traj**o
decimos	**dij**imos	traemos	**traj**imos
decís	**dij**isteis	traéis	**traj**isteis
dicen	**dij**eron	traen	**traj**eron

Note that the verb *decir* also changes the *e* to an *i* in its stem in the preterite.

The third-person plural ending in the *J* Group is *-eron,* whereas in the *U* and *I* Groups it is *-ieron*.

Verbs ending in *-ducir* are also *J* Group verbs (e.g., *conducir, producir, introducir,* and *reproducir*).

conducir		producir	
presente	**pretérito**	**presente**	**pretérito**
condu**z**co	**conduje**	produ**z**co	**produje**
conduces	**conduj**iste	produces	**produj**iste
conduce	**conduj**o	produce	**produj**o
conducimos	**conduj**imos	producimos	**produj**imos
conducís	**conduj**isteis	producís	**produj**isteis
conducen	**conduj**eron	producen	**produj**eron

Note that the first-person singular in the present is an irregular form in which the infinitive *-ducir* ending changes to *-duzco*.

Read the list and notice how most of these verbs are easily recognizable. Since they come from Latin, many are cognates.

J Group stems	
verb	**J stem + ending**
decir	*dij* + ending
traer	*traj* + ending
producir	*produj* + ending

J Group preterite endings	
pronoun	**ending**
yo	**-e**
tú	**-iste**
él/ella/usted	**-o**
nosotros	**-imos**
vosotros	**-isteis**
ellos/ellas/ustedes	**-eron**

Verbos útiles

Other verbs based on the *-traer, -decir,* and *-ducir* roots:

-traer

distraer—to distract
atraer—to attract
contraer—to contract (an illness)

-decir

predecir—to predict
bendecir—to bless
maldecir—to curse

-ducir

conducir—to drive, to conduct
producir—to produce
traducir—to translate
introducir—to introduce
reproducir—to reproduce
reducir—to reduce
deducir—to deduce
inducir—to induce
seducir—to seduce

Actividad 6-14: Los fuegos artificiales

Paso 1

After the end-of-the-year church service, María, Laura, Luis, and the other students are in the street watching fireworks and setting off the ones they brought. Read the story and complete the dialog with the correct verbs. Some verbs may be used more than once.

trajo	traje	distraje	dije
trajiste	dijiste	oí	

Luis: ¡Hola, chicos!

Chicos: ¡Hola, Luis! ¿(1)_____ petardos?

Luis: No, yo no (2)_____ petardos, pero María (3)_____ cohetes y bengalas.

Chicos: ¡Qué bueno! ¡María, vamos a encender los cohetes!

María: ¡Ahora voy! Laura, ¿(4)_____ petardos?

Laura: ¿Qué (5)_____ ? Perdona, me (6)_____ un momento y no te (7)_____.

Maria: (8)_____ que si (9)_____ petardos.

Laura: Bueno, compré unas bengalas. Los petardos me dan miedo.

María: Yo también tengo bengalas, pero (10)_____ petardos para los chicos.

Paso 2

Ask two classmates about the holidays or special events they celebrated this past year. Ask them what they brought to the celebrations. Use the chart below for cues.

fiesta	sí/no	¿Trajiste . . . ?	sí/no
Navidad		fuegos artificiales	
Año Nuevo		comida	
cumpleaños		sodas	
Cuatro de Julio		instrumentos musicales	
Día de Acción de Gracias		juegos	

Modelo
Estudiante 1: ¿Qué fiestas celebraste este año?
Estudiante 2: Celebré la fiesta de Año Nuevo y el Cuatro de Julio.

Estudiante 1: ¿Trajiste fuegos artificiales?
Estudiante 2: Sí, traje fuegos artificiales a la fiesta de Año Nuevo, pero no traje fuegos artificiales a la fiesta del Cuatro de Julio.

Paso 3

Give a report to the class about the celebrations your classmates attended and what they brought.

Modelo
Laura trajo fuegos artificiales a la fiesta del Cuatro de Julio.
Y Jonathan no trajo fuegos artificiales a las fiestas que celebró.

Actividad 6-15: La exhortación a ser fiel

Paso 1 🔊

Listen to María explaining to her mother what the pastor preached about at the New Year's Eve service. Complete the sentences with the correct verb.

introdujo	sedujeron	maldijo	dijo	produjo
adoraron	bendijo	tuvieron	prometió	condujo

El pastor predicó un mensaje corto en la reunión de fin de año. (1)_____ que el Señor (2)_____ al pueblo de Israel mucho cuando los sacó de Egipto.

El Señor los (3)_____ por el desierto durante cuarenta años y los (4)_____ en la tierra de Canaán a través de Josué. Pero los dioses de Canaán (5)_____ a los israelitas, y ellos (6)_____ a los ídolos de los cananeos. Dios les envió profetas, pero Israel no oyó la palabra de Dios. Por eso Dios (7)_____ la tierra, y la tierra no (8)_____ tanto fruto como antes. También (9)_____ muchos enemigos que los esclavizaron, y al final, los llevaron lejos de la tierra que Dios les (10)_____. Dios bendice la fidelidad pero castiga el pecado y la rebelión.

Paso 2

Number the following statements from the pastor's message in chronological order (1–7). Also categorize each statement as an example of blessing (*bendición*), punishment (*castigo*), or disobedience (*desobediencia*).

A. Los enemigos deportaron a Israel a otros países.

B. Los israelitas no oyeron a los profetas.

C. Israel entró en la tierra de Canaán.

D. Israel adoró a los dioses de los cananeos.

E. Dios condujo a Israel por el desierto.

F. Dios sacó a Israel de Egipto.

G. La tierra no produjo fruto.

Luis, ¿dónde estás ahora?

Estoy en el templo de oro. El Coricancha era[1] el lugar más sagrado para los incas.

[1] was

Paso 3

Work with a classmate to write a summary of María's pastor's message. Use the *J* Group verbs you have learned.

Modelo
Dios sacó a Israel de Egipto y . . . bendijo a Israel.

¿PARA QUIÉN ES EL REGALO?
Los pronombres de objeto indirecto

Review the direct object pronouns (*me, te, lo, la, nos, los, las*). The indirect object pronouns are *me, te, le, nos,* and *les.* You have seen these before; they are the same ones used with the verb *gustar.*

pronombre de objeto indirecto	person	pronombre de objeto indirecto	person
me	to/**for** me	nos	to/**for** us
te	to/**for** you	os	to/**for** you (pl.)
le	to/**for** him, her, you (sing.)	les	to/**for** them, you (pl.)

1. The indirect object pronoun refers to the person to whom or for whom the action of the verb is done.

   La Navidad **me** trae recuerdos muy bonitos.
   *Christmas brings **me*** [indirect object] beautiful ***memories*** [direct object].

2. Indirect object nouns are usually introduced by the preposition *a.*

   Mi papá le regaló un collar **a** mi mamá.

3. The indirect object pronoun is always placed before a conjugated verb or attached to the end of an infinitive, present participle, or imperative.

   La Navidad **me** trae recuerdos.
   Mis papás quieren dar**me** muchos regalos.

4. High-frequency verbs such as *dar* and *decir* are often used with indirect object pronouns. See the *vocabulario útil* in the margin for more verbs that usually include indirect object pronouns. Some verbs use an indirect object pronoun even when the person for whom the thing is done is specifically mentioned.

   Le dije **a mi papá**, "¡Felíz Navidad!"

Vocabulario útil

High-frequency verbs that often take an indirect object pronoun:

escribir—to write
contestar—to answer
enviar—to send
mandar—to send
ayudar—to help
contar—to tell (a story)
enseñar—to teach, to show
explicar—to explain
prestar—to lend
regalar—to give a present
pedir—to ask

Actividad 6-16: Los regalos de los reyes 🔊

Paso 1

After setting off some fireworks, the young people talk about presents they got last year and what they are getting for *Día de Reyes* this year. Listen to the story and complete each sentence with the correct pronoun.

Paco: Luis, ¿Qué (1)_____ trajeron los reyes el año pasado?

Luis: (2)_____ trajeron un *carbón*[1].

María: ¡Porque *no te portaste bien*[2]! ¡Ja, ja, ja!

Luis: ¡Es broma! (3)_____ trajeron ropa y algunos libros.

Laura: ¿Y a ustedes? ¿Qué (4)_____ regalaron?

Pepita: A nosotros (5)_____ regalaron videojuegos y ropa.

María: Este año (6)_____ pedí a los reyes una computadora portátil.

Luis: ¿(7)_____ pediste una computadora? ¡Tienes unos reyes con mucho dinero!

María: No tienen mucho dinero. (8)_____ envié la carta en enero, y tuvieron todo el año para ahorrar. ¡Ja, ja, ja!

Luis: ¡Qué inteligente!

Paso 2

Indicate whether each sentence is *cierto* or *falso*.

1. Los reyes le trajeron un carbón a Luis.
2. Luis recibió ropa y libros.
3. Paco y su hermana vienen de una familia *real*[3].
4. Los papás de María ahorraron para su computadora.
5. Pepita y Paco dijeron que los reyes les trajeron videojuegos.
6. De hecho, los reyes magos traen regalos a los niños hoy día.

[1] coal (a lump of coal)
[2] you didn't behave well
[3] royal (from *rey* [king])

¡Hola, María! ¿Qué hacen esas mujeres?

Están celebrando el festival del sol, el Inti Raymi.

CONEXIONES CULTURALES CON EL PASADO

Los incas y la adoración al sol

Although the Inca believed in a god that created the sun, moon, and stars, their supreme god was actually the sun god, Inti. They referred to the sun as "our father, the sun," and the worship of the sun permeated all facets of their life.

Since each Inca ruler claimed to be a descendant of Inti, he believed he had the unquestioned right to rule. His mission was to be a merciful father to his well-beloved children, following the example of the sun, which gives its light and warmth to the entire world. Equal offerings were made both to the sun and to the emperor (called the *Sapa Inca*, Quechua for "only emperor"). He drank from gold and silver cups, wore silver shoes and fine clothes, and lived in a palace. The Inca also believed the moon was the sister-bride of the sun. The Inca king would marry his oldest sister in order to not alter the royal blood inherited from the sun. Their child would be the next ruler in line for the Inca.

La reina inca

According to Garcilaso de la Vega, the most sacred place in all the Inca Empire was the Coricancha temple complex in Cusco, Peru. It was the main temple of the sun, made of highest-quality Inca stonework and big enough to house a thousand priests. The interior walls were lined from top to bottom with plaques of gold panels that totaled around a ton and a half in weight. The black exterior wall was capped with gold all the way around. The entire back wall of the temple displayed a round golden disk with extruding rays and flames to represent the sun. On either side of this image of the sun, the Inca set up the mummies of all their former rulers. Garcilaso recalls that these mummies wearing their royal clothing seemed to be alive and even had hair, eyebrows, and eyelashes. They were seated on golden thrones with their arms crossed over their chests, facing the entrance of the room. He records that he actually touched one of them and it felt like wood. Preservation of the bodies involved the same freeze-drying process that the Inca used in the Andes for preserving food.

Other Spanish chroniclers admitted it was hard to describe the sheer beauty of the temple. They were amazed to find a gold and silver garden outside the temple. It had stalks of corn and quinoa. Fruit trees were laden with faithful representations of fruit in gold and silver. Even the silk strings on the cornstalks were made of gold. There were also deer, tigers, crawling creatures such as snakes and lizards, and even butterflies—all made of precious metal. When the Spaniards took over Cusco, they built the *Iglesia de Santo Domingo* and its convent directly on top of this temple, leaving some of the Inca stonework intact.

Near the Coricancha temple of the sun was a convent built for the virgins of the sun. Their job was to weave garments for the king and the queen. The king would wear each garment only once and then give it away. The virgins also made a special bread and *chicha*, a fermented corn drink used for religious ceremonies. Each important city throughout the empire followed the Cusco pattern and had a temple for the sun and a temple for the virgins of the sun.

The Inca celebrated several feasts throughout the year, but the greatest feast was called *Inti Raymi* (festival of the sun). During the winter solstice, which is in June in South America, rulers and lords gathered from all over the empire to worship the sun in Cusco. They would get up early in the morning to wait for the sun to rise. Then, the Inca emperor would pour *chicha* into a basin with underground pipes that led to the temple so it would appear as if the drink

Una momia del Inca

were being swallowed up as the liquid flowed into the temple. Then those who had gathered would sing, dance, feast, and drink *chicha*.

Inca emperors were considered divine even after death. From time to time, the mummies were taken out of their designated place in the temple and offered food and drink during celebrations. They were even "consulted" for guidance about important matters.

Sadly, the Inca considered human sacrifices the most effective offerings they could give. Whenever they held a coronation ceremony for a new emperor, at least two hundred children would be sacrificed. The most beautiful children were handpicked and sent to Cusco to be sanctified by the priests. They were fed well, intoxicated with *chicha*, and anesthetized by the consumption of large quantities of coca leaves, in preparation for the moment they would be sacrificed. The bodies of some of the children were taken high up into the Andes to a sacred site to be buried wearing special clothing and ornaments along with gifts such as gold or silver toy llamas. It was thought that the "energy" from their deaths was released and transferred back to the Inca emperor as a form of spiritual sustenance.

Actividad 6-17: Preguntas de discusión

1. According to Deuteronomy 4:15–19, what was the temptation that God commanded His people to guard against and that the Incas fell into? To whom were the sun, moon, and stars given? Why do humans worship the gift more than the giver?

2. In what ways did the Inca people's belief that they were children of the sun lead them into sin?

3. Why do you think the Spaniards built their structures on top of important Inca structures? What was the result of this practice?

4. Does erecting a building or changing a structure convert people to Christianity? What did Christ command His followers?

5. How is the command for Christians to live as children of the day and children of light (1 Thess. 5:5) different from the Inca's belief that they were children of the sun?

La Iglesia de Santo Domingo encima del Coricancha (templo de oro)

A Arqueología sin Fronteras

El dios de los incas

10 de diciembre a las 12 de la madrugada

Ya leyeron en mi blog anterior y en el blog de María sobre los incas, su imperio y los lugares que construyeron como Machu Picchu y Sacsayhuamán. Ahora, voy a contarles de lo que mi antepasado Garcilaso de la Vega escribió de los emperadores incas y de su adoración al sol.

Garcilaso dijo que los incas *creían*[1] que el sol *era*[2] su padre. Como consecuencia, ellos *enseñaban*[3] a los demás cómo vivir según sus leyes.

Hicieron un templo al sol que llamaron Coricancha y cubrieron las paredes de oro. También colocaron una imagen muy grande del sol que cupo en una de las paredes. Todo el oro del templo *pesaba*[4] más de una tonelada y media.

Garcilaso dijo que una vez, en el solsticio de invierno, tuvieron una fiesta al sol, el Inti Raymi. Todos estuvieron presentes para ver el momento en el que el sol salió por la mañana. Luego, el emperador dio una libación de chicha al dios Inti. Festejaron y tomaron mucha bebida en esa ocasión. ¡Qué pena que no adoraron al Dios verdadero, el que hizo el sol!

Bueno, esta historia de los incas que nos contó Garcilaso es muy informativa. María y yo nos despedimos deseando que *puedan*[5] visitar el Perú algún día y ver el museo del Inca Garcilaso en el Cusco.

Los mayas

Los incas

Los aztecas

Los españoles

Modelo del Coricancha

Una libación al sol

El emperador inca

[1] believed
[2] was
[3] taught
[4] weighed
[5] may be able to

COMPETENCIA COMUNICATIVA

The following activities are designed to help you develop greater proficiency.

Sonidos, palabras y patrones

Pronunciación: Los diptongos

A diphthong is the joining into a single syllable of two vowels: one weak vowel (an unaccented *i* or *u*) plus one strong vowel (an *a*, *e*, or *o*). As you would expect, the strong vowel has the dominant sound in the pair. Notice the following examples of words containing diphthongs; the two vowels blend to form one syllable.

diptongo creciente	palabra	otras palabras
ia	fam**ia**lia	igle**sia**, artifi**cia**l
ie	cal**ie**nte	t**ie**mpo, trav**ie**so
io	testimon**io**	decorac**ió**n, antib**ió**tico
ua	espirit**ua**l	g**ua**rdar
ue	ab**ue**lo	h**ue**le, f**ue**gos
uo	antig**uo**	inidivid**uo**, monstr**uo**

diptongo decreciente	palabra	otras palabras
ai	**ai**re	J**ai**me, b**ai**le
au	L**au**ra	**au**tor, p**au**sa
ei	tr**ei**nta	v**ei**nte, b**éi**sbol
eu	r**eu**nión	**eu**calipto, **eu**nuco
oi	**oi**go	co**i**ncidir, hero**i**co
ou	t**ou**r	estad**ou**nidense

You can also have a diphthong when unstressed weak vowels (*i* and *u*) come together. When the two weak vowels occur together, the second vowel is emphasized a bit more than the first.

diptongo homogéneo	palabra	otras palabras
iu	c**iu**dad	v**iu**da, tr**iu**nfo
ui	r**ui**do	c**ui**dar, constit**ui**do

> **Nota de lengua**
>
> Since the letter *h* is silent in Spanish, it does not keep the diphthong from occuring when it is between two vowels. The diphthong is still pronounced as one syllable.
>
> **prohibir** (prohi • bir)—to prohibit
> **ahumar** (ahu • mar)—to smoke (meat)
> **rehusar** (rehu • sar)—to refuse or deny
> **ahuyentar** (ahu • yen • tar)— to dispel

Actividad 6-18: Pronunciación de sonidos 🔊

Repeat each sound and word you hear.

Actividad 6-19: Dictado de palabras 🔊

Write each word you hear.

Los patrones con el pretérito irregular

So far in this unit, you have learned the patterns for the regular preterite and the irregular preterite. The irregular preterite verbs are grouped with similar sound patterns (verbs ending in *-car*, *-gar*, and *-zar*; stem-changing *-ir* verbs; *Y* Group, *U* Group, *I* Group, and *J* Group). Other irregular verbs such as *ser / ir* and *dar / ver* have similar patterns.

Actividad 6-20: Escucha bien los patrones 🔊

Listen for the verb in each sentence. Indicate whether it is a regular *-ar*, *-er*, or *-ir* verb or an irregular preterite verb and indicate which group it belongs to.

Presentar el evangelio

Previously you learned that the gospel message is not complete without the bodily resurrection of Jesus Christ from the dead. Scripture further records that after He rose from the dead, He appeared to His disciples on different occasions. He then ascended into heaven but did not leave us alone. He sent the Holy Spirit to guide the children of God and to help Christians present the gospel to others.

1. Cristo apareció a sus discípulos.

> **1 Corintios 15:5** "Apareció a Cefas, y después a los doce."

2. El Espíritu nos convence de que somos hijos de Dios.

> **Romanos 8:14** "Porque todos los que son guiados por el Espíritu de Dios, éstos son hijos de Dios."

3. Jesús nos prometió el poder del Espíritu Santo para testificar a otros.

> **Hechos 1:8** "Recibiréis poder, cuando haya venido sobre vosotros el Espíritu Santo, y me seréis testigos en Jerusalén, en toda Judea, en Samaria, y hasta lo último de la tierra."

The writer of the hymn "At the Cross" wrote about the Holy Spirit, who was sent by Christ after He ascended into heaven.

> Aunque él se fue, solo no estoy. Mandó al Consolador,
> Divino Espíritu que hoy me da perfecto amor.

> *Coro:* En la cruz, en la cruz, do primero vi la luz, y las manchas de mi alma
> yo lavé; fue allí por fe do vi a Jesús, y siempre felíz con él seré.

Actividad 6-21: Escucha y repite los versículos 🔊

Listen to the verses once, repeat each verse in sections, and then say the entire verse.

Síntesis comunicativa: ¡Feliz Navidad!

You have been tasked with planning this year's Christmas event. Using the past-tense skills you have learned in this chapter, write appropriate questions that will allow you to gather necessary details.

Paso 1: Presentational writing

Write at least ten questions that you would like to ask your friend(s) about their Christmas celebration last year. Ask whether there were any decorations, food, or gifts at the event or gathering. Incorporate the past tense of *hay* (*hubo*) to find out what there was, but also use the various verbs you learned in this chapter.

Modelo

¿Dónde estuviste el año pasado para las Navidades? ¿Quiénes vinieron a tu casa?

¿Hubo comida? ¿Qué comiste?

¿Tuviste que ayudar con las decoraciones?

Paso 2: Interpersonal speaking

Collaborate with your friend(s) to find out what their Christmas celebration was like. Write down your friend's answers.

Paso 3: Presentional speaking

Based on what was done last year, develop a program or celebration for this upcoming Christmas season.

Modelo

Vamos a tener un nacimiento como el año pasado, pero no vamos a tener regalos.

Voy a hacer la lista de los condimentos.

Vamos a estar en la escuela como el año pasado.

Autoprueba: I can . . .

Rate how confidently you are able to do the following in Spanish.

Task	Not at all confidently			Very confidently	
I can describe how we celebrate Christmas at my house.	1	2	3	4	5
I can express feelings and respond to bad or good news.	1	2	3	4	5
I can describe end-of-the-year celebrations at home and church.	1	2	3	4	5
I can explain the basic points of a Bible story in the past.	1	2	3	4	5
I can specify to whom or for whom something is done.	1	2	3	4	5

Rate how confidently you are able to do the following in English.

Task	Not at all confidently			Very confidently	
I can explain about *Día de los Reyes Magos* in Spanish-speaking countries.	1	2	3	4	5
I can use the holiday as an opportunity to witness to others.	1	2	3	4	5
I can evaluate Inca beliefs and traditions about the sun.	1	2	3	4	5

Los pretéritos irregulares: El grupo *U*

El verbo *hay*

presente	pretérito
hay	hubo

U Group stems	
verb	**U stem + ending**
andar	*anduv* + ending
estar	*estuv* + ending
tener	*tuv* + ending
poder	*pud* + ending
poner	*pus* + ending
saber	*sup* + ending
caber	*cup* + ending

U Group preterite endings	
pronoun	**ending**
yo	-e
tú	-iste
él/ella/usted	-o
nosotros	-imos
vosotros	-isteis
ellos/ellas/ustedes	-ieron

Otros verbos como *poner*

Verbs formed by a prefix + -*poner* will conjugate the same as *poner* in all tenses.

componer	to compose	**su**poner	to suppose
exponer	to expose	**pro**poner	to propose
imponer	to impose	**pos**poner	to postpone

Los verbos *saber* y *caber*

The verb *saber* forms the preterite with *sup-* + ending and the verb *caber* forms the preterite with *cup-* + ending.

pronoun	ending	saber	caber
yo	-e	**sup**e	**cup**e
tú	-iste	**sup**iste	**cup**iste
él/ella/usted	-o	**sup**o	**cup**o
nosotros	-imos	**sup**imos	**cup**imos
vosotros	-isteis	**sup**isteis	**cup**isteis
ellos/ellas/ustedes	-ieron	**sup**ieron	**cup**ieron

Los pretéritos irregulares: El grupo *I*

I Group stems	
verb	**I stem + ending**
venir	*vin* + ending
hacer	*hic(z)* + ending
querer	*quis* + ending

I Group preterite endings	
pronoun	**ending**
yo	-e
tú	-iste
él/ella/usted	-o
nosotros	-imos
vosotros	-isteis
ellos/ellas/ustedes	-ieron

Los verbos *venir, hacer y querer*

venir		hacer		querer	
presente	**pretérito**	**presente**	**pretérito**	**presente**	**pretérito**
vengo	vine	hago	hice	quiero	quise
vienes	viniste	haces	hiciste	quieres	quisiste
viene	vino	hace	hizo	quiere	quiso
venimos	vinimos	hacemos	hicimos	queremos	quisimos
venís	vinisteis	hacéis	hicisteis	queréis	quisisteis
vienen	vinieron	hacen	hicieron	quieren	quisieron

Los pretéritos irregulares: El grupo *J*

J Group stems		*J* Group preterite endings	
verb	***J* stem + preterite ending**	**pronoun**	**ending**
decir	*dij* + ending	yo	-e
traer	*traj* + ending	tú	-iste
producir	*produj* + ending	él/ella/usted	-o
		nosotros	-imos
		vosotros	-isteis
		ellos/ellas/ustedes	-eron

Otros verbos como *traer, decir y conducir*

verbs ending in -*traer*	
atraer	to attract
contraer	to contract
distraer	to distract
extraer	to extract
1st-person singular present: -*traigo*	
3rd-person plural preterite: -*trajeron*	

verbs ending in -*decir*	
bendecir	to bless
maldecir	to curse
predecir	to predict
1st-person singular present: -*digo*	
3rd-person plural preterite: -*dijeron*	

verbs ending in -*ducir*	
conducir	to drive
deducir	to deduce
inducir	to induce
introducir	to introduce
producir	to produce
reconducir	to redirect
reducir	to reduce
reproducir	to reproduce
seducir	to seduce
traducir	to translate
1st-person singular present: -*duzco*	
3rd-person plural preterite: -*dujeron*	

Los pronombres de objeto indirecto

pronombre de objeto indirecto	person	pronombre de objeto indirecto	person
me	**to/for** me	nos	**to/for** us
te	**to/for** you	os	**to/for** you (pl.)
le	**to/for** him, her, you (sing.)	les	**to/for** them, you (pl.)

Las emociones

en familia
¿Cómo estás?
¡Cuánto tiempo!
¡Me alegro de verte!
¡Qué bueno verte de nuevo!
¡Qué alegría verte!

en la iglesia
¡Qué gozo!
¡Qué bendición!
¿Cómo está (usted)?
¡Cuánto tiempo!
¡Me alegro de verle!
¡Qué bueno verle de nuevo!
¡Qué alegría verle!

expresar tristeza en la familia
¡Qué pena!
¡Qué lástima!
¡Qué triste!

expresar compasión
¡Lo siento mucho!
¡Cuánto lo siento!
Sentí mucho el fallecimiento de tu . . .

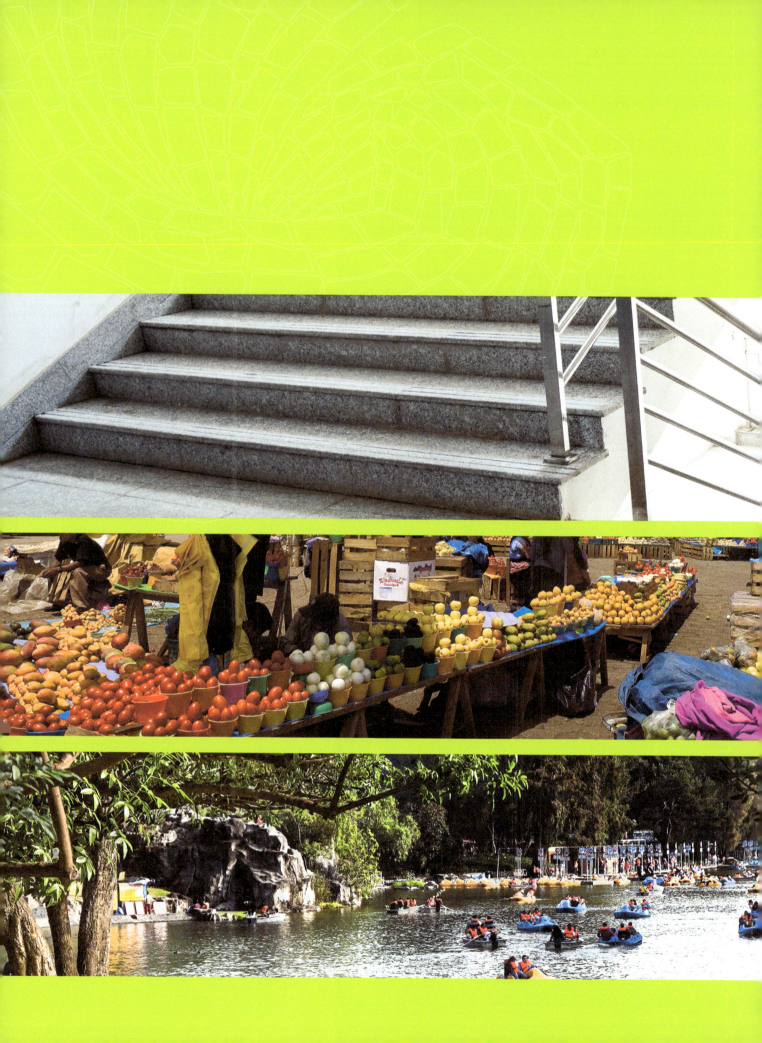

La vida de las ciudades

Unidad 3

7 Los servicios en la ciudad

8 El mercado de la ciudad

9 Día libre en mi ciudad

Temo and Lupita, cousins from Mexico City, are studying at the CETEC preparatory school. One day at school, Lupita is going down the stairs and typing on her laptop at the same time. Her foot misses a step, and down she goes! She drops her laptop as she stretches out her arms to keep from hitting the floor headfirst. Since her wrist is hurting, she goes to the emergency room for medical attention.

Los servicios en la ciudad

Objetivos comunicativos

By the end of this chapter you will be able to . . .

1. identify parts of the body and the five senses.

2. describe physical problems to a doctor.

3. make use of medical and money exchange services.

4. identify banking terminology.

5. discuss personal finances.

6. explain the growth in the city of Tenochtitlán.

Preguntas esenciales

1. ¿Por qué vivimos en ciudades?

2. ¿Qué impulsa las ciudades a crecer?

3. ¿Por qué hay ciudades más grandes que otras?

Diálogo 7-1: En la sala de urgencias 🔊

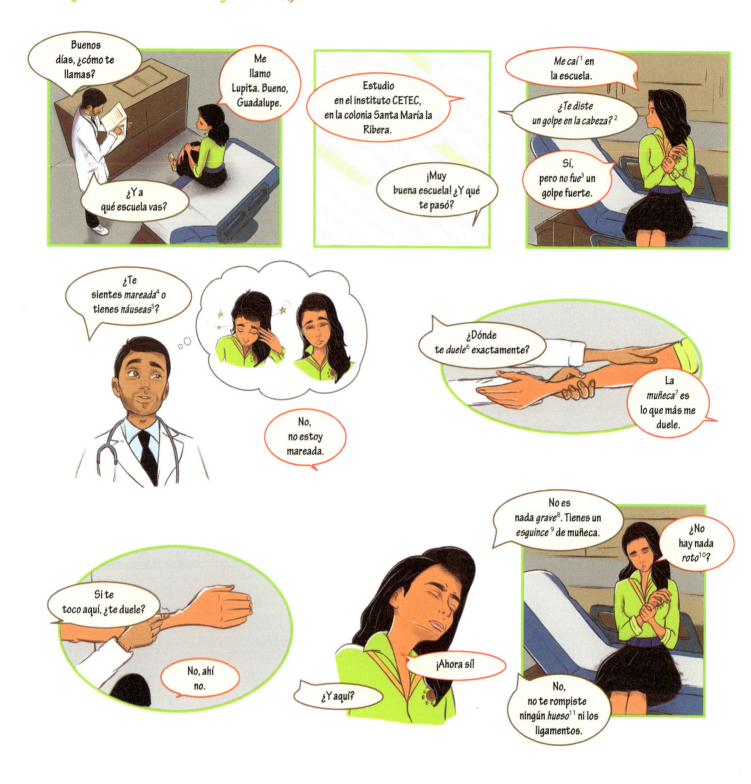

---

[1] I fell
[2] Did you hit your head?
[3] it wasn't
[4] dizzy
[5] nausea
[6] it hurts
[7] wrist
[8] serious, grave
[9] sprain
[10] broken or torn
[11] bone

En la farmacia

---

¹² cast
¹³ bandage
¹⁴ to prescribe
¹⁵ painkiller

¹⁶ to remove
¹⁷ in, within
¹⁸ prescription
¹⁹ prescribed (informal)

²⁰ I owe you
²¹ change (money)

Nota de lengua: *La mano*

The word *mano* is a feminine noun that ends in *-o*. The definite article used with the noun will help you determine the gender of a word.

el / los pie(s)—foot / feet
el / los riñón(es)—kidney(s)

Nota de léxico
barriga / estómago / vientre / abdomen

Although these four words are often used interchangeably, *barriga*, *vientre*, and *abdomen* refer to the belly. The word *estómago* can also refer to the internal organ.

Other colloquial terms are *tripa* and *panza* (similar to the English word *gut*).

EL CUERPO HUMANO

God created the human body and gave every part of it a specific function. When we get hurt or sick, we need to be able to tell the doctor where the problem is or how we feel. In this section, we learn the names for parts of the human body.

Actividad 7-1: El cuerpo humano

Read the vocabulary chart below and then read the following statements explaining where the parts of the body are. Identify body parts in the image on the next page.

el cuerpo		el brazo	la pierna
la cabeza	la barriga	el hombro	la cadera
el cuello	la espalda	el codo	el muslo
los hombros	los riñones	el antebrazo	la rodilla
el pecho	la cadera	la muñeca	el tobillo
		la mano	el pie

1. El cuerpo humano tiene una cabeza, un tronco y cuatro extremidades.

2. La cabeza está unida al tronco por el cuello, y los brazos están unidos al cuerpo por los hombros.

3. Los brazos tienen tres articulaciones—el hombro, el codo y la muñeca. El hombro está entre el tronco y el brazo, el codo está entre el hombro y la muñeca, y la muñeca está entre el antebrazo y la mano.

4. El tronco humano tiene una parte delantera y una parte trasera. En la parte delantera están el pecho y la barriga. En la parte trasera están la espalda y los riñones, o la parte lumbar. En realidad, los riñones son órganos internos.

5. Las piernas son las extremidades que usamos para caminar o correr. Están unidas al tronco por la cadera. Las caderas tienen articulaciones que nos permiten *agacharnos*[1]. Las piernas tienen dos articulaciones más—la rodilla y el tobillo. La rodilla une el muslo y la parte *inferior*[2] de la pierna. El tobillo une la pierna con el pie.

---

[1] squat, bend, or bow down
[2] lower

El cuerpo humano

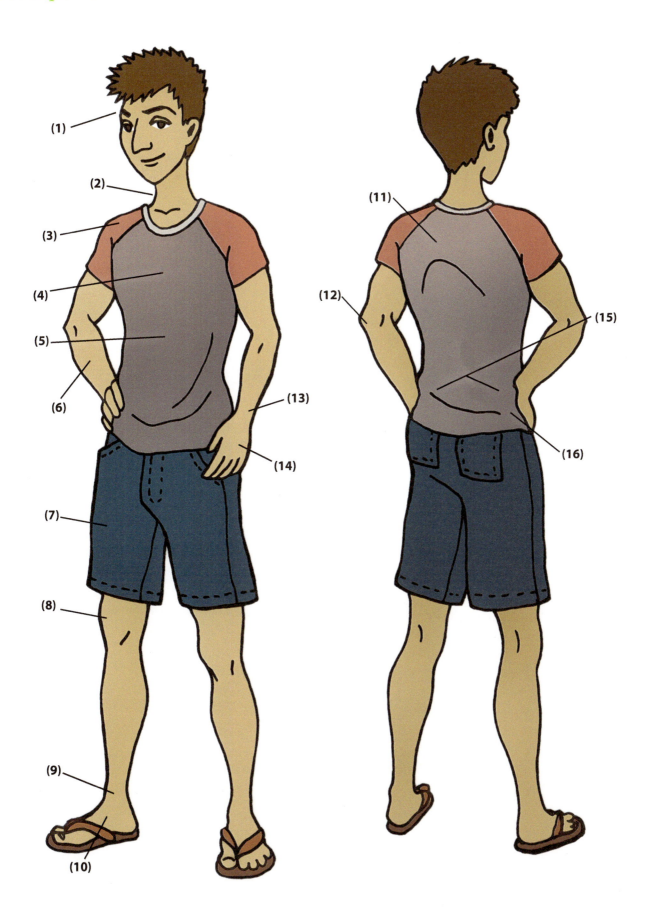

(1)

(2)

(3)

(4)

(5)

(6)

(7)

(8)

(9)

(10)

(11)

(12)

(13)

(14)

(15)

(16)

Nota de léxico

cara / rostro / faz / semblante
All these words mean "face," but all except *cara* are somewhat literary. *Semblante* (countenance) is more commonly used in poetry.

saborear / gustar
These two verbs mean "to taste." *Gustar* is related to the sense of taste (*el gusto*), but it is usually used to mean "to like." *Saborear* means "to taste food and flavored drinks."

olfato / olfatear / oler
Olfato is the word used to refer to the sense of smell in humans and animals. However, the verb *olfatear* is used for animals (what hounds do when tracking an animal). For humans, use the verb *oler*.

oreja / oído
Oreja refers to the outer ear, including the earlobe. The *oído* is the internal organ that enables a person to hear. It is also the word used for the sense of hearing.

La cara y los sentidos

Spanish has a number of sayings and expressions that include parts of the human body. For example, "el rostro es el espejo del alma" (the face is the mirror of the soul); "tener la cara muy dura" (to be shameless; literally, to have a hard face); and "no tener pelos en la lengua" (to not mince words; literally, to not have hair on the tongue). This section presents some vocabulary for the head and the senses.

Actividad 7-2: La cara

How many parts of your face can you identify? Match each word you know with the correct part of the face. Ask a classmate to point to the part of the face for words you are not familiar with.

la nariz	las orejas	los labios	la frente	los dientes
las cejas	la lengua	los ojos	la boca	la barbilla

Modelo
Estudiante 1: ¿Qué parte de la cara es la nariz?
Estudiante 2: La nariz es esta parte. *(pointing to his or her nose)*

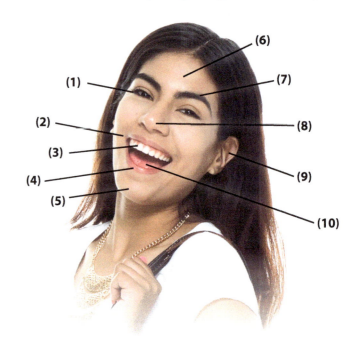

Actividad 7-3: Los sentidos

Paso 1

God created organs to perform specific tasks. List the organ most often associated with the following elements.

	elementos	¿Qué órgano?
1	voz, música, ruidos	
2	perfume, colonia, flores	
3	comida, sabores	
4	libros, televisión, pinturas	

Paso 2

God gave people five senses to interact with their environment: sight, smell, hearing, taste, and touch. Match the sense with the appropriate action verb.

___ 1. la vista

___ 2. el olfato

___ 3. el oído

___ 4. el gusto

___ 5. el tacto

A. tocar

B. saborear

C. ver

D. oler

E. oír

Paso 3

Create a chart similar to the following. Connect the organ with the sense and the action verb associated with both. Some may involve more than one organ.

Modelo

	los órganos	los sentidos	los verbos
1	los ojos	la vista	ver
2			
3			
4			
5			

Actividad 7-4: Sensaciones agradables y desagradables

Paso 1

Indicate whether the following sensations are pleasant or unpleasant to your senses.

	sensaciones	agradable/desagradable
1	mirar directamente al sol	
2	escuchar música instrumental	
3	tocar algodón	
4	comer una banana	
5	oír el ruido de una máquina durante tres horas	
6	tocar la piel de un *durazno*[1]	
7	beber vinagre	
8	oler una rosa	
9	ver el *atardecer*[2]	

Paso 2

Using the table in Paso 1, survey two classmates and find out what sensations they find pleasant or unpleasant.

Modelo
¿Encuentras mirar directamente al sol agradable o desagradable?
Lo encuentro desagradable.

---

[1] peach
[2] sunset or twilight

Nota de lengua

The verb *oler* (to smell) is an irregular stem-changing verb in the present. However, it has regular preterite forms.

oler		
persona	presente	pretérito
yo	**hue**lo	olí
tú	**hue**les	oliste
él/ella	**hue**le	olió
nosotros	olemos	olimos
vosotros	oléis	olisteis
ellos/ellas	**hue**len	olieron

Ese perfume **huele** bien.
(That perfume smells good.)
Los cerdos **huelen** mal.
(Pigs smell bad.)
Ayer **olí** las flores del jardín.
(Yesterday I smelled the garden flowers.)

ME DUELE LA MUÑECA

Doctor:	¿Y qué te pasó?
Lupita:	Me caí en la escuela.
Doctor:	¿Te diste un golpe en la cabeza?
Lupita:	Sí, pero no fue un golpe fuerte.
Doctor:	¿Te sientes mareada o tienes náuseas?
Lupita:	No, no estoy mareada.
Doctor:	¿Dónde te duele exactamente?
Lupita:	La muñeca es lo que más me duele.

Actividad 7-5: ¿Qué piensas tú?

In the above conversation between Lupita and the doctor, he asks her several questions. Choose the best reason you think he asks each question.

1. ¿Y qué te pasó?
   A. El médico quiere saber qué ocurrió exactamente.
   B. El médico siente curiosidad.
   C. El médico necesita saber qué ocurrió para hacer un diagnóstico.

2. ¿Te diste un golpe en la cabeza?
   A. El médico quiere saber si a Lupita le duele la cabeza.
   B. Los golpes en la cabeza son muy peligrosos.
   C. Los golpes en la cabeza causan amnesia.

3. ¿Te sientes mareada o tienes náuseas?
   A. El médico quiere estar seguro de que el golpe no fue serio.
   B. Lupita dice que el golpe no fue fuerte, pero el médico no cree a Lupita.
   C. El médico quiere saber si Lupita va a vomitar en la oficina.

4. ¿Dónde te duele exactamente?
   A. El médico *no confía en*[1] Lupita.
   B. El médico no entiende lo que Lupita dice.
   C. El médico necesita saber el lugar exacto de la *lesión*[2].

Repaso: Los pretéritos regulares

preterite endings of regular verbs				examples of regular verbs		
-ar verbs		**-er/-ir verbs**		**-ar verbs**	**-er verbs**	**-ir verbs**
-é	-amos	-í	-imos	fracturar(se)	deber	sentir
-aste	-asteis	-iste	-isteis	tropezar	aprender	ocurrir
-ó	-aron	-ió	-ieron	recetar	comer	servir

Preterite verbs ending in -*car*, -*gar*, and -*zar* change the consonant in the *yo* form to preserve the sound: *tropezar → tropecé*; *sacar → saqué*; and *colgar → colgué*. See Chapter 5 for review.

Nota de léxico

muñeca vs. *muñeca*
The word *muñeca* can mean "doll" or "wrist." Context determines the correct meaning.

dedos vs. *dedos*
Dedos can mean fingers, toes, or both. To clarify you have to use *dedos de las manos* to refer to fingers and *dedos de los pies* for toes.

Nota de lengua

Since *me duele* is a reflexive verb, it already implies that it is your own wrist that hurts. You do not need to use the possessives *mi*, *su*, or *tu*.

Me duele **la** muñeca. (correct)
Me duele **mi** muñeca. (incorrect)

Le duele **la** cabeza. (correct)
Le duele **su** cabeza. (incorrect)

Actividad 7-6: ¿Necesito ir al médico? 🔊

Paso 1

After reading the *vocabulario útil*, listen to the following statements and determine whether the person needs to go to the doctor immediately or can wait until the next day.

	debe ir a urgencias	puede esperar
1		
2		
3		
4		
5		
6		
7		
8		

Vocabulario útil

hacerse un corte—to get a cut
cortarse—to cut yourself
la sangre—blood
sangrar—to bleed
hacerse un morado—to get a bruise
vomitar—to throw up, to vomit
romper(se) el brazo—to break one's arm
el vómito—vomit
desmayarse—to pass out
derecho/a—right
izquierdo/a—left
el mareo—dizziness
la vista—sight, vision
el oído—inner ear; the sense of hearing
la fiebre—fever
la molestia—discomfort, pain

Paso 2

Read the following symptoms to a classmate and determine whether you should see a doctor or try a home remedy.

Modelo
Estudiante 1: Comí algo en mal estado y ahora tengo vómitos.
Estudiante 2: Debes/Necesitas ir al médico. *or*
Debes/Necesitas ir a casa y descansar.

1. Comí algo y ahora tengo náuseas y frío.

2. Me duele la cabeza.

3. Estoy muy mareado y no puedo ver bien.

4. Me duele el estómago.

5. Me duele el pie izquierdo mucho y no puedo caminar.

6. Tengo molestia en el hombro derecho.

Paso 3

Find a classmate who has had at least two of the following experiences recently. Use the preterite tense of the verbs provided in the cues.

Modelo
¿Tuviste mareos recientemente?
Sí, tuve mareos hace dos semanas. No, no tuve mareos recientemente.

1. darse un golpe en la cabeza / la pierna / el brazo

2. sentir náuseas

3. tener fiebre

4. ir a urgencias

5. tener dolor de cabeza

Repaso: Los pretéritos irregulares

Stem-changing verbs *pedir* and *morir*

The verbs *pedir* and *morir* are among the stem-changing verbs in the present tense, but they also introduce a vowel change (*e → i* and *o → u*) in the preterite (third-person singular and plural).

Other verbs that follow the *pedir* pattern are *competir*, *despedir*, *divertir*, *elegir*, *preferir*, *repetir*, *servir*, *sugerir*, and *vestir*. The *morir* pattern is followed by the verb *dormir*.

pedir		morir	
pedí	pedimos	morí	morimos
pediste	pedisteis	moriste	moristeis
pidió	**pidieron**	**murió**	**murieron**

Other stem changes

Chapter 5 introduced many irregular forms that can be grouped according to the stem change they introduce in the preterite: *Y* Group, *U* Group, *I* Group, and *J* Group. Though they represent comparatively few verbs, these groups include many high-frequency verbs. Notice the third-person singular forms in the chart below as examples of the conjugations.

Y Group	*U* Group	*I* Group	*J* Group
creer → creyó	andar → anduvo	querer → quiso	**traer** → trajo
leer → leyó	estar → estuvo	**venir** → vino	dis**traer***
oír → oyó	**tener** → tuvo	inter**venir***	con**traer***
caer → cayó	man**tener***	pre**venir***	**decir** → dijo
	poder → pudo	hacer → hizo	ben**decir***
	poner → puso		con**ducir** → condujo
	com**poner***		intro**ducir***
	saber → supo		pro**ducir***

*Compound verbs based on the root of a particular verb use the same stem changes and endings as the root verb.

Preterite verb endings

Notice that the *Y* Group endings are the same as those of regular *-er/-ir* verbs. The other groups adopt changes in the first- and third-person singular forms. Only the *J* Group adds a change in the third-person plural form.

preterite endings by group			
person	*Y* Group	*U* and *I* Groups	*J* Group
yo	-í	-e	-e
tú	-iste	-iste	-iste
él/ella/usted	-yó	-o	-o
nosotros	-imos	-imos	-imos
vosotros	-isteis	-isteis	-isteis
ellos/ellas/ustedes	-yeron	-ieron	**-eron**

Actividad 7-7: ¿Cómo te caíste?

Paso 1

Think of a time you fell or injured yourself. Use the *vocabulario útil* to complete the questionnaire.

nombre y apellido: _____			fecha de hoy: _____		
lugar	**sí/no**	**síntomas**	**sí/no**	**causa**	**sí/no**
1 cabeza		dolor intenso		me caí	
2 oídos / ojos		dolor moderado		me resbalé	
3 cuello		molestia		tropecé	
4 brazo		náuseas		accidente de . . .	
5 pierna		mareo		carro	
6 mano (dedos)		fractura		moto	
7 pie (dedos)		esguince		bicicleta	

Paso 2

Ask a classmate for details about the injury mentioned in Paso 1. Ask what happened and what the injury was. Use words and phrases from the chart.

¿Qué occurrió?	¿Dónde te lastimaste?
darse un golpe / golpearse	la cabeza
caerse	el brazo
resbalarse	la pierna
tropezar	la mano, el pie, el codo, la muñeca, la rodilla, el tobillo

Modelo

¿Qué ocurrió? ¿Te caíste?
Sí, me resbalé ayer en la escuela.

¿Dónde te lastimaste?
Me lastimé el pie.

Vocabulario útil

resbalarse—to slip, to slide
tropezar—to stumble
lastimarse—to get hurt
la molestia—discomfort, pain
el dolor—pain
el oído—inner ear

Nota de lengua

Repaso: *Ser* and *ir*

Remember that the verbs *ser* and *ir* have identical forms in the preterite.

ser / ir	
presente	**pretérito**
soy / voy	**fui**
eres / vas	**fuiste**
es / va	**fue**
somos / vamos	**fuimos**
sois / váis	**fuisteis**
son / van	**fueron**

Context determines the meaning.

Fue un accidente.
(It **was** an accident.)

Fue a su casa.
(He **went** home.)

Este acueducto colonial está en el mismo lugar donde los aztecas construyeron su acueducto.

¿Estás en el medio de la calle?

Sí, aquí en la ciudad de México manejan como locos.

¡Cuidado con los carros!

213

Vocabulario útil

parecer—to seem
parar—to stop
la caída—fall
el golpe—hit or blow, contusion
darse un golpe en . . . —to hit your . . .
romperse—to fracture, to break
el daño—injury
doler—to hurt, to be in pain
el dolor—pain
doloroso—painful
mandar—to send, to give an order
mantener—to maintain, to keep

Actividad 7-8: ¿Tuviste un accidente?

Read what Lupita said when she gave Temo an account of her fall at school. Complete each sentence with the correct verb, referring to the *vocabulario útil*.

Temo: (1)(Creí/Oí) que te rompiste el brazo.

Lupita: No, sólo (2)(puse/tuve) un pequeño accidente.

Temo: ¿Y qué te (3)(dijo/trajo) el médico?

Lupita: Me dijo que me (4)(hice/quise) un esguince en los ligamentos de la muñeca.

Temo: ¡Ah! Los muchachos de la escuela me (5)(dijeron/trajeron) que (6)(estuviste/tuviste) un accidente grave.

Lupita: ¿Grave? ¡No! Me (7)(oí/caí) y (8)(pude/puse) las manos para parar la caída.

Temo: Los chicos dijeron que fue grave y yo los (9)(leí/creí).

Lupita: Al principio, pareció grave porque me (10)(vi/di) un golpe en la cabeza. Pero no (11)(fue/fui) un golpe fuerte.

Temo: ¡Entonces esa es la razón!

Lupita: Mi mamá y mi papá (12)(vinieron/hicieron) al colegio rápido cuando lo (13)(supieron/pusieron).

Temo: ¿Y te dolió mucho?

Lupita: Cuando me caí, me (14)(quise/hice) bastante daño. Pero ahora no me duele.

Temo: ¡Me alegro por tí! Romperse un brazo es muy doloroso.

Lupita: Sí, me alegro de que (15)(pude/puse) reaccionar rápido y (16)(pude/puse) las manos para parar la caída.

Actividad 7-9: ¿Lógico o ilógico?

Temo and his school friends are telling stories and jokes about accidents they have had in the past. Read the following statements and determine if what happened afterward was *lógico* or *ilógico*.

_____ 1. El otro día me dí un golpe muy fuerte en la cabeza y me fui a casa a dormir.

_____ 2. Cuando me dí el golpe en la cabeza, me sentí muy mareado.

_____ 3. Cuando tuve el accidente, mi mamá me dio helado de chocolate y me fui a la cama a dormir.

_____ 4. Cuando llegué al hospital, los médicos me tuvieron en observación cinco minutos y *me echaron*[1] del hospital.

_____ 5. El médico me hizo muchas preguntas antes de recetarme medicamentos.

_____ 6. La enfermera me puso un yeso en la pierna para curarme el dolor de estómago.

Nota de léxico

Fracturarse (to fracture) or *romperse* (to break) are interchangeable terms when talking about bone injuries. Doctors often use more technical terms, but you will most likely hear *romperse un brazo / una pierna* in everyday conversation.

_____
[1] threw me out

Actividad 7-10: El poder de sanar el cuerpo

Paso 1

Temo and Lupita are in Sunday school studying about the preaching and miracles of Christ during His earthly ministry. Read the following verses from the Gospels, and match each condition with the correct description.

"Respondiendo Jesús, les dijo: . . . Los **ciegos** ven, los **cojos** andan, los leprosos son limpiados, los **sordos** oyen" (Mateo 11:4–5).

"Si tu mano te fuere ocasión de caer, córtala; mejor te es entrar en la vida **manco**, que teniendo dos manos ir al infierno" (Marcos 9:43).

"Aconteció que salido el demonio, el **mudo** habló" (Lucas 11:14).

1. ¿Qué es un ciego?
   A. Es una persona que no puede ver.
   B. Es una persona que camina con dificultad.
   C. Es una persona que no puede oír.

2. ¿Qué es un cojo?
   A. Es una persona que no puede ver.
   B. Es una persona que no puede oír.
   C. Es una persona que camina con dificultad.

3. ¿Qué es un sordo?
   A. Es una persona que camina con dificultad.
   B. Es una persona que no puede oír.
   C. Es una persona que no tiene un brazo o una mano.

4. ¿Qué es un manco?
   A. Es una persona que no puede ver.
   B. Es una persona que camina con dificultad.
   C. Es una persona que no tiene un brazo o una mano.

5. ¿Qué es un mudo?
   A. Es una persona que no puede hablar.
   B. Es una persona que camina con dificultad.
   C. Es una persona que no tiene un brazo o una mano.

Paso 2

Read the following verse and decide which condition on the list is most closely related to the man's condition.

"Y sucedió que le trajeron **un paralítico**, tendido sobre una cama; y al ver Jesús la fe de ellos, dijo al **paralítico**: Ten ánimo, hijo; tus pecados te son perdonados" (Mateo 9:2).

sordo	cojo	ciego	sordomudo	mudo	manco

CONEXIONES CULTURALES CON EL PRESENTE

Los servicios médicos y financieros de la ciudad

Many cities across the Spanish-speaking world have grown significantly in the last century. Mexico City has followed this pattern, and now the metropolitan area in the valley of Mexico has a population of 21 million. People often move to the city because of employment opportunities and access to useful services such as medical and financial facilities.

For example, when you visit a city in a Spanish-speaking country, you may find that the Red Cross (*Cruz Roja*) plays a visible role. Though founded to help those wounded in war, this organization helps provide disaster relief and emergency medical support as well. In some countries you may see ambulances and hospitals with the Red Cross symbol. Their direct contact line for emergency help is fairly easy to find among other local medical services.

La Cruz Roja en México

La policía estatal en México

It is important that you know how to get help while visiting a foreign country. The US Department of State offers pertinent information for Americans traveling abroad. In many Latin American countries, including Mexico, you can now call 911 for emergency help. In Spain, emergency help can be reached by dialing 112. Other three-digit emergency numbers may be available in a given country or locality. One of them (078) is for *Angeles Verdes*, a tourist assistance service for vehicles on Mexican highways. When you call an emergency service for help, you may be asked to give the information below. If someone is hurt, the operator will also want to know whether that person is receiving first aid (*primeros auxilios*).

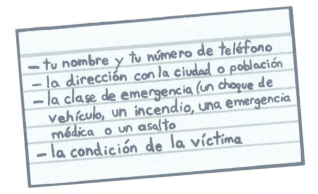

— tu nombre y tu número de teléfono
— la dirección con la ciudad o población
— la clase de emergencia (un choque de vehículo, un incendio, una emergencia médica o un asalto
— la condición de la víctima

Knowing the order in which the digits in telephone numbers are arranged is helpful. If included, the country code comes first (+52 for Mexico). That is usually followed by the three-digit area code and seven-digit local number. For example, a telephone number in Cuernavaca, which is near Mexico City, would be +52 777 318 5840. The three largest metropolitan areas in Mexico have two-digit area codes: Mexico City (55), Guadalajara (33), and Monterrey (81). Phone numbers in these cities are eight digits and would be listed this way with the area code: 55 5080 2000. Note that Spanish speakers tend to say their numbers in twos or threes, so you may hear the above number as *cincuenta y cinco, cincuenta, ochocientos dos, cero, cero, cero*.

Police agencies are usually classified as *la policía municipal*, *la policía estatal*, and *la policía federal*. Spain has a law enforcement agency known as *la Guardia Civil*, which is similar to the US National Guard and works in coordination with national and municipal police authorities. Each agency has its own standard uniform. Immigration officers at ports of entry and customs (*la aduana*) usually have dif-

 PRIMEROS AUXILIOS  SALIDA DE INCENDIOS  PUNTO DE REUNIÓN  TELÉFONO DE EMERGENCIA

ferent-colored uniforms. Sometimes police or military units wear facemasks and carry heavy arms as they patrol cities to fight against drug violence and other crime. If you're on the street and need to get someone's attention for help, call out, "¡Socorro!" or "¡Auxilio!"

When visiting a Spanish-speaking country, you will need to change US dollars into the local currency through a currency exchange service called a *cambio de moneda* or *casa de cambio*. The posted rate of exchange (*tasa de cambio*) at a bank or money exchange varies from the actual daily exchange rate since there is usually a fee involved. A money exchange at the airport will usually charge more than a local bank or an ATM (*cajero automático*).

Una casa de cambio

For example, let's say you are in Mexico and have one hundred US dollars you want to exchange for pesos. You check the *tasa de cambio* online, and it is MXN$12.45 per one US dollar. (The symbol for peso is the same as the symbol for dollar, so the letters *MXN* or *USD* can be used to avoid confusion.) Then you go to a local bank and notice they have posted the following rates: *compra* $11.85 and *venta* $12.70. This means the bank will buy USD$100 from you at a rate of MXN$11.85 per dollar, which gets you 1,185 pesos to spend. That may sound like a lot, but it is now a little less than the full one hundred dollars' value because of the fee. After making some purchases, you are now ready to return to the United States, but you still have MXN$200 left over.

You go back to the bank and notice their posted rates are still the same, which means it will cost you MXN$12.70 for every dollar they sell back to you. In exchange for the two hundred pesos, you get $15.75 back in US currency (instead of the $16.88 you might have been expecting). The bank made a profit on the exchange both times. If you plan to use a local bank while visiting a foreign country, it is a good idea to know what the national holidays are since financial services will be closed on those days.

Actividad 7-11: Preguntas de discusión

1. What is a reason for significant growth in many cities across the Spanish-speaking world?

2. What kind of information will emergency operators usually ask for?

3. Why do you think some Latin American countries now use 911 as the emergency phone number, and what advantage might that have?

4. Why is it important to learn how to make calls when traveling in a foreign country?

5. Explain how a *cambio de moneda* works for travelers from the United States.

Capítulo 7

Diálogo 7-2: La cuenta bancaria 🔊

The next day Temo and Lupita see each other at the *Banco Nacional* near the Zócalo in Mexico City. They talk about the kinds of bank accounts they have and how they make their withdrawals. Lupita mentions that she is also taking her laptop to a repair shop since the screen broke when she fell.

¡Hola, Temo!

¡Hola, Lupita! ¿Qué haces aquí[1]?

Vine a abrir una cuenta. ¿Y tú?

Nosotros tenemos nuestras cuentas bancarias aquí.

¿Sí? Mis papás también tienen su cuenta corriente[2] y su cuenta de ahorros[3] en este banco.

Yo abrí mi cuenta hace un año, cuando empecé a trabajar.

Sí, es por eso que le pedí a mi mamá de abrir una cuenta en el banco. Conseguí[4] un trabajo para los sábados por la mañana.

¡Qué bueno!

Por fin voy a tener dinero para *mis gastos*[5] y también para *ahorrar*[6].

Oye, ¿y cómo tienes la muñeca?

Mucho mejor. Ya casi no me duele.

¿Y vas a pedir una *tarjeta de débito*[7] con tu cuenta?

Sí, necesito una tarjeta para *retirar*[8] dinero de los *cajeros automáticos*[9].

Yo saco dinero por el cajero, pero hago los *ingresos*[10] en la *ventanilla*[11].

Oí que si depositas dinero por el cajero automático, te *cobran*[12] una *comisión*[13].

---

[1] here
[2] checking account
[3] savings account
[4] I got
[5] my expenses
[6] to save
[7] debit card
[8] to withdraw
[9] ATMs
[10] I make deposits
[11] cashier window
[12] they charge you
[13] fee

218

[14] I don't plan
[15] screen
[16] I want to be sure
[17] main plaza in Mexico City

219

Actividad 7-12: Preguntas de comprensión

Choose the best answer for each question.

1. ¿Para qué fue al banco Lupita?
   A. Para abrir una cuenta.
   B. Para ahorrar dinero.
   C. Para ver a su primo Temo.

2. ¿Cuántas cuentas tienen los papás de Lupita en el Banco Nacional?
   A. Tienen muchas cuentas bancarias.
   B. Tienen dos cuentas para ahorrar.
   C. Tienen una cuenta corriente y una cuenta de ahorros.

3. ¿Cuándo abrió Temo su cuenta?
   A. Cuando empezó a trabajar.
   B. Cuando los papás de Temo abrieron sus cuentas bancarias.
   C. Cuando Lupita se cayó y se lastimó la muñeca.

4. ¿Por qué quiere Lupita abrir una cuenta bancaria?
   A. Porque Temo empezó a trabajar.
   B. Porque su mamá tiene una cuenta en el banco.
   C. Porque encontró un trabajo.

5. ¿Para qué usa Lupita la tarjeta de débito?
   A. Para sacar dinero de la cuenta.
   B. Para ir a la ventanilla.
   C. Para pagar comisiones bancarias.

6. ¿Cómo hace Temo sus ingresos?
   A. Con la tarjeta de débito.
   B. En el cajero automático.
   C. En la ventanilla.

7. ¿Cuántas veces ingresan por cajero Temo y Lupita?
   A. Temo y Lupita ingresan por cajero algunas veces.
   B. Temo y Lupita no ingresan jamás por cajero.
   C. Temo y Lupita casi nunca ingresan por cajero.

Nota de léxico

lend and *borrow*

The word *préstamo* is the noun form for the verb *prestar* ("to lend"). *Préstamo* is the word for *loan*, whether a personal or bank loan.

Spanish uses *pedir prestado* or *pedir un préstamo* to refer to making a loan request since there is no verb in Spanish for "to borrow."

EN EL BANCO

Actividad 7-13: Asociaciones y el dinero

Match each picture with the correct sentence.

____ 1. La señorita gana dinero.

____ 2. El joven gasta dinero.

____ 3. La cajera atiende en la ventanilla.

____ 4. La chica hace un depósito.

____ 5. Pedro retira dinero en efectivo.

____ 6. Marta paga con un cheque.

____ 7. La chica retira dinero de un cajero automático.

____ 8. Marcos usa las tarjetas para pagar a crédito o débito.

> **Nota de léxico**
>
> **Falsos cognados**
>
> *save* and *salvar*
>
> In the context of finances, the English verb "to save" is expressed with *ahorrar*. In contrast, *salvar* is always used to talk about saving someone or something from danger. For example, the Bible uses *salvar* to talk about people's salvation from hell.
>
> *realize* and *realizar*
>
> "To realize" is expressed by *darse cuenta de*. The verb *realizar* means "to carry out or accomplish a task."
>
> Ayer realicé una transacción bancaria.
> (Yesterday I made a bank transaction.)
>
> Me di cuenta de cuál fue el problema.
> (I realized what the problem was.)

A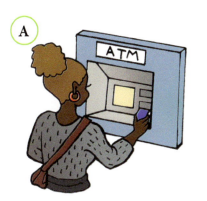

B

C

D

E

F

G

H

Vocabulario útil

la situación laboral—work/job status
el trabajo—job, work
cobrar—to get paid, to charge
el sueldo—salary, pay
pagar—to pay (for)
en efectivo—in cash
el diezmo—tithe
diezmar / dar una ofrenda—to tithe /
to give an offering
los gastos—expenses
gastar—to spend
abrir / cerrar una cuenta—to open /
close an account
sacar / retirar dinero de la cuenta—
to withdraw money
**ingresar / meter / depositar en la
cuenta**—to deposit (money) in the
account
ahorrar—to save (money or time)
el fraude—fraud, scam

MIS FINANZAS
Los hábitos financieros

Actividad 7-14: Mis finanzas

Paso 1 🔊

Read the following sentences and indicate items that are true of you in the *yo* column. Then listen to Temo and Lupita as they talk about their finances and note what habits they say they have. Refer to the *vocabulario útil*.

	hábitos financieros	yo	Temo	Lupita
	situación laboral			
1	Tengo trabajo.			
2	No tengo trabajo.			
	situación económica			
3	Cobro mi sueldo mensualmente.			
4	Cobro mi sueldo cada dos semanas.			
	servicios bancarios			
5	Tengo una cuenta en el banco.			
6	Tengo tarjeta de débito.			
7	Uso los cajeros automáticos.			
	hábitos financieros			
8	Doy el diezmo a la iglesia.			
9	Ahorro parte de mi sueldo.			
10	No ahorro.			
11	Pago mi propia ropa y mi música.			
12	Prefiero pagar en efectivo.			
13	Hago compras por internet.			

Paso 2

Share your answers with a partner. Write sentences about two financial habits that are similar to and two that are different from your partner's habits.

> **Modelo**
> Mi compañero y yo tenemos un trabajo.
> Mi compañero tiene una tarjeta de débito, pero yo no tengo una tarjeta de débito.

Paso 3

Discuss with your partner whether you think your habits are typical of other students your age. Explain why.

> **Modelo**
> La mayoría de los jóvenes de nuestra edad no trabajan porque son estudiantes. *or*
> Muchos jóvenes de nuestra edad pueden ahorrar dinero porque trabajan algunas horas a la semana.

Actividad 7-15: Un trabajo nuevo

Paso 1

Lupita is writing an email to her online friend Itzel, telling about her new job and experiences at the bank. Complete each sentence with the correct verb. Use the *vocabulario útil*.

me divertí	les pedí	pedí	tuve
me pidieron	fue	encontré	estuve

Estimada Itzel:

Te escribo para contarte que (1) _____ un trabajo cerca de mi casa. Estoy muy contenta porque ahora puedo ahorrar dinero para ir a visitar Guatemala, Perú y España algún día.

En mi nuevo trabajo, voy a atender al público un poco, y también (2) _____ ayuda con la contabilidad porque tengo experiencia con las computadoras. Creo que voy a estar más tiempo en la oficina que con los clientes. No sé mucho de contabilidad, pero (3) _____ un manual de la oficina para estudiar en casa. Me gusta la idea de trabajar con la contabilidad.

También (4) _____ que ir al banco para abrir una cuenta. (5) _____ un proceso muy sencillo y también (6) _____ una tarjeta para usar los cajeros automáticos. La directora fue muy amable y simpática. Con mis nuevas responsabilidades, me siento más adulta. Ayer fue un día muy interesante. (7) _____ todo el día fuera de casa, pero (8) _____ mucho.

Estoy un poco nerviosa, pero también estoy contenta con mi nuevo trabajo.

Un abrazo muy fuerte,

Lupita

Paso 2

Think of a job you would like to have and write a similar email to a friend telling him or her that you got the job. Include a job description, mention opening a bank account, and explain what you plan to do with the money you will earn. Use cues from the chart you completed in Actividad 7-14.

Se puede pasear en una trajinera colorida en la ciudad de México. Este canal lleva a las chinampas.

Paso 1

Temo is giving Lupita advice about balancing work and school. He compares how it was when he started to work with how it is now. Complete each sentence with the correct verb(s).

Temo:	¿Ya le [1](cuentas/contaste) a Itzel que [2](encuentras/encontraste) un trabajo?
Lupita:	Sí. Le [3](escribo/escribí) un email anoche. Y también le [4](digo/dije) que [5](estoy/estuve) un poco nerviosa.
Temo:	¿Nerviosa? ¿Por qué?
Lupita:	Porque no sé si [6](voy/fui) a tener tiempo suficiente para hacer las tareas y escribir el blog.
Temo:	Al principio [7](es/fue) un poco difícil, pero le [8](agarras/agarraste) el ritmo rápido.
Lupita:	Ah, ¿sí?
Temo:	¡Sí, claro! Cuando [9](empiezo/empecé) a trabajar el año pasado, [10](tengo/tuve) que hacerme un horario muy estricto.
Lupita:	Sí, yo también [11](necesito/necesité) hacerme un horario.
Temo:	El horario siempre te [12](ayuda/ayudó) a organizar tu tiempo. A mi me [13](ayuda/ayudó) mucho cuando empecé a trabajar.
Lupita:	¿Y [14](tienes/tuviste) problemas con las tareas?
Temo:	Un poco, los primeros días solamente. Luego [15](aprendo/aprendí) a disciplinarme.
Lupita:	¿Qué [16](haces/hiciste)?
Temo:	Lo primero, [17](empiezo/empecé) a irme a dormir temprano, a las 10:30.
Lupita:	¿Y a qué hora te [18](levantas/levantaste) todos los días?
Temo:	Me [19](levanto/levanté) a las seis de la mañana todos los días.
Lupita:	¿A las seis?
Temo:	Sí, es mejor. Ayer me [20](voy/fui) a dormir a las diez y [21](duermo/dormí) ocho horas.
Lupita:	Eso [22](va/fue) a ser difícil para mí. Siempre me [23](voy/fui) a dormir a las doce.
Temo:	Tu cuerpo se [24](adapta/adaptó) rápido a dormir ocho horas.
Lupita:	*¡Eso espero!*[1]

---

[1] I hope so!

Paso 2

Choose a partner and ask him or her what aspects of Temo's and Lupita's experiences he or she identifies with: work, study, sleep habits, or personal discipline. Choose the appropriate questions to ask.

Modelo

¿Tienes un trabajo?
Sí, tengo un trabajo a tiempo parcial.

¿Cuántas horas a la semana trabajas?
Trabajo diez horas a la semana.

1. ¿Tienes un trabajo?
   ¿Cuántas horas a la semana trabajas?
   ¿Trabajaste ayer o el fin de semana pasado?
   ¿Cuántas horas trabajaste?

2. ¿Estudias todos los días?
   ¿Cuántas horas estudias normalmente?
   ¿Cuántas horas estudiaste ayer?

3. ¿Eres disciplinado/a?
   ¿Tienes un horario?
   ¿Sigues tu horario normalmente?
   ¿Seguiste tu horario ayer?

4. ¿Te vas a dormir temprano o tarde?
   ¿A qué hora te fuiste a dormir ayer?
   ¿Cuántas horas al día duermes normalmente?
   ¿Cuántas horas dormiste ayer?

5. ¿Te levantas temprano normalmente?
   ¿A qué hora te levantas normalmente?
   ¿A qué hora te levantaste ayer?

Temo, ¿estás al lado de una chinampa?

Sí, los aztecas cercaban[1] las chinampas con muchos palos en el lago y luego plantaban verduras.

[1] fenced

Los negativos y negativos dobles

Negative words (adverbs *no*, *nunca*, and *jamás*) always precede the verb in Spanish. Each of these adverbs negates the action, but *nunca* ("never") and *jamás* ("never ever" or "never again") are used for emphasis. Notice the following possibilities that Temo could have used.

No deposito por el cajero automático.
Nunca deposito por el cajero automático.
Jamás deposito por el cajero automático.

Spanish also allows for double negatives by putting a second negative word such as *nunca* or *jamás* after the verb to add more emphasis. Although double negatives are not acceptable in English, double negatives are correct and common in Spanish. Notice Temo's statement: "That's why I never make deposits by ATM."

Temo: Sí, por eso **no** deposito **nunca** por el cajero automático.

Lupita: Yo **no** pienso ingresar **tampoco** por cajero.

Actividad 7-17: ¡Nunca jamás!

Paso 1

Reread Temo's statement affirming that he never makes ATM deposits. Now for each prompt, use a double negative to write a sentence about something you never do or write a statement about what you actually do. Use a frequency adverb (*siempre*, *a menudo*, or *a veces*) to show how often you do it.

> **Modelo**
> Llevo dinero en el bolsillo.
>   No llevo dinero en el bolsillo nunca. *or*
>   Casi siempre llevo dinero en el bolsillo.

1. Ahorro dinero.
2. Voy al banco.
3. Uso mi tarjeta de débito.
4. Compro por internet.
5. Trabajo los domingos.
6. Viajo en autobús.

Paso 2

Compare your answers in Paso 1 with a classmate's. Write a brief summary (three or four sentences) about the things your classmate does or never does.

> **Modelo**
> John no compra por internet nunca, pero siempre usa su tarjeta de débito en las tiendas.

Nota de léxico

nada and *nadie*

Notice Temo's statement: "**No** tengo **nada** que hacer." *Nada* (for things) and *nadie* (for people) are frequently used in double negatives.

No tengo **nada**.
(I do not have anything. *or* I have nothing.)

No veo **nada**.
(I can't see anything. *or* I see nothing.)

No oigo **nada**.
(I can't hear anything. *or* I hear nothing.)

No hay **nadie** en casa.
(There is nobody at home.)

No vino **nadie** a la fiesta.
(No one came to the party.)

Agreeing and disagreeing with negative statements

Another aspect of negative sentences is agreeing with a negative statement. Lupita says that she does not plan to make deposits over the ATM **either**. She agrees with Temo.

Lupita: Yo **no** pienso ingresar **tampoco** por cajero.

The word *tampoco* (neither/either) is the negative form of *también* (also). It can be used to agree with a negative statement, just as *también* agrees with an affirmative statement. To disagree with a negative statement, simply respond with a positive statement. Lupita could have disagreed by saying, "Yo **sí pienso ingresar** por cajero."

MÁS INFORMACIÓN

Actividad 7-18: Yo también . . . yo tampoco . . .

Paso 1

Read the following statements. Agree or disagree with each, using *tampoco*, *también*, or an opposite sentence, according to whether the statement is true of you.

Modelo

frase afirmativa	frase negativa
Uso mi teléfono para hacer fotos.	*No* uso mi teléfono para hacer fotos.
Yo **también uso** mi teléfono para hacer fotos. *or*	Yo **tampoco uso** mi teléfono para hacer fotos. *or*
Yo **no uso** mi teléfono para hacer fotos.	Yo **sí uso** mi teléfono para hacer fotos.

> **Nota de léxico**
>
> *agree / disagree*
>
> The idea of "to agree" is expressed with the phrase *estar de acuerdo* and "to disagree" with *estar en desacuerdo* or *no estar de acuerdo*.
>
> The verb *acordar* means to "agree on something or to agree to something." It is not used to talk about agreeing with someone's opinions or actions.

1. Tengo un teléfono celular inteligente.
2. No uso mi teléfono para comprar.
3. Uso mi tarjeta de débito para comprar.
4. No ingreso dinero por el cajero automático.
5. Tengo que llevar mi computadora a reparar.
6. No tengo fotos importantes en mi computadora.

Paso 2

With a classmate, take turns making statements about things you do or don't have in common. Agree or disagree using *también* or *tampoco*.

Modelo

No tengo un perro en casa.

> Yo **tampoco tengo** un perro en casa. *or*
> Yo **sí tengo** un perro en casa.

	mi compañero/a	yo
1	Mi familia no tiene dos carros.	
2	Mi casa tiene dos plantas.	
3	No sé manejar un carro.	
4	Tengo mi propio carro.	
5	No tengo trabajo.	
6	Tengo una cuenta bancaria.	
7	No tengo tarjeta de débito.	

CONEXIONES CULTURALES CON EL PASADO

Una ciudad asentada sobre un lago

Centuries ago somewhere in the northern desert of Mexico, a tribe of people called the Aztec began migrating south, looking for a permanent place to settle. They came to a large lake in the central valley of Mexico, Lake Texcoco, which already had several city-states around it. It is said that on an island in that lake, the Aztec people spied an eagle with a serpent in its talons perched on a prickly-pear cactus (*nopal*), as pictured on the Mexican flag today. According to their war god, that island was to be their final dwelling place. They built a temple to their god on that very spot on the island, founding their city in March of 1325. They called it Tenochtitlán.

The island was full of snakes and surrounded by marshes of green, brackish water. As the population increased, the Aztec knew they had to obtain a permanent supply of fresh water for drinking and irrigation. They could not continue to bring water in pots by canoe every day. However, in order to access springs on the mainland, they had to first rid themselves of their tributary masters, the Tepanecs, who controlled the source of fresh water. So they formed an alliance with two neighboring cities on the lake and defeated their overlords with a hundred-day siege. Then they built aqueducts of terracotta bricks to bring fresh water onto the island. Two channels were built parallel to each other so repairs could be made while maintaining a continual flow of water.

As their city grew, the Aztec had to find a way to maximize their agricultural production. So they created artificial islands, with canals to allow for movement around their city. These *chinampas* are sometimes called "floating gardens," but they only appeared to be afloat. First, a farmer would mark out a rectangular area one hundred feet long and ten feet wide in a shallow area of the lake. He would build underwater fences around this area by weaving thin branches between upright stakes. Then he would fill in the enclosed area with layers of mud, sediment from the lakebed, and decaying vegetation to make the soil as rich as possible. He would plant willow trees in the corners of the *chinampa* plot so the roots would grow down into the lakebed to further strengthen and secure the enclosed soil. The Aztec planted maize, beans, squash, tomatoes, and chilies in the fertile, well-watered plots. These fruitful plots enabled the Aztec to reclaim swampy parts of the lake and produce the food their city needed for consumption and trade.

As time went on, however, Tenochtitlán was repeatedly overrun by floodwaters from the northern portions of the lake. Often the Aztec were left devastated and without food. With the help of Nezahuacóyotl, a ruler from their triple alliance, they built a levee to prevent flooding and to keep the brackish water from mixing with the fresh water around their island. The dike was nearly ten miles long and had gates to control the flow of water. This new design, along with the *chinampas*, allowed the Aztec city to grow into the largest in Mesoamerica. Its population of more than two hundred thousand rivaled some of the largest cities in the world at that time. During this period the Aztec started

Tenochtitlán sobre el lago Texcoco

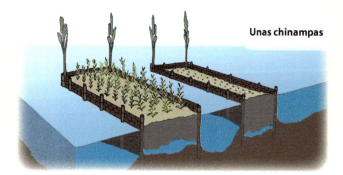
Unas chinampas

Los canales de la ciudad azteca

conquering the peoples around them in central and southern Mexico, and a great deal of tribute began pouring into their city.

Moctezuma II, who ruled the Aztec from 1502 to 1520, had a palace of three hundred rooms next to the ceremonial center of the city. There were rooms for military councils, courtrooms, two armories, a large storage area for goods received in tribute, and a reception area to receive ambassadors. There were also libraries, music rooms, workspaces for craftsmen, and quarters for the rulers from the triple alliance. Moctezuma's palace grounds included two zoos, containing jaguars, pumas, foxes, coyotes, and snakes. He had an exotic botanical garden and an aviary with so many birds that it required 250 pounds of fish daily to feed them all. He also had an aquarium with ten ponds for freshwater fish and ten ponds for saltwater fish.

In the early sixteenth century, the combined population of the entire valley of Mexico may have been close to two million, with Tenochtitlán being the dominant city. Bernal Díaz del Castillo, one of Hernán Cortés's men, wrote in his account about first seeing the city:

> When we saw so many cities and villages built in the water and other great towns on dry land and that straight and level Causeway going towards Mexico, we were amazed and said that it was like the enchantments they tell of in the legend of Amadis, on an account of the great towers and cues [pyramids] and buildings rising from the water, and all built of masonry. And some of our soldiers even asked whether the things that we saw were not a dream.

The Europeans entered the city by one of the causeways built to allow traffic in and out of the city. It was wide enough for ten horses to pass through. They compared this Aztec city to Venice, Italy, because of its great size and its many waterways. Today it remains one of the largest in the world, *la Ciudad de México*.

Actividad 7-19: Preguntas de discusión

1. When and where was Tenochtitlán founded? How is this founding story symbolized in Mexico today?

2. Describe a *chinampa*.

3. What allowed the city of Tenochtitlán to grow despite various obstacles?

4. Evaluate how the Aztec fulfilled their role in having dominion over the earth. Did their achievements in building the city reflect a true knowledge of God?

5. Why do you think some of the Spaniards thought they were dreaming when they first saw the city?

El Palacio Nacional de México se ubica en el lugar del palacio de Moctezuma II.

Arqueología sin Fronteras

El águila y el nopal

18 de enero a la 1:00 de la tarde en el Zócalo

¡Hola a todos! Soy Temo. Itzel nos pidió a mi prima Lupita y a mí escribir acerca de los aztecas en este blog. ¿Escribir sobre los aztecas? ¡Cómo no! Casi todos los días pasamos por las ruinas de la antigua Tenochtitlán cerca del Zócalo. Muchas de las colonias en la Ciudad de México tienen nombres aztecas en el idioma náhuatl.

Los aztecas fundaron Tenochtitlán en 1325 y construyeron la ciudad en una pequeña isla en medio del lago Texcoco. Luego, tuvieron que *añadir*[1] las chinampas. La chinampa es un método antiguo de agricultura mesoamericana para cultivar flores y verduras. *Eran*[2] como jardines flotantes. Hoy día queda una parte del lago, Xochimilco, donde se pueden ver unas chinampas.

La ciudad de los aztecas se inundó varias veces y fue necesario construir un dique de dieciséis kilómetros de largo. Entonces la ciudad empezó a crecer rápidamente.

El palacio de Moctezuma *tenía*[3] unas trescientas habitaciones. Moctezuma también mandó a construir jardines botánicos, dos zoológicos, un aviario, y un acuario.

Cuando llegaron los españoles, dijeron que la capital de los aztecas se *parecía*[4] a la ciudad de Venecia en Italia. Esta ciudad que comenzó con un águila y un nopal llegó a tener más de doscientos mil habitantes. Hoy día, todo el Valle de México tiene muchísima gente, más de 21 millones de personas. ¡Y muchos aquí no conocen a Cristo!

Los mayas

Los incas

Los aztecas

Los españoles

Dibuja del palacio de Moctezuma II

La Ciudad de México hoy

Trajineras en Xochimilco

---

[1] add
[2] they were
[3] had
[4] looked like

COMPETENCIA COMUNICATIVA

The following activities are designed to help develop greater proficiency.

Sonidos, palabras y patrones

Pronunciación: Los hiatos

Whereas a diphthong is the blending of two vowels into one syllable, a hiatus breaks two vowels into two separate syllables, each being clearly enunciated. This happens when two strong vowels (*a, e, o*) occur together, when the same vowel is repeated (as in *leer*), or when an *i* or *u* carries an accent mark (as in *oír*), changing it from a weak vowel to a stressed vowel.

> **Nota de lengua**
>
> Since the letter *h* is silent in Spanish, a hiatus can still occur between vowels separated by an *h*. These vowels are pronounced as two separate syllables.
>
> ahorrar (a-ho-rrar)
> ahí (a-hí)
> zanahoria (za-na-ho-ria)

dos vocales fuertes	palabra	otros ejemplos
ae	caer	aéreo, paella
ao	caos	ahorrar, caoba
ea	sea	teatro, aldea
eo	mareo	feo, ateo
oa	oasis	Samoa, toalla
oe	poema	Noé, roer

dos vocales iguales	palabra	otros ejemplos
aa	azahar	Isaac, Aarón
ee	proveer	lee, vehemente
oo	zoólogo	cooperar, zoológico
ii	chiita	semiinconsciente

la vocal débil acentuada	palabra	la vocal débil acentuada	palabra
aí	caí	ía	gustaría
aú	Saúl	úa	evalúa
eí	leí	íe	confíe
eú	reúne	úe	continúe
oí	oíste	ío	frío
oú	noúmeno	úo	dúo

Vocabulario útil

aéreo—air, aerial
la caoba—mahogany tree
sea—from the verb *ser* (to be)
la aldea—small village, hamlet
el ateo—atheist
la toalla—towel
Noé—Noah
roer—to gnaw or chew
el azahar—orange blossom
el zoólogo—zoologist
el zoológico—zoo
chiita—Shiite (Muslim)
reúne—from the verb *reunir* (to gather, bring together)
el noúmeno—the thing-in-itself
confíe—from the verb *confiar* (to trust)

Actividad 7-20: Pronunciación de sonidos 🔊

Repeat each vowel combination or word you hear.

Actividad 7-21: Dictado de palabras 🔊

Write each word, phrase, or sentence you hear in Spanish. Underline the stressed syllable in any words of more than one syllable.

Los patrones con el negativo

Did you notice in Diálogo 7-1 how Lupita asked the doctor if she had broken anything? She said, "*¿No hay nada roto?*" She used two negative words (*no* and *nada*) in the same clause—a double negative. In Spanish, a double negative is acceptable and is even required in some cases. It can be formed by using *no* before the verb and then another negative word after the verb, as in the doctor's answer to her question: "*No te rompiste ningún hueso.*"

Actividad 7-22: Escucha bien los patrones 🔊

Listen to the answers in the negative and uses of the double negative.

Presentar el evangelio

As a Christian shares the gospel, one of the great tools he has is his own testimony of how he accepted Christ. Your personal response to the gospel helps others to see that the same experience and changes can be true for them. You can use your language ability for the Lord in a way that counts for eternity!

The following questions will guide you through the steps to writing a brief testimony that simply describes how your life was before Christ, how you came to trust in Christ, and how your life has changed since you came to Christ.

To begin with, it will be helpful to jot down a few facts about how you trusted Christ. These will help you as you start to write out the parts of your testimony.

Answer the following questions in English to the best of your ability. Save your answers to use in the next few chapters.

1. What was your life like and what were your thoughts about God before you were saved? Was a wrong way of thinking keeping you from trusting Christ alone?

2. What were the circumstances or events leading up to your trusting Christ for salvation?

3. Where do you remember first hearing the gospel message? Was anyone instrumental in leading you to Christ? Were you the first one in your family to accept the Lord? If not, how did God work to allow your family to hear the gospel message?

4. How did God bring you to conviction and show you your need of Christ?

5. How did you know you needed to trust in Jesus Christ *alone* for salvation? Is there a verse in the Bible that God used to convict you? If so, what is it?

6. How do you know you are one of God's children today? Who or what are you trusting for eternal life? Include Bible verses to illustrate.

7. What is your attitude toward God and His Word now?

8. What changes have occurred in your life since you made the decision to trust Christ?

Actividad 7-23: Escucha y repite el pasaje 🔊

Listen to the following passage once. Repeat it phrase by phrase, and then say the entire passage.

Juan 1:10–12 "En el mundo estaba, y el mundo por él fue hecho; pero el mundo no le conoció. A lo suyo vino, y los suyos no le recibieron. Mas a todos los que le recibieron, a los que creen en su nombre, les dio potestad de ser hechos hijos de Dios."

Síntesis comunicativa: ¡Es una emergencia!

Suppose that while you are traveling through a Spanish-speaking country, you need to go to the emergency room. Use the skills you have learned in this chapter to role-play a scenario at the hospital.

Paso 1: Preparation

With a partner decide who will take the roles of doctor and patient.

Doctor: Create a list of questions. Be prepared to give a recommendation based on your diagnosis.

Patient: Decide which medical condition or accidental harm you suffered. Use a real event, if possible. Determine how your medical condition occured and make a list of symptoms. Do not discuss your condition with the doctor until Paso 2.

Paso 2: Interpersonal speaking

Doctor: Ask the patient what happened. Determine whether it was an accident or a sudden illness. Pinpoint what may be causing the symptoms and determine how they should be treated.

Patient: Answer the doctor´s questions and ask any appropriate questions.

Paso 3: Presentational writing

Doctor: Write down a recommended treatment and any necessary medicine. Let the patient read it back to you to make sure he or she understands.

Modelo
Debes descansar en cama y tomar una aspirina de 500 miligramos cada seis horas.
Te voy a recetar un analgésico de ibuprofeno de 600 miligramos, y te lo vas a tomar una vez al día por una semana.
Te fracturaste la pierna. Tengo que ponerte un yeso en la pierna.

Autoprueba: I can . . .

Rate how confidently you are able to do the following in Spanish.

Task	Not at all confidently			Very confidently	
I can identify parts of the human body.	1	2	3	4	5
I can describe basic physical problems.	1	2	3	4	5
I can ask for help in case of an emergency.	1	2	3	4	5
I can identify basic banking actions and terminology.	1	2	3	4	5
I can discuss my personal finances.	1	2	3	4	5
I can agree and disagree with people's statements.	1	2	3	4	5

Rate how confidently you are able to do the following in English.

Task	Not at all confidently			Very confidently	
I can explain how money exchange works at a bank.	1	2	3	4	5
I can identify the parts of a telephone number in Mexico.	1	2	3	4	5
I can talk about the founding of Mexico City.	1	2	3	4	5

Pretéritos regulares: Repaso

-ar verbs		-er/-ir verbs	
-é	-amos	-í	-imos
-aste	-asteis	-iste	-isteis
-ó	-aron	-ió	-ieron

-ar verbs ending in -car, -gar, -zar		
-car	-gar	-zar
sacar	colgar	tropezar
saqué	colgué	tropecé

Pretéritos irregulares: Repaso

pronoun	Y Group endings*
yo	-í
tú	-iste
él/ella/usted	-yó
nosotros	-imos
vosotros	-isteis
ellos/ellas/ustedes	-yeron

*Y Group endings follow the regular -er/-ir endings in the preterite.

U and I Group endings	J Group endings
-e	-e
-iste	-iste
-o	-o
-imos	-imos
-isteis	-isteis
-ieron	-eron

El cuerpo humano

el cuerpo		el brazo	la pierna
la cabeza	la barriga	el hombro	la cadera
el cuello	la espalda	el codo	el muslo
los hombros	los riñones	el antebrazo	la rodilla
el pecho	la cadera	la muñeca	el tobillo
		la mano	el pie

La cabeza

la cara / el rostro		la boca	otros
la frente	la nariz	los labios	las orejas
las cejas	la boca	los dientes	el cuello
los ojos	la barbilla	la lengua	

Los sentidos

los sentidos	sus verbos
la vista	ver
el olfato	oler
el oído	oír
el gusto	gustar, saborear
el tacto	tocar

Los síntomas

dolor intenso	Tengo mucho dolor en la muñeca.
dolor moderado	Me duele la cabeza.
molestia	Siento molestia en la barriga.
náuseas	Tengo/siento náuseas.
mareo	Tengo/siento mareo.
fractura	Tengo una fractura.
esguince	Tengo un esguince.
malestar	Tengo malestar. / No me encuentro bien.
fiebre	Tengo fiebre.

Las causas

una caída	Me caí. / Tuve una caída.
un resbalón	Me resbalé. / Tuve un resbalón.
un tropiezo	Tropecé. / Tuve un tropiezo.
un accidente de carro	Tuve un accidente de carro.
un accidente de moto	Tuve un accidente de moto.
un accidente de bicicleta	Tuve un accidente de bicicleta.
la comida	La comida me sentó mal.
un golpe	Me dí un golpe en la cabeza / la pierna.

El banco

abrir una cuenta	to open an account
cerrar una cuenta	to close an account
sacar/retirar dinero de la cuenta	to withdraw money
ingresar/depositar dinero en la cuenta	to deposit money in the account
pedir prestado / pedir un préstamo	to borrow
prestar	to lend
la tarjeta de crédito/débito	credit/debit card
la cuenta de ahorros	savings account
la cuenta corriente	checking account
el cajero automático	ATM

Las finanzas

la situación laboral	work/job status	el diezmo	tithe
el trabajo	job, work	diezmar	to tithe
cobrar	to get paid	dar una ofrenda	to give an offering
el sueldo	salary, pay	los gastos	expenses
pagar	to pay (for)	gastar	to spend
ahorrar	to save (money)	en efectivo	in cash

Los negativos y negativos dobles

palabras negativas	otras palabras negativas
no	nada
nunca/jamás	nadie
doble negativo	**doble negativo**
No ingreso dinero **nunca**.	**No** tengo **nada**. (things)
No ingreso dinero **jamás**.	**No** hay **nadie** en casa. (people)

Estar de acuerdo o en desacuerdo: Frases negativas (*tampoco*)

frase negativa	**No** ingreso dinero por el cajero.
de acuerdo	Yo **no** ingreso **tampoco** por cajero.
en desacuerdo	Yo **sí** ingreso dinero por cajero.

Estar de acuerdo o en desacuerdo: Frases afirmativas (*también*)

frase afirmativa	Yo ingreso dinero por el cajero.
de acuerdo	Yo **también** ingreso dinero por cajero.
en desacuerdo	Yo **no** ingreso dinero por cajero.

Los verbos *pedir* y *morir*

morir	
morí	morimos
moriste	moristeis
murió	murieron

pedir	
pedí	pedimos
pediste	pedisteis
pidió	pidieron

Otros pretéritos irregulares*

Y Group verbs
creer → creyó
leer → leyó
oír → oyó
caer → cayó

U Group verbs
andar → anduve
estar → estuve
tener → tuve
poder → pude
poner → puse
saber → supe
caber → cupe

I Group verbs
querer → quiso
venir → vino
hacer → hizo

J Group verbs
traer → trajo
decir → dijo
conducir → condujo

*The third-person singular is given as an example.

Lupita and Temo travel by bus to visit their grandparents in the city of Cuernavaca, just south of Mexico City. Upon arriving at the bus station, they find a taxi to take them to their grandparents' house. However, as they get closer to their final destination, they find out it is market day in their grandparents' neighborhood. The taxi driver has to leave them at the market, and they walk the rest of the way.

El mercado de la ciudad

Capítulo

8

Objetivos comunicativos

By the end of this chapter you will be able to . . .

1. understand what is included in a mailing address.

2. describe people in the past.

3. discuss certain aspects of the marketplace.

4. describe places and things in the past.

5. describe memories and occurrences from the past.

6. describe the great market of Tlatelolco.

Preguntas esenciales

1. ¿Por qué nos gustan las historias del pasado?

2. ¿Por qué recuerda la gente la niñez?

3. ¿Cómo nos inspiran las historias del pasado para el futuro?

Diálogo 8-1: Viaje a Cuernavaca 🔊

---

[1] they used to live; they were living
[2] we would see
[3] was
[4] would carry me

[5] would beat me (win)
[6] checkers (game)
[7] still
[8] it takes

[9] freeway
[10] there didn't use to be
[11] purple

---

[12] neighborhood, district
[13] right (there) on
[14] street market
[15] smaller

Actividad 8-1: Preguntas de comprensión

Read the following questions about Diálogo 8-1 and choose the best answers.

Paso 1

1. ¿Por qué no ven Temo y Lupita a sus abuelitos desde las Navidades pasadas?

   A. Porque los abuelos viven en la Ciudad de México.

   B. Porque los abuelos vivían en la Ciudad de México, pero ahora viven en Cuernavaca.

   C. Porque los abuelos vivían en Cuernavaca.

2. ¿Cuándo veían a sus abuelos más a menudo?

   A. Cuando los abuelos vivían en la Ciudad de México.

   B. Cuando los abuelos vivían en Cuernavaca.

   C. Cuando los abuelos visitaban la Ciudad de México.

3. ¿Por qué se tarda solamente una hora y media en llegar a Cuernavaca?

   A. Porque el viaje por autopista es más rápido.

   B. Porque los autobuses son más rápidos que los carros.

   C. Porque Cuernavaca no está muy lejos de la Ciudad de México.

4. ¿Por qué caminan Temo y Lupita hasta la casa de sus abuelos?

   A. Porque a Temo y Lupita les gusta caminar.

   B. Porque el taxista quiere ir de compras al mercado.

   C. Porque hay un mercado en la calle, y los carros no pueden pasar.

Paso 2

Read each excerpt from the dialog between Temo and Lupita. Indicate which of the following statements is closer in meaning.

1. Cuando vivían en la Ciudad de México . . .

   A. Los abuelos viven en la Ciudad de México.

   B. Los abuelos vivieron en la Ciudad de México, pero ahora no viven allá.

2. Antes se tardaba tres horas o más.

   A. Temo y Lupita viajaron durante más de tres horas.

   B. Antes de tener autopistas, el viaje en carretera duraba más de tres horas.

Paso 3

Choose the person the action refers to in each excerpt.

1. Cuando **vivían** en la Ciudad de México . . .

   A. Se refiere a los abuelos de Temo y Lupita.

   B. Se refiere a los padres de Temo y Lupita.

2. Siempre **está comiendo**.

   A. Se refiere a la abuelita.

   B. Se refiere a Temo.

México

Ciudad de México

Cuernavaca

VAMOS A LA CALLE GALEANA 29

Las direcciones postales

Mailing addresses in Spanish-speaking countries can be confusing if you do not understand some basic details and differences from the US address system. Notice how Temo gives the address to the taxi driver in the dialog.

Taxista: Buenos días, ¿a dónde los llevo?

Temo: Buenos días. Vamos a la calle Galeana 29, en la colonia Acapantzingo.

El nombre de la calle y el número

All Spanish-speaking countries reference the name of the street first, followed by the number of the house or building. In writing, the word *número* is not always used but can be abbreviated as *No.* or *Nº*. The word *calle* can also be abbreviated as *C.* or *C/*. Here are some actual addresses from different countries.

Calle Galeana 29
Col. Acapantzingo, 62440 Cuernavaca
Morelos, México

Avenida de la Libertad 2738
11300 Montevideo, Uruguay

Bulevar San Juan 316
X5000ATQ Córdoba, Argentina

El departamento, el barrio, la colonia o la zona

These four designations have basically the same meaning. They are administrative districts within a city. The word *departamento* can also refer to a province within the country. The word *barrio* means "neighborhood." *Colonia* (abbreviated *Col.*) is used in Mexico, Honduras, and other countries. *Zona* is used in Guatemala. *Zona 0* is the center of the city, where the city hall is located, and the other *zonas* spread out toward the outskirts of the city. The bigger the city, the more *zonas* there are.

Not all countries use the term *colonia* or *zona*, and many countries do not include that information in the mailing address.

El código postal, la ciudad y el estado

The additional elements typically appear in the following order: the postal code first, the municipality or city next, the province or state, and the country last. Both Mexico and Venezuela include the name of the state in the mailing address. Notice the example of the hotel near Temo and Lupita's grandmother's house.

dirección	parts of an address
Hotel Misión Grand Cuernavaca	name of the business
Calle Galeana No. 29	street and number
Colonia Acapantzingo	district
62440 Cuernavaca, Morelos	postal code, city, and state
México	country

Argentina recently adopted a postal code system in which every city block has its own designation. For example, X5000ATQ is the location of houses or buildings numbered 302 to 400 on San Juan Boulevard in the city of Córdoba.

Nota de léxico

You already know *calle* as the most frequently used term for "street."

The following words are also used to refer to different types of streets:

la alameda

la autopista

la autovía

la avenida

el bulevar

el callejón

el camino

la carretera

la circunvalación

la cuesta

el pasaje

el paseo

la rambla

la ronda

la senda

la travesía

la vía

Nota de curiosidad

Bulevar San Juan 316 is a real address in the city of Córdoba, Argentina. The street name is no coincidence. It refers to the apostle John, but the number is a coincidence.

Actividad 8-2: Las direcciones postales

Paso 1

In our story Temo and Lupita use the Hotel Misión Grand Cuernavaca as a landmark to go to their grandparents' house. You are planning a visit to Peru, Guatemala, and Spain. Read the following addresses of the possible hotels to stay in, and identify the elements that appear in each address.

dirección	parts of an address
Hotel San Marcos	
9 Avenida 6-54, Zona 4	
San Marcos	
San Marcos 12001	
Guatemala	

dirección	parts of an address
Hotel Golden Inca Cusco	
Callejón Retiro 435	
Cusco 08003	
Perú	

dirección	parts of an address
Hotel Los Arcos	
Paseo Ezequiel González 26	
40002 Segovia	
España	

Paso 2

You are researching for a class trip to Cuernavaca, Mexico, for next summer. Go online and find a hotel in that city. List information such as its rating (number of stars), the distance from downtown or a famous landmark, services offered, languages spoken, and the cost per night. Read two reviews to see what people say and how they rate the hotel. Include the exact mailing address and phone number.

Paso 3

Collaborate with a classmate and compare the hotel you chose with your partner's. Choose one of the hotels to recommend to the class. Present the information about the hotel.

Modelo

Nosotros escogimos el Hotel Misión Grand Cuernavaca. Es un hotel de tres estrellas y está en el centro de la ciudad. Tiene un gimnasio, una alberca y un restaurante. También tiene Wi-Fi gratis. El hotel está en la Calle Galeana 29, en la colonia Acapantzingo. El *personal*[1] del hotel habla español e inglés. El hotel tiene buenos comentarios (4.3 de 5) y cuesta 49 dólares por noche.

---

[1] personnel, staff

CUANDO VIVÍAN EN LA CIUDAD

Chapter 4 introduced the simple past tense called *el pretérito* (the preterite). This chapter introduces another past tense, called *el imperfecto* (the imperfect). The simple past tense in English (e.g., *I was, I went, I studied*) can be expressed in two ways in Spanish—with the preterite or with the imperfect. The main difference between the two past tenses is whether the action was ongoing or a one-time completed action.

Ongoing, habitual, or repetitive action is the primary basis for using the imperfect tense. English has several ways to express such actions in the past, including the auxiliaries *used to* and *would*, the simple past tense, and the past progressive. Notice the following statement from the dialog and the possible ways to express the same idea in English.

Cuando **vivían** en la Ciudad de México, los **veíamos** más a menudo.
1 When **they used to live** in Mexico City, **we would see** them more often.
2 When **they lived** in Mexico City, **we saw** them more often.
3 When **they were living** in Mexico City, **we would see** them more often.

We also use the imperfect to describe the characteristics of people in the past, how they lived, and what they used to do on an ongoing basis.

El imperfecto de verbos *-ar*

The imperfect is not as irregular as the preterite. For *-ar* verbs, simply replace the infinitive ending with the *-aba* endings.

viajar	
stem + *-aba* ending	
yo	viaj**aba**
tú	viaj**abas**
él / ella / usted	viaj**aba**
nosotros	viaj**ábamos**
vosotros	viaj**abais**
ellos / ellas / ustedes	viaj**aban**

> **Ejemplo**
> Yo **viajaba** a la Ciudad de México todos los veranos, y mis padres **viajaban** a Cuernavaca.
> *I **would travel** to Mexico City every summer, and my parents **would travel** to Cuernavaca.*

As you read about the use and formation of the imperfect, take a moment to look at the tense comparison chart at the end of the chapter.

Verbos irregulares en el imperfecto

There are only three irregular imperfect verbs: *ser*, *ir*, and *ver*. Although the verb *ser* is irregular, the verb *estar* is not and uses the regular *-ar* endings.

ser		ir		ver	
era	éramos	iba	íbamos	veía	veíamos
eras	erais	ibas	ibais	veías	veíais
era	eran	iba	iban	veía	veían

Actividad 8-3: Los abuelitos

Paso 1

During their trip to Cuernavaca, Temo and Lupita reminisce about their grandparents. After reading the *vocabulario útil*, read their conversation. Then indicate which verbs are in the dialog.

Vocabulario útil

la partida—card game or board game
La pasamos bien.—We have a good time.
disfrutar—to enjoy

Lupita:	¿Recuerdas cuando **jugábamos** al Monopoly® con los abuelitos?
Temo:	¡Claro! Siempre **ganaban** las partidas.
Lupita:	Sí, la **pasábamos** muy bien.
Temo:	Los abuelitos **eran** muy divertidos.
Lupita:	¡Los abuelitos **disfrutaban** mucho cuando los **visitábamos**!
Temo:	¿Y recuerdas las historias que nos **contaban**?
Lupita:	¡Sí! Los dos empezaron a trabajar cuando **eran** niños. ¿Te imaginas?
Temo:	Mi abuelito **trabajaba** en el campo.
Lupita:	Y mi abuelita **lavaba** ropa.
Temo:	La abuelita siempre dice que la vida **era** dura, pero **eran** muy felices.
Lupita:	Antes, las personas no **necesitaban** muchas cosas para ser felices.

verbo	sí/no	verbo	sí/no	verbo	sí/no
estar	no	ser	sí	lavar	sí
disfrutar	sí	caminar	no	hablar	no
trabajar	sí	necesitar	sí	jugar	sí

Paso 2

Read the following statements about Temo, Lupita, and their grandparents and determine whether they are *cierto* or *falso,* based on the Paso 1 dialog.

	según el diálogo	cierto	falso
1	Temo y Lupita jugaban con sus abuelos a menudo.		
2	Temo y Lupita no disfrutaban su tiempo con sus abuelitos.		
3	A los abuelitos les gustaba cuando sus nietos los visitaban.		
4	Los abuelitos les contaban historias de su niñez.		
5	El abuelito era adulto cuando empezó a trabajar.		
6	La abuelita trabajaba lavando ropa de otras personas.		
7	Los abuelitos eran niños cuando empezaron a trabajar.		
8	La vida era muy fácil en esos años.		
9	Las personas nunca estaban contentas en esos años.		

Paso 3

Using the information in Pasos 1 and 2, prepare four questions to ask a classmate about his or her grandparents. See the *nota de lengua* on the next page for some useful phrases.

Modelo
¿En qué escuela estudiaban cuando eran niños? ¿Dónde vivían/trabajaban?

Paso 4

Now ask a classmate about his or her grandparents. Take notes and make comparisons with what you know about your own grandparents. Use the questions you wrote in Paso 3.

Modelo

Tú: ¿En qué escuela estudiaban cuando eran niños?
Tu compañero/a: Mis abuelos estudiaban en casa. ¿Y los tuyos?
Tú: Mis abuelos estudiaban en una escuela pública.

Actividad 8-4: En el pasado, la gente . . .

Paso 1

Temo and Lupita comment on how long it used to take people to travel from CDMX to Cuernavaca. Look at the chart and indicate *cierto* or *falso* regarding how most people lived two hundred years ago.

Lupita: ¿Una hora y media? **¡Antes se tardaba** tres horas o más!

	Hace doscientos años . . .	cierto	falso
1	. . . la gente miraba mucha televisión.		
2	. . . la gente hablaba más con sus vecinos.		
3	. . . la gente no trabajaba en el campo.		
4	. . . la gente caminaba mucho.		
5	. . . la gente estudiaba en la universidad.		
6	. . . la gente no viajaba a otros países.		
7	. . . la gente se casaba muy joven.		

Paso 2

Read each statement and complete the "pero ahora" column with what you think people do nowadays in contrast.

Modelo

Hace doscientos años, la gente no miraba mucha televisión, pero ahora mira mucha televisión.

	Hace doscientos años . . .	Pero ahora . . .
1	. . . la gente no miraba mucha televisión.	. . . **mira mucha televisión.**
2	. . . la gente hablaba más con sus vecinos.	
3	. . . la gente trabajaba en el campo.	
4	. . . la gente caminaba mucho.	
5	. . . la gente no ganaba mucho dinero.	
6	. . . la gente no estudiaba en la universidad.	
7	. . . la gente se casaba muy joven.	

Nota de lengua

Using time expressions establishes the timeframe of an action. The following time expressions are used with the imperfect to describe on-going situations or characteristics of people and places in the past. As in English, you can use them to introduce a story.

hace cien años—a hundred years ago

en el pasado—in the past

antes—before, in the past

muchas veces—many times, often

una vez, un día—once, one day

cuando (yo) estaba en—when I was in

cuando (yo) era—when I was . . .

Cuando era pequeño, jugaba mucho.—When I was little, I used to play a lot.

Paso 3

Now that you are in high school, your habits have changed compared to when you were in elementary school. For each phrase below, write a sentence indicating the difference. Refer to the *nota de lengua* on the previous page as needed. Share your sentences with a classmate.

> **Modelo**
> levantarse (en la mañana)
> Cuando estaba en la escuela primaria, me levantaba a las ocho de la mañana.

1. levantarse (en la mañana)

2. estudiar (asignaturas)

3. mirar (qué programas de televisión)

4. llamarse (*apodo*[1])

5. jugar a (deportes)

6. jugar con mis amigos

Actividad 8-5: Pablo y 1 Corintios 13:11

Read the apostle Paul's words in the following verse. What do you think he means? Choose the statement that best expresses the meaning of the verse.

> "Cuando yo **era** niño, **hablaba** como niño, **pensaba** como niño, *juzgaba*[2] como niño; mas cuando ya **fui** hombre, **dejé** lo que **era** de niño."

A. Pablo era un niño muy inteligente porque hablaba, pensaba y juzgaba.

B. Pablo es ahora un hombre y *ya no*[3] quiere ser un niño.

C. Cuando Pablo era niño, su *conocimiento*[4] era limitado.

D. Cuando Pablo se *convirtió en*[5] adulto, *dejó de*[6] actuar como un niño.

El imperfecto de verbos *-er* e *-ir*

With *-er* and *-ir* verbs, replace the infinitive ending with the *-ía* ending to form the imperfect. Notice that the *í* after the stem is always accented in all persons.

-*er* / -*ir* verbs	
stem + -*ía* ending	
comer	**vivir**
comía	vivía
comías	vivías
comía	vivía
comíamos	vivíamos
comíais	vivíais
comían	vivían

---

[1]nickname
[2]to judge
[3]no longer

[4]knowledge
[5]became
[6]he stopped

Actividad 8-6: Las fotos de papá y mamá

Lupita is showing Temo photos of her parents. Look at the pictures and contrast how her father and mother were in the the past and how they are now.

Modelo

Cuando el papá de Lupita era joven, vivía en Puebla, pero ahora vive en la Ciudad de México.

1. tener pelo / no tener pelo

2. leer sin lentes / leer con lentes

3. hacer deporte / no hacer deporte

4. tener pelo largo / tener pelo corto

5. estar soltera / estar casada

6. no tener hijos / tener hijos

Vocabulario útil

tener razón—to be right
medir—to measure, to be (height)
caber—to fit
faltar a clase—to miss class
doler—to hurt, feel pain
todavía—yet (with negative)
agacharse—to duck

Actividad 8-7: Temo creció cinco centímetros

Paso 1

When Temo arrives at his grandmother's house, she notices that he is quite a bit taller. Read the conversation Temo has with Lupita as they talk about the boys at their school. Use the *vocabulario útil* in the margin.

Lupita: Mi abuelita tiene razón. Estás muy alto.

Temo: El año pasado **medía** *1.73*[1] y ahora mido *1.78*[2].

Lupita: ¡Qué rápido crecen los chicos! Hace dos años, todos los chicos que **había** en mi clase **eran** más chiquitos que yo, pero ahora todos son más altos.

Temo: Sí, en mi clase, Juan y Diego son los más altos de la clase. El año pasado **medían** sólo 1.70 metros pero ahora miden 1.82 metros. El más alto es Gabriel con 1.90 metros, y yo soy el tercero con 1.78 metros. Gabriel no **cabía** por la puerta; **tenía** que agacharse para pasar.

Lupita: ¡Van a tener un equipo entero de basquet!

Temo: Diego y Juan **estaban** siempre enfermos y **faltaban** a clase cada semana porque **tenían** fiebre. Pero cuando **volvían** a clase, **eran** dos centímetros más altos.

Lupita: Y a tí también te pasó lo mismo, ¿verdad?

Temo: No tanto como ellos, pero sí, también **tenía** fiebre por un día o dos y **crecía** un centímetro. Y recuerdo que siempre **tenía** hambre y me **dolían** mucho las piernas, especialmente las rodillas.

Lupita: Eso es porque **estabas** creciendo.

Temo: ¡Sí, los hombres sufrimos mucho!

Lupita: ¡Ay! ¡Si todavía no son hombres!

Paso 2

Indicate which boy or boys each phrase applies to, according to the dialog in Paso 1.

		Temo	Juan	Gabriel	Diego
1	antes medía 1.73 m				
2	ahora mide 1.82 m				
3	ahora mide 1.90 m				
4	faltaba a clase mucho				
5	ahora mide 1.78 m				
6	crecía 5 cm				
7	no cabía por la puerta				
8	estaba siempre enfermo				
9	tenía fiebre un día o dos				
10	medía 1.70 m				
11	siempre tenía hambre				

[1] 5 feet 8 inches
[2] 5 feet 10 inches

Paso 3

Survey three classmates to find out whether they are taller now than they were last year. Find out what their experience was like and make a comparison sentence about each of the three classmates.

> **Modelo**
> El año pasado, David medía 5′ 8″[1], pero ahora mide 6′.

1. ¿Cuánto medías el año pasado?

2. ¿Cuánto mides este año?

3. ¿Tenías algún síntoma? ¿Fiebre? ¿Dolor?

4. ¿Tenías mucha hambre?

5. ¿Comías más o comías igual que antes?

Actividad 8-8: Cuando crecemos

Paso 1

Just like the boys in Temo's class, you grow every year. Think of the different stages below and select all that apply to you or a sibling. Use the *vocabulario útil*.

> **Modelo**
> Cuando era un(a) bebé, tenía un osito de peluche y un sonajero.

1. Cuando eras un(a) bebé, ¿qué juguetes tenías?

sonajero	carros de juguete o muñecas
osito de peluche	Monopoly®

2. Cuando tenías dos años, ¿qué tipo de comida comías?

bistec	biberón
papilla	pollo frito

3. Cuando tenías ocho años, ¿qué tipo de libros leías?

libros de terror	libros de aventura
libros de filosofía	cuentos infantiles

4. Cuando tenías doce años, ¿cómo eras?

extrovertido/a	tímido/a
juguetón(a)	activo/a

Paso 2

Share with your class some of the things you listed in Paso 1.

> **Modelo**
> Cuando (yo, mi hermanito/a) era un/a bebé, tenía un osito de peluche y comía papilla. Y cuando tenía ocho años, leía cuentos infantiles.

Vocabulario útil

la niñez—childhood

el sonajero—baby rattle

el osito de peluche—teddy bear

la papilla—baby food

el biberón—baby bottle

el bistec—steak, beef

el vaquero—cowboy

los dibujos animados—cartoons

juguetón—playful

infantil(es)—for children (not just babies)

---

[1] cinco pies y ocho pulgadas

CONEXIONES CULTURALES CON EL PRESENTE

Un ejemplo vivo de cultura

Did you think it unusual that the taxi driver was not able to drop Temo and Lupita off right at their grandparents' house in Cuernavaca because of the street market? In Mexico open-air street markets are a weekly occurrence in some neighborhoods and often take up the entire street. Have you ever shopped at an open-air market that was closed to vehicles?

Such a market is an excellent place to learn about facets of Spanish-speaking culture. The market, which dates back to pre-Hispanic times, offers a glimpse into the daily life and customs of the people. As you walk by a *puesto de fruta* or perhaps a *carnicería,* all your senses will be engaged with the sights, sounds, smells, and tastes of the day.

Dulces mexicanos

The traditional market, *el mercado público,* differs from a secondhand market or flea market (*mercado de pulgas* or *mercadillo*) since it sells new items. In Mexico these buildings, usually maintained by the government, allow vendors to set up permanent stalls to sell their goods. In Mexico City there are more than three hundred of these stationary *mercados.* If a market sells only arts and crafts made by hand (*hechos a mano*), it is known as a *mercado artesanal.* Souvenirs or mementos from such vendors are called *recuerdos.*

Tianguis is a term from Aztec times that is still used today in Mexico for another type of marketplace. It typically refers to a market that is set up and taken down on the same day. Sometimes it can be set up for longer periods in certain public spots. Often, it will operate in conjunction with a traditional marketplace in order to offer a greater variety of products. In Mexico City there are over a thousand of these mobile, open-air markets every day. Many of the residents depend on these markets for their daily necessities.

Most marketplaces offer a variety of products and produce, but some specialize in certain items. Since Mexico has been home to several Mesoamerican cultures over the course of

Un mercado artesanal

Un tianguis en Guanajuato, México

history, a rich variety of arts, crafts, and goods can be found in nearly every region of the country. Whether it is *mole* (a rich sauce for meat that comes in many flavors) from the marketplace in Puebla, *chocolate* from Oaxaca, high-quality *café* from Chiapas or Veracruz, or *plata* from Taxco, each region showcases its specialty with pride.

When you visit the market, there are a few things you will want to know beforehand. *Ventas en mayoreo* refers to wholesale goods or items in large quantities while *ventas en menudeo* are retail or individual items. Look for signs that say "*barato*" or "*rebajas*" for reduced-price offerings. To bargain (*regatear*) at the marketplace is part of Spanish-speaking culture, so do not be afraid to try it. Of course, it helps to speak in Spanish and remember a few pointers. Try not to show how interested you are if you really like something. Be willing to walk away from a vendor and check with others. When asking for the price, you could say, "*¿Cuánto vale esto?*" Then after hearing the price say "*¿Cuánto es lo menos que me lo puede dejar?*" (What is the lowest price you can offer?) The first price given is usually high, so make a counteroffer. The seller may or may not accept your counteroffer. If it is not in your price range, make another reasonable offer, or try to see whether you can get a discount by buying in bulk: "*Y si me llevo dos, ¿en cuánto me los deja?*" If the seller agrees, then name your price. Try to sound casual about it. "*Le doy treinta pesos por los dos.*" With practice you can usually find a good deal since vendors are usually eager to sell as well.

La plata de Taxco, México

In the marketplace you often find products you cannot find in a large grocery store. Well-known markets in Mexico City today include the 810-acre *Central de Abastos,* which supplies thirty thousand tons of food products throughout the city daily. The trilevel *San Juan* market specializes in gourmet foods for fine dining. The *Ciudadela* market sells traditional Mexican handcrafts. The *Mercado de la Nueva Viga* sells all varieties of seafood, and the *Mercado de Ampudia* sells only traditional Mexican candy.

Although market produce is typically less expensive and fresher, modern supermarkets are changing the way people shop. It is true that the traditional marketplace in Mexico has been a fundamental part of the entire country's economy, but how long this dynamic can last remains to be seen.

Actividad 8-9: Preguntas de discusión

1. Why is going through the marketplace an excellent way to learn about culture?

2. In Mexico, what is the difference between the *mercado público* and the *tianguis*?

3. List three places or regions in Mexico that are known for a certain product. What do you think helps a market become known for a particular product?

4. List three things you can do to try to find good deals at the market.

Regatear es negociar el precio en el mercado.

Capítulo 8

Diálogo 8-2: Visita a los abuelitos 🔊

After Temo and Lupita enjoy a delicious meal at their grandparents' house, the conversation turns to the reason their grandparents moved to Cuernavaca from Mexico City. Temo and Lupita remember spending time with their grandparents when they used to live in Mexico City. Lupita asks her grandmother if she has any pictures of their parents when they were younger. Like all good grandparents, their grandmother has plenty of pictures to show.

---

[1] errands
[2] will come
[3] retired
[4] miss you

¿Esta es mi mamá o la mamá de Temo?

Esta es la mamá de Temo. Era muy *traviesa*[5] de niña.

¡Ahora sabemos a quién salió Temo[6]!

¡Mira esta foto! Esta es la *boda*[7] de mis papás, ¿verdad?

Sí. El día de la boda hacía un sol muy bonito y hacía bastante calor.

¿Y tienes fotos de la boda de mis papás también?

¡Mira! ¡Tu papá tenía pelo!

¡Por supuesto! Aquí están.

¡Ay, sí! ¡Qué gracioso! ¡Mi papi con pelo!

Mira la *corbata*[8] de mi papá, ¡qué fea!

¡Todos los jóvenes llevaban esa ropa con mucho orgullo[9]!

¡Seguro que ahora no están orgullosos[10]!

Tu mamá quería *quemar*[11] todas las fotos.

¡*Menos mal*[12] que no las quemaste! Hacía mucho tiempo que yo quería ver estas fotos.

---

[5] naughty, mischievous
[6] whom Temo takes after
[7] wedding
[8] necktie

[9] pride
[10] proud
[11] to burn
[12] good thing, just as well

Actividad 8-10: Preguntas de comprensión

Read the following questions about Diálogo 8-2 and indicate all the answers that apply.

1. ¿Por qué no estaba el abuelito de Temo y Lupita en casa?

   A. Porque sólo viene a casa para cenar.

   B. Porque tenía cosas que hacer.

   C. Porque no sabía que Temo y Lupita vinieron a visitarlo.

2. ¿Por qué dejó el taxi a Temo y Lupita en otra calle?

   A. Porque sus abuelitos viven en un mercado.

   B. Porque el taxista quería ir de compras al mercado.

   C. Porque había un mercado en la calle, y los carros no podían pasar.

3. ¿Por qué se mudaron los abuelitos a Cuernavaca?

   A. Porque el abuelito nació en Cuernavaca.

   B. Porque es más tranquilo que la Ciudad de México.

   C. Porque Cuernavaca tiene mejor clima.

4. ¿Por qué quería la mamá de Temo quemar las fotos?

   A. Porque la ropa que llevaban era muy fea.

   B. Porque la corbata del papá de Temo era muy fea.

   C. Porque ya no están orgullosos de la ropa de aquellos tiempos.

Lupita, ¡qué ollas de barro tan bonitas! ¿Para qué son?

Estas ollas son para preparar comidas grandes. Los aztecas las usaban para remojar el maíz en agua o cocinar frijoles.

LA VIDA EN EL PASADO

Describiendo lugares y cosas en el pasado

The imperfect is used not only to describe what people did and how they lived in the past but also to describe what places, services, and things were like.

Lupita:	¿Una hora y media? ¡Antes se **tardaba** tres horas o más!
Temo:	Porque antes no **había** autopistas, pero ahora sí.
Lupita:	¡Y los autobuses también **eran** más lentos!

El verbo *hay*

The impersonal verb form *hay* follows the *-er/-ir* endings in the imperfect. Notice how it is used in the dialog.

Temo: Porque antes **no había** autopistas, pero ahora sí (hay).
*Because in the past **there were no** highways, but now there are.*

haber (*there* + form of *to be*)		
presente	**pretérito**	**imperfecto**
hay	hubo	había

Notice an affirmative example using the verb *haber* in the imperfect and present forms.

Temo: Antes **había** carreteras, pero ahora **hay** autopistas.
*Before, **there used to be** roads, but now **there are** highways.*

Actividad 8-11: Las casas de antes

Paso 1

After reviewing the *vocabulario útil* in the margin, read Temo and Lupita's grandmother's account of her life in Mexico City and her grandparents' life before her. Then indicate which verbs are in the reading.

Antes **hacían** las casas muy diferentes a las casas modernas. Cuando **vivíamos** en la Ciudad de México, no **había** aire acondicionado en la casa, pero la casa **era** muy fresca porque **tenía** paredes de piedra muy gruesas. Antes, **construían** las casas con piedras y barro.

Cuando yo **era** niña, **vivíamos** en una casa de campo y no **teníamos** electricidad. **Bebíamos** agua de un pozo porque no **había** agua dentro de la casa. Por la noche, **encendíamos** *velas*[1] para ver y **leíamos** la Biblia en familia. No **teníamos** televisión en las casas como ahora. ¡**Eran** tiempos muy diferentes!

verbo	sí/no	verbo	sí/no	verbo	sí/no
ser	sí	vivir	sí	beber	sí
construir	sí	comer	no	encender	sí
ir	no	tener	sí	haber	sí

---

[1]candles

Paso 2

Indicate whether each sentence is *cierto* or *falso* based on what Temo and Lupita's grandmother said in Paso 1.

1. Hacían las casas antiguas igual que las casas modernas.

2. Teníamos aire acondicionado en la casa.

3. No necesitábamos aire acondicionado.

4. Teníamos electricidad en la casa.

5. Bebíamos agua de pozo.

6. Leíamos con velas en la noche.

7. La televisión no existía todavía.

Paso 3

Speak with a partner and compare the pictures of two towns below. Use the following prompts to formulate five sentences contrasting the buildings, streets, and transportation.

Modelo
En el pasado las calles no eran de asfalto, pero ahora las calles son de asfalto.

1. las calles / tener asfalto

2. haber edificios altos en las ciudades

3. tener carros para viajar

4. haber caballos para viajar

5. las calles / ser *estrechas*[1]

6. haber hospitales

[1]narrow

Actividad 8-12: Los transportes

Paso 1

Lupita mentions that buses were slower in the past. The following are characteristics of buses. Write sentences to explain what buses were like in the past compared to today. Use the imperfect plus appropriate time expressions.

Modelo
Antes, los autobuses eran antiguos, pero ahora son modernos.

los autobuses		
	antes	ahora
1	Eran antiguos.	Son modernos.
2	Eran lentos.	
3	No eran puntuales.	
4	Eran incómodos.	
5	No tenían aire acondicionado.	
6	Eran inseguros.	
7	No ponían películas durante el viaje.	

Paso 2

Cars became widely available in the early 1900s, and today they are an important part of daily life. Contrast modern cars with cars a hundred years ago.

Modelo
Los carros modernos son muy rápidos, pero los carros antiguos eran lentos.

	los carros modernos	los carros antiguos
1	Son muy rápidos.	Eran lentos.
2	Tienen aire acondicionado.	
3	Tienen una radio y música.	
4	Son muy cómodos.	
5	Tienen luces para manejar de noche.	
6	Se rompen menos.	
7	*Contaminan*[1] el aire menos.	

[1] they pollute

Paso 3

In addition to what Temo and Lupita's grandmother mentions, many things have changed in the last century. Look at the following list of some of those things, and contrast them as you did in Paso 2.

Modelo

Ahora hay teléfonos celulares, pero hace cien años no había teléfonos celulares.

	ahora	hace cien años
1	Hay teléfonos celulares.	No había teléfonos celulares.
2	Las computadoras personales existen.	
3	La televisión es en color y alta definición.	
4	Los hospitales hacen transplantes de órganos.	
5	El correo electrónico existe.	
6	Internet existe.	
7	Podemos viajar a la luna.	

Paso 4

Choose a technological advancement listed in Paso 3, and write a short paragraph about how it makes modern life better or more convenient. Share your paragraph with a classmate.

Modelo

La vida es muy diferente ahora. La tecnología está muy avanzada. Por ejemplo, en el pasado no había teléfonos celulares. Había un teléfono en casa y tenías que esperar hasta llegar a casa del trabajo o la escuela para poder llamar a tus amigos.

¿Qué tal, Temo? ¿Dónde estás?

Este lugar se llama la Plaza de las Tres Culturas. Hay ruinas de la cultura azteca, una iglesia colonial y un complejo de apartamentos modernos.

¿Y por qué estás allí?

Porque por aquí había un mercado de los aztecas muy grande.

EN AQUELLOS DÍAS

Narrando en el pasado

When reminiscing or telling a story, actions are conveyed with the imperfect. Consider the following examples:

Temo: **Cuando vivían en la Ciudad de México**, los **veíamos** más a menudo.

Lupita: **Cuando yo era pequeña**, mi abuelito siempre **me cargaba** sobre los hombros. ¡Era muy fuerte!

Actividad 8-13: Cuando era niña . . .

Paso 1

Temo and Lupita's grandparents talk about what they did when they were younger. Match each sentence with the picture.

_____ 1. En verano hacía mucho calor.

_____ 2. Íbamos a la playa.

_____ 3. Nadábamos y jugábamos en la arena.

_____ 4. Paseábamos en bicicleta por la montaña.

_____ 5. En otoño, viajábamos al campo.

_____ 6. En la noche, hacía frío.

Nota de léxico

To describe what the weather was like, you can use the following expressions in your story:

Hacía (mucho) sol.
[It was (very) sunny.]

Hacía (mucho) calor.
[It was (very) hot.]

Hacía (mucho) frío.
[It was (very) cold.]

Hacía (mucho) viento.
[It was (very) windy.]

Llovía (mucho).
[It rained (a lot).]

Nevaba (mucho).
[It snowed (a lot).]

Estaba (muy) nublado.
[It was (very) cloudy.]

A

B

C

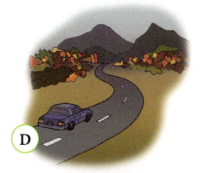

D

E

F

Paso 2

Write three sentences describing places you used to visit or things you used to do with your family when you were younger. Refer to the examples in Paso 1.

> **Modelo**
> En verano, mi familia y yo íbamos a la playa y jugábamos en el agua.

Paso 3

Share with your partner what you wrote in Paso 2 and compare it with what his or her family used to do. Share the differences with your class.

> **Modelo**
> Cuando era niño, iba con mi familia a la playa, pero mi compañera iba a un campamento todos los veranos.

Actividad 8-14: De la Ciudad de México a Cuernavaca

Paso 1

Listen to Temo and Lupita's grandmother telling them what she and their grandfather did after they got married. Read the *vocabulario útil* and the sentences below. Then listen to the story again and indicate whether each sentence is *cierto* or *falso*.

1. Los abuelitos se fueron a vivir al Distrito Federal.
2. Antes, el Distrito Federal se llamaba la Ciudad de México.
3. No había mucho trabajo en Cuernavaca porque era pequeña.
4. En la Ciudad de México no había trabajo tampoco.
5. Viajaban a Cuernavaca todos los fines de semana.
6. Se quedaban a dormir en un hotel.
7. Extrañaban los mensajes del pastor.
8. El abuelito trabajaba en una fábrica.
9. Volvían a la Ciudad de México en taxi.

Paso 2

Relocating for work reasons is very common, just as in the story. Find someone in your class who has moved from another state or town. Ask about the previous town, school, and house and whether he or she misses them. Use the following cues.

> **Modelo**
> ¿Dónde vivías antes?
> Antes vivía en Mayberry.

1. ¿Dónde vivías antes?
2. ¿Cómo era la ciudad donde vivías? (¿Grande, pequeña?)
3. ¿En qué trabajaban tu padre y tu madre allí? (¿Maestro, ama de casa?)
4. ¿Cómo era tu escuela? ¿Cuántos estudiantes tenía?
5. ¿Cómo era tu casa? ¿Cuántas habitaciones y baños tenía?
6. ¿Echas de menos tu ciudad/escuela antigua?
7. ¿Extrañas tu casa?

Vocabulario útil

el Distrito Federal—the Federal District (what Mexico City used to be called)
extrañar—to miss
echar de menos—to miss
la fábrica—factory

Actividad 8-15: Antes comía mucho

Paso 1

That evening during dinner, Lupita and Temo's grandfather talks about how much he ate when he was Temo's age. After reading the *vocabulario útil*, read the conversation and choose the correct verbs.

Vocabulario útil
a su edad—at his age
sin parar—nonstop
crecer—to grow
quemar calorías—to burn calories

Abuelito: ¿Quieres más, Temo?

Temo: Sí, ⁽¹⁾(tengo/tenía) mucha hambre.

Lupita: ¡Siempre ⁽²⁾(tiene/tenía) hambre! ¡⁽³⁾(Come/Comía) a todas horas!

Abuelito: Es normal. A su edad, yo también ⁽⁴⁾(como/comía) sin parar.

Temo: ¿Sí?

Abuelito: Sí. Siempre ⁽⁵⁾(tengo/tenía) hambre.

Lupita: ¿Y por qué ⁽⁶⁾(come/comía) tanto Temo?

Abuelita: Por que ⁽⁷⁾(está/estaba) creciendo. Por eso ⁽⁸⁾(tiene/tenía) tanta hambre.

Abuelito: Recuerdo que yo me ⁽⁹⁾(como/comía) un plato de tamales, y a una hora después, ⁽¹⁰⁾(tengo/tenía) hambre.

Lupita: Abuelita, ¿el abuelito ⁽¹¹⁾(come/comía) mucho cuando lo conociste?

Abuelita: Sí, tu abuelito ⁽¹²⁾(trabaja/trabajaba) muy duro todo el día y ⁽¹³⁾(necesita/necesitaba) comer mucho.

Paso 2

Notice Lupita and Temo's grandparents' conversation regarding the differences between then and now. Indicate which phrases reflect what is true of you.

Abuelito: Es normal. A su edad, yo también comía sin parar.
Abuelita: Sí, tu abuelito trabajaba muy duro todo el día y necesitaba comer mucho.

cuando yo estaba en la primaria	más que ahora	menos que ahora	igual que ahora
1 comía			
2 estudiaba			
3 hacía deporte			
4 dormía			
5 tenía amigos			
6 jugaba con mis amigos			
7 miraba televisión			
8 leía libros			

Paso 3

Using the information in the chart, take a survey of other students to find out what differences there are between what they used to do in elementary school and what they do now.

Modelo
¿Hacías más deporte antes?
Sí, antes hacía más deporte que ahora. *or* No, antes hacía menos deporte que ahora.

CONEXIONES CULTURALES CON EL PASADO

El mercado que tenía de todo

The Aztec economy was built around agriculture, tribute, and trade, but perhaps the most important of the three was trade. The Aztec depended on many goods that could not be produced in the valley of Mexico, so they had to exchange something for them, and this happened in the marketplace. Nearly every Aztec city or village had a marketplace near the center of town.

Close by Tenochtitlán, a sister city called Tlatelolco flourished on the north shore of Lake Texcoco. The marketplace that had developed there was one of the largest in the world. It was said that even on a quiet day more than thirty thousand people would come to buy, sell, and trade in the great market of Tlatelolco, but every fifth day was a special market day when the attendance would nearly double. When the Spanish conquistador Hernán Cortés came to Tlatelolco, he estimated that around sixty thousand people were in the market that day. Here is how he described the marketplace:

> Tiene otra plaza tan grande como dos veces la de la ciudad de Salamanca [a city in Spain with a large plaza], toda cercada de portales alrededor, donde hay todos los *géneros*[1] de mercadurías que en todas las tierras se hallan, así de mantenimiento como de *vituallas*[2], joyas de oro y de plata, de *plomo*[3], de *latón*[4], de cobre, de *estaño*[5], de piedras, de huesos, de colchas, de caracoles y de plumas; *véndese*[6] tal *piedra labrada*[7] y por labrar, adobes, ladrillos, madera labrada y por labrar de diversas maneras.

Cortés wrote that every kind of merchandise could be found throughout the market. Each type of merchandise had its own designated place. One area of the market was for fresh produce from the chinampas (such as maize, sage, beans, squash, chilies, and amaranth), while in another area was meat (such as turkey, deer, duck, goose, wild pig, dog, and hare). In another section you could buy seafood, including fish, salamanders, frogs, turtles, and the eggs of water insects. Women sold cooked foods such as handmade tortillas, chili sauces, honey cakes, and cheese-flavored bread made with blue algae found in Lake Texcoco. There was an area for everyday items such as pots of all sizes, water jars, and plates, as well as bark paper, ink, reeds filled with tobacco, palm leaves for thatched roofs, and firewood.

Jueces encargados de cuidar del orden

El mercado de Tlatelolco

Then there were specialty items or highly prized luxury goods brought in by professional merchants from all over Mesoamerica, such as quetzal feathers of resplendent green. Aztec warriors could find jaguar skins to dress in. They could also pick up necessary fighting gear: leather shields, quilted cotton armor presoaked in saltwater, obsidian blades, *atlatl* spear throwers, and war clubs. Of course, they also traded highly valued commodities such as gold masks and jewelry, stone knives, turquoise, jade, and other precious stones. Slaves sold for twenty-five pieces of cotton cloth, or if they were skilled dancers, for thirty-five.

---

[1] kinds or types
[2] provisions
[3] lead
[4] brass
[5] tin
[6] for sale were
[7] cut stone

Some slaves were bought to be killed as sacrifices to the gods. Every year after harvest time, a festival was held when slaves would be offered up to the gods. Processions of priests who were painted black and waving censers would pass through the marketplace with these slaves on their way to the nearby ceremonial precinct.

Plumas del quetzál, un pájaro sagrado para los aztecas y los mayas

The Spaniards observed a vast number of people carrying their goods by canoe, coming to the market. A canal ran through the marketplace, allowing porters to carry goods from their canoes into the market stalls. The market square was surrounded by a covered arcade for storing goods, and in the center was a raised platform for making public announcements. Senior merchants had the authority to levy sales taxes and pass judgment on those who broke the law, such as one trader who was recorded for trading with counterfeit cocoa beans made from amaranth dough and wax. The senior merchants would confiscate the goods of any merchant who cheated and then stone him on the raised platform.

Actividad 8-16: Preguntas de discusión

1. Why was trade such an important part of the Aztec economy, and how did the marketplace fit in? How important is trade in our world economy today?

2. Which city's plaza did Hernán Cortés compare to the market of Tlatelolco? How much bigger did he say the market of Tlatelolco was?

3. In addition to bartering, what type of currency did the Aztec use? How much did the Aztec value those items, and do we still value them today?

4. How did the Aztec deal with cheating? What does Romans 2:14–15 say about the law of God in their hearts?

Joya azteca

If an Aztec housewife needed some eggs, she could stop by the market to buy a turkey egg for three cocoa beans. While there, she could buy a couple of tamales to eat (price: one cocoa bean each) and bottled water. But going to the market was not just about buying and selling. It was a place where people chatted about the latest news or watched performers dancing to the beat of the drum.

Without a doubt, the marketplace was the backbone of the Aztec economy and life.

A Arqueología sin Fronteras

Los mayas

Los incas

Los aztecas

Los españoles

Hoy voy al mercado

Día de la Constitución en México (el 5 de febrero)

¿Les gusta hacer compras? Creo que a todos nos gusta encontrar una buena oferta. Muchas veces, las buenas ofertas se hallan en el mercado.

Hernán Cortés escribió que en el mercado de Tlatelolco había "todos los géneros de mercadurías que en todas las tierras se hallan." En un día normal y tranquilo había más de treinta mil personas, pero en día de mercado, los comerciantes y compradores eran el doble de esa cantidad.

Los productos llegaban en canoas que transportaban centenares de frutas y verduras y toda clase de telas y ropa como las mantas, *huipiles*[1], zarapes y pieles de jaguar. Vendían carnes de *guajalote*[2], venado, pato, *jabalí*[3], y conejo. También se vendían *perros aztecas*[4].

La Plaza de las Tres Culturas, Tlatelolco

Se compraban y se vendían oro, plata, piedras preciosas, plumas de color verde resplandecientes del *quetzál*[5] y otras mercancías que los comerciantes traían de lejos.

Decía Bernal Díaz del Castillo, "¿Para qué gasto yo tantas palabras de lo que vendían en aquella gran plaza?" Iban al mercado no solamente para comprar y vender. Era un lugar donde se podía charlar y platicar de las últimas noticias.

Bueno, aquí termino mi blog porque quiero llegar al mercado hoy antes de que cierren. Es que vi una buena oferta de ropa que no puedo dejar pasar y . . .

Joya azteca

Una comerciante que vende tela bordada

[1] embroidered blouses or dresses
[2] turkey
[3] wild boar
[4] Xoloitzcuintle, a Mexican hairless dog
[5] national bird of Guatemala

COMPETENCIA COMUNICATIVA

The following activities are designed to help you develop greater proficiency.

Sonidos, palabras y patrones

Pronunciación: El imperfecto

The imperfect tense is simple, with fewer changes than the preterite. You can easily identify -ar verbs, -er/-ir vebs, and the three irregular verbs (ser, ir, and ver). As you learn the preterite and the imperfect, start noticing when and how each is used. These patterns will become more natural the more you use them.

el imperfecto de verbos -*ar* (estar)	
estaba	
estabas	**Estaba** caminando en la escuela y me caí, no más. En las Navidades **estabas** más chiquito.
estaba	
estábamos	
estabais	
estaban	

For -er and -ir verbs, the -ía (a hiatus) is attached to the verb stem. Whenever you hear it after the stem of an -er/-ir verb, it is a clue that the verb is in the imperfect tense. Note that it comes right after the stem of a verb, not at end of the infinitive form as in gustaría (gustar + ía), which is the conditional, a tense you will study later.

el imperfecto de verbos -*er*, -*ir* (vivir)	
vivía	Cuando **vivían** en la Ciudad de México, los veíamos más a menudo. Esa foto es de nuestra primera casa cuando **vivíamos** en la Ciudad de México.
vivías	
vivía	
vivíamos	
vivíais	
vivían	

Actividad 8-17: Pronunciación de sonidos 🔊

Repeat each word, phrase, or sentence you hear in Spanish.

Actividad 8-18: Dictado de palabras 🔊

Write only the verb or verbs you hear in each sentence. Then indicate the tense of the verb as *present, preterite, imperfect,* or (if not conjugated) *infinitive*. Each sentence will be read twice.

Los patrones con las sílabas entre palabras

Spanish speakers tend to join words together automatically due to the way some words come together naturally, making it sound like Spanish is spoken rapidly. For example, when a word ends in the same vowel sound that begins the next word, it may sound like the two words become one (esta hacienda sounds like és-ta-cien-da). Certain consonants sound like they go with the next vowel (dos amigos sounds like dó-sa-mi-gos). Some vowel sounds may blend together into one syllable (su amistad is usually pronounced sua-mis-tad). Listening for these patterns will help you better understand native speakers.

Actividad 8-19: Escucha bien los patrones 🔊

Listen to the following sentences from this chapter. In each sentence find at least one example of two vowels that are pronounced as one sound.

1. Bueno, todavía es fuerte e inteligente.

2. Porque antes no había autopistas, pero ahora sí.

3. ¿Y dónde está el abuelito?

4. ¿Tuvieron problemas para llegar hasta aquí con el mercado?

5. ¿Dónde es esto?

Presentar el evangelio

The following testimony is divided into three components: my life before Christ, how I met Christ, and my life since Christ. Notice how the speaker expresses his ideas to describe the past (the imperfect) or to define certain points in the past (preterite).

Read the following testimony several times. Count how many times each tense is used (present, preterite, and imperfect). Do _not_ include the infinitives.

Mi nombre es Neftalí Martínez y soy de México. Nací en Oaxaca y vengo de un hogar cristiano. Mis padres me llevaban a la iglesia todos los domingos y ellos me hablaban de Cristo, pero me gustaban más las cosas del mundo y por eso dejé la iglesia. En el mundo buscaba la felicidad, pero lo que me ofrecía el mundo no me satisfacía y siempre andaba buscando la felicidad en cosas materiales. Tenía amigos que me llevaban por mal camino y tomaba decisiones incorrectas. Pero siempre recordaba las cosas que aprendí de mis padres y en la iglesia.

Un día, un amigo me llevó a un casino, y empecé a apostar en el casino. Y durante un año, iba a jugar todos los fines de semana y me gastaba todo el dinero que ganaba en mi trabajo. Entonces empecé a sentirme desesperado porque no podía encontrar la felicidad. Un día, a las dos de la madrugada, recordé que Dios me amaba y que era misericordioso. En ese momento, tomé la decisión de aceptar a Cristo y le pedí a Dios perdón por todos mis pecados y tomé la decisión seguirle fielmente.

Desde entonces, Cristo empezó a cambiar mi vida. Él me dio a conocer su Palabra a través de libros y conferencias. Estaba muy cómodo, pero un día alguien me ofreció un trabajo en otra ciudad. Cuando llegué a esta ciudad, estaba solo y empecé a orar todos los días. En esos días empecé a buscar una iglesia dónde asistir y encontré Iglesia Bautista de la Fe. Ahí empecé a conocer las Escrituras más a fondo y a conocer al Señor más. Ahora, que vivo para el Señor, siento mucho gozo y alegría en mi corazón. También descanso en las promesas de Dios y hay en mi corazón la necesidad de poder dar su Palabra a otras personas.

Actividad 8-20: Escucha y repite el pasaje 🔊

Listen to the following passage once. Repeat each verse in sections, and then say the entire passage.

Efesios 2:4–5 Pero Dios, que es rico en misericordia, por su gran amor con que nos amó, aun estando nosotros muertos en pecados, nos dio vida juntamente con Cristo (por gracia sois salvos).

Síntesis comunicativa: "Cuando yo era niño . . ."

After hearing stories about what your grandparents they did when they were younger, you decide to record memories from your childhood (la niñez) to share with others. Use the skills you have learned in this chapter to describe some of your memorable experiences.

Paso 1: Presentational writing

Describe fun experiences from your childhood. You may include where you lived, games you used to play, friends you played with, or your favorite toys or activities. Did you have any favorite foods? Did you take regular trips to somewhere? Did you have any favorite clothes?

Modelo
Cuando era niño, íbamos todos los veranos a la playa.
Cuando era bebé, no me gustaba comer pescado.
Cuando era pequeño, jugaba con mi perro. Todos mis amigos tenían perros también. El mío se llamaba Sammy. Era blanco y negro.

Paso 2: Interpersonal speaking

Exchange papers with another student. After reading about your friend's activities, ask follow-up questions for more detail. Create a T-Chart showing the similarites and differences between your childhood experiences.

Paso 3: Presentational speaking

Explain the similarities and differences between your childhood and your partner's.

Modelo
Nuestra niñez es similiar / es más o menos similar / es muy diferente.
Yo iba a la playa todos los veranos, pero mi compañero iba a la montaña todos los veranos.

Autoprueba: I can . . .

Rate how confidently you are able to do the following in Spanish.

Task	Not at all confidently			Very confidently	
I can identify the parts of mailing addresses in Hispanic countries.	1	2	3	4	5
I can describe characteristics of people in the past.	1	2	3	4	5
I can describe places and things in the past.	1	2	3	4	5
I can describe situations and ongoing events in the past.	1	2	3	4	5
I can express the feeling of missing someone or something.	1	2	3	4	5

Rate how confidently you are able to do the following in English.

Task	Not at all confidently			Very confidently	
I can demonstrate why the marketplace is an important aspect of the culture in countries such as Mexico.	1	2	3	4	5
I can negotiate prices of items in the marketplace.	1	2	3	4	5
I can describe the market of Tlatelolco.	1	2	3	4	5

Las direcciones postales

dirección	parts of an address
Hotel Misión Grand Cuernavaca	name of the business
Calle Galeana No. 29	street, number
Col. Acapantzingo	district/neighborhood
62440 Cuernavaca, Morelos	postal code, city, state
México	country

dirección	parts of an address
Juan Fernández Pérez	name of person
Calle Azucena 279, 8º 3ª	street, number, floor, apt. number
28801 Alcalá de Henares	postal code, city, town
Madrid, España	province, country

abreviaciones comunes en las direcciones postales			
C. or C/	calle	Izq.	izquierda
Avda.	avenida	Dcha.	derecha
Pº.	paseo	Nº or No.	número
Rda.	ronda	s/n	sin número
Plz.	plaza	Bjo.	bajo (ground floor)
Blq.	bloque (block)	Dpto.	departamento
Apto.	apartamento	Prov.	provincia
Esq.	esquina (corner)	C.P.	código postal
Pta.	puerta	Tlf.	teléfono

Cómo formar el imperfecto

-ar verbs
stem + -aba ending
viajar: viaj + -aba / -abas / -aba / -ábamos / -abais / -aban

-er / -ir verbs
stem + -ía ending
comer: com + -ía / -ías / -ía / -íamos /-íais / -ían
vivir: viv + -ía / -ías / -ía / -íamos /-íais / -ían

Expresiones temporales con el imperfecto

en el pasado	in the past
antes	before, in the past
cuando [yo] era . . .	when I was . . .
cuando [yo] estaba en / vivía en . . .	when I was in / lived in . . .
muchas veces	many times, often
una vez	once
un día	one day

Cuadro de comparación de los tiempos verbales

The following charts show the present, preterite, and imperfect forms for three common regular verbs. Also notice the various time expressions that often accompany each tense.

viajar		
presente	**pretérito**	**imperfecto**
hoy, normalmente	*ayer, la semana pasada*	*en el pasado, antes*
viajo	viajé	viajaba
viajas	viajaste	viajabas
viaja	viajó	viajaba
viajamos	viajamos	viajábamos
viajáis	viajasteis	viajabais
viajan	viajaron	viajaban

comer			vivir		
presente	**pretérito**	**imperfecto**	**presente**	**pretérito**	**imperfecto**
como	comí	comía	vivo	viví	vivía
comes	comiste	comías	vives	viviste	vivías
come	comió	comía	vive	vivió	vivía
comemos	comimos	comíamos	vivimos	vivimos	vivíamos
coméis	comisteis	comíais	vivís	vivisteis	vivíais
comen	comieron	comían	viven	vivieron	vivían

Verbos irregulares en el imperfecto

There are only three verbs that are irregular in the imperfect: *ser*, *ir*, and *ver*.

ser		ir		ver	
era	éramos	iba	íbamos	veía	veíamos
eras	erais	ibas	ibais	veías	veíais
era	eran	iba	iban	veía	veían

El verbo *haber*

haber		
presente	**pretérito**	**imperfecto**
hay	hubo	había

In this chapter Temo and Lupita are in Chapultepec Park in Mexico City. They are discussing plans for the upcoming weekend. Because of a national holiday, there is no school on Friday or Monday. They are trying to decide what to do for fun and how to spend their leisure time.

Día libre en mi ciudad

Objetivos comunicativos

By the end of this chapter you will be able to . . .

1. talk about leisure activities in the city.

2. describe background situations to start a story.

3. explain how families spend free time in the city.

4. talk about habits in the past.

5. express how you used to think about something.

6. evaluate the Aztec practice of sacrifice.

Preguntas esenciales

1. ¿Qué hacen los jóvenes en los días festivos?

2. ¿Por qué atraen los parques a la gente?

3. ¿Cómo son los centros comerciales hoy en día?

Diálogo 9-1: El fin de semana largo 🔊

El lunes de la semana que viene es la fiesta de Benito Juárez, y el viernes no tenemos colegio.

Sí, tenemos un fin de semana largo. ¿Qué vamos a hacer?

Quiero descansar de los estudios y hacer algo muy divertido este fin de semana.

Menos mal que[1] este año hace sol, porque el año pasado llovía mucho y tuvimos que meternos en *el Túnel de la Ciencia*[2].

Sí, recuerdo que había mucha gente.

Y los museos y las cafeterías estaban llenos de gente.

En cambio, los parques y el jardín botánico estaban vacíos porque nadie quería mojarse.

El *Mundo Azteca*[3] tiene una oferta especial para celebrar el *Natalicio*[4] de Bonito Juárez. ¡Hay un 50 por ciento de descuento en la entrada!

¿Quieres ir a un parque de atracciones?

Podemos ir el viernes; y el sábado hacemos algo diferente.

[1] It's a good thing that
[2] science museum located in Mexico City subway stop
[3] fictional theme park in Mexico City
[4] birthday (holiday)

Recuerda que el lunes tenemos que comprar ropa para la *rondalla*[5] de Semana Santa en la iglesia.

Eso lo podemos hacer por la mañana en el centro comercial. Y después de comprar, podemos sentarnos un ratito y tomar algo en una heladería.

¡Podemos mirar las páginas web de ocio de la Ciudad de México!

El sábado hay la fiesta de las culturas indígenas en el Zócalo.

Parece interesante, pero quiero hacer algo menos cultural.

¿*Lucha libre*[6]? ¿Un juego de fútbol o básquetbol?

¡Ay, no! *No me apetece*[7] ver peleas ni deportes.

Aquí en el parque hay museos, lagos con barcas, un zoológico, un castillo y una librería con un café al lado del lago, y se puede pasear en bicicleta.

Me parece bien. Volvemos y pasamos el día aquí en el parque.

[5] string ensemble
[6] professional wrestling in Mexico
[7] I don't feel like

LAS FIESTAS Y EL OCIO

Las actividades de ocio

Spanish-speaking countries have many national and local holidays throughout the year. People use long weekends to rest and do fun things. Observe how Lupita says that she is tired of studying and wants to do something fun on the weekend.

Lupita: Quiero descansar de los estudios y hacer algo muy divertido este fin de semana.

Actividad 9-1: Las actividades

Paso 1

Indicate which activities Temo and Lupita consider in Diálogo 9-1.

_____ 1. visitar un museo

_____ 2. tomar algo en una heladería

_____ 3. visitar el jardín botánico

_____ 4. ir al parque de atracciones

_____ 5. ir a la fiesta de la cultura indígena

_____ 6. pasear en barca por el lago

_____ 7. pasear a pie por el parque

_____ 8. pasear en bicicleta por el parque

_____ 9. visitar el zoológico

_____ 10. visitar el Templo Mayor

Paso 2

Lupita wants to do something fun. Some leisure activities are more physical in nature than others. Look at the following list of activities and mark each as _sedentaria_ **(S) or** _activa_ **(A) based on the level of physical activity required.**

	actividad	sedentaria o activa
1	patinar sobre hielo	
2	hacer fotos de la naturaleza	
3	pasear en barca por el lago	
4	visitar el Templo Mayor	
5	jugar al fútbol	
6	visitar el jardín botánico	
7	jugar al _boliche_[1]	
8	visitar el zoológico	
9	pasear en bicicleta	
10	tomar un helado	

[1] bowling (also called _bolos_ in some countries)

Paso 3

Match each location that Temo or Lupita mentions with the thing(s) it is associated with.

_____ 1. parque de atracciones

_____ 2. zoológico

_____ 3. campo, boliche, cancha

_____ 4. parque

_____ 5. lago, río

_____ 6. jardín botánico

_____ 7. museo

_____ 8. *pista de hielo*[2]

A. flores, plantas exóticas

B. bancas, picnic, pasear, bicicleta

C. historia, arte, antropología

D. montaña rusa

E. patinar

F. barcas, balsas, canoas

G. animales salvajes y exóticos

H. fútbol, bolos, baloncesto

_____
[2] ice rink

Me encanta visitar el museo nacional de antropología.

¡Qué grande es ese estatua!

¡Es enorme! Representa al dios de la lluvia que era uno de los dioses del Templo Mayor.

Paso 4

From the activities and attractions in Pasos 1–3, choose one you like. Discuss with a classmate the type of activities you enjoy and why.

> **Modelo**
> ¿Qué actividad escogiste?
> Escogí visitar el zoológico.
>
> ¿Por qué escogiste el zoológico?
> Porque prefiero las actividades sedentarias y también me gustan los animales.

El parque temático

Theme parks feature rides, exhibits, restaurants, and shops all related to a theme, often a country or region of the world. Temo and Lupita talk about their favorite theme park, Mundo Azteca.

Actividad 9-2: En el parque de atracciones

Paso 1

Mundo Azteca is a theme park with four sections. Each section has its own roller coaster and restaurant. Match each roller coaster and restaurant in Mundo Azteca with the section of the park it is located in.

temas (secciones)			
A	Pueblo Maya	C	Pueblo Polinesio
B	Pueblo Francés	D	Pueblo Vaquero

montañas rusas		restaurantes	
1	El Sunami del Pacífico	5	La Enchilada Gigante
2	El Vuelo del Águila	6	La Vaca Asada
3	El Gran Rodeo	7	Le Parisien
4	La Torre Eiffel	8	El Gran Kahuna

Paso 2

Choose a roller coaster and a restaurant from Paso 1. Ask a classmate where the ride and restaurant are located in the theme park.

> **Modelo**
> **Estudiante 1:** Quiero *montarme*[1] en el Vuelo del Águila y comer en El Gran Kahuna. ¿A dónde tengo que ir?
> **Estudiante 2:** La montaña rusa está en el Pueblo _____, y el restaurante está en el Pueblo _____ .

---
[1] to ride

Actividad 9-3: ¡Qué emoción! 🔊

Paso 1

Listen to the descriptions of activities in Mexico City and classify each as *emocionante* **or** *relajante*.

Cosas que hacer en la Ciudad de México

¿Tienes ganas de descubrir la Ciudad de México y no sabes por dónde empezar? Aquí te presentamos unas ideas para explorar los diferentes rincones de CDMX.

1 ¡Ven y descubre cómo era el mundo azteca del pasado!

2 Un paseo nocturno

3 ¡Vuela entre las nubes con Sky Screamer!

4 El Museo Nacional de Antropología

5 ¡La Invasión de las Arañas!

Paso 2

Listen to the excerpts one more time and choose one word from each segment that indicates whether the activity is *emocionante* **or** *relajante*.

1. ¡Ven y descubre cómo era el mundo azteca del pasado!

2. Un paseo nocturno

3. ¡Vuela entre las nubes con Sky Screamer!

4. El Museo Nacional de Antropología

5. ¡La Invasión de las Arañas!

Paso 3

Ask a classmate which type of leisure activities he or she likes best (*actividades relajantes o actividades emocionantes***). Recommend one activity from Paso 1 that you think he or she would enjoy.**

Modelo
Allen: ¿Qué tipo de actividades te gustan? ¿Emocionantes o relajantes?
Brandon: Me gustan las actividades muy emocionantes.
Allen: Entonces, te recomiendo "la invasión de las arañas."

Los deportes

Sports are also a major form of entertainment. Many people follow their favorite teams or engage in different sports on their days off from work or school.

Actividad 9-4: La actividad física

Paso 1

Temo and Lupita enjoy sports and fitness. Read the following article about fitness and sports in Mexico, and decide whether each statement below the graphs is _cierto_ or _falso_.

El deporte y la salud

Según un estudio, en México sólo 42 por ciento de la población mayor de dieciocho años práctica algún deporte o ejercicio físico en su tiempo libre.

El estudio reportó que el 49.8 por ciento de los varones realiza alguna actividad física en sus ratos de ocio. En cambio, sólo el 36 por ciento de las mujeres practica algún tipo de actividad deportiva.

De aquellos que practican deporte, el 59.6 por ciento lo hace por razones de salud, el 19 por ciento por diversión y el 17.6 por ciento para verse mejor. Entre las principales razones para no realizar actividad física se encontraron la falta de tiempo, el cansancio y problemas de salud.

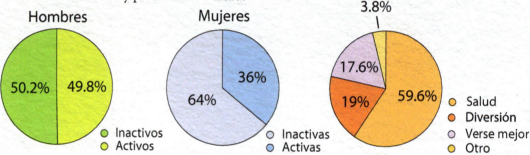

1. El estudio sólo incluye a la población adulta.

2. El estudio concluyó que más de la mitad de los mexicanos hacen deporte.

3. El estudio encontró que los hombres hacen más deporte que las mujeres.

4. La mayoría de los mexicanos hacen deporte por razones _estéticas_[1].

5. La salud es la razón más importante para practicar algún deporte.

6. La segunda razón en la práctica de deporte es la diversión.

7. Los problemas de salud y el cansancio no son razones válidas para no practicar deporte.

Paso 2

Look at the article in Paso 1 and write down the things in the study you identify with (such as the reasons for doing sports or for not doing any). Share with a classmate which sports you participate in, how often, and why.

Modelo

Yo juego al fútbol con el equipo de la escuela. Juego al fútbol cada semana porque me gusta, y también practico deporte por razones de salud.

---

[1] aesthetic appearance

Actividad 9-5: ¿Qué deportes les gustan a los mexicanos? 🔊

Paso 1

After reading the *vocabulario útil*, listen to descriptions of four popular sports in Mexico. On a separate sheet of paper, write the name of each sport pictured. Then listen again and match each vocabulary word with the associated sport.

1. la base	7. el césped	13. el luchador
2. el bate	8. el cuadrilátero	14. la máscara
3. el campo	9. el defensa	15. la cancha
4. la meta	10. el delantero	16. la portería
5. la canasta	11. el diamante	17. el portero
6. el central	12. la lona	18. la tarjeta roja

Vocabulario útil

el árbitro—referee
el portero—goalie
la portería—goal (net and posts)
marcar (un gol)—to score a point or goal
el cuadrilátero—ring (boxing, wrestling)
la lona—mat (wrestling, boxing)
el luchador—wrestler
el enmascarado—masked man
la cancha—court, field
la canasta—basketball goal or hoop

Paso 2

Answer the following questions regarding the four sports in Paso 1. List all the sports that apply.

1. ¿Qué deporte se juega con dos equipos?

2. ¿Qué deporte necesita una pelota?

3. ¿Qué deporte permite tocar la pelota con las manos?

4. ¿Qué deporte no permite tocar la pelota con las manos?

5. ¿Qué deporte requiere el contacto físico entre los jugadores?

Nota de lengua

The following phrases can be used to express the way one feels about a situation or activity.

¡No me atrevo!—I would not dare!
¡Ni hablar!—No way! Forget it!
¡Nunca!— Never!
¡Eso es una locura!—That is crazy!

Vocabulario útil

ser atrevido/a—to be daring
atreverse a—to dare to
el tiburón—shark
acariciar—to pet, to caress
la cueva—cave
el mar abierto—open sea
el paracaídas—parachute
escalar—to climb
la supervivencia—survival

Actividad 9-6: ¿Eres atrevido o atrevida?

Paso 1

Lupita and Temo like fun activities in the park. What types of leisure activities do *you* enjoy most? How daring are you? How about your classmates? Ask a classmate questions about the following to find out how daring he or she is. Take notes so you can use the information in Paso 2. Refer to the *nota de lengua* and *vocabulario útil* as needed.

Modelo

¿Te atraves a nadar con tiburones? *or* ¿Te atreverías a nadar con tiburones?
¡Sí, me encanta la idea! *or* ¡No, no me atrevo! *or* ¡Eso es una locura!

1. nadar con tiburones

2. acariciar serpientes y otros reptiles

3. explorar cuevas submarinas y cenotes

4. nadar en el mar abierto

5. saltar en paracaídas

6. escalar una montaña

7. explorar cuevas profundas

8. hacer una semana de supervivencia en el bosque

Paso 2

How daring is the classmate you interviewed? Use the chart below and the number of *yes* answers your classmate gave to assess how daring he or she is. Then share your answer with the class.

¿Cuán atrevido/a eres?	respuestas con *sí*
nada atrevido/a	0
un poco atrevido/a	1–2
más o menos atrevido/a	3–4
atrevido/a	5
bastante atrevido/a	6–7
muy atrevido/a	8

Modelo

John es muy atrevido porque se atreve a nadar con tiburones.
Helen es más o menos atrevida porque se atreve a acariciar serpientes, pero no se atreve a saltar en paracaídas.

¿CÓMO, CUÁNDO Y DÓNDE?

Explicando el contexto en el pasado

The imperfect tense is used to tell stories about the past. The imperfect helps set the stage by providing details regarding what was happening at the moment, the time, place, surrounding circumstances, and even how people felt or thought.

functions of the imperfect
sets the background information
*Era muy temprano, **hacía** frío y no **había** nadie en la calle.*
presents an ongoing situation
Vivíamos en la Ciudad de México.

Actividad 9-7: Esta mañana 🔊

Paso 1

Listen as Temo and Lupita talk about what a beautiful day it was and what was happening that morning. Choose the correct answer to each question.

1. ¿Qué hora era cuando Temo se despertó?

   A. Eran las seis.   B. Eran las cinco y media.   C. Eran las seis y media.

2. ¿Dónde estaban los papás de Temo?

   A. Estaban en la cocina.   B. Estaban en la cama.   C. Estaban en el trabajo.

3. ¿Qué hacía su papá en la cocina?

   A. Lavaba los platos.   B. Hacía ruido.   C. Preparaba el café.

4. ¿Cómo estaba el cielo cuando se levantó Lupita?

   A. Estaba nublado.   B. Estaba claro.   C. Estaba oscuro.

5. ¿Cuántas nubes había en el cielo?

   A. No había nubes.   B. Había pocas.   C. Había muchas nubes.

6. ¿Qué tiempo hacía? ¿Frío o calor?

   A. Hacía calor.   B. Hacía mucho frío.   C. Hacía un poco de frío.

Paso 2

Think about this morning when you woke up and answer the following questions.

1. ¿Qué hora era cuando te despertaste?

2. ¿Dónde estaba tu familia? ¿Estaban en la cama o estaban ya despiertos?

3. ¿Hacía frío o hacía calor cuando te levantaste esta mañana?

4. ¿Estaba oscuro o hacía sol?

Paso 3

Ask a classmate the questions in Paso 2. Share with him or her what it was like this morning when you got up and contrast his or her answers with yours.

> **Modelo**
> **Estudiante 1:** ¿Qué hora era cuando te despertaste?
> **Estudiante 2:** Eran las siete y media de la mañana.

Nota de lengua: El tiempo

There are different ways to describe the weather. We can use the verb *ser*, *estar*, or *hacer* or the specific verb associated with the weather action.

tiempo	Hace buen/mal tiempo.
calor	Hace calor.
sol	Hace sol.
frío	Hace frío. / Está frío.
fresco	Hace fresco. / Está fresco.
viento	Hace viento.
nublado	Está nublado.
lluvia	Llueve.
nieve	Nieva.

Vocabulario útil

las estaciones (del año)—seasons
la primavera—spring
el verano—summer
el otoño—autumn, fall
el invierno—winter

Actividad 9-8: ¿Qué hacía la gente?

Read the following excerpt from Diálogo 9-1 and determine whether each statement is *cierto* or *falso*.

Temo: Menos mal que este año hace sol, porque **el año pasado llovía mucho** y tuvimos que meternos en el Túnel de la Ciencia.

Lupita: Sí, recuerdo que **había mucha gente**.

Temo: Y los museos y las cafeterías **estaban llenos de gente**.

Lupita: En cambio, los parques y el jardín botánico **estaban vacíos porque nadie quería mojarse**.

1. El año pasado, Temo y Lupita entraron al Túnel de la Ciencia porque llovía mucho.

2. Mucha gente se metió en el Túnel de la Ciencia porque llovía.

3. No había gente en los museos porque estaban en el Túnel de la Ciencia.

4. Mucha gente visitó los parques y el jardín botánico mientras llovía.

5. Los parques estaban vacíos porque la gente estaba en las cafeterías y los museos.

6. Las cafeterías estaban llenas porque la gente no quería mojarse.

Actividad 9-9: El Túnel de la Ciencia

Paso 1

Read the following information from a brochure about the *Túnel de la Ciencia*. Then for each numbered word below find a word in the text that means the same thing.

1	túnel	**5**	exhibiciones
2	lugar	**6**	monitores
3	la razón por la que	**7**	comentarios
4	mostrar	**8**	espacial

El Túnel de la Ciencia en la Ciudad de México

Dentro de la estación del metro La Raza se encuentra el Túnel de la Ciencia. Es un largo pasillo que conecta la Línea 3 con la Línea 5. El espacio funciona como un museo, y está en una estación de transporte público. El Túnel existe desde 1988 y su propósito es presentar el mundo de la ciencia y la tecnología a todos los que pasan por la estación cada día.

Los visitantes pueden pasear y ver las seis exposiciones fotográficas permanentes. En las exposiciones se puede aprender sobre la astronomía, la gestación humana, los diseños de la naturaleza, las especies en peligro de extinción, la fotografía microscópica y los fractales.

El Túnel de la Ciencia tiene paneles electrónicos y fotográficos con explicaciones cortas para poder leer de forma rápida la información.

La parte más atractiva está a mitad del pasillo en el techo del túnel. Los visitantes pueden mirar hacia arriba y ver una representación de la bóveda celeste. Ahí pueden observar las distintas constelaciones de nuestro universo.

Del otro lado, hacia la Línea 5, también hay una exposición de fotografías para aprender sobre el universo, los planetas, los asteroides y las galaxias.

Paso 2

Indicate which of the following are main ideas in the brochure.

_____ 1. Habla del metro en la Ciudad de México.

_____ 2. Habla de un museo construído en una estación del metro.

_____ 3. El museo tiene muchas fotografías.

_____ 4. El museo está dedicado a la ciencia.

Paso 3

Based on the reading, indicate whether each statement is _cierto_ or _falso_.

Cuando Temo y Lupita visitaron el Túnel de la Ciencia . . .

1. . . . la gente paseaba por el Túnel de la Ciencia y veía las exposiciones fotográficas.

2. . . . la gente aprendía sobre la historia de México.

3. . . . la gente podía leer los paneles electrónicos porque las explicaciones eran cortas.

4. . . . la gente miraba al techo y veía una representación de la bóveda celeste.

5. . . . la gente solo veía nuestra galaxia en el techo del Túnel de la Ciencia.

6. . . . había una exposición de fotografías de animales salvajes.

CONEXIONES CULTURALES CON EL PRESENTE

Pasando el tiempo sin prisa

Lupita and Temo had a day off from school for *el natalicio* (birthday) of Benito Juárez, president of Mexico from 1858 to 1872. It is celebrated in Mexico on the third Monday in March. When a holiday lands on a Friday or Monday, or when a workday falls between two holidays, it is often refered to as a *puente festivo* ("holiday bridge"). It is called that because the consecutive days provide an extra-long weekend or offer an excuse to take an additional day or two off from work or school.

Hispanic families enjoy spending time together whatever the activity happens to be—whether they go to a park, visit a museum, or just spend time shopping. The family may take along cousins, aunts, uncles, or close friends. Time spent together is usually unrushed as they converse about each other's welfare, greet acquaintances, and try to enjoy the moment. Along the way, they may stop for a snack. You can find food vendors just about anywhere on the street and in parks. Alternatively, you can visit a nearby café or ice-cream shop.

In addition to numerous city parks and plazas, larger cities usually have a *parque de atracciones* or a

Six Flags México

feria for families to enjoy. A few of the well-known *parques de atracciones* in Spanish-speaking countries include Six Flags México, Fantasilandia (Chile), Parque de la Costa (Argentina), El Salitre Mágico (Colombia), PortAventura (Spain), and Terra Mítica (Spain).

If you visited a theme park in a Spanish-speaking country, which activities would you enjoy? You have probably ridden similar rides before. At the bottom of this page are some descriptions of rides (*juegos* or *atracciones*) from a theme park in a Spanish-speaking country. See if you can guess what each type of ride is even if you do not understand every word.

PortAventura, España

Another leisure activity many families enjoy on weekends is shopping at a *centro comercial* or *plaza comercial*. Just like malls in the United States, *los centros comerciales* usually sell designer clothing in the latest style (*moda*). Most such places include a variety of other stores that sell items like

Chocones	Demuestra tu habilidad al volante, pero si chocas, ¡no pasa nada! De eso se trata en nuestros autos de choque.	Huracán	Un devastador torbellino de emociones es lo que te espera al subirte en este increíble juego mecánico. Disfruta de movimientos repentinos que te llevarán del piso al cielo y viceversa en un instante a más de catorce metros de altura y experimenta giros de hasta 360 grados—todo esto para hacerte sentir en el ojo del huracán.
Ratón Loco	Esta montaña rusa te enloquece por sus giros, subidas y bajadas.		
Jurassic Car	Ven a formar parte de una expedición en la que vas a descubrir el mundo olvidado de los dinosaurios. Diplodocos, *T. rex*, velocirráptores y otros te esperan.		
		Tren del Amor	Con este juego no te despegarás jamás de tu pareja.
Vertical Twister	Un paseo a cuarenta y cinco kilometros por hora aproximadamente a veinte metros de altura, donde disfrutarás de unas espectaculares vistas del parque de atracciones—una verdadera vista de pájaro.	Carrusel Musical	Siente el galope de los caballos al ritmo de la música o sube en fantásticos carruajes y diviértete en este carrusel de dos pisos.
		Cascabel	Despega a noventa kilometros por hora y siente las vueltas del Cascabel.

health products, shoes, electronics, and accessories. Most shopping centers also have a food court (*área de comida* or *alimentos*) and some type of leisure venue, such as a play area for children, a skating rink, a theater, or trampolines. Some shopping centers include a supermarket. If a parking garage cannot be built, shopping centers often provide parking lot carports to give shade on hot days.

Un centro comercial en CDMX

While the shopping experience is similar to that in the United States, it would likely still be foreign to you since prices would be listed in that country's currency and there would be unfamiliar stores and brand names. In Mexico, for example, a few of the large department stores are Liverpool, Coppel, Sanborns, and Palacio de Hierro. Common European and South American stores include Carrefour, El Corte Inglés, and Falabela. US brands are exported to many countries, so you can often find them in a *centro comercial* or eat at a US restaurant chain.

Modern shopping centers and large supermarkets seem to be taking the place of both the traditional marketplace as the venue for shopping and the city plaza as the venue for socializing.

Actividad 9-10: Preguntas de discusión

1. Explain what Spanish speakers are referring to when they say *un puente (festivo)*.

2. What characterizes the way Hispanic families like to spend their leisure time? How would you say families in the United States enjoy spending their time?

3. Which of the rides described is a roller coaster? Which rides are you able to control? Which ride is the fastest? Which ride would you get on first and why? (Explain in Spanish.)

4. Do an online search for any one of the well-known *parques de atracciones* that are listed. After reading some descriptions of the rides, answer the following questions: Why are not all the names of the rides in Spanish? Are there any height requirements? How are the rides similar to those in parks you have visited?

5. What do shopping centers and shopping malls do to attract customers? How similar do you think shopping centers or malls in Spanish-speaking countries are to those in the United States? How might they be different? Search the internet for a *centro comercial* in any Spanish-speaking city and note specific similarities or differences.

Una tienda departamental de México

Diálogo 9-2: Ser creyente de verdad 🔊

It is Monday afternoon and Temo and Lupita are in the mall drinking milkshakes. They are shopping for dress clothes to wear for a presentation at their church during *Semana Santa*. The conversation turns to how the Lord brought each of them to salvation.

¡Qué bien lo pasé! *Me hacían falta*[1] estos días de descanso.

Sí, a mí también.

La próxima fiesta es la Semana Santa.

Sí, es mi fiesta favorita. *Me convertí*[2] a Cristo en Semana Santa hace dos años.

Sí, lo recuerdo. Fue una sorpresa muy grande para la iglesia porque todos pensábamos que eras creyente.

Ya lo sé. Yo también creía que era creyente. Iba a la iglesia todos los domingos, leía la Biblia, *prestaba atención*[3] a los mensajes y cantaba en el coro.

¿Y no te dabas cuenta?[4]

No. Sólo iba a la iglesia por mi familia y para estar con mis amigos.

---

[1] I needed
[2] I was saved
[3] I paid attention
[4] And you did not realize (it)?

Choose the best answer(s). Some questions may have more than one correct answer.

1. ¿Qué quería decir Lupita cuando dijo, "Me hacían falta estos días"?

   A. Lupita quería tener más días de vacaciones.

   B. Lupita necesitaba descansar durante unos días.

   C. A Lupita le faltaban esos días en su calendario.

2. ¿Por qué la Semana Santa es la fiesta favorita de Temo?

   A. Porque Temo no tiene que ir a la escuela.

   B. Porque es la fiesta para celebrar la muerte y resurrección de Cristo.

   C. Porque Temo se convirtió a Cristo en Semana Santa.

3. ¿Qué sorprendió a la iglesia?

   A. Que Temo no era creyente.

   B. Que Temo leía la Biblia y cantaba en el coro.

   C. Que Temo iba a la iglesia por su familia.

4. Las expresiones "pensaba que era creyente" y "creía que era creyente". . .

   A. . . . no significan lo mismo.

   B. . . . significan lo mismo.

   C. . . . no tienen los verbos correctos.

5. ¿Qué quiere decir Temo cuando dice, "Iba a la iglesia por mi familia"?

   A. Temo iba a la iglesia porque su familia iba a la iglesia.

   B. Temo iba a la iglesia porque sus papás le obligaban.

   C. Temo iba a la iglesia para agradar a su papás.

6. Las expresiones "no sentía paz" y "no estaba tranquilo". . .

   A. . . . significan lo mismo.

   B. . . . no significan lo mismo.

   C. . . . no tienen los verbos correctos.

7. ¿Cómo impactó el mensaje del pastor a Temo?

   A. Temo entendió que nació en un ambiente cristiano.

   B. Temo se dió cuenta de que nunca pidió a Cristo perdón por sus pecados.

   C. Temo entendió que era una persona religiosa, pero no era creyente.

8. ¿Cuál es el problema de nacer en un hogar cristiano, según Lupita?

   A. Que hay muchas costumbres cristianas.

   B. Que se escuchas el evangelio.

   C. Que no te das cuenta de que necesitas el evangelio.

LA RUTINA

Describiendo la rutina en el pasado

The imperfect can be used to discuss past habits or to indicate ongoing situations in the past. In the second case, the focus is not on the repetitiveness but on the situation (what was going on when something else happened).

Temo: Yo también **pensaba** que era creyente, **iba** a la iglesia todos los domingos, **leía** la Biblia, **prestaba** atención a los mensajes y **cantaba** en el coro.

Lupita: ¿No **te dabas cuenta**?

Temo: No. Sólo **iba a la iglesia** porque mi familia iba y **esa era la rutina** de mi vida.

functions of the imperfect
presents habits or repetitive actions in the past
Iba a la iglesia todos los domingos.   *Leía* la Biblia.   *Prestaba* atención a los mensajes.

Actividad 9-12: La familia de Manuel

Paso 1

Read the following conversation, in which Temo shares with Lupita the story of his church friend Manuel. Refer to the *vocabulario útil* as needed.

Temo: ¿Sabías que Manuel y su familia vivían en Chiapas?

Lupita: ¿El hijo del diácono?

Temo: Sí, vivían en un pueblito de Chiapas, eran agricultores y eran muy pobres. Trabajaban muy duro.

Lupita: No, no lo sabía.

Temo: Manuel me contó que su mamá se levantaba todos los días a las cinco de la mañana para ordeñar una cabra que tenían, y luego hacía unas tortillas de maíz, y desayunaban leche de cabra y tortillas todos los días. El papá de Manuel también se levantaba a las cinco para ir a trabajar en el campo.

Lupita: ¡No me lo puedo creer!

Temo: Es una historia muy interesante. Manuel y sus hermanitos se levantaban a las seis porque tenían que caminar cinco kilómetros todos los días para ir a la escuela.

Lupita: ¿Y cómo llegaron a la Ciudad de México?

Temo: Manuel me contó que un día su papá y su mamá decidieron hacer sandalias artesanales para venderlas. Y todos los días, después de cenar, hacían sandalias a mano y trabajaban desde las siete hasta las once de la noche.

Lupita: ¿Entonces qué pasó?

[Sigue en la siguiente página.]

Vocabulario útil

el diácono—deacon
ordeñar—to milk (farm animals)
la cabra—goat
el nopal—prickly-pear cactus
el cartón—cardboard
las sandalias artesanales—handmade sandals
tener éxito—to be successful
mudarse—to move
contratar—to hire
Me alegro por ellos.—I am happy for them.

Temo: Las sandalias tuvieron mucho éxito, y se mudaron a la Ciudad de México para abrir una fábrica de sandalias artesanales de Chiapas. Luego contrataron muchos empleados, y ahora venden sandalias de Chiapas por todo el mundo.

Lupita: ¡Qué historia!

Temo: Sí, ya no son pobres. La mamá de Manuel no trabaja fuera de casa y tampoco tienen una cabra. Y el papá se levanta a las siete y se va a trabajar a las ocho. Manuel y sus hermanos se levantan a las siete y media, y su papá los lleva a la escuela en carro.

Lupita: ¡Me alegro mucho por ellos! Y seguro que ya no tienen que trabajar hasta las once de la noche.

Temo: No, ahora tienen una vida más tranquila.

Paso 2

Find a word in the reading that matches each definition.

1	personas que cultivan vegetales	
2	personas que tienen muy poco dinero	
3	difícil, con mucho esfuerzo	
4	sacar leche de animales de granja	
5	comían por la mañana	
6	ir a pie	
7	un tipo de zapatos	
8	fabricados a mano	
9	cambiaron de ciudad o casa	

Paso 3

Indicate the main ideas of the story.

_____ 1. La familia de Manuel eran agricultores.

_____ 2. La familia de Manuel eran muy pobres.

_____ 3. La familia de Manuel hacían sandalias a mano en la noche.

_____ 4. La familia de Manuel ya no es pobre.

Paso 4

Indicate who did what in Manuel's family routine in Chiapas.

	En la familia de Manuel ¿quién hacía qué?	Mamá	Papá	Manuel y sus hermanos
1	se levantaba a las cinco de la mañana			
2	ordeñaba una cabra			
3	trabajaba en el campo todo el día			
4	iba a la escuela a pie			
5	desayunaba leche de cabra con tortillas			
6	se levantaba a las seis de la mañana			
7	hacía sandalias de siete a once de la noche			

Actividad 9-13: Cambios en mi rutina

Paso 1

Just as Manuel's family's routine changed due to their work, your routine may change from year to year due to your school schedule. Make a chart like the one below to compare your current daily routine with last year's. Show classes and other activities such as sports, church, or music lessons.

este año	actividad	el año pasado
	levantarse por la mañana	
	desayunar	
	ir a la escuela	
	almorzar	
	volver a casa	
	cenar	
	practicar piano	
	hacer tareas	
	ir a dormir	

Paso 2

Answer the following questions about last year's schedule.

Modelo
¿A qué hora te levantabas el año pasado?
El año pasado me levantaba a las 7:30.

1. ¿A qué hora te levantabas el año pasado?

2. ¿A qué hora desayunabas el año pasado?

3. ¿Desayunabas en casa o en la escuela el año pasado?

4. ¿A qué hora empezaban las clases el año pasado?

5. ¿A qué hora terminaban las clases el año pasado?

6. ¿A qué hora volvías a casa el año pasado?

7. ¿Hacías alguna actividad extraescolar el año pasado?

8. ¿Practicabas algún deporte? ¿Tocabas algún instrumento musical?

9. ¿Hacías tareas todos los días?

10. ¿A qué hora te ibas a dormir?

Paso 3

Using the chart you made for Paso 1, tell a classmate how your schedule has changed from last year to this year.

Modelo
El año pasado me levantaba a las 7:30 y desayunaba en la escuela. Este año me levanto a las 8:00 y desayuno en casa.

Actividad 9-14: Las vacaciones y las rutinas

Paso 1

Think of a trip you have gone on in the past with your family or friends, such as a vacation, church camp, or business trip. If you have not traveled, collaborate with a classmate who has. Create a chart like the one below showing your basic everyday routine during that time.

hora	vacaciones del año pasado
7:00	levantarse
7:45	desayunar
8:30	visitar lugares turísticos
12:30	almorzar
1:30	ir a la playa
3:00	salir de paseo
7:00	cenar en el centro
8:00	pasear
10:00	volver al hotel
10:15	ducharse
11:00	ir a dormir

Paso 2

Use your chart from Paso 1 to write a short paragraph about your trip.

Modelo

El año pasado fui de vacaciones y me levantaba cada día a las 7:00 de la mañana. A las 7:45 desayunaba, y me iba a visitar lugares turísticos a las 8:30. A las 12:30 almorzaba con mis amigos, y nos íbamos a la playa a la 1:30.

Hola, Temo. ¿Dónde está el Templo Mayor?

Está cerca del Zócalo, la plaza principal de la Ciudad de México. Eran las pirámides aztecas más grandes donde se ofrecían sacrificios humanos.

HABLABA Y PENSABA COMO NIÑO

Expresando cómo pensábamos en el pasado

It is common for people to use the imperfect tense to express how they used to feel or think in the past. Chapter 8 included an activity based on the apostle Paul's personal testimony in 1 Corinthians 13:11:

> "Cuando yo **era** niño, **hablaba** como niño, **pensaba** como niño, *juzgaba*[1] como niño; mas cuando ya fuí hombre, dejé lo que **era** de niño."

Paul recognized that he thought differently when he was just a child and no longer saw things the same way once he became an adult. Notice the following statements from Diálogo 9-2.

Lupita:	Sí, lo recuerdo. Fue una sorpresa muy grande para la iglesia porque todos **pensábamos que eras** creyente.
Temo:	Ya lo sé. **Yo también creía que era creyente**. Iba a la iglesia todos los domingos, leía la Biblia, prestaba atención a los mensajes y cantaba en el coro.
Lupita:	¿Y **no te dabas cuenta**?

---

function of the imperfect

indicates a person's emotional or mental state in the past

*Yo **creía** que **era** creyente y **no me daba cuenta**.*

Actividad 9-15: Preguntas de comprensión y discusión de clase

Paso 1

Read Diálogo 9-2 again. Based on Temo's and Lupita's testimonies and what they thought, indicate whether each statement is *cierto* or *falso*.

1. Lupita creía que Temo era creyente.

2. Temo se daba cuenta de que no era creyente.

3. Temo iba a la iglesia por rutina.

4. Temo creía que ir a la iglesia no le salvaba.

5. Lupita pensaba que tener una familia cristiana la llevaba al cielo.

Paso 2

What do Temo and Lupita think now? Indicate whether each statement is *cierto* or *falso*.

1. Ahora, Lupita sabe que Temo no era creyente.

2. Lupita no sabe si Temo es creyente ahora.

3. Temo no está seguro de su salvación ahora.

4. Ahora, Temo sabe que ir a la iglesia todos los domingos no le salva.

5. Lupita ya no cree que su familia le lleva al cielo.

---

[1] to judge

Paso 3

Have you changed your mind about certain things you used to like, think, or believe when you were younger? Form a group of three and share with your classmates things you used to believe or like that you no longer do. Use the following cues to ask each other questions.

1. ¿Creías que Santa Claus traía regalos a todos los niños del mundo? ¿Y ahora?

2. ¿Creías que los trucos de magia eran reales? ¿Y ahora?

3. ¿Pensabas que una asignatura del colegio era muy difícil para tí? ¿Y ahora?

4. ¿Pensabas que una comida tenía muy mal sabor? ¿Y ahora?

5. ¿Pensabas que tus papás y profesores lo sabían todo? ¿Y ahora?

6. ¿Pensabas que el español era fácil o difícil? ¿Y ahora?

Las palabras *por* y *para*

Por and *para* are used to express the reason why we do things. They also express other ideas, such as the means by which something is done or the person for whom it is done. In English, most of those ideas are expressed with *for*. Notice the examples in the dialog.

Temo: Sólo iba a la iglesia **por** mi familia y **para** estar con mis amigos.

Lupita: Me explicó que Cristo murió **por** mis pecados.

In the first example, Temo gives the reasons why he went to church: *because of* his family and *in order to* be with his friends. In the second example, Lupita tells the reason Christ died for her. Here are the most common uses of *por* and *para*.

usos de *por*	
causa, motivo o razón	Lo tengo **por** razones de trabajo.
medio, modo	Me llamó **por** teléfono. Vino **por** avión.
distribución	Compraron un libro **por** alumno.
precio	Vendió el carro **por** trescientos dólares.
velocidad	Iba a cien millas **por** hora.
intercambio	Ojo **por** ojo, diente **por** diente.
tiempo aproximado	Fui a México **por** Navidad.
lugar	Iba **por** la calle cuando lo vi.

usos de *para*	
finalidad, propósito	Uso mi carro **para** trabajar.
tiempo límite	Lo necesito **para** mañana / las dos.
destinatario	Este regalo es **para** tí.
opinión	**Para** mí, este tema es difícil.
destino	Voy **para** allá en dos minutos.

MÁS INFORMACIÓN

Actividad 9-16: Un día en el parque de atracciones

Paso 1

After returning home, Temo and Lupita tell their parents about their outing at the theme park. Complete the sentences, using *por* or *para*.

1. Lo planeamos (por/para) invitar a nuestros amigos al parque.

2. Nos dieron las gracias (por/para) invitarlos.

3. Compramos las entradas (por/para) teléfono.

4. Encontramos las entradas (por/para) doscientos pesos.

5. Los tickets azules son (por/para) todos los juegos mecánicos.

6. Nos encantó pasear (por/para) el parque en bicicleta.

7. Tuvimos que usar gorras (por/para) protegernos del sol.

8. Nos gustó la montaña rusa, pero (por/para) nosotros, es peligrosa.

9. La montaña rusa iba a 120 kilómetros (por/para) hora.

10. Al salir del parque nos dieron un helado (por/para) persona.

Paso 2 🔊

After their conversation (Diálogo 9-2), Temo and Lupita ask her father questions about the meaning of the expression "died for us." Listen to this conversation and complete each sentence with *por* or *para*.

Lupita: Papá, los chicos hablaban en el parque sobre qué significa que Cristo murió (1) _____ nosotros. ¿Significa que Cristo murió en nuestro lugar o a nuestro favor?

Papá: El significado principal de *por nosotros* es "en nuestro lugar" porque el pecador es responsable de su pecado y tiene que pagar (2) _____ sus pecados.

Lupita: Pero eso a nuestro favor, ¿verdad?

Papá: Puede significar "a nuestro favor", pero la Biblia presenta el sacrificio de Cristo como un acto de sustitución, no sólo un acto (3) _____ nuestro beneficio.

Temo: Tío, entonces, la expresión (4) _____ *nosotros* significa que nos sustituyó, ¿verdad?

Papá: Sí, así es. Cuando Cristo murió en la cruz (5) _____ nosotros, tomó nuestros pecados sobre su cuerpo. Los pecados no eran sus pecados— eran nuestros pecados; pero era su cuerpo y no nuestro cuerpo.

Lupita: Pero eso nos beneficia, ¿verdad?

Papá: La sustitución de su cuerpo (6) _____ los nuestros en la cruz nos beneficia porque sin sustitución, no hay beneficio.

Temo: ¡Claro! ¡Ahora sí lo entiendo! Cristo vino (7) _____ salvarnos de nuestros pecados (8) _____ la sustitución en la cruz.

Expresiones útiles con *por*

orar por alguien
hacer algo por el Señor
hacer algo por amor al Señor
Cristo murió por mi.

CONEXIONES CULTURALES CON EL PASADO

El alimento de los dioses

The Aztec were relative latecomers in the history of Mesoamerica. Consequently, they inherited a good bit of knowledge from previous civilizations, on which they built their empire. The sacred city of Teotihuacán (100 BC) had an influence on how the Aztec built their capital city in AD 1325. Aztec festivals were celebrated using a 260-day religious calendar adapted from the Maya. The Aztec built ball courts, pyramids, temples, and palaces as other pre-Columbian cultures such as the Toltecs did. The Aztec also offered human sacrifices as those before them. However, they did this on a greater scale.

Teotihuacán

Moctezuma II was a highly feared emperor who had unrivaled power. He and his priests put on terrifying demonstrations of ritualistic human sacrifice intended to intimidate their enemies. The ceremonial precinct of Tenochtitlán had a pyramid called the *Templo Mayor*, which was nearly fourteen stories high and overlooked the lake around the vast city and beyond. Priests, dressed as one of their gods and with hair matted together from the blood of their sacrifices, stood on top of the pyramid holding down the victim. Musicians beat drums and blew conch shell trumpets during the ceremony. An army of prisoners waited for their turn to be offered up to the gods. All the while, Aztec nobles and warriors watched as each victim's heart was offered up to the sun and his body rolled down the pyramid steps.

What motivated the Aztec to engage in such horrendous rituals? According to their creation myth, the gods had gathered at Teotihuacán before the world was created and determined that one among them would need to throw himself into the sacred fire in order to create the sun. Two gods volunteered and reappeared as the sun and moon.

However, their self-sacrifice was not enough to start the sun on its course. So the rest of the gods agreed to perish together in the fire so the sun could continue to rise and set. Now since the gods had done this for humanity, human sacrifice was necessary in order to give "nourishment" to the gods so that the sun would emerge from the underworld every morning and resume its course. Thus the Aztec reenacted the gods' example in a never-ending cycle of death in their worship of the sun. In light of the Aztec worldview, human sacrifce made perfect sense.

Una representación azteca del sacrificio humano

The notion of offering sacrifices was so entrenched in the minds of everyone in the Aztec Empire that not to honor the gods in this way was inconceivable. Before the Spanish conquistador Hernan Cortés reached the Aztec capital of Tenochtitlán, he met the chief of the Totonac people near the Gulf of Mexico. The Totonac, recently conquered by the Aztec, were being forced to pay tribute and to give up their finest young men and women for sacrifice. The Totonac chief had just witnessed the Spaniards defeat the Tabascans even though the Spaniards had comparatively fewer men. He asked the Spaniards to use their military power to reduce the amount of tribute the Totonac were being forced to pay to the Aztec. Cortés agreed but later said if they wanted his help, the Totonac people would need to remove the gruesome and horrific idols from their temples and stop committing human sacrifice themselves. The Totonac were shocked at the very idea! They could not imagine what life would be like without their gods, which they considered vital for their very existence. As Cortés and his men pushed

Un sacerdote azteca

the gods off the pyramids, the Totonac people cried out in horror, believing their world would soon come to an end.

As the Spaniards moved closer to the Aztec capital, they met another tribe, the Tlaxcalan people, who were at war with the Aztec. The Tlaxcalan assumed the Spaniards were in league with the Aztec, so they attacked the Spaniards. The Spaniards managed to escape even though they were vastly outnumbered. Part of the reason for their survival was due to Tlaxcalan (and Aztec) battle tactics. The need for more victims to sacrifice determined the way they waged war. The goal was to take prisoners alive to use for sacrifices later. The Aztec and the Tlaxcalan, longtime enemies, would start a battle for no other reason than to acquire more sacrificial victims. Captives who had fought bravely or who were considered handsome were the best sacrifices. The Aztec desire for more victims was not only a strong impetus for them to go to war but also the reason Cortés was able to make truce pacts along the way with various tribes that wanted to be free from the Aztec.

As Cortés and his men came marching into the Aztec capital, he met Emperor Moctezuma, who showed them around the fascinating city. But when Cortés observed the Templo Mayor in the ceremonial precinct, he was sickened at the sight of a huge idol and the blood-drenched walls of the temple. He suggested to Moctezuma that he allow them to put up a cross and a statue of the virgin Mary inside the temple. But Moctezuma held up his hand and told him to say nothing more of the idea. Not long after that, a radical,

abrupt shift of power allowed the Spaniards to put an end to Aztec worship of the sun with its ritual sacrifices. The great Aztec city was demolished in the fighting, and the Spaniards started to build a new city with the stones of the Aztec buildings. Today, the ruins of the Templo Mayor can be seen near the Zócalo in Mexico City as a testimony of once-feared Aztec power and fanatical religious fervor.

Actividad 9-17: Preguntas de discusión

1. In what ways did previous civilizations influence the Aztec? Explain why it is important for us to be godly examples to the next generation in our own culture.

2. Explain why the Aztec worldview influenced them to devalue human life. Did the Aztec ever think these sacrifices would be sufficient for their gods? Why?

3. Hebrews 9:22 says, "Without shedding of blood is no remission." How does the Aztec worldview regarding sacrifice differ from the Old Testament command to shed the blood of sacrificial animals? Were the sacrifices of the Old Testament sufficient? Why?

4. Cortés was sickened by the evil of human sacrifice, but his suggestion of placing crosses and statues next to the Aztec gods was not a sufficient solution. Why?

Los templos gemelos más altos formaban parte del Templo Mayor.

Arqueología sin Fronteras

Los aztecas

26 de febrero a las 5:00 de la tarde

Bueno, amigos, me toca escribirles de los aztecas. ¿Sabían que mi nombre, Temo, es la forma corta del nombre azteca Cuauhtémoc? Es un nombre conocido aquí en México. El último emperador de los aztecas, Cuauhtémoc era el sobrino de Moctezuma II. Él gobernó Tenochtitlán por un año cuando tenía veinticinco años, y era un hombre muy valiente. Mis compañeros me llaman Temo, porque es más fácil pronunciarlo.

Había un lugar en el centro de Tenochtitlán donde los aztecas adoraban a sus dioses más importantes; era el precinto ceremonial con una pirámide que tenía casi catorce pisos de altura. Los sacerdotes aztecas se vestían como sus dioses mientras los músicos tocaban sus tambores y sus conchas. Las víctimas *se formaban*[1] para ser sacrificadas por los sacerdotes. Ofrecían el corazón de cada persona a su dios, y luego dejaban caer el cuerpo por las escaleras de la pirámide.

Después de que Hernán Cortés vio la ciudad de Tenochtitlán, quería ver el Templo Mayor. Después de ver un gran ídolo en el templo y sangre en las paredes, se molestó mucho. Sugirió a Moctezuma poner una cruz y una estatua de la virgen María al lado del dios azteca, pero Moctezuma no quiso hacerlo. En el fin, los españoles conquistaron a los aztecas, destruyeron sus ídolos y acabaron con los sacrificios humanos.

[1] lined up

Monumento a Cuauhtémoc

Los mayas

Los incas

Los aztecas

Los españoles

Escultura de serpiente en el Templo Mayor

Las ruinas del Templo Mayor, hecho en por varias etapas

COMPETENCIA COMUNICATIVA

The following activities are designed to help you develop greater proficiency.

Sonidos, palabras y patrones

Pronunciación: Palabras de tiempo

So far you have learned that the preterite is used for completed actions (definite beginning and ending point). While not always the case, time phrases such as the following are often used with the preterite:

una vez	anoche	anteanoche
ayer	anteayer	ayer por la mañana
esta mañana	hoy por la mañana	ayer al mediodía
la semana pasada	el mes pasado	el año pasado
el lunes pasada	el otro día	hace dos diás
hace cinco años	entonces	desde aquel momento
durante	en ese momento	de repente

The imperfect is used for actions that refer to time in general, not having a definite end point. It can convey the idea of being unfinished. These actions may be repeated habitually or may set the context for another past-tense event. The following time phrases are often used with the imperfect:

a menudo	frecuentemente	rara vez
a veces	generalmente	siempre
algunas veces	mientras	tantas veces
todos los años	cada día	muchas veces
todas las semanas	todo el tiempo	con frecuencia
nunca *or* casi nunca	mucho	en aquella época
por lo general	todos los días	de vez en cuando

Actividad 9-18: Pronunciación de palabras 🔊

Repeat each word, phrase, or sentence you hear in Spanish. Then indicate which past tense it is usually associated with (preterite or imperfect).

Actividad 9-19: Dictado de palabras 🔊

Write the time word or phrase from each sentence you hear.

Los patrones con el pretérito e imperfecto

Learning to hear when Spanish speakers switch from the preterite to the imperfect is an important skill. It will help you as you learn to use each tense correctly.

Actividad 9-20: Escucha bien los patrones 🔊

Listen to the sentences. Write the main verb and its tense (present, preterite, or imperfect). Pay attention to the time words and whether the action is ongoing or definite.

Presentar el evangelio

Write part one of your testimony.

In this chapter you will begin writing your testimony by describing your life before you came to faith in Christ. Notice how the author of the following testimony introduces himself and then identifies the way his life used to be before he trusted in Jesus. (The imperfect verbs are highlighted.)

> Mi nombre es Neftalí Martínez y soy de México. Nací en Oaxaca y vengo de un hogar cristiano. Mis padres me llevaban a la iglesia todos los domingos y ellos me hablaban de Cristo, pero me gustaban más las cosas del mundo y por eso dejé la iglesia.

> En el mundo buscaba la felicidad, pero lo que me ofrecía el mundo no me satisfacía y siempre andaba buscando la felicidad en cosas materiales. Tenía amigos que me llevaban por mal camino y tomaba decisiones incorrectas. Pero siempre recordaba las cosas que aprendí de mis padres y en la iglesia.

Think of a theme to frame your own testimony, and jot down some of the points you want to include. What did you your life revolve around? What did God use in your life to bring you to Him (friends or family, fears, a certain sermon or message, an incident)? You will need to explain why you needed Christ.

As you write this first part of your testimony, begin with your family background (*nombre, lugar de nacimiento, número de hermanos*) and then include some of the following. Some possible phrases to use are provided.

- Your spiritual life (*siempre, a veces, raras veces íbamos a la iglesia*)

- A spiritual need that you had (*tenía temor, preocupación, tristeza*)

- What you did to try to meet that need (*tenía amigos que me ayudaban espiritualmente, escuchaba la lectura de la Palabra de Dios y oraba*)

This first **section** may be from four to seven sentences long. Include time phrases as needed.

common phrases used in testimonies to describe life before Christ	
nací en un hogar cristiano	crecí en un hogar cristiano
mis papás son/eran creyentes	yo asistía/iba a la iglesia
íbamos a la iglesia todos los domingos	cuando tenía [número] años
empecé a tomar decisiones incorrectas	buscaba la felicidad
estaba perdido/condenado	me sentía (muy) vacío
a la edad de [número] años, empecé a . . .	mi vida no cambiaba
el Señor obró en mi corazón/vida	el Señor estaba obrando en mí
por ese tiempo . . .	en ese momento
yo creía/pensaba que . . .	necesitaba arrepentirme

Actividad 9-21: Escucha y repite el versículo 🔊

Listen to the following verse once, repeat it section by section, and then say the entire verse.

Efesios 2:6 "Y juntamente con él nos resucitó, y asimismo nos hizo sentar en los lugares celestiales con Cristo Jesús."

Vocabulario útil

el hogar cristiano—Christian home
el evangelio—gospel
el infierno—hell
el detalle—detail
el ejemplo—example
en mi corazón—in my heart
intentar—to try
la seguridad—assurance
el propósito—purpose
el pecado—sin
salvo/a—saved
perdido/a—lost
sin esperanza—without hope
la escuela dominical—Sunday school
la escuela bíblica de vacaciones—vacation Bible school
el campamento—camp
orar—to pray
testificar—to witness

Síntesis comunicativa: Tu día libre

Using what you have learned in this chapter, describe how you spent a recent day off. Think back to a recent time when you went shopping or got to visit a park or theme park. Share your experience so your friend can picture it by hearing your description.

Paso 1: Presentational writing

Describe your day in writing. Start by giving the background for your day. Details should include the weather, time of day, day of the week, who was with you, and where you were (use the imperfect tense). As you describe your experience, mention what kind of activities were available, the number of people there, or other things that were going on. Conclude the description of your experience by mentioning a few things that you actually did (preterite tense).

Paso 2: Interpretive listening

Listen as your partner reads his or her description. As you listen, make a drawing of what you hear. Listen carefully and quickly sketch the items mentioned. Do not ask questions while your partner is speaking. Your partner may read the description three times.

Paso 3: Compare and contrast

Compare what you wrote with the drawing your partner made. How closely does your partner's sketch match your description? How could you have improved your description? Did you give enough information for your partner to draw a sketch?

Autoprueba: I can . . .

Rate how confidently you are able to do the following in Spanish.

Task	Not at all confidently				Very confidently
I can talk about leisure activities in the city.	1	2	3	4	5
I can describe the background of a story I want to tell.	1	2	3	4	5
I can describe some of my habits or the habits of others in the past.	1	2	3	4	5
I can express how I used to feel and think in the past.	1	2	3	4	5
I can explain the reason for doing a past action.	1	2	3	4	5

Rate how confidently you are able to do the following in English.

Task	Not at all confidently				Very confidently
I can relate to some of the leisure activities in Spanish countries.	1	2	3	4	5
I can explain why the Aztec practiced human sacrifice.	1	2	3	4	5
I can explain how Aztec sacrifices differed from biblical sacrifices.	1	2	3	4	5

El imperfecto y el pretérito

	imperfect	preterite
1	sets the background information: *Era muy temprano, **hacía** frío y no **había** nadie en la calle.*	indicates a single action or a series of completed actions in the past: ***Llegué** y me **senté** con los chicos.*
2	presents an ongoing situation in the past: ***Vivíamos** en la Ciudad de México.*	presents an action or condition at a specific time or period of time: ***Fui** a la iglesia el domingo pasado.*
3	presents habits or repetitive actions in the past: ***Iba** a la iglesia todos los domingos.*	establishes facts in the past: ***Nací** en Nueva York. **Crecí** en un hogar cristiano.*
4	indicates someone's past emotional or physical state: *Yo **creía** que **era** creyente y no me **daba** cuenta.*	narrates historical events: *Los romanos **crucificaron** a Jesús, pero después de tres días **resucitó** de los muertos.*

Las palabras *por* y *para*

usos de *por*	
causa, motivo o razón	Lo tengo **por** razones de trabajo.
medio, modo	Me llamó **por** teléfono. Vino **por** avión.
distribución	Compraron un libro **por** alumno.
precio	Vendió el carro **por** trescientos dólares.
velocidad	Iba a cien millas **por** hora.
intercambio	Ojo **por** ojo, diente **por** diente.
tiempo aproximado	Fui a México **por** Navidad.
lugar	Iba **por** la calle cuando lo vi.

usos de *para*	
finalidad, propósito	Uso mi carro **para** trabajar.
tiempo límite	Lo necesito **para** mañana / las dos.
destinatario	Este regalo es **para** tí.
opinión	**Para** mí, este tema es difícil.
destino	Voy **para** allá en dos minutos.

Los meses y las estaciones del año

los meses			las estaciones*
diciembre	enero	febrero	el invierno
marzo	abril	mayo	la primavera
junio	julio	agosto	el verano
septiembre	octubre	noviembre	el otoño

* in the northern hemisphere

El tiempo

sustantivos	expresiones que se usan
tiempo	Hace buen/mal tiempo.
calor	Hace calor.
sol	Hace sol.
frío	Hace frío. / Está frío.
fresco	Hace fresco. / Está fresco.
viento (wind)	Hace viento.
nubes (clouds)	Está nublado.
lluvia (rain)	Llueve. (always 3rd-person sing.)
granizo (hail)	Graniza. (always 3rd-person sing.)
nieve (snow)	Nieva. (always 3rd-person sing.)
tormenta (storm)	Hay una tormenta.
niebla (fog)	Hay niebla.
neblina (mist)	Hay neblina.

Vía PLATFORM

3

Hora | TIME   **Tren** | TRAIN

08:30 ALVIA

Destino | DESTINATION

BILBAO-IND/HENDAYA

PARA EN VALLADOLII

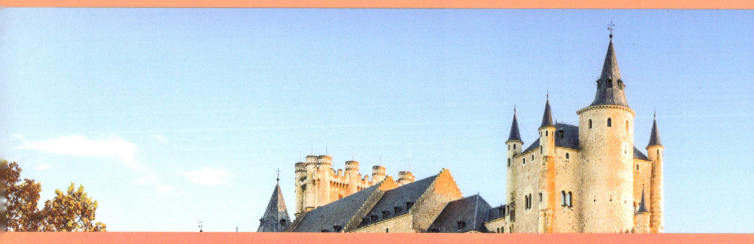

Amigos sin fronteras

Eduardo and Pilar live in Segovia, Spain, and are writing for Iztel's blog *Arqueología sin Fronteras*. They buy tickets and wait for the high-speed train that will take them to meet up that afternoon with Dr. Rafael Rodríguez, a history professor at the University of Granada and the pastor of Iglesia Bautista Monte Calvario de Granada, in southern Spain.

Un mundo sin fronteras

Objetivos comunicativos

By the end of this chapter you will be able to . . .

1. talk about traveling by high-speed train.

2. give and receive instructions on a trip.

3. analyze similarities among various countries in the Spanish-speaking world.

4. give instructions to someone.

5. express changes in past situations, plans, or habits.

6. explain what led to Spain's global influence.

Preguntas esenciales

1. ¿Por qué viaja la gente a otros lugares?

2. ¿Qué cosas tienen en común las culturas?

3. ¿Qué impacto tiene en las personas viajar?

Capítulo 10

Diálogo 10-1: Viaje al pasado

---

1 give us
2 Alta Velocidad Española
3 59.74 euros
4 transfer
5 give me

6 compartment, locker
7 plenty of time
8 read *las dos y treinta y cinco* (The 12-hr format is used when speaking.)

9 we will arrive
10 we would arrive

En la estación de Atocha, Madrid

11 at approximately
12 pick up, collect
13 will be
14 hand me
15 magazine

16 sandwich, sub (Spain)
17 we would have to
18 (railroad) track
19 platform
20 go (imperative)

21 hallway
22 there's no rush
23 Wait for me!

Actividad 10-1: Preguntas de comprensión

Choose the best answer.

1. ¿Qué significa el precio de estudiantes?

    A. Es el precio obligatorio para estudiantes.

    B. Es un precio reducido para estudiantes.

    C. Es un precio más caro para los estudiantes.

2. ¿Por qué tienen que hacer un trasbordo Eduardo y Pilar?

    A. Porque el AVE no pasa por Granada.

    B. Porque no hay AVE a Granada después de las 12:00.

    C. Porque el AVE que va de Madrid a Granada sale de otra estación de tren.

3. ¿Qué significa tener "tiempo de sobras"?

    A. Significa tiempo que no necesitas.

    B. Significa que no tienes tiempo.

    C. Significa tener tiempo suficiente para hacer algo.

4. ¿Para qué tienen tiempo de sobras Eduardo y Pilar cuando llegan a Madrid?

    A. Para hacer el trasbordo entre las estaciones de Chamartín y Puerta de Atocha.

    B. Para hacer turismo por el centro de Madrid.

    C. Para quedarse en la estación de Chamartín.

5. ¿Por qué razón compró Eduardo billetes de clase preferente en vez de clase turista?

    A. Porque la comida estaba incluída en el precio.

    B. Porque Pilar y él son españoles, y no son turistas.

    C. Porque prefiere viajar en clase de *lujo*[1].

6. ¿Por qué quiere Eduardo subirse al tren tan pronto?

    A. Porque el tren sale dentro de pocos minutos.

    B. Porque quiere encontrar asientos cómodos.

    C. Porque quiere ver qué películas hay para ver durante el viaje.

7. ¿Por qué dice Pilar que no hay prisa?

    A. Porque no le gusta correr.

    B. Porque es la 13:15 y el AVE a Granada no sale hasta las 14:35.

    C. Porque no le gustan las películas.

[1] luxury

Vocabulario útil
faltar—to be missing
la red—net, network, system
extensa/o—extensive, large
superar—surpass
la vía—track, railroad
alcanzar—reach
la contaminación—pollution
ambiental—environmental
el vagón—railroad car, coach
la cola—caboose
la cabina—cabin
el maquinista—conductor (train)
la locomotora—train engine
arrastrar—to pull, to drag
el eje—axle
competir—to compete
cubrir—to cover

VIAJAR EN TREN DE ALTA VELOCIDAD

Actividad 10-2: El tren de alta velocidad

Paso 1

Read the *vocabulario útil*. Then read the following text about the AVE and provide the missing words.

alcanzar	contaminación	motores	redes de trenes
alta velocidad	eléctricos	ocho vagones	

España tiene una de las (1)_____ de alta velocidad más extensas del mundo. Sólo China y Japón superan a España en kilómetros de vías de (2)_____.

El AVE (Alta Velocidad Española) puede (3)_____ velocidades de 300 kilómetros por hora (186 millas por hora), y los trenes de alta velocidad más modernos ya alcanzan los 350 km/h (220 mph).

Los trenes de alta velocidad son totalmente (4)_____ y no producen (5)_____ ambiental. Otra característica del AVE es que tiene (6)_____ y la cabeza y la cola del tren tienen cabina para el maquinista. El AVE puede operarse en las dos direcciones porque no tiene una locomotora que arrastra el tren. Todos los vagones tienen (7)_____ eléctricos en los ejes.

billetes	continúas	para viajar	rápidos
ciudad	luego te subes	puedes bajarte	servicios

Los trenes de alta velocidad compiten con los aviones porque son (8)_____ y cómodos, y además ofrecen los mismos (9)_____ que ofrecen las aerolíneas. Además, se puede estar de pie durante el viaje y no hay turbulencias de aire. Mucha gente que tiene miedo a volar prefiere viajar en tren de alta velocidad.

La red de alta velocidad europea (Eurorail) ofrece (10)_____ llamados *Eurorail Global Pass* (11)_____ por toda Europa desde un día hasta tres meses consecutivos. (12)_____ del tren en una ciudad y explorarla durante días, y (13)_____ al tren de nuevo y (14)_____ hasta la próxima (15)_____ que quieres conocer. ¡Y todo con un solo billete!

Paso 2

You just arrived in Madrid and you want to visit other European cities. You can travel by plane or by high-speed train. Compare the characteristics of the AVE and airplanes. Choose the one you prefer and write a short paragraph indicating why you prefer that one. Then share your preference and your reasons with your classmate.

	características y servicios	el AVE	el avión
1	velocidad de viaje	300 km/h	900 km/h
2	comodidad de los asientos	muy buena	buena, aceptable
3	precio	caro	muy caro
4	compra de billetes *con antelación*[1]	no	sí
5	servicio de comida	restaurante	servicio en vuelo
6	caminar durante el viaje	sí	no
7	turbulencias	no	sí
8	viajes internacionales	sí	sí
9	viajes transoceánicos	no	sí

[1] in advance

Modelo

Prefiero viajar en avión porque es más rápido que el tren.
Prefiero viajar en el AVE porque me da miedo volar.

Actividad 10-3: La estación de Puerta de Atocha

Read each paragraph and choose the image you think the paragraph describes.

_____ 1. La estación de Atocha es el punto de encuentro de trenes a toda España y conecta con lineas a toda Europa. Un millón de personas usan la estación de Atocha cada día.

_____ 2. En 1992 se remodeló la estación de Atocha y se hicieron andenes nuevos para los trenes de alta velocidad. La tecnología del AVE también requiere que las vías tengan unas dimensiones específicas y diferentes de las dimensiones tradicionales de los trenes de cercanías.

_____ 3. En el vestíbulo de la estación de Atocha hay un gran jardín tropical que tiene unas 7200 plantas de 260 especies diferentes, con plantas acuáticas. En las últimas décadas, muchas personas abandonaron animales en los estanques de agua, especialmente tortugas de Florida y peces de colores.

Actividad 10-4: Viajar en tren de alta velocidad 🔊

Number a sheet of paper from 1 to 11. Listen to the sentences about travel via high-speed train, and for each item described, write the letter of the corresponding picture.

Actividad 10-5: Los paneles electrónicos de información

Paso 1

You are at the AVE train station in Segovia looking at an electronic panel (pictured below). Answer the following questions.

información	
1	¿Qué tren es este? ¿De cercanías o el AVE?
2	¿A dónde va este tren?
3	¿De qué vía sale este tren?
4	¿A qué hora sale este tren?
5	¿Qué hora es ahora mismo?

Paso 2

You just arrived at the Atocha station and you want to travel to Sevilla by AVE, so you need a ticket from Puerta de Atocha to Sevilla Santa Justa. Before you get your ticket, prepare the questions you need to ask the agent. You want to know the following:

1. la hora de salida del próximo AVE a Sevilla

2. el precio del billete

3. el precio del billete con el servicio de comida incluido

4. la hora a la que llega el tren a Sevilla

5. el número de la vía de la que sale el tren

6. el camino correcto para llegar a la vía

> **Modelo**
> ¿A qué hora sale el próximo AVE a Sevilla?

PREPARANDO EL VIAJE

Spanish commands (imperatives) are used to make a request, give instructions, or ask someone to do something. The type of command used depends on the formality of the situation (formal or informal) and on the number of people you are addressing (singular or plural). Notice the excerpts from the dialog.

Eduardo:	Denos dos billetes para el AVE a Granada, por favor.
Eduardo:	Dame la maleta.
Eduardo:	¡Pásame esa revista, por favor!
Pilar:	¡Mira!
Pilar:	¡Espérame!
Eduardo:	¡Corre!

Los mandatos informales

Affirmative *tú* commands

Affirmative *tú* commands are easy to form: for *-ar* verbs, the command form ends in *-a*, and for *-er* and *-ir* verbs, the command form ends in *-e*. (The affirmative second-person singular command form for most verbs is the same as the third-person singular present tense.) Compare the following verbs from the dialog:

present tense	*tú* command (affirmative)	meaning
Pilar mira el monitor.	¡Mira! El monitor dice . . .	Look! The monitor says . . .
Pilar corre al andén.	¡Corre!	Run! (Hurry up!)

Negative *tú* commands

Negative *tú* commands are formed by dropping the *-o* from the *yo* form of the present tense and adding the opposite vowel ending (adding *-es* for *-ar* verbs and adding *-as* for *-er* and *-ir* verbs). For *-ar* verbs that end in *-car*, *-gar*, or *-zar*, the spelling changes to *-ques*, *-gues*, or *-ces*. These changes usually occur to maintain the original pronunciation of the consonant when the verb ending changes.

infinitive	*yo* form (present)	*tú* command form (negative)	meaning
mirar	miro	no mires	don't look
pasar	paso	no pases	don't pass
correr	corro	no corras	don't run
traer	traigo	no traigas	don't bring
-car, -gar, -zar verbs			
buscar	busco	no busques	don't look for
comenzar	comienzo	no comiences	don't start
pagar	pago	no pagues	don't pay

Irregular *tú* commands

Eight verbs have irregular affirmative command forms. Of those, only two are also irregular in the negative—*ir* and *ser*.

tú commands		
infinitive	**affirmative**	**negative**
decir	di	no digas
hacer	haz	no hagas
poner	pon	no pongas
salir	sal	no salgas
tener	ten	no tengas
venir	ven	no vengas
ir	ve	no **vayas**
ser	sé	no **seas**

Using pronouns with commands

When using a reflexive or an object pronoun with an affirmative command, attach the pronoun to the end of the command form and add an accent mark to the third-to-last syllable if the new word has three or more syllables. When using one of these pronouns with a negative command, place the pronoun between the negative word and the verb. Notice these examples from the dialog.

affirmative	**negative**
Da**me** la maleta.	¡No **me** des la maleta!
Pása**me** esa revista.	¡No **me** pases esa revista!
¡Espéra**me**!	¡No **me** esperes!

tú commands (affirmative) + pronouns	
Da**le** la maleta.	¡Pon**te** el abrigo! Hace mucho frío.
Da**nos** los billetes.	¡Pon**le** los zapatos al niño!
¡Haz**me** un favor!	Di**me** qué pasó.
¡Haz**nos** el desayuno! ¡Tenemos hambre!	¡Di**les** por qué estás aquí!

Nota de lengua

An indirect object pronoun is often used with the verb *dar*.

tú command + pronoun	
da**me**	give me
da**te**	give yourself
da**le**	give him/her
da**nos**	give us
da**os***	give yourselves
da**les**	give them

*The *daos* form is not common except in Spain.

¡Qué diseños tan detallados! ¿Estás en Granada?

Sí, esta es la Alhambra, el palacio de los reyes musulmanes. Luego *se convirtió*[1] en la corte real de Fernando e Isabel, los Reyes Católicos.

[1] became

Actividad 10-6: Preparando el viaje

Paso 1

Eduardo is getting ready to pick Pilar up, and his parents are giving him last-minute instructions. Begin each instruction below with the correct verb.

Dale	Llámanos	Mándale
Haz	Lleva	Ten

1. ___ desde Madrid. Queremos saber que llegaste bien.

2. ___ muchas fotos de Atocha. Dicen que es muy bonita, y queremos verla.

3. ___ el teléfono encendido por si hay alguna emergencia.

4. ___ bastante ropa en la maleta para una semana.

5. ___ las gracias al pastor Rodríguez por su hospitalidad.

6. ___ saludos a la iglesia de nuestra parte.

Paso 2

Eduardo and Pilar are doing a final check of what they need to take or do for the trip. Complete each instruction with the correct verb. (One verb will be used twice.)

No compres	No pagues	No te olvides	No traigas
No lleves	No tardes	No te preocupes	

1. **Pilar**: ___ la cámara de fotos.

2. **Eduardo**: ___ el pasaporte, sólo necesitamos el carnet de identidad.

3. **Eduardo**: ___ abrigo, en Granada hace calor.

4. **Pilar**: ___ en efectivo, usa la tarjeta de débito.

5. **Pilar**: ___ comida, está incluida en el precio del billete.

6. **Eduardo**: ___ cosas de valor, puedes perderlas.

7. **Pilar**: ¡Date prisa! ___, ¡vamos a perder el tren!

8. **Eduardo**: ¡ ___, tenemos tiempo de sobras!

Paso 3

Your classmate is planning a trip to Spain. Based on the following list, tell your classmate what he or she needs to do.

Modelo
Ten el pasaporte actualizado para viajar a España.

1. tener el pasaporte actualizado para viajar a España

2. hacer la maleta el día antes de viajar

3. imprimir los billetes de avión en casa

4. llegar al aeropuerto dos horas antes del vuelo

5. ir a la terminal internacional

6. subirte al avión y buscar tu asiento

7. sentarte en el asiento y abrocharte el cinturón de seguridad

Paso 4

Now look at the list of things that should not be done or that are not allowed. Use negative commands to give your classmate advice for the trip.

Modelo
subir al avión con comida
No subas al avión con comida.

1. hacer la maleta el mismo día del viaje

2. salir de casa tarde

3. olvidarte del pasaporte y los billetes de avión

4. subir al avión con líquidos

5. tener objetos metálicos el los bolsillos en *los controles*[1]

6. poner demasiado peso en el equipaje de mano

[1] inspection checkpoints

Estos tres barcos son réplicas de la *Pinta*, la *Niña* y la *Santa María*. Cristóbal Colón y sus hombres vinieron a las Américas en estos barcos. No son muy grandes comparados a los barcos de hoy día. ¡Qué aventura tuvieron!

La forma *vosotros*: Mandatos afirmativos

In both Spain and Latin America, singular informal commands are the same. In Spain, however, people use the *vosotros* form for the plural, not the *ustedes* form. Notice how the ticket agent used the *vosotros* form to address Eduardo and Pilar in the dialog:

Id por este pasillo y **bajad** por la escalera mecánica. (**Take** this hallway and **go down** the escalator.)

The *vosotros* affirmative commands are easy to form. Replace the final -*r* of the infinitive with -*d*. This is true for all verbs, both regular and irregular.

When the *vosotros* form has an object pronoun, the pronoun is attached to it just like with *tú* commands. (E.g., ¡*Dad***me** *el libro!* ¡*Decid***me** *la verdad!*)

vosotros commands of regular verbs		
infinitive	***tú***	***vosotros***
bajar	baja	baja**d**
comer	come	come**d**
recibir	recibe	recibi**d**

vosotros commands of irregular verbs					
inf.	***tú***	***vos.***	**inf.**	***tú***	***vos.***
dar	da	da**d**	saber	sabe	sabe**d**
decir	di	deci**d**	salir	sal	sali**d**
hacer	haz	hace**d**	ser	se	se**d**
ir	ve	i**d**	tener	ten	tene**d**
poner	pon	pone**d**	venir	ven	veni**d**

MÁS INFORMACIÓN

CONEXIONES CULTURALES CON EL PRESENTE
El mundo hispano

Each Spanish-speaking country is unique with its own customs and distinct elements of culture. However, if you look closely, you can find some connections to Spain based on their shared history. Spanish influence can be found in some parts of the United States as well.

The first connection would be through the Spanish language. Sometimes people wonder whether the Spanish spoken in Latin America is the same as peninsular Spanish (spoken in Spain). While there are some differences, they are minimal and should not cause concern as you are learning Spanish. If you were to visit an English-speaking country such as Australia, South Africa, or Ireland, you would notice how certain English words are used or pronounced differently than in the United States, but you would still understand what people said, and they would understand you. The same is true with the Spanish in Spain and the Spanish in Latin American countries.

So why do Spaniards sound different? In most parts of Spain, the letters *z* and *c* before *i* or *e* are pronounced with a /th/ sound, while in Latin America, the Canary Islands, and much of Andalusia (in southern Spain), *z* and the *c* before *i* or *e* are pronounced as the /s/ sound. Another noticeable difference is the use of the *vosotros* pronoun and verb forms. Spaniards prefer to use *vosotros* when speaking to friends or groups of people in general, as in *¿A dónde vais (vosotros)?* The *ustedes* pronoun and verb forms are used during formal addresses, such as when speaking before members of parliament. In Latin American countries, speakers use *ustedes* in all social settings, as in *¿A dónde van (ustedes)?* There are some other linguistic differences. For example, some verbs or nouns are used more frequently than others or may carry a different connotation. There are also differences in stress (*vídeo* versus *video*) and vocabulary (*el ordenador* versus *la computadora*). But overall, Latin Americans can converse with Spaniards, and they understand each other well enough.

A connection to Spain can also be seen in customs throughout the Spanish-speaking world. Many customs revolve around religious days in the Roman Catholic Church, such as *Semana Santa, el Día de los Muertos*, *la Navidad*, and *el Día de los Reyes Magos*. Other important celebrations that are not religious in nature but are significant in Hispanic culture are *el Día del Padre*, *el Día del Madre*, and birthdays. Old customs remaining in some areas include the *siesta*, the *corridas de toros* (bullfights), and being a people-oriented culture. Spanish works of literature are enjoyed in all Span-ish-speaking countries. They also share a love for the arts, music, and dance, such as the *zapateado* (tap dance), used in folkloric dance, and flamenco. A wide variety of foods are enjoyed across the Hispanic world, yet there are certain dishes that each country has its way of making. One dish, which originated in Peru but is enjoyed across Spanish-speaking countries, is *ceviche*—fresh raw fish cured with lemon juice and cilantro or other herbs. It combines a traditional food eaten by the indigenous people with ingredients introduced by the Spanish colonizers.

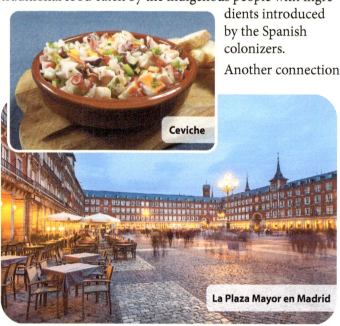

Ceviche

Another connection

La Plaza Mayor en Madrid

among Spanish-speaking countries is the Spanish-style colonial architecture visible in the historic buildings of the town center and in the way cities were laid out. Churches in Latin America are located at the center of the town plaza or at a high point dominating the surrounding buildings, just as in Spain. During the era of the Roman Empire, the agricultural system of *latifundios* was developed in southern Spain. These large estates produced grain, olive oil, or wine through slave labor. During the Spanish colonial period, the Spanish monarchy often rewarded service to the crown by allowing the recipient to extract tribute from a specified

Una finca en Andalusia, España

o, España

Guanajuato, México

group of indians in Latin America. This *encomienda* system, which was eventually replaced by large estates (*haciendas*) supplied with indian labor, was similar in concept to *latifundios*. While the hacienda system has long been broken up or abolished in countries like Mexico, many of the buildings remain, and some have been converted into hotels or places for special events.

Today the Spanish government understands the importance of maintaining ties with Latin American countries. Modern forms of communication and direct flights to destinations throughout the Spanish-speaking world have made commununication much easier. Students from Latin America can travel to Spain for specialized degrees. Spanish banks (Santander® and BBVA®) have invested heavily in Latin America. Other Spain-based companies such as Telefonica® (Movistar®), Repsol® (a gas and energy company), and Sacyr® (a construction company) have been highly successful in Latin America as well. The Ibero-American Summit brings heads of state from throughout the Spanish-speaking world together at a different location every two years to discuss various political issues. Hispanic culture is shared through television programs reaching across the Spanish world. World Cup® soccer and Spanish soccer leagues have a huge fan base in Spanish-speaking countries. Although each country is unique and sovereign over its own affairs, an important link in language and culture helps bind the Hispanic world together.

Actividad 10-7: Preguntas de discusión

1. How easy do you think it would it be for you to adapt to the culture of another English-speaking country? How about a Spanish-speaking country?

2. How is Spanish in Spain different from Spanish spoken in the rest of the world?

3. What is one dish that is prepared and enjoyed throughout the Spanish-speaking world?

4. How was the concept of the *latifundio* applied in the Americas?

La Hacienda Yaxcopoil, México

Capítulo 10

Diálogo 10-2: Granada y el año 1492 🔊

Pastor Rafael Rodríguez is waiting in his van outside the train station. Eduardo and Pilar greet him and jump in the van. During the ride, they talk about the blog *Arqueología sin Fronteras*. Pastor Rodríguez, a history professor, makes a recommendation about what they can include in the blog.

¡Hola!

¿Cómo está, pastor?

En Granada

Bien. ¿Y vosotros? ¿Cómo están vuestros padres?

¡Bien!

Mis padres *le mandan saludos*[1].

Mis padres también mandan saludos para la iglesia.

No *se preocupe*[2]. Deme esa maleta. Ya pongo yo las maletas en el *maletero*[3].

No hay problema. Esta *furgoneta*[4] tiene mucho espacio atrás.

Pastor, páseme ese *bolso*[5], por favor. Lo quiero llevar conmigo.

Aquí tienes.

Pastor, ¿todavía enseña en la universidad?

Sí, pero *a tiempo parcial*[6]. El año pasado enseñaba *a tiempo completo*[7], pero cambié para poder atender a la iglesia.

---

[1] send you greetings
[2] do not worry
[3] trunk
[4] van (Spain)
[5] purse; *bolsa* in some Latin American countries
[6] part-time
[7] full-time

---

8 tell us
9 kept
10 take (photos)

11 really wanted
12 the (military) surrender

Actividad 10-8: Preguntas de comprensión

Choose the most logical response to each question.

1. ¿Conoce el pastor Rodríguez a los padres de Eduardo y Pilar?

   A. No, no los conoce.

   B. Sí, los conoce porque pregunta por ellos.

   C. No, sólo está siendo educado con Eduardo y Pilar.

2. ¿Cuál de las frases parece indicar que los padres de Pilar visitaron la iglesia del pastor Rodríguez en el pasado?

   A. ¿Cómo están vuestros padres?

   B. Mis padres le mandan saludos.

   C. Mis padres mandan saludos para la iglesia.

3. ¿Qué quiere decir que el pastor enseña en la universidad a "tiempo parcial"?

   A. Que enseña unas horas al día solamente.

   B. Quiere decir que enseña a sus estudiantes favoritos.

   C. Que enseña si tiene tiempo.

4. ¿Por qué dejó de enseñar a tiempo completo el pastor Rodríguez?

   A. Porque cambió de universidad.

   B. Porque cambió de iglesia.

   C. Porque necesitaba tiempo para trabajar en la iglesia.

5. ¿Qué le parecieron las fotos de *Arqueología sin Fronteras* al pastor Rodríguez?

   A. Que son muy buenas y le gustan mucho.

   B. Que son buenas si hay sol.

   C. Que son fantasía y no se pueden creer.

6. ¿Por qué dice el pastor, "Teníamos ganas de ver el sol"?

   A. Porque en Granada nunca sale el sol.

   B. Porque en Granada hacía mal tiempo.

   C. Porque en Granada la gente no sale a la calle.

7. ¿Qué eventos de la historia medieval de España son los más importantes?

   A. El descubrimiento de América y la entrega de Granada.

   B. La conquista de Hispania por los musulmanes.

   C. El descubrimiento de América y el ascenso del Imperio Romano.

PÁSEME ESE BOLSO, POR FAVOR

Los mandatos formales

Formal commands are the same in both Spain and Latin America. Notice Pilar asking Pastor Rodríguez for her purse.

> **Pilar:** Pastor, páseme ese bolso, por favor.

To form an *usted* command, start with the present tense *yo* form of the verb, drop the *o*, and add the opposite vowel ending (add -*e* for -*ar* verbs and add -*a* for -*er* and -*ir* verbs). To form the negative, just add *no* before the verb.

Affirmative and negative *usted* and *ustedes* commands

infinitive	*yo* form	stem	Ud. command	Uds. command
pasar	paso	pas-	(no) pase	(no) pasen
comer	como	com-	(no) coma	(no) coman
salir	salgo	salg-	(no) salga	(no) salgan
-car, -gar, -zar verbs				
tocar	toco	toc-	(no) toque	(no) toquen
pagar	pago	pag-	(no) pague	(no) paguen
comenzar	comienzo	comenz-	(no) comience	(no) comiencen

Note that the -*ar* verbs that end in -*car*, -*gar*, or -*zar* undergo a spelling change in the formal command form just as they do in the informal command. Remember that these changes usually occur to maintain the original pronunciation of the consonant prior to changing the verb ending.

Formal command forms of irregular verbs

infinitive	*Ud.* command	*Uds.* command
dar	dé	den
ir	vaya	vayan
saber	sepa	sepan
ser	sea	sean

Using pronouns with formal commands

Pronouns are used with formal commands the same way they are used with informal commands.

affirmative	negative
De**me** esa maleta.	No **me** dé esa maleta.
Páse**me** ese bolso.	No **me** pase ese bolso.
¡Espére**me**!	No **me** espere!

pronouns with irregular commands	
De**me** la maleta.	¡Póngase el abrigo!
De**nos** los billetes.	¡Póngale los zapatos al niño!
¡Hága**me** un favor!	Díga**me** lo qué pasó.
¡No **me** haga un favor!	No **me** diga lo qué pasó.

Actividad 10-9: ¿Mandato o plan?

Read each sentence and indicate whether it describes a *plan* (P) or a *mandato* (M).

____ 1. Queremos sacar buenas fotos.

____ 2. No se preocupe.

____ 3. Podéis aprovechar y sacar buenas fotos.

____ 4. Díganos lo que piensa usted del blog.

____ 5. Estábamos pensando en hablar del descubrimiento de América.

____ 6. No escriban sobre la entrega de Granada.

____ 7. Vengan a Segovia de visita.

____ 8. Voy a Segovia el año que viene.

____ 9. Dese prisa o perdemos el tren.

____ 10. Hágame el favor de vigilar la maleta.

Actividad 10-10: El viaje

Choose who would be the most likely person to give each command.

A	el Pastor Rodríguez	C	el maquinista/conductor
B	los padres	D	un agente de la estación de tren

____ 1. Señores pasajeros, ¡tomen sus asientos, por favor!

____ 2. Llámennos. Queremos saber que llegaron bien.

____ 3. Tengan sus billetes en la mano para subir al tren, por favor.

____ 4. Pongan las maletas en el maletero del carro.

____ 5. No lleven comida, está incluida en el precio del billete.

____ 6. Manden saludos al pastor y a su esposa.

____ 7. Saluden a sus padres de mi parte.

____ 8. Vayan a la vía seis. El tren sale dentro de diez minutos.

Actividad 10-11: Lógico o ilógico

Paso 1

Read the following commands and determine whether each is *lógico* or *ilógico*.

1. Preparen la maleta el día antes del viaje.

2. Traigan ropa elegante para el viaje.

3. No lleven ningún tipo de documento de identificación.

4. No lean los paneles electrónicos de información.

5. Compren los billetes de tren con dos años de antelación.

6. Lleguen a la estación con tiempo de sobras.

7. Compren el billete de tren cinco minutos antes de la salida.

8. Pongan las maletas en los espacios reservados para equipaje.

Vocabulario útil

la salida—exit or departure
el maletero—trunk of a vehicle
de antelación—in advance
caducado—expired

Paso 2

You are in charge of organizing a class trip overseas. Write travel preparation suggestions to all your classmates as a group. Write two affirmative suggestions and two negative ones.

Modelo
Tengan el pasaporte al día. No lleguen tarde al aeropuerto.

La forma *vosotros:* Mandatos negativos

The *vosotros* affirmative command forms are made by replacing the final *-r* of the infinitive with a *-d*. However, negative commands are formed from the *usted* command by adding an accent mark to the last vowel and then adding *-is*. (An exception is the monosyllabic *de*, which becomes *deis*.)

infinitive	negative *Ud.* command	negative *vosotros* command
hablar	no hable	no habléis
creer	no crea	no creáis
dar	no de	no deis

vosotros commands of regular verbs		
infinitive	affirmative	negative
trabajar	trabajad	no trabajéis
comer	comed	no comáis
vivir	vivid	no viváis

Most irregular verbs follow the usual pattern for the affirmative but in the negative have a spelling change that is consistent with the present-tense *yo* form.

vosotros commands of irregular verbs					
dar	dad	no deis	saber	sabed	no sepáis
decir	decid	no digáis	salir	salid	no salgáis
hacer	haced	no hagáis	ser	sed	no seáis
ir	id	no vayáis	tener	tened	no tengáis
poner	poned	no pongáis	venir	venid	no vengáis

MÁS INFORMACIÓN

¿Quién es ese hombre?

Esta estatua es de Antonio de Nebrija. Todas estas estatuas son de personas importantes en la literatura española.

¿Y qué contribuyó Nebrija a la literatura española?

Escribió la primera gramática de castellano.

ANTES ENSEÑABA, PERO LO DEJÉ

Combinando el pretérito y el imperfecto

Earlier in this textbook you learned about the preterite and the imperfect tenses. This chapter focuses on how both tenses work together when telling a story or recounting an event in the past. Notice these examples from the dialog.

Pastor Rodríguez:	El año pasado **enseñaba** a tiempo completo, *pero* **cambié** para poder atender a la iglesia.
	Tenía unos días de vacaciones, pero los **reservé** para estar con vosotros.

The imperfect is mainly used to indicate an ongoing situation in the past. However, a specific event could have put an end to the ongoing situation, plan, or habit. In those cases there is a clear change in the circumstances that calls for the preterite tense.

Enseñaba . . . pero **cambié.** (*I **was teaching** . . . but I **changed.***)
Tenía . . . pero los **reservé.** (*I **had** . . . but I **kept** them.*)

Another use of the imperfect tense is describing someone's emotional or mental state in the past. As the apostle Paul wrote in 1 Corinthians 13:11,

"Cuando yo **era** niño, . . . **pensaba** como niño, . . . mas cuando ya **fui** hombre, **dejé** lo que **era** de niño."

Becoming a man (an adult) changed Paul's childish views. Likewise, a person may have felt a certain way in the past, but specific circumstances or events caused him to change his mind, opinion, or way of thinking.

In summary, the imperfect describes

- ongoing situations or circumstances (what was happening),
- how people felt or thought in the past, or
- plans in the past.

In contrast, the preterite describes a one-time action.

Both tenses use specific time expressions that indicate whether the action in the past was ongoing or completed at a point in time.

expresiones de tiempo con el pretérito	expresiones de tiempo con el imperfecto
el domingo	siempre, a veces, casi nunca
el mes pasado	mientras
la semana pasada	un día, una vez
una vez, un día	generalmente, por lo general
de repente, de pronto	a menudo, frecuentemente
ayer, anteayer	de vez en cuando
hace un año	cuando yo/él/ella/nosotros
hace tres meses	los lunes por la mañana, la tarde, la noche

Actividad 10-12: El pastor Rodríguez

Paso 1

Pastor Rodríguez explains to Eduardo and Pilar that the previous year he was teaching full-time. Determine whether each statement is *lógico* or *ilógico*.

1. El pastor Rodríguez daba clases en la universidad todos los días.

2. El pastor Rodríguez trabajaba solamente una hora al día.

3. El pastor Rodríguez corregía todas las tareas de los estudiantes.

4. El pastor Rodríguez no daba exámenes nunca.

5. El pastor Rodríguez era muy buen profesor.

6. El pastor Rodríguez enseñaba cuando quería.

7. Al pastor Rodríguez le gustaba enseñar en la universidad.

8. El pastor Rodríguez estaba demasiado ocupado.

9. El pastor Rodríguez tenía dos trabajos, pero no estaba cansado nunca.

10. El pastor Rodríguez no tenía tiempo para atender a la iglesia.

Paso 2 🔊

One evening while they are in Granada, Eduardo calls home and talks with his father about Pastor Rodríguez's decision to teach only part-time in the trimester that just ended. Eduardo's dad wants to know more. After you listen, decide whether each statement about Pastor Rodríguez is *cierto* or *falso*.

1. El pastor Rodríguez enseñaba en la universidad, pero dejó de dar clases.

2. Él trabajaba todo el día en la universidad, pero empezó a trabajar en la iglesia por las tardes.

3. Corregía las tareas de los estudiantes por las tardes, pero el trimestre pasado corrigió las tareas por la mañana.

4. Daba los exámenes al final del trimestre, pero el trimestre pasado los dio el último domingo del mes.

5. Era un buen profesor, pero dejó de ser un buen profesor.

6. Enseñaba historia, pero el trimestre pasado enseñó otras asignaturas.

7. Al pastor Rodríguez le gustaba enseñar todo el día, pero no le gustó empezar a enseñar por las mañanas solamente.

8. El año pasado estaba muy cansado, pero no se cansó tanto el trimestre pasado.

9. Antes no tenía tiempo suficiente de atender a la iglesia, pero el trimestre pasado tuvo tiempo para atender a la iglesia por la tarde.

Nota de léxico

en la tarde vs. *por la tarde*

Latin American Spanish speakers sometimes use *en la tarde/mañana*, whereas Spaniards always use *por la tarde/mañana*. The two phrases mean exactly the same thing.

semestre vs. *trimestre*

Schools in Spain do not use the term *semestre*. The academic year is divided into three *trimestres*. In other contexts, *semestre* means a period of six months.

Actividad 10-13: Cambios de actitud

Paso 1

Pastor Rodríguez is telling Eduardo and Pilar how he became a historian. Read the text and decide whether each verb should be preterite or imperfect. Refer to the chart on page 302 to help you.

Cuando [1](era/fui) pequeño no me [2](gustaba/gustó) estudiar. Siempre me [3](aburría/aburrí) mucho cuando [4](leía/leí) un libro. Mis padres [5](estaban/estuvieron) muy preocupados, pero no se [6](desanimaban/desanimaron) y [7](decidían/decidieron) inventar una estrategia para cambiar mi actitud.

Un día me [8](decían/dijeron) que me [9](iban/fueron) a dar un euro por cada libro que [10](leía/leí). En ese momento, mi actitud [11](cambiaba/cambió) y [12](empezaba/empecé) a leer todos los libros que [13](encontraba/encontré).

Me [14](pasaba/pasé) los sábados en mi habitación leyendo, y después de unos meses, [15](tenía/tuve) casi cien euros. En aquella época, eso [16](era/fue) mucho dinero para un niño de mi edad. Un día, no [17](sabía/supe) qué libro leer y, de pronto, me [18](daba/di) cuenta de que me [19](gustaba/gustó) leer. Y por eso me [20](convertía/convertí) en profesor de historia.

Paso 2

Decide which of the following statements reflect your experience. Share with a classmate what changed your attitude or feelings from when you were younger.

1. Cuando tenía seis años no me gustaba leer, pero cuando cumplí diez años empecé a leer mucho.

2. Cuando era más pequeño, no sabía nadar, pero un día aprendí a nadar.

3. Cuando era pequeño, tcnía miedo al agua porque no sabía nadar, pero cuando aprendí a nadar, dejé de tener miedo al agua.

4. Cuando era niño, tenía miedo a la oscuridad, pero un día dejé de tener miedo a la oscuridad.

5. Cuando era pequeño, no me gustaban los deportes, pero empecé a jugar en un equipo de fútbol y ahora me gustan mucho.

6. Cuando era pequeño, no me gustaban las verduras, pero un día empecé a comerlas y ahora me gustan.

Actividad 10-14: Cambios de planes

During the planning stages of their trip, Eduardo and Pilar were hoping to visit many places in Spain. However, they did not have time for everything they wanted to do. Read the text below and answer the questions.

Eduardo y Pilar iban a viajar durante tres semanas, pero no pudieron porque sólo tenían una semana de vacaciones. Eduardo quería visitar Tarragona, pero decidió ir a Mérida porque Tarragona estaba en el norte y Mérida estaba en el sur, más cerca de Sevilla. Pilar tenía muchas ganas de visitar Valencia, pero escogió Granada y Córdoba porque estaban cerca la una de la otra y porque tienen los edificios musulmanes más importantes de España.

Inicialmente, Pilar planeaba ver Toledo, pero acompañó a Eduardo en Mérida para hacer fotos para el blog. Eduardo y Pilar querían pasar dos días en Córdoba, pero se quedaron sólo un día. Decidieron ir a Sevilla porque desde allí salían los barcos hacia las Américas.

Fue una lástima no poder visitar todos los sitios que querían ver, pero ahora tienen una excusa para hacer otro viaje en el futuro.

Paso 1

Find the words in the reading that match the following synonyms.

1. seleccionó
2. deseaba muchísimo
3. al principio
4. estuvieron en un lugar
5. una pena
6. una razón

Paso 2

Which of the following best reflects the main idea of the text?

A. Pilar y Eduardo querían visitar muchos sitios.

B. Pilar y Eduardo no pudieron visitar todos los sitios que querían ver.

C. Pilar y Eduardo planearon mal su viaje.

Paso 3

Answer the following questions regarding the details of the trip.

1. ¿Por qué no fueron a Tarragona?
2. ¿Qué dos ciudades tienen la arquitectura musulmana más importante?
3. ¿Cuál era el problema de quedarse dos días en Córdoba?
4. ¿Por qué era Sevilla tan importante?
5. ¿Cuál es la excusa para hacer otro viaje en el futuro?

Nota de lengua

Expressing a past change of plans with the imperfect and the preterite

Intentions and plans sometimes change. When talking about those changes in the past tense, use the imperfect for the intention and the preterite for what caused the change.

(Yo*) iba a ir, pero no fui.
I was going to go, but I didn't go.

Quería* ir, pero no pude ir.
I wanted to go, but I wasn't able to go.

Tenía* ganas de ir, pero no pude ir.
I felt like going, but I couldn't go.

*Remember that the first and third persons in the imperfect are the same. The preterite in these sentences is what makes it clear that the subject is *I* and not *he* or *she*.

CONEXIONES CULTURALES CON EL PASADO

Forjando un imperio mundial

How did Spain build a global empire? Spain's unique location on the Mediterranean between two continents has allowed numerous cultures to leave their mark on the peninsula over three millenia. In earlier centuries the Celts resided in the central and western (Atlantic) parts of the peninsula, while the Basques lived near the Pyrenees and the Iberians inhabited the Mediterranean side. In addition to these peoples, the Phoenicians, Greeks, and Carthaginians also established settlements and trading posts along the coast until the time of the Roman Empire.

After winning a series of wars against the Carthaginians in Italy, Rome did not want to lose territory to them on the Iberian Peninsula. The Roman army would eventually expel the Carthaginians in another series of wars, but it would take another 187 years to annex the whole Iberian Peninsula. Rome referred to this new colony as Hispania and established a network of roads between cities and important mines of the peninsula. Once a disunited region, Hispania now became a valuable territory with resources

such as gold, wool, olive oil, and wine. The Romans established several important cities, including Barcelona, Sevilla, Córdoba, Valencia, and Zaragoza. An important territory for the Roman Empire, Hispania was also an open mission field for the early Christians to sow the gospel. The apostle Paul wrote of his desire to reach Hispania and preach the gospel there (Rom. 15:24, 28), which he may have done after his first imprisonment in Rome. Eventually, Latin was established as the main language in Hispania, and the Roman legal system and form of government became the new standard for all. After the Edict of Milan in AD 313, Christians were allowed to practice their religion openly, and eventually Roman Catholicism began to grow in Sevilla, Córdoba, and Toledo.

After the western Roman Empire fell from power, Hispania was left unprotected and vulnerable to attack. Invaders from Germanic tribal confederations crossed into the Iberian peninsula from the Pyrenees in the north. Later the Visigoths, who adopted Christianity, came and established the capital of their kingdom in Toledo, Spain. However, three hundred years later, the Visigoths fell to the Muslims of the Umayyad Islamic Caliphate, who crossed over from North Africa in AD 711. The Muslims were able to conquer most of Spain and and even part of France, leaving a handful of small Christian kingdoms in the north of Spain. However, shortly after that, these northern kings, considering themselves heirs of the Visigothic monarchy and rejecting Islam, began fighting back. In AD 722, they achieved the first victory of many that it would take to expel the

MÁXIMA EXTENSIÓN DEL CALIFATO DE CÓRDOBA (1002)

Muslims from the entire peninsula. Divisions among the Christian kingdoms made it easier for the Muslims to remain in power. But over the centuries, Muslim unity began to break down, and the northern kingdoms in Spain (León, Castilla, Aragón, and Navarra) continued to expand until they captured the cities of Córdoba and Sevilla. Then at a critical moment in Spain's history, the marriage between Ferdinand II of Aragon and Isabella I of Castile united the Spanish kingdoms against the Muslims.

The Alhambra palace in Granada was the official residence for Muslim kings and their last stronghold in southern

Una vista panorámica de la Alhambra en Granada, Andalusia

Spain. In January of 1492, they were forced to surrender the palace, and the *Reconquista* that was started nearly eight hundred years earlier was complete. The Roman Catholic Church, wanting to continue the crusading spirit of the *Reconquista*, insisted that the Arabs and Jews who had been living in Spain for hundreds of years convert to Christianity (i.e., Catholicism). Before 1492 was over, Jews who would not convert were forced to leave Spain. Later the same would happen with the Muslims still living in Spain. The Spanish Inquisition was set up to maintain "religious purity" so that converts would not revert to their former beliefs. The king and queen of Spain understood how important Catholicism was for keeping the kingdoms of Spain unified. When the Americas were discovered, the Spanish crown naturally insisted that the native inhabitants convert to Catholicism as well.

The Castilian dialect had been the language of the Castilian kingdom since the twelfth century. In 1492 Queen Isabella and King Ferdinand declared Castilian Spanish to be the official dialect of Spain. In that same year, Antonio de Nebrija published the first grammar of a modern European language. His *Gramática de la lengua castellana* helped to standardize the Castilian language, arguing that it could serve as a tool to help conquered peoples learn Castilian and accept Spain's new laws, thus spreading the Spanish empire. *Castellano* became the basis for today's standard Spanish in all of Spain as well as in Latin America.

For years, Christopher Columbus had been trying to find someone to sponsor his venture to find a new route to the Indies. Now Ferdinand and Isabella were able to finance his voyage. He left Spain on August 3, 1492, and on October 12 arrived in the New World. The wealth from the new lands provided the needed resources to further consolidate the kingdom of Spain and to propagate its religion, laws, and language. Suddenly Spain had acquired an empire covering both hemispheres and filled with riches. Three hundred

years later, after the wars for independence in Latin America, Spain lost these possessions, but it left a cultural and linguistic heritage that remains today.

El imperio español en el siglo XVIII

Actividad 10-15: Preguntas de discusión

1. What is one reason for the many different cultures in Spain, and how do you think it affected the region's history?

2. What elements of Roman culture would become the basis of Spanish culture and be exported to other parts of the world after 1492?

3. What is one reason (among others) that the Reconquest of Spain took so long?

4. Why was 1492 such a pivotal year for Spain?

5. The apostle Paul desired to preach the gospel in the Roman colony of Hispania. Though there was much abuse, Spain's colonization of the Americas also helped prepare the way for the gospel. What opportunities can you see for giving the gospel today?

A Arqueología sin Fronteras

Los mayas

Los incas

Los aztecas

Los españoles

Hispania

El 20 de marzo, desde La Alhambra, Granada

Hola, soy Pilar, pero todos me llaman Pili. Cuando Itzel nos pidió nuestra ayuda con el blog, aceptamos con mucho gusto.

Bueno, nuestra historia comienza hace siglos, *podríamos decir*[1] con los romanos. Tardaron casi doscientos años en conquistar a los habitantes de la península. Luego la llamaron la provincia de Hispania, y de ahí viene el nombre de España. De los romanos heredamos el latín y las leyes, y más tarde, los visigodos establecieron el cristianismo como la religión oficial.

A parte de los romanos, otra cultura que dejó su marca en España fue la cultura árabe. Los mulsulmanes invadieron España en el año 711. Dejaron muchos palacios, jardines y alcázares (castillos). Después de casarse, los reyes católicos, Fernando e Isabel, querían terminar la Reconquista de España. Granada era la última ciudad de los moros, y el 2 de enero de 1492, el rey musulmán Boabdil entregó las llaves de La Alhambra a los reyes católicos.

La Basílica de la Sagrada Familia

En ese mismo año, el 18 de agosto, Antonio de Nebrija publicó la primera gramática castellana que se usó para enseñar el castellano (o el español). Y unos meses más tarde, todo el mundo sabe lo que ocurrió. El 12 de octubre de 1492 Cristóbal Colón llegó a una de las Islas Bahamas. Con el tiempo, el nuevo mundo se convirtió en la fuente de riquezas que los reyes Fernando e Isabel necesitaban para establecer España como un nuevo poder en Europa. Espero que *os guste*[2] este pequeño repaso. ¡Viva España!

La Alhambra de noche

Cristóbal Colón ante la reina Isabel

[1] we could say
[2] you like

COMPETENCIA COMUNICATIVA

The following activities are designed to help you develop greater proficiency.

Sonidos, palabras y patrones

Pronunciación: Los mandatos

Review these command forms and look for any patterns.

comprar (-*ar* verbs use -*er* endings*)			
tú	compra, no compres	vosotros	comprad, no compréis
usted	compre, no compre	ustedes	compren, no compren

comer (-*er* verbs use -*ar* endings*)			
tú	come, no comas	vosotros	comed, no comáis
usted	coma, no coma	ustedes	coman, no coman

escribir (-*ir* verbs use -*ar* endings*)			
tú	escribe, no escribas	vosotros	escribid, no escribáis
usted	escriba, no escriba	ustedes	escriban, no escriban

*with the exception of the affirmative *tú* and *vosotros* forms

To help distinguish between the present tense (third-person singular) and the affirmative *tú* command, slightly more emphasis is used with the command form.

present tense	tú command
Pilar pasa la revista a Eduardo.	¡*Pásame* esa revista, por favor!

Many of the irregular *tú* commands are based on the first-person present tense (-*go*) form of these verbs. (The command forms for *ir* and *ser* are exceptions.)

di, no digas	haz, no hagas	pon, no pongas	sal, no salgas
ten, no tengas	ven, no vengas	ve, no vayas	sé, no seas

Train your ear to hear how these irregular commands are used. They usually come at the beginning of the sentence and are often combined with an indirect object or direct object. Some are reflexive verbs (e.g., *ponerse*). Also notice that an accent mark is needed to keep the stress where it was before the object was added.

Ponte los zapatos.	Póntelos.
Denos dos billetes.	Dénoslos.
Dame la maleta.	Dámela.
¿Me esperas?	¡Espérame!

Actividad 10-16: Pronunciación de palabras 🔊

Repeat each word, phrase, or sentence you hear in Spanish.

Actividad 10-17: Dictado de palabras 🔊

Write the command form you hear in Spanish. Be sure to put accent marks where they are needed.

Language learning tip: Even though you do not need to master all the command forms at this time, a good learning strategy is to look for the patterns in these verb forms.

Los patrones con los mandatos y los objetos directos

Actividad 10-18: Escucha bien los patrones 🔊

Listen to the following sentences. You will hear a command with an object. Write the command, changing the direct object to a pronoun.

> **Modelo**
> **Escuchas:** Deme esa maleta.
> **Escribes:** Démela.

Presentar el evangelio

Write part two of your testimony.

In this chapter you will tell how you came to trust in Christ. Notice how in the testimony below, the writer points to certain definite times when an action occurred or when a decision was made. He reflects that using the preterite tense. However, for actions that were ongoing he still uses the imperfect tense. The preterite tense verbs are highlighted.

> Un día, un amigo me llevó a un casino, y empecé a apostar en el casino. Y durante un año, iba a jugar todos los fines de semana y me gastaba todo el dinero que ganaba en mi trabajo. Entonces empecé a sentirme desesperado porque no podía encontrar la felicidad. Un día, a las dos de la madrugada, recordé que Dios me amaba y que era misericordioso. En ese momento, tomé la decisión de aceptar a Cristo y le pedí a Dios perdón por todos mis pecados y tomé la decisión de seguirle fielmente.

As you write this second part of your testimony consider the following:

1. What were the circumstances that led you to see your need to trust in Christ?

2. Where and when do you remember understanding the gospel message and praying to God for salvation?

3. Was there a Bible passage or a sermon the Lord used to point out your need of Christ?

This second section of your testimony could be from three to five sentences. Include time phrases as appropriate for the correct tense.

common phrases used to describe putting faith in Christ	
No estaba feliz.	No sabía qué me iba a pasar después de la muerte.
No tenía paz en mi corazón.	No sabía si me iba al cielo o al infierno.
Me di cuenta de que era un pecador.	Un día alguien vino y me habló de . . .
Me arrepentí de mis pecados.	Alguien me testificó de Jesucristo.
Dios me habló durante una predicación.	Empecé a leer la Biblia.
Sabía que hice lo malo.	Entendí que necesitaba nacer de nuevo.

Actividad 10-19: Escucha y repite el versículo 🔊

Listen to the verse once. Repeat the verse in sections and then say the entire verse. (This is the last clause of the sentence that begins in Ephesians 2:4.)

> **Efesios 2:7** ". . . para mostrar en los siglos venideros las abundantes riquezas de su gracia en su bondad para con nosotros en Cristo Jesús."

"I was saved" does not translate well into Spanish. Use one of the following instead:

> Me convertí (a Cristo, al Señor).
> (Cristo, el Señor) me salvó.

"I made the decision to believe in Christ as my Savior" is expressed with

> Tomé la decisión de creer en Jesucristo como mi Salvador.

Nota cultural

There are some differences between Catholic and evangelical expressions.

los evangelicos dicen . . .	los católicos dicen . . .
creyente	católico, cristiano
orar	rezar
culto	misa
pastor, anciano	cura, sacerdote, padre

Some Catholics are not familiar with biblical terminology such as *nacer de nuevo* (to be born again), *testificar* (to witness), and *aceptar a Cristo* (to accept Christ).

Síntesis comunicativa: ¡Una visita a España!

Using the language skills you have learned in this chapter, give a presentation about travel in Spain. Include a few tips to remember while traveling abroad.

Paso 1: Interpretive reading

Imagine that you are in Valencia and would like to go to Granada to visit the Alhambra Palace. Find out how much a round-trip train ticket would cost from Madrid (Puerta de Atocha) to Granada. See if you can find the the times of departure and arrival, type of train (servicio), class of service, and trip duration. Stop before entering any personal data on a website.

Paso 2: Presentational writing

Come up with a list of things people need to remember for traveling to Spain. What are some things to pack? What are some things to avoid? What should they know about traveling by train? This list should be a helpful travel guide for your friends. Use affirmative commands and negative commands.

> **Modelo**
> Toma muchas fotos.
> No lleves animales ni liquidos.

Paso 3: Presentational speaking

Present a short overview of the trip details you selected in Paso 1. Include some of the basic travel details, and share your list of tips with the class.

Autoprueba: I can . . .

Rate how confidently you are able to do the following in Spanish.

Task	Not at all confidently			Very confidently	
I can talk about the high-speed train system in Spain and Europe.	1	2	3	4	5
I can ask for and understand information about traveling by train.	1	2	3	4	5
I can give and receive instructions for a trip.	1	2	3	4	5
I can ask someone to do something for me.	1	2	3	4	5
I can express changes in past situations, plans, or habits.	1	2	3	4	5

Rate how confidently you are able to do the following in English.

Task	Not at all confidently			Very confidently	
I can explain aspects that connect all Spanish-speaking countries.	1	2	3	4	5
I can list the factors that helped to turn Spain into a global empire.	1	2	3	4	5

Mandatos afirmativos (tú)

Affirmative *tú* commands are formed by dropping *-r* from the infinitive.

infinitivo	mandato afirmativo informal
pasar	pasa
comer	come

Mandatos negativos (tú)

Negative *tú* command forms use the opposite vowel. (The *-ar* verbs use *-es* and the *-er* and *-ir* verbs use *-as*.

infinitivo	presente	mandato negativo informal
mirar	mira	no mires
correr	corre	no corras
vivir	vive	no vivas
verbos que terminan en *-car, -gar* o *-zar*		
buscar	busca	no busques
pagar	paga	no pagues
comenzar	comienza	no comiences

Mandatos irregulares (tú)

Negative irregular *tú* commands are formed from the present-tense *yo* form. *Ir* and *ser* are exceptions.

infinitivo	afirmativo	negativo
decir	di	no digas
hacer	haz	no hagas
poner	pon	no pongas
salir	sal	no salgas
tener	ten	no tengas
traer	trae	no traigas
venir	ven	no vengas
ir (irregular)	ve	no vayas
ser (irregular)	sé	no seas

Mandatos afirmativos y negativos (usted y ustedes)

Usted and *ustedes* command forms use the opposite vowel.

infinitivo	singular	plural
pasar	(no) pase	(no) pasen
comer	(no) coma	(no) coman
verbos que terminan en *-car, -gar* o *-zar*		
tocar	(no) toque	(no) toquen
pagar	(no) pague	(no) paguen
comenzar	(no) comience	(no) comiencen

Mandatos irregulares (usted y ustedes)

infinitivo	singular	plural
dar	(no) dé	(no) den
ir	(no) vaya	(no) vayan
saber	(no) sepa	(no) sepan
ser	(no) sea	(no) sean

Mandatos con pronombres (tú)

afirmativo	negativo
Pása**me** la revista.	¡No **me** pases la revista!
¡Espéra**me**!	¡No **me** esperes!
verbos irregulares	
Di**le** la respuesta.	No **le** digas la respuesta.
¡Haz**me** un favor!	¡No **me** hagas un favor!

Mandatos con pronombres (usted)

afirmativo	negativo
Páse**me** la revista.	¡No **me** pase la revista!
¡Espére**me**!	¡No **me** espere!
verbos irregulares	
De**me** la maleta.	No **me** dé la maleta.
¡Hága**me** un favor!	¡No **me** hagas un favor!

Mandatos afirmativos y negativos (vosotros)

		verbos regulares		
infinitivo	*tú* (afirmativo)	*tú* (negativo)	*vosotros* (afirmativo)	*vosotros* (negativo)
trabajar	trabaja	no trabajes	trabaja**d**	no trabaj**éis**
comer	come	no comas	come**d**	no com**áis**
recibir	recibe	no recibas	recibi**d**	no recib**áis**
		verbos irregulares		
dar	da	no des	da**d**	no de**is***
decir	di	no digas	deci**d**	no dig**áis**
hacer	haz	no hagas	hace**d**	no hag**áis**
ir	ve	no vayas	i**d**	no vay**áis**
poner	pon	no pongas	pone**d**	no pong**áis**
saber	sabe	no sepas	sabe**d**	no sep**áis**
salir	sal	no salgas	sali**d**	no salg**áis**
ser	se	no seas	se**d**	no se**áis**
tener	ten	no tengas	tene**d**	no teng**áis**
venir	ven	no vengas	veni**d**	no veng**áis**

*Irregular in the *vosotros* negative form only in that it does not have an accent mark.

In this chapter Eduardo and Pilar have arrived early in Mérida, a city from Roman times. Eduardo is excited as he shows Pilar how he plans to make video recordings at different sites in Mérida. Then later at the Córdoba train station, both Eduardo and Pilar map out the stops where they intend to do video shoots until dinnertime at the Rodríguez house in Granada.

Una tecnología sin fronteras

Objetivos comunicativos

By the end of this chapter you will be able to . . .

1. express future plans, intentions, and outcomes.

2. predict what will happen in certain circumstances.

3. evaluate the role technology has in the Spanish language.

4. report what was expected, said, or promised.

5. explain what you would do in certain situations.

6. trace the use of technology through Spain's history.

Preguntas esenciales

1. ¿Por qué planeamos nuestro futuro?

2. ¿Podemos saber con certeza lo que ocurrirá?

3. ¿Cómo impactó la tecnología a cada generación?

Diálogo 11-1: La tecnología en los viajes 🔊

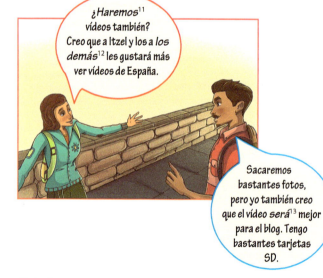

---

¹ drone
² I will be able to
³ DSLR camera
⁴ we will go
⁵ nests

⁶ storks
⁷ take pictures
⁸ dusk, twilight
⁹ takes pictures
¹⁰ night (adj.)

¹¹ we will make
¹² the rest of them
¹³ will be
¹⁴ will be worth it

Vamos a ver dónde está todo en el mapa.

Más tarde en Córdoba . . .

¡Mira! Si vamos primero a la Mezquita, podremos hacer un vídeo desde el puente romano.

Y después de hacer el vídeo, iremos en taxi hasta la casa del Inca Garcilaso.

Sí. Luis se pondrá contento de ver fotos y vídeos de la casa.

La casa del Inca Garcilaso está en Montilla. *Tardaremos*[15] unos cuarenta minutos en llegar.

Eso no es mucho. *Nos dará tiempo de sobras*[16] de volver a la estación del AVE y volver a Granada.

Sí, porque le dije a la mujer del pastor Rodríguez que *cenaríamos*[17] con ellos esta noche.

---

[15] we will take (time)
[16] we will have plenty of time
[17] we would have supper

343

Actividad 11-1: Preguntas de comprensión

1. Eduardo lleva ___.

   A. varias cámaras de fotos

   B. varios mapas *de sobras*[1]

   C. fotos de España

2. Eduardo lleva un dron para ___.

   A jugar a los aviones

   B. hacer fotos

   C. hacer fotos y vídeos de Mérida desde el aire

3. La cámara réflex hace mejores fotos porque ___.

   A. es más cara que las cámaras pequeñas

   B. la alta definición produce mejor calidad en la imagen

   C. no se puede poner en un drone

4. El plan en Mérida es visitar ___.

   A. el anfiteatro y el circo

   B. el puente romano y el circo

   C. el puente romano, el anfiteatro y el circo

5. Pilar y Eduardo quieren ver el acueducto porque ___.

   A. quieren compararlo al acueducto de Segovia

   B. Pilar quiere ver los nidos de las cigüeñas y Eduardo quiere hacer fotos

   C. Eduardo quiere ver el atardecer

6. Eduardo y Pilar quieren hacer ___ para el blog.

   A. vídeos

   B. documentos

   C. un libro

7. Pilar y Eduardo quieren mostrar los lugares como ___.

   A. un álbum de fotos

   B. una película

   C. un documental sobre España

8. Tardan cuarenta minutos en llegar a la casa del Inca Garcilaso porque ___.

   A. Córdoba es muy grande

   B. la casa del Inca Garcilaso está en otra ciudad

   C. los taxis españoles no pueden ir rápido

---

[1] plenty of

PLANES Y PREDICCIONES
El futuro

Use the future tense to express plans, intentions, and predictions. Notice these examples from the dialog:

Eduardo:	**Empezaremos** por el puente romano, **cruzaremos** el río y **llegaremos** hasta el anfiteatro y el circo.
Pilar:	¿**Iremos** al acueducto? ¡Quiero ver los nidos de las cigüeñas!
Eduardo:	Sí, pero **iremos** por la tarde.

English forms the future tense by inserting the auxiliary *will* or *shall* before the main verb. However, Spanish simply adds an ending to the infinitive form of the verb.

Iremos al acueducto por la tarde.
*We **will go** to the aqueduct in the afternoon.*

pronoun	ending	regular future verb forms		
yo	-é	llegar**é**	comer**é**	vivir**é**
tú	-ás	llegar**ás**	comer**ás**	vivir**ás**
él/ella/usted	-á	llegar**á**	comer**á**	vivir**á**
nosotros	-emos	llegar**emos**	comer**emos**	vivir**emos**
vosotros	-éis	llegar**éis**	comer**éis**	vivir**éis**
ellos/ellas/ustedes	-án	llegar**án**	comer**án**	vivir**án**

Notice the pattern in the verbs *llegar*, *comer*, and viv*ir*. Unlike other tenses, there is only one set of endings for all three types of verbs (*-ar*, *-er*, and *-ir*).

Formas irregulares del futuro

A handful of frequently used verbs change their stem to form the future tense.

infinitive	stem	irregular future verb forms
decir	**dir-**	diré, dirás, dirá, diremos, diréis, dirán
haber	**habr-**	habrá (futuro de *hay*)
hacer	**har-**	haré, harás, hará, haremos, haréis, harán
poder	**podr-**	podré, podrás, podrá, podremos, podréis, podrán
poner	**pondr-**	pondré, pondrás, pondrá, pondremos, pondréis, pondrán
querer	**querr-**	querré, querrás, querrá, querremos, querréis, querrán
saber	**sabr-**	sabré, sabrás, sabrá, sabremos, sabréis, sabrán
salir	**saldr-**	saldré, saldrás, saldrá, saldremos, saldréis, saldrán
tener	**tendr-**	tendré, tendrás, tendrá, tendremos, tendréis, tendrán
valer	**valdr-**	valdré, valdrás, valdrá, valdremos, valdréis, valdrán
venir	**vendr-**	vendré, vendrás, vendrá, vendremos, vendréis, vendrán

Nota de léxico

video vs. *vídeo*
The Latin American pronunciation is *vídeo*, but *vídeo* is the Spanish pronunciation.

en la tarde vs. *por la tarde*
En la tarde is used in most Latin American countries to specify "in the afternoon," whereas *por la tarde* is used in Spain.

sacar fotos y hacer fotos
Both verbs are used to say "to take pictures."

mandar y *enviar*
These verbs are synonyms; both mean "to send." *Mandar* can also refer to giving an order or command.

esposo y *esposa*
These words are a more formal way to say "husband" and "wife." In Spain people prefer to say *marido* and *mujer*.

Usos del futuro

It is important to understand that tenses do not always match the time of the action taking place. For example, *mañana **como** con Andrés* refers to a future action, but the verb used is in the present tense. Likewise, the future tense (*will* + verb) has uses other than talking about future actions.

1. **Planning**
   Empezaremos por el puente romano [y] **cruzaremos** el río.
   We will start at the Roman bridge and we will cross the river.

2. **Intending to do something** (similar to planning)
   Así **podré** hacer fotos aéreas.
   I will be able to take aerial pictures.

3. **Predicting an outcome based on personal judgment or opinion**
   Será más trabajo, pero **valdrá** la pena.
   It will be more work, but it will be worth it.

Actividad 11-2: Los planes de Eduardo y Pilar

Paso 1

Using the dialog, indicate whether each statement is *cierto* or *falso*.

1. Eduardo y Pilar cruzarán el río usando el puente romano.

2. Eduardo y Pilar irán al acueducto después de cruzar el puente romano.

3. Eduardo y Pilar verán los nidos de las cigüeñas en el acueducto.

4. Eduardo y Pilar harán vídeos del acueducto.

5. A los muchachos de *Arqueología sin Fronteras* no les gustarán los vídeos.

6. Eduardo y Pilar serán reporteros en el documental.

7. Eduardo y Pilar tendrán que ir en taxi a la casa del Inca Garcilaso.

8. Eduardo y Pilar sacarán fotos de la casa del Inca Garcilaso.

9. Eduardo y Pilar no mandarán las fotos a Luis.

10. Eduardo y Pilar cenarán en Córdoba.

Ah, ¿estás en el teatro romano de Mérida?

Sí, los romanos lo construyeron para seis mil espectadores. Todavía se usa para dar conciertos y espectáculos.

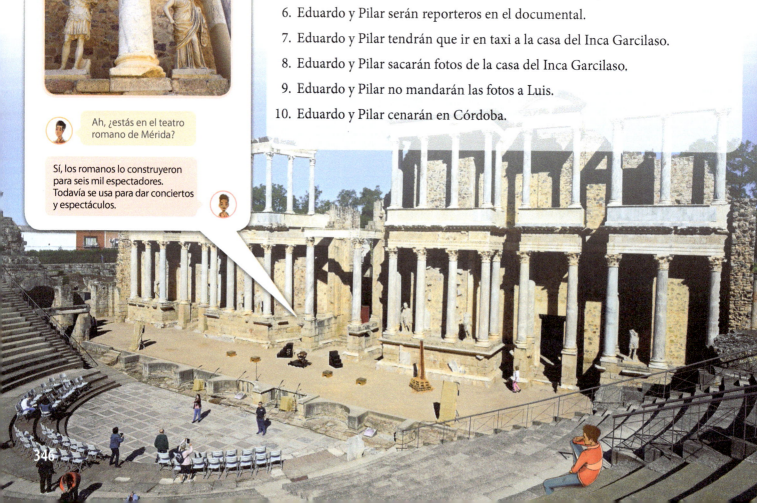

Paso 2

Indicate who will do the following according to the dialog. Select all that apply.

	¿Quién hará lo siguiente?	Eduardo	Pilar	otro
1	podrá hacer fotos aéreas			
2	cruzará el río por el puente romano			
3	irá al anfiteatro y al circo romano			
4	irá al acueducto			
5	sacará fotos del acueducto por la tarde			
6	verá los nidos de las cigüeñas			
7	hará vídeos de los lugares			
8	le gustará ver vídeos de España			
9	será la reportera			
10	irá a la Mezquita			
11	se pondrá contento de ver las fotos			
12	cenará en Granada			

El anfiteatro y el teatro romano, Mérida

Paso 3

Match Eduardo and Pilar's activities with the correct person, place, or thing.

_____ 1. Iremos al atardecer.

_____ 2. Empezaremos en _____.

_____ 3. Cenaremos con _____.

_____ 4. Tardaremos cuarenta minutos en llegar.

_____ 5. El vídeo será mejor para _____.

_____ 6. Le gustarán los vídeos.

_____ 7. Veremos los nidos de _____.

_____ 8. Será más trabajo, pero valdrá la pena.

A. hacer un documental

B. el blog

C. el acueducto

D. Itzel

E. las cigüeñas

F. el puente romano

G. Montilla

H. el pastor Rodríguez y su mujer

Actividad 11-3: ¿Qué van a hacer Eduardo y Pilar mañana?

Eduardo and Pilar are preparing for their visit to the Alhambra the next day. After listening to the news, they create a tentative schedule. Based on what you see in the pictures, answer the questions predicting what they will do at particular times.

Modelo
¿A qué hora amanecerá mañana?
Mañana amanecerá a las 6:30.

1. ¿A qué hora amanecerá mañana?

2. ¿Qué tiempo hará mañana?

3. ¿A qué hora desayunarán mañana?

4. ¿A qué hora saldrán de casa mañana?

5. ¿A qué hora irán a la Alhambra mañana?

6. ¿Qué harán en la Alhambra mañana?

7. ¿A qué hora irán a almorzar mañana?

Actividad 11-4: Planeando un viaje

Paso 1

Eduardo and Pilar are planning to see the amphitheater of Tarragona the following week. They need to make a schedule. Using their to-do list, write sentences telling who will do what and which things they need to do together.

	día	cosas que hacer
1	lunes	buscar billetes de AVE a Tarragona por internet
2	martes	encontrar la oficina de turismo de Tarragona
3	miércoles	decidir juntos qué sitios históricos visitar
4	jueves	organizar juntos el itinerario de visitas en Tarragona
5	viernes	escoger qué cámaras llevar para el viaje

Modelo

El domingo, Eduardo hará una lista de cosas que hacer la semana próxima. *or*
Eduardo hará una lista de cosas que hacer la semana próxima el domingo.

Paso 2

Create a table similar to the one in Paso 1, showing your classes and extracurricular activities. Then write five sentences about what you will be doing next week. Note whether there is a change in one of your activities.

día	cosas que hacer
lunes	clase de matemáticas y clase de física
martes	examen de historia

Modelo

El lunes tendré clase de matemáticas, y el martes habrá un examen de historia.

Paso 3

Compare your activities with a classmate's. Ask what he or she will do next week. Notice the tenses used in the question and the answer.

Estudiante 1: ¿Qué vas a hacer el lunes de la próxima semana?
Estudiante 2: El lunes tendré clase de matemáticas y de física. ¿Y tú?
Estudiante 1: Yo tendré clase de historia.

¿Qué pensarán las cigüeñas de tu dron?

Creo que *no les estorbará*[1].
Están muy tranquilas en sus nidos encima del acueducto de los milagros.

[1] will not bother them

Actividad 11-5: ¿Cómo será el futuro?

Paso 1

The oldest structures in Spain are more than two thousand years old. The Romans intended to leave a legacy for future generations. Read the statements below about the future and determine the level of possibility by choosing *seguro* (sure), *quizá* (maybe), or *imposible* (impossible).

	¿Crees que . . . ?	seguro	quizá	imposible
1	Nuestras casas *durarán*[1] quinientos años.			
2	Los edificios se construirán de materiales sintéticos.			
3	Las casas usarán solamente energía solar.			
4	Todos los coches serán eléctricos.			
5	Nuestros coches nunca necesitarán reparaciones.			
6	En cien años no habrá escuelas.			
7	Estudiaremos en la universidad sólo por internet.			
8	En cien años no habrá televisiones.			
9	Los aviones viajarán a la velocidad de la luz.			
10	Habrá viajes de ocio para visitar la luna.			

[1] will last

Paso 2

What do you think will be different in the future? Using Paso 1 as an example, write three sentences predicting what things in your school or home will be different in a couple of decades.

Modelo
Mi casa usará energía solar solamente.
La escuela no existirá. Los niños estudiarán en casa.

Paso 3

Compare your sentences with a classmate's. Did you agree on any one prediction? Now share with the class what you and your classmate predict will be different.

Modelo
Yo creo que en el futuro todos los coches serán eléctricos, pero mi compañero/a piensa que no todos los coches serán eléctricos.

Nota de léxico

carro, auto y coche

All three terms are used to mean "car." *Coche* is the term used in Spain and some South American countries. Other South American countries use *auto*. Mexico, the Caribbean, and some Central and South American countries also use *carro*. The word *automóvil* is more formal, but it is sometimes used.

Regardless of the word you choose, you will have no problem being understood by Spanish speakers anywhere.

Actividad 11-6: Preservar el pasado 🔊

Paso 1

Listen to the following conversation between Eduardo and Pilar. Complete the sentences with the verbs you hear. Use the *vocabulario útil* section.

Pilar: Me pregunto lo qué (1)_____ con la Alhambra, la Mezquita y los acueductos en el futuro.

Eduardo: No lo sé. Imagino que los (2)_____ como hasta ahora.

Pilar: ¿Crees que los jóvenes del futuro (3)_____ el pasado como nosotros?

Eduardo: Yo creo que sí. Siempre (4)_____ jóvenes como Itzel, Juan, Temo, Lupita, Luis y María. El interés por el pasado siempre (5)_____ .

Pilar: Me alegra pensar que siempre (6)_____ alguien interesado en el pasado.

Eduardo: Posiblemente (7)_____ aún mejor. Porque esos jóvenes (8)_____ tecnologías mucho mejores que las nuestras.

Pilar: Y los jóvenes españoles (9)_____ bucear en los cenotes de México o Guatemala a través de la realidad virtual.

Eduardo: Y (10)_____ muchas más cosas que ahora están bajo tierra.

Pilar: ¡A lo mejor nuestros nietos (11)_____ con los nietos de Temo o María!

Vocabulario útil

preguntarse—to wonder
aún mejor—even better
bucear—to scuba dive
a través de—through, by
a lo mejor—maybe one day

Paso 2

What do you think Eduardo and Pilar are concerned about? Choose one of the options.

A. Están preocupados porque no saben qué pasará con los monumentos.

B. Están preocupados porque no saben si habrá jóvenes en el futuro.

C. Están preocupados porque a los jóvenes no les interesa bucear en los cenotes.

Paso 3

Do you think Eduardo and Pilar are hopeful about the future of the historical sites? Find two sentences in the dialog that indicate they are hopeful.

Paso 4

Based on Eduardo and Pilar's conversation, answer the following questions. What do you think will happen? Write complete sentences.

1. ¿Crees que los gobiernos cuidarán los monumentos y edificios históricos?

2. ¿Crees que los jóvenes del futuro estudiarán el pasado?

3. ¿Crees que descubriremos más civilizaciones del pasado?

4. ¿Crees que habrá mejores tecnologías para estudiar el pasado?

5. ¿Crees que los arqueólogos descubrirán nuevas ruinas?

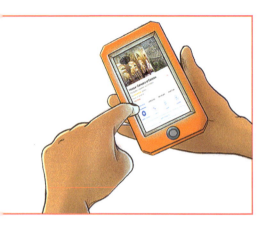

LAS CONDICIONES

The future tense is not only used to describe plans, express intentions, and make predictions; it is also used to express conditions that predict an outcome. Notice this example from the dialog.

> **Eduardo:** **Si vamos** primero a la Mezquita, **podremos** hacer un vídeo desde el puente romano.

Conditional statements have two parts. One part is introduced by the *si condicional* (*if clause* in English) and expressed with a present-tense verb: *si vamos* (if we go). The other part is the possible outcome, and it is expressed with a future-tense verb: *podremos hacer un vídeo* (we will make a video). Conditionals help us imagine or predict possible outcomes.

patterns for conditionals
si + **present**-tense verb + **future**-tense verb

Conditionals in Spanish work exactly the same as in English in that there is flexibility in the order of the parts of the condition without affecting the meaning.

> **Possibility 1:** *Si vamos* primero a la Mezquita, *podremos* hacer un vídeo desde el puente romano.

> **Possibility 2:** *Podremos* hacer un vídeo desde el puente romano *si vamos* primero a la Mezquita.

Actividad 11-7: ¿Qué pasará si . . . ?

Paso 1

What do you think will happen? Answer the following questions according to the information in Diálogo 11-1. Some questions have more than one correct answer.

1. ¿Qué pasará si se olvidan los billetes de tren?

   A. No pasará nada.

   B. Podrán subir al tren y explicarle al *revisor*[1] que no tienen billete.

   C. No podrán viajar.

2. ¿Qué pasará si Eduardo y Pilar no llevan cámara de fotos para el viaje?

   A. No podrán sacar fotos de los lugares.

   B. Eduardo tendrá que usar su teléfono móvil para hacer fotos.

   C. No tendrán que preocuparse de nada. Lo pasarán muy bien.

3. ¿Qué pasará si Eduardo no lleva bastantes tarjetas de memoria SD para el viaje?

   A. No pasará nada. Las cámaras no las necesitan.

   B. No podrá grabar vídeos de todos los lugares.

   C. Tendrá que hacer fotos solamente.

4. ¿Qué pasará si Eduardo y Pilar no van a Montilla?

   A. No harán fotos de la casa del Inca Garcilaso.

   B. No verán una ciudad de Córdoba muy bonita.

   C. No podrán usar la cámara réflex de Eduardo.

---

[1] ticket collector

Paso 2

Which is the more logical outcome in each of these everyday situations? Use the *vocabulario útil* **to help you.**

1. Si estudias mucho, _____ .

   A. aprobarás el examen   B. suspenderás el examen

2. Si faltas a clase, _____ .

   A. podrás hacer las tareas   B. no podrás hacer las tareas

3. Si conduces muy rápido, _____ .

   A. llegarás a tiempo   B. tendrás un accidente

4. Si comes mucho, _____ .

   A. engordarás   B. perderás peso

5. Si haces deporte, _____ .

   A. estarás en forma   B. no estarás en forma

Vocabulario útil

aprobar o suspender—to pass or to fail an exam/quiz (Spain)
pasar o reprobar—to pass or to fail an exam/quiz (Latin America)
faltar a clase—to miss a class
conducir—to drive (Spain)
manejar— to drive (Latin America)
engordar—to gain weight
estar en forma—to be fit

Actividad 11-8: ¿Iremos al acueducto?

Your class is exploring the idea of visiting Spain next summer. Choose two classmates and form a group. Discuss what you think you will be able to do given the conditions below. Use the information in the table to complete the sentences.

mes	días *disponibles*[1]	mes	días disponibles
mayo	8 días	julio	21 días
junio	15 días	agosto	28 días

ciudad	lugares
Madrid	el Museo del Prado, el campo de fútbol del Real Madrid
Toledo	la antigua ciudad, la sinagoga judía, el museo del famoso pintor el Greco
Barcelona	la Sagrada Familia, el Museo Picasso, el Museo Dalí, el campo de fútbol del Barcelona, el mar Mediterráneo, la Costa Brava
Tarragona	las ruinas romanas, el delta del río Ebro, el mar Mediterráneo

Modelo
Si vamos en mayo, tendremos ocho días disponibles.

1. Visitaremos el Prado si _____ .

2. Si vamos a Tarragona, _____ .

3. Tendremos 28 días disponibles si _____ .

4. Si vamos en junio, _____ .

5. Iremos a los museos de Picasso y Dalí _____ .

6. Si vamos a Toledo, _____ .

7. Haremos un tour del Museo del Greco si _____ .

8. Veremos los campos de fútbol del Real Madrid y del Barcelona _____ .

---

[1] available

CONEXIONES CULTURALES CON EL PRESENTE

El mundo digital

Pilar and Eduardo thought it would be a good idea to make a few video recordings (*grabaciones de vídeo*) in order to share what they learned from their trip through southern Spain. Communication technology (e.g., *textos, correos electrónicos,* and *las redes sociales*) combined with video technology helps us communicate more efficiently around the world today. Technology can also help us cross cultural barriers and enable us to understand other languages better.

Mexico was able to develop its golden age of cinema (*época de oro del cine mexicano*) with films that became well-known throughout Latin America. Today since news and other programs are broadcast or streamed via internet from various countries, you can hear authentic Spanish and learn about culture without having to travel to another country. Do you know anyone who learned English just from watching television programs from the United States?

The cellphone (*teléfono celular* in Latin America or *teléfono móvil* in Spain) has made long-distance communication accessible to many more people. In fact, some residential areas in the Spanish-speaking world where landline telephones were never installed are now making extensive use of cellphone technology. Like

Españoles revisando sus móviles durante una elección general

![Torrespaña, una torre de telecomunicaciones en Madrid]

Torrespaña, una torre de telecomunicaciones en Madrid

Radio has had a big impact in Spanish-speaking countries. Radio news programs are still important for many since some areas do not have adequate internet access. It is common to hear radio announcers broadcasting advertisements or music blaring across the city on any given day. Current popular radio or streaming news sources are RNE (*Radio Nacional de España*), *Cadenaser* (Spain), *Radio Mitre* (Argentina), *Radio Fórmula* (Mexico), and *Radio Deportes* (US). Listening to radio programs is a good way to learn a language. Remember that it will take time to understand very much on the radio, but by this point in your language-learning experience, you should be able to pick up on the main idea of what is being discussed.

During World War II, while other countries were focused on the war effort,

everyone else, Spanish speakers find it convenient to use their cellphones for making calls, sending texts, and handling financial transactions. Internet service continues to expand slowly but surely in most places.

Una torre humana

Today high-quality digital video cameras have made it possible for people to make videos of their travels to post online. For example, Spaniards have recorded themselves skiing in the Sierra Nevada near Granada or building *castells* (human towers) in Catalonia. Drones with video cameras allow for aerial shots of remote areas as well. Watching videos made by native speakers is another unique way to learn about Spanish culture.

How else can we use technology to help us learn another language? Today we have access to a variety of authentic resources through video, audio, internet, or print. By using these resources, you can learn a foreign language without needing to live abroad.

Many language programs or schools offer online courses. Some can be helpful, but they utilize different methods of teaching and usually have limitations compared to a full language course. Language apps can be useful for reviewing the language concepts you are learning in class. It is especially handy to have a dictionary app for on-the-spot reference when needed.

Spanish podcasts can be listened to while traveling or doing chores around the house. Memory games are a fun way to learn vocabulary. Translation apps and services are convenient but are not 100 percent accurate. Do not depend entirely on them since they do not always offer the best translation. Remember that many of these resources are good for language input but should not be considered the only way to acquire a language. You still need the benefits of going through a solid language program as well as the practice of speaking with and listening to others to be proficient. Your teacher is the best person to teach and guide you at your current level of language learning.

Technology will never take the place of the human mind in acquiring a language. Learning languages is part of your God-given ability. We were made in His image, which means we were made to communicate. Most polyglots (people who speak several languages) will tell you that you do not need to be "gifted" in languages to learn another language; you just need to find a strategy that works for you and stick with it. By using these resources, you can maximize your exposure to language. Your brain will begin to pick up the language as you put in the effort.

Actividad 11-9: Preguntas de discusión

1. List in Spanish items that fall under the category of electronic communication.

2. Why is radio still an important technology in some Spanish-speaking countries?

3. How has cell phone technology changed things in Spanish-speaking countries?

4. What are some ways technology can help you learn Spanish? Are there any limitations to technology?

5. Why can technology never take the place of the human brain when it comes to languages?

La península ibérica desde el espacio

Diálogo 11-2: Vídeo y fotos 🔊

Back in Granada after visiting Mérida and Córdoba for the day, Eduardo and Pilar are with Pastor Rodríguez discussing their itinerary. On this last part of their trip, they will shoot more video at the Alhambra and then go to Seville before returning home to Segovia, according to the schedule they had shared with their parents.

---

¹ it would be
² we would return
³ I would stay

⁴ I would help
⁵ Good! OK! (Spain)
⁶ you (indirect object; Spain)

El próximo día en la Alhambra . . .

El lunes en Sevilla . . .

---

7 we would record/film
8 we would have
9 places

10 broadcast
11 What a thrill! (short for *¡Qué ilusión!*)

Actividad 11-10: Preguntas de comprensión

1. ¿Qué planean hacer Eduardo y Pilar en una semana?

   A. Harán fotos y vídeos de la Alhambra solamente.

   B. Visitarán la Alhambra y Sevilla.

   C. No vistarán nada porque tienen que volver a Segovia.

2. ¿Por qué no se pueden quedar más días Eduardo y Pilar?

   A. Porque les prometieron a sus padres que volverían el lunes.

   B. Porque ya no quedan más lugares para visitar.

   C. Porque el Pastor Rodríguez quiere llevarlos a la estación del tren el lunes.

3. ¿Por qué se llama el Patio de los Leones?

   A. Porque el patio tenía leones en los tiempos de los musulmanes.

   B. Porque todos los patios en la Alhambra tienen leones.

   C. Porque hay una fuente de agua con doce leones en el patio.

4. ¿Qué es la Giralda?

   A. Es una torre en Sevilla.

   B. Es un castillo.

   C. Es una mezquita musulmana.

5. ¿Por qué no quiere grabar más Eduardo?

   A. Porque está cansado de grabar.

   B. Porque Pilar quiere ir a una reunión por internet.

   C. Porque ya tiene bastante vídeo.

6. ¿Por qué está contenta Pilar?

   A. Porque ya terminó de grabar vídeo.

   B. Porque van a reunirse con los chicos de *Arqueología sin Fronteras*.

   C. Porque vuelve a casa con su familia.

El Patio de los Leones en la Alhambra

PROMETÍ QUE LE AYUDARÍA

El condicional

When reporting what was said or promised in the past, use the conditional tense.

Eduardo: Les **dijimos** a nuestros padres que **volveríamos** el lunes.
*We **told** our parents that **we would return** on Monday.*

Pilar: Le **prometí** a mi madre que le **ayudaría** en casa.
*I **promised** my mother that **I would help** her at home.*

English forms the conditional by adding an auxiliary such as *would* before the main verb. However, Spanish simply adds an ending to the infinitive form of the verb.

Yo me **quedaría** más días.
***I would stay** more days.*

Look at the chart with the conditional forms of the verbs *llegar*, *comer*, and *vivir*. Notice that there is only one set of endings for all three verb types (*-ar*, *-er*, and *-ir*) and the endings for first-person singular and third-person singular are the same.

pronoun	ending	conditional tense (regular verbs)		
yo	**-ía**	llegar**ía**	comer**ía**	vivir**ía**
tú	**-ías**	llegar**ías**	comer**ías**	vivir**ías**
él/ella/usted	**-ía**	llegar**ía**	comer**ía**	vivir**ía**
nosotros	**-íamos**	llegar**íamos**	comer**íamos**	vivir**íamos**
vosotros	**-íais**	llegar**íais**	comer**íais**	vivir**íais**
ellos/ellas/ustedes	**-ían**	llegar**ían**	comer**ían**	vivir**ían**

Formas irregulares del condicional

The irregular verbs that undergo a stem change in the future tense undergo the same stem change in the conditional tense.

infinitive	stem	conditional tense (irregular verbs)
decir	**dir-**	diría, dirías, diría, diríamos, diríais, dirían
haber	**habr-**	habría (condicional de *hay*)
hacer	**har-**	haría, harías, haría, haríamos, haríais, harían
poder	**podr-**	podría, podrías, podría, podríamos, podríais, podrían
poner	**pondr-**	pondría, pondrías, pondría, pondríamos, pondríais, pondrían
querer	**querr-**	querría, querrías, querría, querríamos, querríais, querrían
saber	**sabr-**	sabría, sabrías, sabría, sabríamos, sabríais, sabrían
salir	**saldr-**	saldría, saldrías, saldría, saldríamos, saldríais, saldrían
tener	**tendr-**	tendría, tendrías, tendría, tendríamos, tendríais, tendrían
valer	**valdr-**	valdría, valdrías, valdría, valdríamos, valdríais, valdrían
venir	**vendr-**	vendría, vendrías, vendría, vendríamos, vendríais, vendrían

Nota de lengua

Conditional and imperfect endings

With *-er* and *-ir* verbs, the conditional uses the same endings as the imperfect.

The difference is that the imperfect replaces the *-er* or *-ir* part of the infinitive with an ending. The conditional, however, adds an ending after the *-er* or *-ir*.

imperfect	conditional
com**ía**	comer**ía**
com**ías**	comer**ías**
com**ía**	comer**ía**
com**íamos**	comer**íamos**
com**íais**	comer**íais**
com**ían**	comer**ían**

Note that *-ar* verbs do not follow this pattern.

imperfect	conditional
cant**aba**	cantar**ía**

Vocabulario útil

llevar tiempo—to take time
llevar una hora—to take one hour
pasar tiempo—to spend time
acortar—to shorten, to make shorter
quedarse sin—to run out of

Usos del condicional

In previous chapters the form *me gustaría* was presented as a way to express polite requests, preferences, or recommendations at a restaurant. *Gustaría* is the conditional tense of the verb *gustar*.

Just as with the future tense, the conditional is used in specific situations. For example, it is used to report what was promised or said in the past, to express a wish, or to refer to past expectations. In these instances, Spanish and English use the conditional the same way.

1. **Reporting what was expected, said, or promised**
Pensé que **tendríamos** tiempo de grabar más sitios.
*I thought that **we would have** time to record more places.*

Les dijimos que . . . **volveríamos** el lunes.
*We told them that . . . **we would return** Monday.*

Le prometí que . . . le **ayudaría**.
*I promised her that . . . **I would help** her.*

2. **Expressing a wish or what you would do**
Yo **me quedaría** más días . . . [pero no puedo].
I would stay more days . . . [but I can't].

Yo no **grabaría** más.
I would not film any more.

Actividad 11-11: ¡Pensé que sería diferente!

Paso 1

Eduardo and Pilar will be going home in a few days and are talking about their trip. Read the *vocabulario útil* and then complete each sentence with the correct verb. Some verbs will be used more than once, and some will not be used at all.

| comería | grabaría | quedaría | tendrías |
| estaría | llevaría | sería | veríamos |

Pilar: No pensé que (1)_____ tan cansada. Este proyecto es muy duro.

Eduardo: Yo tampoco me imaginé que (2)_____ tanto trabajo.

Pilar: Pensé que grabar unos vídeos (3)_____ una hora más o menos, pero ayer fueron cuatro horas de grabación.

Eduardo: Le dije a Temo que (4)_____ todos los palacios, pero sólo grabé el Palacio de los Nazaríes y el Palacio de los Leones.

Pilar: Yo creí que (5)_____ todo Córdoba, pero sólo vimos la casa del Inca Garcilaso y la Mezquita.

Eduardo: Ya lo sé. No tuvimos tiempo para nada más.

Pilar: Por un momento pensé que no (6)_____ bastantes tarjetas de memoria para grabarlo todo.

Eduardo: Sí, yo también pensé que me (7)_____ sin tarjetas, pero traje extras.

Pilar: Me alegro porque (8)_____ una tragedia quedarnos sin memoria a mitad del viaje.

Eduardo: ¡No quiero ni imaginarlo!

Paso 2

Choose the best answer to each comprehension question about the conversation in Paso 1.

1. Cuando planearon el viaje, ¿qué es lo que no imaginaron Eduardo y Pilar?

   A. Que sería difícil.

   B. Que trabajarían tan duro.

   C. Que llevaría mucho tiempo.

2. ¿Qué pensaba Eduardo de grabar vídeos?

   A. Que tardaría una hora.

   B. Que sería fácil.

   C. Que grabaría solamente un sitio.

3. ¿Qué pensaba Pilar de Córdoba?

   A. Que Córdoba solamente tendría dos lugares interesantes.

   B. Que Córdoba sería una ciudad grande.

   C. Que ella y Eduardo tendrían tiempo de ver toda la ciudad.

4. ¿Qué pensaron Pilar y Eduardo en un momento concreto del viaje?

   A. Que Eduardo lo grabaría todo.

   B. Que Eduardo no tendría tarjetas suficientes para grabarlo todo.

   C. Que Eduardo tendría tarjetas extras.

Actividad 11-12: Le dije que . . .

Paso 1

Complete each sentence with the correct verbs.

dijo	le ayudaría	les dijimos	me dijo	tendríamos
grabaríamos	le dije	le prometí	sería	volveríamos

Pilar: Itzel (1)_____ que (2)_____ muy bueno poner vídeos de España en el blog.

Eduardo: (3)_____ a nuestros padres que (4)_____ el lunes.

Pilar: (5)_____ a mi madre que (6)_____ en casa.

Eduardo: (7)_____ a Temo que (8)_____ el Palacio de los Nazaríes.

Pilar: Itzel (9)_____ que (10)_____ una reunión por internet para hablar del blog.

Paso 2

Read the following conversations and find out what Pilar and Eduardo said they would do for their parents and their friends from the blog. Write sentences about what they said they would do.

Modelo
Pilar: Mamá, te llamaré todas las noches después de cenar, ¿vale?
Mamá: Está bien, hija. ¡Diviértete!

Pilar le dijo a su madre que la llamaría todas las noches.

1. **Eduardo:** Sí, sacaré fotos de la casa del Inca Garcilaso. No me olvidé de lo que te prometí. Bueno, adios, Luis. Nos vemos la semana que viene.

2. **María:** Pilar, no te olvides de mandarme fotos del Patio de los Leones de la Alhambra. Tengo muchas ganas de tener fotos de la Alhambra.

   Pilar: Te enviaré las fotos antes de la reunión por internet.

3. **Eduardo:** Juan, grabaré vídeos del acueducto de Mérida por la noche.

4. **Temo:** Eduardo, ¿irán a Sevilla?
   Eduardo: Sí, pasaremos dos días en Sevilla.

Paso 3

We all have expectations when we start something new. Share with a classmate what you thought Spanish, other school subjects, or your grades would be like when you first started the current school year.

Modelo
Yo creí/pensé que el español sería difícil, pero ahora creo que no es muy difícil.
Creí que el algebrá sería imposible, pero ahora creo que es posible.

ME QUEDARÍA MÁS DÍAS, PERO . . .

Expresando un deseo o lo que harías

Actividad 11-13: ¿Qué harías diferente?

Paso 1 🔊

Eduardo and Pilar will be going home in a few days and are talking about their trip. Listen to their conversation and answer the following questions about some of the words they use.

1. ¿Qué verbo es sinónimo de *creía*?

2. ¿Qué palabra significa "extenso"?

3. ¿Qué palabra es sinónima de *lugares*?

4. ¿Qué frase es sinónima de "estoy de acuerdo contigo"?

5. ¿Qué verbo significa "haría corto"?

Paso 2

Listen to the conversation again and determine the main idea of the conversation.

A. Eduardo y Pilar piensan que el viaje fue muy corto.

B. Eduardo y Pilar cambiarían algunos aspectos del viaje.

C. Eduardo y Pilar visitaron demasiadas ciudades.

D. Eduardo cree que el avión sería más rápido que el AVE.

Paso 3

Listen to the conversation again and answer the following questions about the details of the conversation.

1. ¿Qué pensaron Eduardo y Pilar del viaje? ¿Por qué estaban equivocados?

2. ¿Qué dos cosas harían diferentes Eduardo y Pilar?

3. ¿Cuál es el problema de viajar en avíon?

Actividad 11-14: ¿Qué harías tú?

Paso 1

What would you do? Read about each situation and choose the option that is true of you. Then write a sentence telling what you would do.

Modelo
Tu compañero tiene una mancha en la espalda, y no la ve.
   A. No le dirías nada.
   B. Le dirías que tiene una mancha en la camisa.
Yo le diría a mi compañero que tiene una mancha en la camisa.

1. Tu compañera de clase se olvida el teléfono celular en clase.

   A. Lo dejarías en la clase.

   B. Te lo llevarías a casa, y se lo darías al día siguiente.

2. Tu profesor se olvida de mandar tareas para el día siguiente.

   A. Se lo recordarías, y él mandaría las tareas.

   B. No se lo recordarías y así no tendrías tareas para el día siguiente.

3. Te encuentras una cartera en la escuela sin identificación pero con dinero.

   A. Le dirías al director o a un profesor que te encontraste una cartera.

   B. Te quedarías con la cartera y el dinero.

Paso 2

Now compare your sentences from Paso 1 with a classmate's answers. Did you agree about what to do? In which situation would you act differently from your classmate?

Modelo
Mi compañero/a no le diría a su compañero/a que tiene una mancha en la camisa, pero yo sí le diría que tiene una mancha en la camisa.

¡Increíble! ¡Ese acueducto es grandísimo!

Este acueducto está en Segovia, donde vivo yo. Mide unos 28.5 metros de altura.

¿Llegará el dron a esa altura?

Sí, fácilmente. Pero tengo que tener cuidado. No quiero perderlo.

CONEXIONES CULTURALES CON EL PASADO

La tecnología en el pasado

The digital world we live in today is a fairly recent phenomenon. However, technology has always existed; even before the digital age, technology made people's work more efficient. Technology is simply the application of scientific knowledge to practical areas of human life. While the items described below may not be what you think of as technology, they were consequential in their time and are noteworthy.

Significant technology has existed in the Iberian Peninsula since Roman times. Emperor Augustus founded Mérida as a Roman colony in western Hispania in 25 BC to serve as a retreat for veteran soldiers. More than two thousand years later, many of the structures he built are still being used. The Romans developed concrete to use in their buildings on a large scale. Before that, only mortar (a mix of sand, lime, and water) was used. But the Romans added an ingredient that mixed with lime to cause a chemical reaction and form a strong bond, making their structures sturdy, weather resistant, and even able to harden underwater. Along with cement, Romans engineers mastered the use of the arch for support in their buildings and bridges. One of the longest bridges in the Roman Empire was the one in Mérida. Today many Roman bridges can be seen in Spain, including in Córdoba, Toledo, and Alcántara.

The Romans also developed ingenious ways to bring water into their cities using a complex system of canals and aqueducts across long distances. At times these channels had to be elevated above ground and supported by arches. The *Acueducto de los Milagros* in Mérida is one such aqueduct, part of which is still standing. Perhaps the most famous and best preserved is the *Acueducto de Segovia* in northern Spain, an engineering marvel. Other well-preserved Roman constructions in Mérida include the amphitheater (used for gladiatorial combat and wild animal fights), the theater, and the circus maximus (used for chariot races). The Romans built a network of roads throughout their empire to allow their troops to move quickly. Roads were also important for transporting mineral resources. The *Vía de Plata* from Mérida to Astorga in northern Spain was an old trade route. Today it has been converted into a national highway, and sections are used by bicyclists.

When the Moors (Muslims from northern Africa) occupied what is now Spain, they created the Caliphate of Córdoba. The period of 929 to 1031 is known for the extensive trading of goods, culture, and Al-Andalus architecture such as was used in the *Mezquita de Córdoba*. The city of Córdoba was one of the most important cities of the Mediterranean Basin and the Islamic world. Advances were made in trigonometry, astronomy, surgery, and pharmacology. One technological tool that was invented by the Greeks and further developed by the Moors was the astrolabe, which is a

El puente romano y la Mezquita-Catedral, Córdoba

Un astrolabio de los árabes

scientific instrument that can determine time and latitude. It was adopted by mariners and used for celestial navigation. Christopher Columbus carried an astrolabe with him on his voyages to the Americas. However, it was probably not until his fourth journey that he was able to use it successfully because it was difficult to use at sea during rough weather. The knowledge of the Moors made possible some of the technological advances of the next few centuries.

When the Western Hemisphere was opened up to Spain, ships were needed for increased exploration and trade. The shipping industry grew greatly, and the related increase in nautical knowledge eventually allowed Spain's navy to become the most powerful maritime force in the world during the sixteenth and seventeenth centuries. Ships carried conquistadors and explorers to many places in the New World. In Mexico, Hernán Cortés used his ships to help defeat the Aztecs. He disassembled some of his ships on the Gulf of Mexico, carried the pieces overland to the Aztec capital, and constructed brigantines to give him a tactical advantage on the lake surrounding the city. Ships brought riches and treasure from the new lands to Spain and brought goods from Spain back to the colonies. Everything imported from the colonies had to pass through the *Casa de Contratación* in Seville.

Other technologies that allowed Spain to colonize Central

Un galeón español

and South America were firepower, metal armor, and steel swords. Spanish horsemen with steel-tipped lances had an overwhelming effect on the indigenous peoples who lived on the flat plain. In close combat, the Spanish soldiers used their swords. The city of Toledo was world-renowned for its steel arms and armor. The Toledo sword was a valuable

weapon of high European craftsmanship. It was such an advantage that for some time after the conquest, it was illegal for natives to have one. The soldiers' metal armor protected them from most attacks. While the success of the Spanish conquests did not rest solely on the superiority of their arms and armor, that factor did prove to be an advantage against the sizable force that they faced. Without doubt, technology helped Spain grow as a nation during the centuries that followed.

La armadura de España

Actividad 11-15: Preguntas de discusión

1. The Romans combined several technologies to give them a tactical advantage over their enemies. List two items that were used for building instead of warfare. Where can they be found in Spain?

2. Describe why concrete was a valuable technology for the Romans.

3. Though the shipping industry had been around for many years, how did Spain take advantage of ships during the sixteenth and seventeenth centuries?

4. What role did technology play in the Spanish conquest of the Americas?

5. Was technology primarily used for peace or war in Spain's history? How does our use of technology today demonstrate our values?

Arqueología sin Fronteras

La tecnología de ayer

El 10 de abril en Sevilla

Aquí os mando los mensajes de texto de mi conversación con Temo. También incluyo unas fotos. ¡Saludos a todos!

 Eduardo: ¿Qué tal, Temo? Estoy probando mi dron con una cámara de vídeo para grabar el Acueducto de los Milagros en Mérida.

 Temo: ¿Sí? ¿Y cuándo veremos la grabación que van a hacer? Solamente conocía el Acueducto de Segovia, y Lupita me dijo que veríamos el acueducto de Mérida también.

 Eduardo: La grabación estará lista cuando *regresemos*[1] a casa.

 Temo: ¿Qué otros lugares de los romanos tienen grabados?

 Eduardo: Bueno, están los puentes de Mérida, Córdoba y Alcántara.

 Temo: Ya que van a Córdoba, ¿van a incluir fotos de la Mezquita? Aunque no tenían tecnología moderna, es un lugar de España muy famoso.

 Eduardo: ¡Por supuesto! Fue la capital del Califato de Córdoba, y hubieron muchos avances científicos en aquella época.

 Temo: ¡Qué bueno! España tiene una larga historia de muchas culturas. Me parece que cada ciudad tiene su propia historia de los romanos, de los visogodos, de los árabes y de otras culturas.

 Eduardo: Sí, cada avance tecnológico era un paso más para acercarnos a los tiempos modernos actuales.

---

[1] we return

Los mayas

Los incas

Los aztecas

Los españoles

El Acueducto de los Milagros, Badajoz

El Puente de Alcántara, Cáceres

Dentro de la Mezquita de Córdoba

COMPETENCIA COMUNICATIVA

The following activities are designed to help you develop greater proficiency.

Sonidos, palabras y patrones

Pronunciación: El futuro y el condicional

The verb patterns for the future and the conditional in Spanish are similar and relatively easy to hear. Notice that the future tense is stressed at the end almost the same way the preterite is stressed. The stress falls on the syllable after the letter *r*.

The conditional tense uses the same *-ía* endings that the imperfect tense uses for *-er/-ir* verbs. However, the conditional tense endings are attached to the infinitive form of the verb, not to the stem.

pronombre	pretérito (*-ar*)	futuro	imperfecto (*-er/-ir*)	condicional
yo	hablé	hablaré	comía	comería
tú	hablaste	hablarás	comías	comerías
él/ella/usted	habló	hablará	comía	comería
nosotros	hablamos	hablaremos	comíamos	comeríamos
vosotros	hablasteis	hablaréis	comíais	comeríais
ellos/ellas/ustedes	hablaron	hablarán	comían	comerían

The future and conditional tenses have the same irregular verbs. Notice how both tense endings are still added after the *r*, but the vowel before the *r* is omitted. The letter *d* is added to words that have an *n* or an *l* in the stem.

infinitivo	raíz	futuro	condicional
decir	**dir-**	diré, dirás, dirá . . .	diría, dirías, diría . . .
haber	**habr-**	habrá	habría
hacer	**har-**	haré, harás, hará . . .	haría, harías, haría . . .
poder	**podr-**	podré, podrás, podrá . . .	podría, podrías, podría . . .
poner	**pondr-**	pondré, pondrás, pondrá . . .	pondría, pondrías, pondría . . .
querer	**querr-**	querré, querrás, querrá . . .	querría, querrías, querría . . .
saber	**sabr-**	sabré, sabrás, sabrá . . .	sabría, sabrías, sabría . . .
salir	**saldr-**	saldré, saldrás, saldrá . . .	saldría, saldrías, saldría . . .
tener	**tendr-**	tendré, tendrás, tendrá . . .	tendría, tendrías, tendría . . .
valer	**valdr-**	valdré, valdrás, valdrá . . .	valdría, valdrías, valdría . . .
venir	**vendr-**	vendré, vendrás, vendrá . . .	vendría, vendrías, vendría . . .

Actividad 11-16: Pronunciación de palabras 🔊

Repeat each word you hear in Spanish. Listen for the endings attached to the infinitive form of the verbs.

Actividad 11-17: Dictado de palabras 🔊

Write each future or conditional verb you hear.

Los patrones con el condicional

Actividad 11-18: Escucha bien los patrones 🔊

Change each future verb to a conditional verb.

1. Sacaremos bastantes fotos.

2. Será más trabajo, pero valdrá la pena.

3. Tardaremos unos cuarenta minutos en llegar.

4. Podremos hacer un vídeo desde el puente romano.

5. ¡Estaremos todos juntos!

Presentar el evangelio

Write part three of your testimony.

Notice the writer of the testimony below refers to times in the past to explain the changes that have occurred since he accepted Christ. The Lord often puts us in situations that help our faith to grow and make us more like Christ.

> Desde entonces, Cristo empezó a cambiar mi vida. Él me dio a conocer su Palabra a través de libros y conferencias. Estaba muy cómodo, pero un día alguien me ofreció un trabajo en otra ciudad. Cuando llegué a esta ciudad, estaba solo y empecé a orar todos los días. En esos días empecé a buscar una iglesia donde asistir y encontré Iglesia Bautista de la Fe. Ahí empecé a conocer las Escrituras más a fondo y a conocer al Señor más. Ahora, que vivo para el Señor, siento mucho gozo y alegría en mi corazón. También descanso en las promesas de Dios y hay en mi corazón la necesidad de poder dar su Palabra a otras personas.

As you write this last part of your testimony consider the following:

1. What were some of the immediate changes that occurred in your life when you accepted Christ?

2. What has God done in your life to help grow your faith?

3. What is your attitude today toward God's Word, church, and other Christians?

Describe what your life has been like since you came to trust in Christ. This section can be three to six sentences in length.

common phrases used about personal experiences after trusting Christ	
desde entonces	empecé a leer la Biblia
para mí fue una gran bendición	comencé a orar
Dios, en su misericoridia, me salvó	empecé a ir a la iglesia
el cambio que Dios hizo en mi vida	doy el evangelio
ahora voy a la iglesia todos los domingos	quiero servir al Señor

Actividad 11-19: Escucha y repite el pasaje 🔊

Listen to the passage. Repeat the verses in sections; then say the entire passage.

> Efesios 2:8–9 "Porque por gracia sois salvos por medio de la fe; y esto no de vosotros, pues es don de Dios; no por obras, para que nadie se gloríe."

Síntesis comunicativa: ¿Español en línea?

You found an online program that you can share with your Spanish teacher that seems helpful for learning basic Spanish. Using what you have learned in this chapter, write an email to your teacher explaining what you found and giving some suggestions about how you would use it.

Paso 1: Interpretive reading

Do an internet search for *curso de español en línea*. Try to find a course or an app that lists the lessons offered. Make a list of the concepts that learners will be exposed to. Summarize the items on a sheet of paper.

Paso 2: Interpersonal speaking

Discuss with a partner the items you feel would be helpful to teach a beginning Spanish student.

Paso 3: Presentational writing

Write an email to your teacher about the concepts people could learn by taking the online course or by using the app. Include the items that you yourself would concentrate on. Use the conditional tense as necessary.

> **Modelo**
> Estimado/a profesor(a) _____ [apellido],
> Buenos días. Encontré un curso en línea que yo recomendaría para cualquier estudiante nuevo. Se llama _____ .
> Yo estudiaría las siguientes áreas. . . .
> Creo que esta información será muy útil para la clase.
> Saludos,
> _____ [tu nombre]

Autoprueba: I can . . .

Rate how confidently you are able to do the following in Spanish.

Task	Not at all confidently			Very confidently	
I can talk about future plans.	1	2	3	4	5
I can describe what I intend to do.	1	2	3	4	5
I can predict what will happen given certain circumstances.	1	2	3	4	5
I can report what was expected, said, or promised.	1	2	3	4	5
I can explain what I would do in certain situations.	1	2	3	4	5

Rate how confidently you are able to do the following in English.

Task	Not at all confidently			Very confidently	
I can evaluate the role technology has had in the Spanish language.	1	2	3	4	5
I can give examples of technology that can help to learn Spanish.	1	2	3	4	5
I can trace the use of some forms of technology in Spain's history.	1	2	3	4	5

El futuro

pronombre	terminación	verbos regulares en el futuro		
yo	-é	llegaré	comeré	viviré
tú	-ás	llegarás	comerás	vivirás
él/ella/usted	-á	llegará	comerá	vivirá
nosotros	-emos	llegaremos	comeremos	viviremos
vosotros	-éis	llegaréis	comeréis	viviréis
ellos/ellas/ustedes	-án	llegarán	comerán	vivirán

Formas irregulares del futuro

infinitivo	raíz	verbos irregulares en el futuro
decir	dir-	diré, dirás, dirá, diremos, diréis, dirán
haber	habr-	habrá (futuro de *hay*)
hacer	har-	haré, harás, hará, haremos, haréis, harán
poder	podr-	podré, podrás, podrá, podremos, podréis, podrán
poner	pondr-	pondré, pondrás, pondrá, pondremos, pondréis, pondrán
querer	querr-	querré, querrás, querrá, querremos, querréis, querrán
saber	sabr-	sabré, sabrás, sabrá, sabremos, sabréis, sabrán
salir	saldr-	saldré, saldrás, saldrá, saldremos, saldréis, saldrán
tener	tendr-	tendré, tendrás, tendrá, tendremos, tendréis, tendrán
valer	valdr-	valdré, valdrás, valdrá, valdremos, valdréis, valdrán
venir	vendr-	vendré, vendrás, vendrá, vendremos, vendréis, vendrán

Usos del futuro

Talking about plans

Explaining what we intend to do (similar to planning)

Predicting an outcome based on personal judgment or opinion

Expressing conditions

El condicional

pronombre	terminación	verbos regulares en el condicional		
yo	-ía	llegaría	comería	viviría
tú	-ías	llegarías	comerías	vivirías
él/ella/usted	-ía	llegaría	comería	viviría
nosotros	-íamos	llegaríamos	comeríamos	viviríamos
vosotros	-íais	llegaríais	comeríais	viviríais
ellos/ellas/ustedes	-ían	llegarían	comerían	vivirían

Formas irregulares del condicional

infinitivo	raíz	verbos irregulares en el condicional
decir	dir-	diría, dirías, diría, diríamos, diríais, dirían
haber	habr-	habría (condicional de *hay*)
hacer	har-	haría, harías, haría, haríamos, haríais, harían
poder	podr-	podría, podrías, podría, podríamos, podríais, podrían
poner	pondr-	pondría, pondrías, pondría, pondríamos, pondríais, pondrían
querer	querr-	querría, querrías, querría, querríamos, querríais, querrían
saber	sabr-	sabría, sabrías, sabría, sabríamos, sabríais, sabrían
salir	saldr-	saldría, saldrías, saldría, saldríamos, saldríais, saldrían
tener	tendr-	tendría, tendrías, tendría, tendríamos, tendríais, tendrían
valer	valdr-	valdría, valdrías, valdría, valdríamos, valdríais, valdrían
venir	vendr-	vendría, vendrías, vendría, vendríamos, vendríais, vendrían

Usos del condicional

Reporting what was expected, said, or promised

Expressing a wish

Explaining what you would do in a situation

Comparación de los tiempos

presente	hablo, como, vivo	I speak, I eat, I live
pretérito	hablé, comí, viví	I spoke, I ate, I lived
imperfecto	hablaba, comía, vivía	I used to speak / eat / live
futuro	hablaré, comeré, viviré	I will speak / eat / live
condicional	hablaría, comería, viviría	I would speak / eat / live

Edu and Pili have returned to Segovia after their visit with Pastor Rodríguez and day trips throughout southern Spain. Itzel sets up a time for everyone from Guatemala, Peru, Mexico, and Spain to be on a video call. During the call they all excitedly discuss the highlights of their findings and each one's contribution to Itzel's blog, *Arqueología sin Fronteras*.

Una educación sin fronteras

Capítulo **12**

Objetivos comunicativos

By the end of this chapter you will be able to . . .

1. describe academic disciplines and fields of study.

2. talk about your personal interests.

3. explain why it is important to study Spanish today.

4. make predictions about the future of education.

5. express plans, hopes, and expectations.

6. evaluate Spain's religious history and present need.

Preguntas esenciales

1. ¿Qué significa ser una persona con estudios?

2. ¿Por qué es importante la educación?

3. ¿Es la escuela el único medio de educación?

Diálogo 12-1: Amigos sin fronteras 🔊

---

[1] They came out looking very professional!
[2] to combine

³ There's still room.
⁴ chase, follow
⁵ put into

Actividad 12-1: Preguntas de comprensión

Choose the best answer(s) for each question.

1. ¿Qué efecto tuvo este proyecto en Juan?
   A. Aprendió mucho.
   B. Le ayudó a decidir lo que quiere estudiar en el futuro.
   C. Le gustó mucho y quiere repetirlo.

2. ¿Qué efecto tuvo este proyecto en Itzel?
   A. Aprendió mucho inglés.
   B. Le ayudó a saber lo que quería ser.
   C. Cambió sus planes.

3. ¿Qué efecto tuvo *Arqueología sin Fronteras* en todos los muchachos?
   A. Conocieron a otros creyentes hispanos.
   B. Les ayudó a saber lo que quieren hacer en el futuro.
   C. Les gustó mucho aprender sobre el calendario maya.

4. ¿Quiénes quieren estudiar historia en el futuro?
   A. Pilar
   B. María
   C. Eduardo
   D. Luis
   E. Itzel
   F. Temo
   G. Juan
   H. Lupita

5. ¿Quiénes quieren hacer estudios combinados?
   A. Pilar
   B. María
   C. Eduardo
   D. Luis
   E. Itzel
   F. Temo
   G. Juan
   H. Lupita

6. Además de historia, ¿qué otras disciplinas quieren estudiar los muchachos?
   A. pedagogía
   B. medicina
   C. informática
   D. lingüística
   E. arqueología
   F. matemáticas
   G. periodismo
   H. antropología

7. ¿Qué palabra significa lo mismo que *perseguir*?
   A. *buscar*
   B. *seguir*
   C. *escapar*

8. ¿Qué unió a estos jóvenes en el proyecto de *Arqueología sin Fronteras*?
   A. Hablar español y ser muy intelectuales.
   B. Ser creyentes y tener interés por las culturas de sus países.
   C. Conocer a otros jóvenes de varios países.

EL CONOCIMIENTO HUMANO

Los estudios

Everyone has God-given talents and interests, and many times these determine what one does in life. Notice how the eight young people talk about their interests.

Juan:	Después de esta experiencia, estoy más convencido de que quiero estudiar matemáticas y astronomía.
Itzel:	Antes quería ser profesora de inglés, pero ahora quiero ser lingüista. ¿Y ustedes qué quieren ser?
Luis:	Yo quiero ser historiador. ¿Quién más va a estudiar historia?
Eduardo:	¡Yo!
Pilar:	Yo también, pero lo quiero combinar con periodismo. Me encantó ser reportera.
Itzel:	¡Qué buena idea, Pilar! ¿Y qué van a hacer los demás?
Temo:	Yo quiero ser antropólogo.
María:	Y yo quiero ser arqueóloga.
Lupita:	Yo también quiero ser arqueóloga, pero también quiero estudiar informática.

Actividad 12-2: Disciplinas, estudios y trabajo

Paso 1

Match each definition to the correct discipline.

A. derecho	**C.** medicina	**E.** sicología	**G.** biología
B. física	**D.** filosofía	**F.** química	**H.** teología

_____ 1. En esta disciplina se estudia los principios que gobiernan el universo, la energía, la materia, la fuerza de la gravedad y el movimiento.

_____ 2. Esta disciplina estudia las ideas sobre la existencia, el conocimiento y la moral y busca descubrir la verdad a través de argumentos racionales.

_____ 3. Esta disciplina estudia los seres vivos y su organismo, características físicas, nutrición y reproducción y divide los seres en especies.

_____ 4. Esta disciplina estudia el sistema legal y las leyes de una comunidad o país. También analiza si las leyes son justas o no.

_____ 5. Esta disciplina estudia el cuerpo humano y prepara a médicos y cirujanos para sanar a personas que sufren enfermedades o heridas.

_____ 6. Esta disciplina estudia la existencia de Dios y su relación con los seres humanos. También estudia los sistemas religiosos.

_____ 7. Esta disciplina estudia el comportamiento humano y los procesos mentales de individuos y grupos humanos.

_____ 8. Esta disciplina estudia la composición y estructura y propiedades de la materia. Usa la tabla de elementos para categorizar los átomos que componen la materia, los gases y los líquidos.

Nota de léxico: Falsos cognados

career vs. *carrera*

The word *carrera* in the context of education means someone's university major rather than his career.

While English uses the word *career* to refer to a person's occupation, in Spanish, this would be expressed as *trayectoria profesional*.

estudiar la carrera de derecho—to major in law

estudiar la carrera de medicina—to major in medicine

educación vs. *estudios*

Remember that the word *educación* usually refers to manners, not studies. That is why Spanish uses *estudios* in the following contexts:

estudios de secundaria—secondary education

estudios universitarios—university education

Paso 2

Read what some of Eduardo's classmates are interested in and recommend what you think they should study.

Modelo
A Miguel le gusta leer sobre culturas de la antigüedad. ¿Qué debería estudiar?
Miguel debería estudiar arqueología o historia.

1. A Carmen le gustan las computadoras—programar y también repararlas ¿Qué debería estudiar?

2. A Javier le gusta la naturaleza, los animales y los insectos. ¿Qué debería estudiar?

3. A Sara le gusta pensar el porqué de las cosas, el significado de la vida y la existencia del hombre. ¿Qué debería estudiar?

4. A Francisco le gusta leer libros de historias interesantes, y le gusta analizar lo que el autor quiere decirnos. ¿Qué debería estudiar?

5. A Marta le gustan los idiomas y sobre todo estudiar por qué y cómo los seres humanos hablan y se comunican. ¿Qué debería estudiar?

6. Alejandro quiere ser pastor y se siente llamado a predicar la Palabra de Dios. ¿Qué debería estudiar?

disciplinas académicas			
química	sicología	medicina	filosofía
biología	bioquímica	física	sociología
lingüística	genética	antropología	astrofísica
matemáticas	informática	teología	literatura
historia	derecho	ingeniería	arqueología

Paso 3

List your interests and share them with two classmates. What do your classmates recommend that you study in the future? Do both of them agree? Use the information in Pasos 1 and 2 to help you.

Modelo
Tú: Me gusta inventar máquinas y resolver problemas.
Tu compañero/a: Deberías estudiar ingeniería.

¿QUÉ QUIERES SER?

Repaso: El pretérito

Let's review the major verb tenses you have studied this year. When talking about finished actions in the past, Spanish usually uses the preterite. Notice the following examples from the dialog:

Pilar:	¿Qué os **parecieron** los vídeos para el blog?
Temo:	¡Nos **encantaron**! **Quedaron** muy profesionales.
Lupita:	¡Yo **aprendí** muchísimas cosas!

When using the preterite, remember the following tips:

1. Be sure you know the regular verb endings.

   Ayer **estudié** toda la tarde, pero no **aprendí** nada nuevo.

2. Regular *-ar* verbs that end in *-car*, *-gar*, or *-zar* change spelling in the first-person singular to maintain the same sound.

   Siempre **empiezo** a las siete, pero ayer **empecé** a las ocho.

3. The irregular verbs *ser* and *ir* share the same forms in the preterite.

   El profesor **fue** (*was*) muy generoso. **Fue** a (*went to*) la pastelería y compró dulces para toda la clase.

4. The irregular verbs *dar* and *ver* use the *-er/-ir* endings, but without accent marks.

   Ayer **vi** a Juan y le **di** su libro.

5. The *-ar* and *-er* verbs that change their stems in the present do not change their stems in the preterite (*cerrar, contar, mover,* and *defender*). However, the *-ir* verbs *pedir* and *morir* change their stems in both the present and the preterite.

   El restaurante **cie**rra todos los lunes, pero ayer no **ce**rró porque fue fiesta.
   Las flores **mue**ren por falta de agua, pero la rosa **mu**rió por el frío nocturno.

6. Irregular verbs are classified by groups (*Y, U, I,* and *J*). Each group is made up of just a few verbs, but they are frequently used.

   - *Y* Group verbs: *leer, creer, oír*
   - *U* Group verbs: *estar, tener, haber, andar, poder, saber*
   - *I* Group verbs: *venir, hacer, querer*
   - *J* Group verbs: *decir, traer, producir*

   Notice how some of these irregular verbs are used in the following paragraph:

   El año pasado **estuve** en Barcelona y **pude** visitar la Sagrada Familia, pero no **tuve** tiempo de ver el Museo Dalí. También **hice** muchas fotos y **traje** algunos regalos de España para mi familia. Mi madre **leyó** en un artículo que España es muy bonita y me **dijo** que le gustaría visitar España algún día.

pretéritos regulares	
-ar verbs	**-er/-ir** verbs
-é	-í
-aste	-iste
-ó	-ió
-amos	-imos
-asteis	-isteis
-aron	-ieron

-ar verbs ending in -car, -gar, or -zar	
sacar	saqué
colgar	colgué
empezar	empecé

Actividad 12-3: ¿Cómo lo hiciste? ◀))

Paso 1

Pilar and María are talking online. Listen to their conversation, then for each definition below, write the word from the dialog that has the same meaning.

1. más de uno, diferentes

2. llevaste tiempo, duraste tiempo

3. tuve la habilidad o la oportunidad de hacer algo

4. construcciones donde la gente vive o hace otras actividades

5. una lista de actividades con las horas exactas

6. películas

Paso 2

Listen to the conversation a second time and choose the best answer for each of the following questions.

1. ¿De qué hablan Pilar y María?
   A. Hablan de los medios de transporte.
   B. Hablan de ciudades en Perú y España.
   C. Hablan de cómo hicieron fotos de los diferentes lugares.
   D. Hablan de vídeos.

2. ¿Quién tuvo tiempo suficiente para hacer fotos de todo?
   A. Pilar y Eduardo
   B. María y Luis
   C. Itzel y Juan
   D. nadie

Paso 3

Read the following statements. Then listen to the conversation again to determine whether each statement is *cierto* or *falso*.

1. María le dijo a Pilar que ir a Machu Picchu es difícil.

2. María estuvo un día entero en Machu Picchu.

3. María no pudo hacer fotos de todo Machu Picchu.

4. Pilar y Eduardo sí hicieron fotos de todo en Mérida.

5. María y Luis se separaron y fueron a lugares diferentes.

Paso 4

Now listen to the conversation one more time and answer the following questions.

1. ¿Cuántos medios de transporte tomó María para ir a Machu Picchu?

2. ¿Por qué no pudo María hacer fotos de todo Machu Picchu?

3. ¿Qué sitio arqueológico visitaron Itzel y Juan?

4. ¿Qué hicieron Pilar y Eduardo antes de salir de viaje?

5. ¿Qué hicieron María y Luis diferente de Pilar y Eduardo?

Actividad 12-4: ¡Aprendí muchas cosas!

Paso 1

Read what Lupita says about the things she learned. Complete each sentence with the correct verb. More than one answer may be possible.

aprendí	escribió	invadieron	me fascinó	sorprendió
edificaron	estudié	mandó	me gustó	usaron

Lo que más (1)_____ de España fueron los edificios que los musulmanes (2)_____ en la península ibérica. También me (3)_____ que los romanos (4)_____ España durante seiscientos años y los musulmanes la (5)_____ durante casi ochocientos años. También (6)_____ que los romanos (7)_____ piedras muy grandes para construir sus edificios, como los aztecas, los mayas y los incas. En la escuela (8)_____ algunas cosas sobre los incas. María (9)_____ al blog fotos de Machu Picchu y (10)____ algunos detalles muy interesantes. (11)_____ ayudar con el blog. Un día quiero visitar Perú y España.

Paso 2

Share with a classmate which class you have enjoyed the most this year. Give reasons why you chose that subject.

Modelo

Este año me gustó más la clase de español. Me encantó aprender más de la historia y las culturas indígenas y también poder hablar en pasado.

¿Ese peinado es típico de esa región?

Sí, y los vestidos de las falleras valencianas pueden costar mucho dinero. Las Fallas es una celebración a San José, un santo importante en la iglesia católica.

Repaso: El imperfecto

Chapter 8 introduced the other simple past tense, which is called the imperfect. When talking about habits, repetitive actions, feelings, or characteristics of things or people in the past (that may no longer be true) use the imperfect. Notice the following example from the dialog:

Itzel: Antes **quería** ser profesora de inglés, pero ahora **quiero** ser lingüista.

The imperfect is not as irregular as the preterite. When using the imperfect, remember the following points:

1. For -ar verbs, simply replace the infinitive ending with -aba, -abas, -aba, -ábamos, -abais, or -aban.

   Los mayas **educaban** a sus hijos en casa.

2. For -er and -ir verbs, simply replace the infinitive ending with -ía, -ías, -ía, -íamos, -íais, or -ían.

   Antes **quería** ser profesora de inglés.

3. There are only three irregular imperfect verbs: ser, ir, and ver.

4. All persons of -er and -ir verbs carry an accent mark on the i after the stem. However, only the first-person plural of -ar verbs carries an accent.

   Juan no **sabía** que tuvimos un examen hoy.
   Nosotros no **comíamos** maíz.
   Nosotros **buscábamos** las mejores fotos para el blog.

imperfectos irregulares		
ser	**ir**	**ver**
era	iba	veía
eras	ibas	veías
era	iba	veía
éramos	íbamos	veíamos
erais	ibais	veíais
eran	iban	veían

Actividad 12-5: Yo no sabía que . . .

Paso 1

The *Arqueología sin Fronteras* members are sharing the things that they had not known before. Read each statement and respond with with *yo sí lo sabía* or *yo tampoco lo sabía* to indicate whether it refers to a fact you already knew.

Modelo
Yo no sabía que los mayas cultivaban maíz.
Yo sí lo sabía. *or* Yo tampoco lo sabía

1. **Luis:** Yo no sabía que los mayas sacrificaban humanos en los cenotes.

2. **Pilar:** Yo no sabía que los mayas usaban las matemáticas para todo.

3. **Itzel:** Yo no sabía que España tenía tantas culturas.

4. **Temo:** Yo no sabía que los incas adoraban al sol.

5. **María:** Yo no sabía que la Ciudad de México estaba en un lago.

6. **Eduardo:** Yo no sabía que sólo los incas conocían Machu Picchu hasta 1911.

7. **Juan:** Yo no sabía que España tenía edificios tan antiguos.

8. **Lupita:** Yo no sabía que los romanos construían ciudades para sus soldados.

Paso 2

What things did you not know about the four cultures you have studied in this book? Select three facts you did not know and share them with a classmate.

Actividad 12-6: Yo quería ser . . . pero ahora quiero ser . . .

Paso 1

Notice Itzel's comment, "*Antes quería ser profesora de inglés, pero ahora quiero ser lingüista.*" Write sentences about the things you thought you might want to do when you were younger but have now changed your mind about. Feel free to mention other professions not listed in the word bank.

abogado	deportista profesional	médico	periodista
arquitecto	enfermero	misionero	policía
chef	ingeniero	músico	profesor
contable	mecánico	pastor	secretario

Paso 2

Share with a classmate what you used to want to be and what you want to be now.

Modelo

Antes quería ser profesor, pero ahora quiero ser pastor. *or*
Cuando era pequeño quería ser bombero, pero ahora no sé lo que quiero hacer.

Quería sacar un vídeo de la fiesta de San Fermín, ¡pero creo me acerqué demasiado!

¡Corre! que casi te alcanza el toro.

385

Actividad 12-7: Por qué quiero ser historiador

Paso 1

Read the following essay that Eduardo wrote about why he wants to be a historian.

Casiodoro de Reina was born around 1520 in Badajoz, Spain. He was a Catholic monk in the Monasterio de San Isidoro in Seville. After coming across the writings of the Protestant reformers, he fully embraced the message of the Reformation and began translating the Bible into Spanish. When the Spanish Inquisition received reports of his translation work, he was declared a heretic. To escape execution, he fled in the middle of the night to Geneva, and eventually to London, where he pastored a church of Spanish Protestant refugees. He later settled in Frankfurt, where he died in 1594.

Casiodoro de Reina's Bible translation, known as the Reina-Valera, was published in Switzerland in 1569. To this day, it is used by Spanish-speaking Christians across the world.

Por razones que no entiendo, desde que era niño, me fascinaba la historia de Roma, los visigodos, el Cid, los caballeros medievales y la Reconquista. Creo que como muchos jóvenes, siempre imaginaba que estaba en esas batallas y era el héroe que vencía a los enemigos.

En cambio, ahora soy más adulto y ya no veo solamente héroes buenos o invasores malos; veo guerras, sufrimiento y muerte en todos los conflictos de la humanidad.

Cuando me siento a leer los libros de historia, tengo la necesidad de leer lo que Dios dice en las Escrituras sobre el hombre. Sin la perspectiva divina, no tenemos respuestas al porqué de muchas cosas—todo se reduce a guerras para conquistar tierra y obtener oro y plata.

En *Arqueología sin Fronteras* tuvimos tiempo para discutir todas estas cosas. Al principio, todos queríamos ver "buenos y malos," pero entonces Juan nos enseñó fotos de cenotes llenos de huesos de hombres, mujeres y niños sacrificados a dioses paganos; Lupita y Temo nos hablaron de la cantidad de personas que los aztecas sacrificaron en los templos y María y Luis nos dijeron que los incas hacían lo mismo en sus ritos al sol. Los tres imperios mesoamericanos conquistaron, mataron y sometieron a otros pueblos. Pero no todo era horror y muerte en esas culturas antiguas; también había ciencia, arte, música, familias con niños y una arquitectura magnífica.

Muchos años más tarde, algo similar ocurría con el descubrimiento de América. Por un lado, los españoles estaban muy preocupados por la conversión de los indios al catolicismo; y por otro lado había mucho interés por el oro, tierras y las riquezas. En los mismos barcos donde viajaban los monjes católicos, también viajaban los soldados con espadas. ¡Qué contradicción!

Muchos siglos antes, Roma creó su sistema de carreteras para conquistar el mundo, pero Dios usó esas mismas carreteras para llevar el evangelio a todos los rincones del imperio romano. De la misma manera, mientras Cortés y Pizarro conquistaban México y Perú, Dios levantó a un hombre en Sevilla que se llamaba Casiodoro de Reina para traducir la Biblia al español en 1569. Hoy la versión Reina-Valera alcanza a más de 450 millones de personas con el verdadero evangelio de la gracia de Dios por la fe en Jesucristo. Dios siempre obra en medio de la oscuridad.

Por eso quiero ser historiador y escribir sobre estas cosas; pero sobre todo, quiero mostrar que Dios nunca nos abandonó y siempre obró en los momentos más oscuros de la historia, desde los días de Edén hasta el siglo XXI.

Paso 2

Write the word or phrase from Eduardo's essay that matches each of the following definitions.

1. me gustaba mucho

2. el protagonista de la historia

3. ganaba

4. guerras

5. la forma en que Dios ve las cosas

6. muertos en un ritual religioso

7. reinos

8. esclavizaron

9. terror

10. cambiar un texto de una lengua a otra lengua

Paso 3

What are some of the main ideas in the essay? What is Eduardo trying to say? Choose all that you think apply.

A. La historia de la humanidad es compleja.

B. Los indígenas americanos no tenían cultura, sólo sacrificios humanos.

C. En todas las culturas había cosas buenas y cosas malas.

D. Los españoles estaban interesados solamente en el oro.

E. Dios obra a través de la historia de la humanidad.

Paso 4

Indicate whether each detail about Eduardo or his essay is *cierto* or *falso*.

1. Eduardo estaba interesado en la historia cuando era niño.

2. Ahora Eduardo solo ve conquistadores y conquistados en todas las guerras.

3. Eduardo es maduro y entiende el sufrimiento de las guerras.

4. Eduardo lee la Biblia para entender mejor la historia de la humanidad.

5. Los imperios mesoamericanos también conquistaban a otros pueblos.

6. Los indígenas no inventaban nada; sólo pensaban en sacrificios humanos.

7. Eduardo quiere demostrar que Dios no interviene en la historia secular.

CONEXIONES CULTURALES CON EL PRESENTE

¿Hablas castellano o español?

What do people like Itzel, Juan, Luis, María, Temo, Lupita, Eduardo, and Pilar have in common even though they are from different areas of the world? They are able to communicate with each other through the Spanish language, which you have been studying! However, you do not necessarily need to travel abroad in order to use your language skills. As you learn Spanish, you will have opportunities to use it in numerous places both at home and abroad.

Monumento a la Batalla de las Navas de Tolosa

Alfonso X el Sabio

Spanish has not always been spoken around the world as it is today, or even throughout all of Spain, for that matter. There was a time in Spain when the crusading drive to reconquer the portions of the Iberian peninsula still under Islamic rule was weakened because of close cultural and economic ties that had been formed between the Christians and the Arabs. Then after one crushing defeat by Muslims from the Almohad Caliphate, Alfonso VIII of Castille gained support for a new crusade against the Arab invaders. French knights and Knights Templars started gathering in Toledo. After some initial success, Christian forces from Castile, Navarre, Aragon, and Portugal arrived in Andalusia at a pass that was heavily guarded by the Almohads. However, with the guidance of a local shepherd, they were able to find another way through. They defeated the Almohads in the Battle of las Navas de Tolosa in 1212. The importance of this victory was not immediately apparent, but the Almohad Empire soon began to disintegrate in the Iberian Peninsula. While the *Reconquista* would not be complete until 1492, the Castilian dialect started gaining more importance during this time.

Soon afterward, Alfonso X, also known as *Alfonso X el Sabio* (the wise), became king of Castile and Leon. He was the first to chronicle the history of Spain, starting with the Roman period. He wrote his account in Castilian rather than in Latin. His historical account and other scholarly works from the Toledo School of Translators began to circulate among the nobility and educated priests in the Roman Catholic Church. Stories of heroes of the *Reconquista*, such as El Cid, helped to make *castellano* more prestigious. When the *Reconquista* ended, King Ferdinand and Queen Isabella made *castellano* the official language of Spain, as it has remained to the present, spoken by the vast majority of Spaniards. Nonetheless, other languages continued to be spoken in various kingdoms. Present-day languages in Spain include *Catalán* (Catalonia region and Balearic Islands), *Valenciano* (Valencia region), *Euskera* (Basque region and part of the Navarre region), and *Gallego* (Galicia region). They are recognized as co-official with Castilian Spanish in their respective regions.

Un letrero en Catalán

At the time Christopher Columbus embarked on his voyage

in 1492, an estimated two thousand distinct languages were spoken throughout the New World. As the Romans had done with Latin in the province of Hispania centuries before, so the Spaniards did with their language, using it to teach their laws, customs, and religion in the new territories. Today twenty countries speak Spanish as their national language. Spanish is also the official language of Puerto Rico, a US territory. There are a few differences in pronunciation from country to country and even from region to region within a country, but it is all the same language.

Spanish is still referred to as *castellano* in Spain and in some countries in South America. English speakers sometimes use *Castilian* to refer to the Spanish of Spain as opposed to that of Latin America. However, according to the Royal Spanish Academy, both are one and the same. When someone says, "*Hablo castellano,*" he is saying, "*Hablo español.*"

What opportunities do you have nowadays because you are learning another language? What opportunities might you have to travel or to make friends in other countries? How will you be able to communicate with people in other places? What doors may learning Spanish open for sharing the gospel? The opportunities and resources available to us today are numerous. If you learn to speak languages well (both your native tongue and foreign languages), you may have more opportunities to connect with people from other cultures than people have ever had before.

What is the future of the Spanish language? According to Ethnologue® website, more than 534 million people worldwide speak Spanish as a first or second language, and this number is growing. For 460 million people, Spanish is their first language, making Spanish the second-largest language in the world in terms of how many speak it as their native tongue. In many places you travel around the world, you will find that either English or Spanish can be spoken and understood.

As you work to become proficient in another language, it is important to also learn about cultural differences. This is especially true when using technology to communicate, since these cultural differences are sometimes overlooked and misunderstandings can happen easily. There is great potential in learning a language like Spanish. How will you use your language ability for the Lord and for eternity?

Actividad 12-8: Preguntas de discusión

1. In what areas of Spain do you think the Arabic language might have had a greater influence on the Spanish spoken there? Do you already know some Spanish words that were derived from Arabic?

2. Spanish has not always been spoken in so many places. Though they are not the only reasons, what two important factors led Castilian to become the Spanish we speak today?

3. Why do some regions in Spain continue to speak a language that is co-official along with *castellano*?

4. Why do you think it is important to study Spanish today?

Spanish speakers in the world today

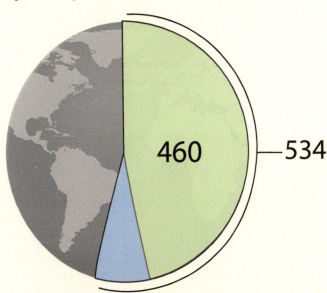

● 534 million speak Spanish worldwide.

● Out of those 534 million, 460 million speak it as their native tongue.

Diálogo 12-2: Educación sin fronteras 🔊

As the eight students continue talking on their video call, they realize Itzel´s blog is gaining attention online. They discuss some ideas for another blog. Pilar even proposes they sail across the ocean as Columbus did, but Eduardo is not so sure about the idea. Finally, they decide that at a certain date, they will just meet where everything began.

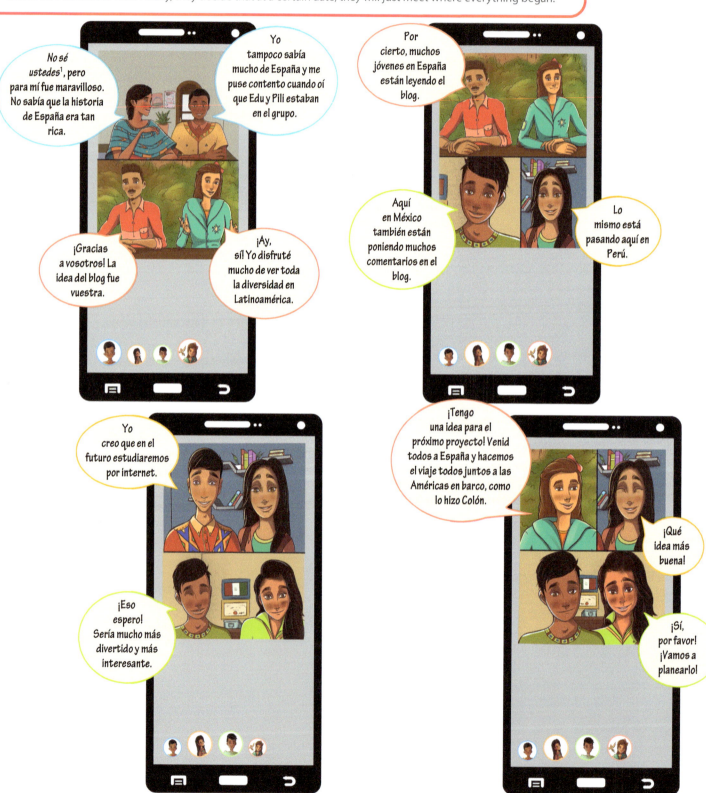

_____
[1] I don't know about you (pl.)

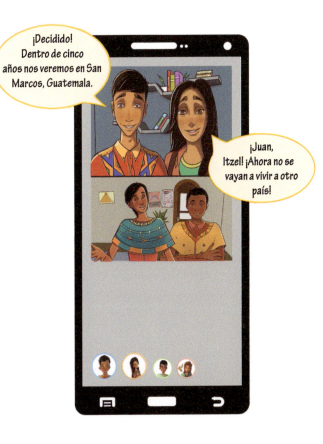

[2] I could stand it
[3] get seasick, nauseated
[4] stays (extended)

[5] get together
[6] would end up being

Actividad 12-9: Preguntas de comprensión

Answer the following comprehension questions.

1. ¿Qué palabra es sinónima de *rica* en el diálogo?

   A. buena

   B. pobre

   C. abundante

2. ¿Qué palabra es sinónima de *diversidad* en el diálogo?

   A. similar

   B. variedad

   C. complicar

3. ¿Cuál de las tres frases es una predicción?

   A. Yo creo que en el futuro estudiaremos por internet.

   B. ¡Eso espero!

   C. ¡Vamos a planearlo!

4. ¿Cuál de las tres frases expresa un deseo?

   A. ¡Me encanta la idea!

   B. ¡Tengo una idea para el próximo proyecto!

   C. ¡Eso espero!

5. ¿Cuál de las tres frases expresa un plan o una intención?

   A. ¿Qué os parece Guatemala?

   B. ¡Sería un viaje increíble!

   C. Dentro de cinco años nos veremos en San Marcos, Guatemala.

6. ¿Por qué no quiere Eduardo viajar en barco?

   A. Porque se marea en los viajes en barco.

   B. Porque saldría muy caro.

   C. Porque sería muy largo.

7. ¿Qué planean hacer finalmente los ocho jóvenes?

   A. Ir a España y viajar en barco hasta Latinoamérica.

   B. Reunirse en Guatemala dentro de cinco años.

   C. Reunirse en España dentro de cinco años.

EL FUTURO Y LA EDUCACIÓN

Repaso: El futuro

The future tense is used when talking about future plans or intentions and when predicting outcomes based on circumstances or personal opinion. English expresses the future by adding the auxiliary *will* before the root verb. However, Spanish adds an ending to the infinitive. Notice the example from the dialog:

Luis: Dentro de cinco años *nos veremos* en San Marcos, Guatemala.

When using the future tense, remember the following tips:

1. There is only one set of endings in all three types of verbs (*-ar*, *-er*, and *-ir*).

yo	-é	nosotros	-emos
tú	-ás	vosotros	-éis
él/ella/usted	-á	ellos/ellas/ustedes	-án

2. The future is formed by attaching the ending to the infinitive.

3. There are a handful of high-frequency verbs that change their stem to form the future tense. See the complete list in the margin.

verbos irregulares en futuro	
infinitivo	**raíz**
caber	**cabr-**
decir	**dir-**
haber (hay)	**habr-**
hacer	**har-**
poder	**podr-**
poner	**pondr-**
querer	**querr-**
saber	**sabr-**
salir	**saldr-**
tener	**tendr-**
valer	**valdr-**
venir	**vendr-**

Actividad 12-10: La educación en el futuro

Paso 1

Indicate which of the following statements about the future of education you agree with and which you disagree with.

En el futuro . . .	Estoy de acuerdo.	No estoy de acuerdo.
1	Los jóvenes estudiarán la escuela secundaria por internet.		
2	Los estudiantes estudiarán solamente lo que quieren estudiar.		
3	Los profesores enseñarán sus clases desde casa.		
4	Los colegios de ladrillo y mortero no existirán.		
5	Los niños no hablarán con otros estudiantes.		
6	No habrá libros de papel; todos los libros serán electrónicos.		
7	Habrá centros especiales para preparar médicos e ingenieros.		

Paso 2

For the statements you disagreed with in Paso 1, write what you think will happen or how education will work in the future instead.

> **Modelo**
> No estoy de acuerdo con el número 2.
> Yo creo que los estudiantes estudiarán como ahora.

Paso 3

With a classmate, compare what you both wrote in Paso 2. What are the differences in opinion?

Actividad 12-11: Los cambios en la educación

Paso 1

The group members discuss education and how they think it will change. Read the discussion and complete each sentence with the correct verb(s).

colaborará	estudiaremos	podremos	serán	verán
estudiarás	nos moveremos	será	traducirá	volveremos

Lupita: El problema de estudiar arqueología por internet es que necesitas ver y manipular los sitios aqueológicos, los artefactos y los huesos.

Eduardo: Tienes razón, pero hay carreras universitarias, como historia, que se pueden hacer perfectamente por internet.

Pilar: Yo también pienso como Luis. Un día ⁽¹⁾____ por internet, pero eso no significa que nunca ⁽²⁾____ de nuestra casa.

Juan: Es difícil saber qué cambios habrá en la educación.

Itzel: Antiguamente, no había escuelas. Los niños aprendían en casa con sus madres. Yo creo que ⁽³⁾____ a ese modelo pero con la computadora.

Luis: Si ustedes comparan a las clases típicas de historia con el proyecto de *Arqueología sin Fronteras*, ⁽⁴⁾____ que hay una gran diferencia. Se aprende mucho más y también se colabora más.

María: Lo importante ⁽⁵⁾____ la colaboración porque para nosotros era imposible viajar a los otros países y descubrir todo lo que había en México o España.

Temo: Entonces, ¿ustedes creen que ⁽⁶⁾____ con estudiantes de otros países para estudiar en la universidad? ¿Habrá una educación sin fronteras algún día?

Itzel: Yo creo que sí, pero el problema ⁽⁷⁾____ los idiomas. ⁽⁸⁾____ estudiar con estudiantes hispanohablantes, pero si un estudiante no sabe inglés, ¿cómo ⁽⁹⁾____ con estudiantes americanos o británicos?

Lupita: Con la inteligencia artificial podremos hablar cada uno en su propio idioma y la computadora lo ⁽¹⁰⁾____ automáticamente. Esa tecnología ya existe, y la educación sin fronteras será posible.

Paso 2

Read each prediction and choose the option that best describes your opinion. Discuss possible answers with a classmate.

1. Pilar y Luis piensan que un día estudiaremos por internet. Y tú, ¿qué piensas?

   A. Pienso como ellos. Creo que un día estudiaremos todo por internet.

   B. No estoy de acuerdo. Creo que siempre seguiremos usando libros de texto.

   C. No estoy seguro/a. Creo que será una combinación de libros e internet.

2. Itzel piensa que volveremos al modelo antiguo de la educación en casa. Y tú, ¿qué piensas?

   A. Pienso como ella. Creo que las escuelas no existirán en el futuro.

   B. No estoy de acuerdo. Creo que siempre habrá escuelas.

   C. No estoy seguro/a. Creo que combinarán la escuela con el estudio en casa

3. Lupita piensa que la educación sin fronteras será posible con la inteligencia artificial. Y tú, ¿qué piensas?

A. Pienso como ella. Creo que habrá una educación sin fronteras.

B. No estoy de acuerdo. Creo que estudiar en otros idiomas es muy difícil.

C. No estoy seguro/a. Creo que algunos proyectos serán posibles, pero no todos.

Paso 3

Based on your answers in Paso 2, write a paragraph predicting what will change in education or suggesting ideas to improve it. If you are not sure about something, you may say so. When you finish writing your paragraph, share the ideas you wrote with a classmate.

Modelo

Yo creo que los estudiantes estudiarán por internet, pero también estudiarán en casa. También creo que los estudiantes colaborarán y aprenderán juntos. Yo pienso que los estudiantes del futuro usarán la inteligencia artificial para poder colaborar con estudiantes de otros países, pero no estoy seguro si será posible.

Actividad 12-12: Mis planes

Paso 1

Create a plan for what you will be doing in the next five years. Make a chart showing what you will study, what university or technical school you will attend, what your profession will be, places in the world you will see, and where you will live. Use the *vocabulario útil* and your chart as you write your paragraph. Be as detailed as possible.

estudios	qué estudiaré	dónde estudiaré
trabajo	en qué trabajaré	dónde trabajaré
viajes	países que visitaré	qué veré
hogar	país dónde viviré	la ciudad o el campo

Vocabulario útil
el próximo año iré/estudiaré . . .
el año que viene iré/estudiaré . . .
dentro de dos/tres/cinco años . . .
después de . . . iré/estudiaré . . .
un día visitaré/viajaré a . . .

Paso 2

Interview two classmates about what they wrote in Paso 1. Based on what they say, write two predictions about each of them.

Modelo

John estudiará en una universidad cristiana. Irá a la Universidad de Bob Jones y estudiará biología. Trabajará como biólogo y viajará a Alemania y Francia.

Paso 3

Share with your class some of your plans from Paso 1, and compare them with what your classmates told you in Paso 2. Use the *vocabulario útil* in the margin to help you.

Modelo

Dentro de tres años estudiaré en una universidad cristiana. Iré a a la Universidad de Bob Jones y estudiaré español. John también estudiará en la Universidad de Bob Jones, pero estudiará biología. Margaret irá a BJU y estudiará diseño gráfico.

condicionales irregulares	
infinitivo	**raíz**
caber	**cabr-**
decir	**dir-**
haber (hay)	**habr-**
hacer	**har-**
poder	**podr-**
poner	**pondr-**
querer	**querr-**
saber	**sabr-**
salir	**saldr-**
tener	**tendr-**
valer	**valdr-**
venir	**vendr-**

¡ESO ESPERO! SERÍA DIVERTIDO

Repaso: El condicional

In English the conditional is formed by inserting the auxiliary *would* or *should* before the root verb. However, Spanish adds an ending to the infinitive to indicate the subject and tense.

> **Luis:** ¡**Sería** un viaje increíble!
> *It would be an incredible trip!*

When forming the conditional, remember the following:

1. The conditional is formed by attaching the ending to the infinitive.

2. The same set of endings is used for all three types of verbs (-*ar*, -*er*, and -*ir*).

yo	**-ía**	nosotros	**-íamos**
tú	**-ías**	vosotros	**-íais**
él/ella/usted	**-ía**	ellos/ellas/ustedes	**-ían**

3. First-person and third-person singular verb forms have the same ending.

4. Irregular verbs that change their stem to form the future tense undergo the same stem change in the conditional tense. See the complete list in the margin.

The conditional in Spanish is used much the same as it is in English. In previous chapters you have learned about the following uses:

1. Making polite offers or requests
   ¿**Te gustaría** tomar un café o un té?
   Would you like coffee or tea?

   ¿**Me podría dar** un vaso de agua, por favor?
   Could you give me a glass of water, please?

2. Making suggestions
   Podrías estudiar más.
   You could study more.

3. Reporting what was expected, said, or promised
   Le prometí a mi madre **que le ayudaría** en casa.
   I promised my mother that I would help her at home.

4. Expressing a wish
   Yo **me quedaría** más días (pero no puedo).
   I would stay more days (but I can't).

5. Expressing what you would do in a specific situation
   Yo **no grabaría** más vídeos.
   I would not record any more videos.

6. Expressing a possible outcome of a specific situation
   ¡Eso espero! **Sería** mucho más divertido y más interesante.
   I hope so! It would be much more fun and more interesting.

7. Asking for advice
   ¿Qué **harías** tú en mi lugar?
   What would you do in my place?

Actividad 12-13: ¿A dónde irías tú?

Paso 1

If you could join the *Arqueología sin Fronteras* group or take a school trip to another place, what place would you like to visit?

país	lugares que ver	ciudades
Guatemala	Tikal, Antigua, El Mirador	Ciudad de Guatemala
Perú	Machu Picchu, El Valle Sagrado, Coricancha	Cusco, Lima
México	el Templo Mayor, Chichén Itzá	La CDMX, Cuernavaca, Cancún
España	la Alhambra, la Mezquita, el acueducto de Segovia	Granada, Córdoba, Mérida, Sevilla
EEUU	la Estatua de la Libertad, el Esmithsonian, el Monumento a Lincoln	Nueva York; Washington, D.C.

¿A qué países irías? ¿Qué lugares visitarías? ¿En qué ciudades te quedarías?

> **Modelo**
> Yo iría a México primero. Me gustaría visitar Chichén Itzá. Yo me quedaría en Cuernavaca tres días.

Paso 2

Based on your Paso 1 plan, discuss with a partner what you are going to do.

> **Modelo**
> Me gustaría ir a España. ¿A qué país irías tú?
> Querría ver la arquitectura romana. ¿Que verías tú?

Paso 3

Based on some advice you receive, you change your mind. Explain what you had planned to do, and what you are going to do instead.

> **Modelo**
> Pensé que visitaría España, pero ahora quiero visitar Perú.
> Pensé que vería la arquitectura romana, pero ahora quiero ver Machu Picchu.

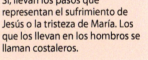
Esa es la Semana Santa en Sevilla, ¿no es cierto?

Sí, llevan los pasos que representan el sufrimiento de Jesús o la tristeza de María. Los que los llevan en los hombros se llaman costaleros.

Actividad 12-14: ¿Cuál escogerías tú?

Paso 1

The members of the *Arqueología sin Fronteras* group are giving you options for situations you might run into when visiting their country. Choose the alternative you think is better.

> **Modelo**
> Puedes tomar un tren o un bus a Machu Picchu, pero el bus es peligroso.
> Yo tomaría el tren.

1. Puedes tomar un tren o caminar a Machu Picchu, pero caminar es más lento.
2. Puedes pasear de día o de noche por la Ciudad de México, pero por la noche hay más peligro.
3. Puedes viajar por España en AVE o en avión, pero el avión es más caro.
4. Puedes comer comida española en San Marcos, pero la comida guatemalteca es más rica.
5. El Cusco es muy bonito, pero ver Machu Picchu es más espectacular.
6. Puedes ir a un museo o a un parque en la Ciudad de México, pero hoy llueve y hace mucho frío.
7. Para conocer la cultura maya, puedes visitar Tikal o Chichén Itzá, pero Tikal está muy lejos porque no está en Guatemala, está en México.

Paso 2

You want to invite the group to visit the United States. List three iconic cities or places In this country you think they should visit. For each one, list a difficulty or problem they might encounter. Then offer an alternative.

> **Modelo**
> La Ciudad de Nueva York es muy bonita de noche, pero puede ser un poco peligrosa.
> Yo la visitaría de día.

Actividad 12-15: Deseos, planes, predicciones y recomendaciones

Paso 1

Expressing plans and wishes indicates the speaker's level of certainty. Indicate whether each of the following is a plan, a prediction, or a wish.

1. En el futuro estudiaremos por internet.
2. Sería un viaje ideal.
3. Iremos a Guatemala y después visitaremos España.
4. Un día no habrá oficinas, y trabajaremos desde casa.
5. Yo viviría en Perú, cerca de Machu Picchu.
6. Un día viviré en Perú, cerca de Machu Picchu.

Paso 2

Read the following exchanges between two friends and indicate whether each recommendation given is *lógico* or *ilógico*.

1. Voy a Guatemala a vivir con una tribu indígena durante un año.
   —Yo aprendería una lengua maya como el mam.

2. Voy a España el próximo verano.
   —Yo llevaría abrigos para el frío.

3. Voy a visitar varios países de Latinoamérica.
   —Yo llevaría pasaporte.

4. Voy a viajar por toda América del Sur.
   —Yo aprendería inglés.

Actividad 12-16: El dilema

Eduardo is talking to Pilar about a school assignment he was supposed to turn in before leaving on the trip to Granada. He just realized he forgot to turn it in. Read the conversation and answer the questions that follow. Refer to the *vocabulario útil* as needed.

Vocabulario útil

acabo de [infinitivo]— I just [past-tense verb]
profe—short for *profesor* (informal)
el monstruo—monster
las lágrimas—tears
hacer teatro—to pretend
No se me da bien.—I do not do well. It is not my thing.
al menos—at least
suspender—to fail (Spain)
aprobar—to pass (Spain)
No me queda de otra.—I don´t have any other option.

Eduardo: Acabo de descubrir que no entregué el trabajo de física que el profesor mandó. Con los preparativos para el viaje, me olvidé completamente. No sé qué hacer. ¿Qué harías tú en mi lugar?

Pilar: Pero, ¿hiciste el trabajo?

Eduardo: ¡Sí, claro! Pero se me olvidó entregarlo.

Pilar: Yo hablaría con él y le diría lo que pasó. El profe de física es muy estricto, pero no es un monstruo. ¿Le dijiste que íbamos de viaje para el proyecto de *Arqueología sin Fronteras*?

Eduardo: Sí, se lo dije, pero le prometí que le entregaría el trabajo antes de irnos.

Pilar: Yo le pediría perdón de rodillas con lágrimas. ¡Con mucho teatro!

Eduardo: El teatro no se me da bien, y además no soy tan buen actor como tú. El profe se daría cuenta de inmediato que estoy haciendo teatro.

Pilar: Pues, hazlo sin teatro. Dile lo que pasó, y lo que será, será. Al menos, eso es lo que yo haría.

Eduardo: Creo que no me queda otra. Si me suspende el trabajo, todavía puedo aprobar la clase con buenas notas.

1. ¿Qué palabra es sinónima de *dar*?

2. ¿Qué palabra es sinónima de *proyecto escolar*?

3. ¿Qué le prometió Eduardo al profesor de física?

4. ¿Qué le recomienda Pilar a Eduardo?

5. ¿Qué recomendación de Pilar es una ironía?

6. ¿Qué expresión significa "aceptar las consecuencias"?

7. ¿Qué expresión significa "no tengo alternativa"?

CONEXIONES CULTURALES CON EL PASADO

La religión en España

As we look at a country's culture, there is no doubt that religion plays an important role. It is important because what someone actually believes about God and the Bible will affect his or her daily actions. For example, Christians have written hymns for worship because they believe in a God worthy of worship. We have seen how important religion was for the Maya, Inca, and Aztec, who worshiped false gods and offered human sacrifices. In Europe there was a time when various pagan gods were worshiped as well. However, after Christian teachings began to spread in the early centuries of the church, many of these pagan rites ended.

Roman Catholicism became the official religion of Spain in AD 589 and has been closely identified with Spain ever since. Spain has been known for being zealous regarding spiritual things. The Spanish Inquisition was a tribunal set up to combat heresy within the church and to expel any who did not convert to Catholicism. King Ferdinand and Queen Isabella desired for the peoples native to the Americas to be converted and to become subjects of their kingdom. But even though many converted to Catholicism, they were not always treated as equal subjects of the crown. From the beginning, one Spaniard, Bartolomé de las Casas, exposed the oppression against the indigenous people and called for an end to slavery. Eventually, the *Leyes Nuevas* (New Laws) were written and had partial success in liberating indigenous workers.

Traditions, holidays, and festivities originating in Catholicism are important for many Spaniards today. Each city and region in Spain, for example, has a patron saint. A certain day of the year (*el día del santo*) is set apart for a special celebration. Well-known celebrations are *las Fallas* in Valencia, *la Fiesta de San Fermín* in Pamplona, and *La Tomatina*

in Buñol, Valencia. Another time of year that is important in Spain is *la Semana Santa*. During the Holy Week celebrations, *costaleros* (local brotherhoods) carry ornately decorated floats depicting Jesus and Mary from the parish church to the cathedral in their town and back. Religious brotherhoods and fraternities perform penance processions in an annual tribute to the passion of Christ. Christmas and Easter are such important celebrations in the Catholic Church that even Spaniards who do not normally attend mass may do so with their families on these occasions.

Los costaleros llevando un paso en Semana Santa

Spain is also known for a shrine to the apostle James (the patron saint of Spain and the *Reconquista*) in the city of Santiago de Compostela, which is in Galicia in northwestern Spain. A cathedral has been built near the tomb where James's bones were supposedly buried. Pilgrims have been walking on the various roads that make up the *camino de Santiago* since the early Middle Ages.

It may surprise you, to learn that Roman Catholicism is not

La Catedral de Santa María en Palma de Mallorca, España

El camino a Santiago de Compostela

world that he gave his only begotten son that whosoever believeth in him should not perish, but have everlasting life" (John 3:16).

On the other hand, just being a good, moral person cannot earn salvation. Secularists believe they do not need God or religion in order to be moral people and live good lives. However, this ignores God's warning from Scripture, "He that believeth on [Christ] is not condemned: but he that believeth not is condemned already, because he hath not believed in the name of the only begotten Son of God" (John 3:18). All must come to belief in Christ, because they are already under God's condemnation. This is true for every person in any place, time, or culture.

the state religion of Spain today. Spain's 1978 constitution abolished the status of Catholicism as the official religion but at the same time officially recognized its role in the history and culture of the nation. Today most Spaniards claim to be Catholic, but for many, being baptized, married, and buried in the church (and attending an occasional wedding or baptism) is the extent of their involvement. On Sundays, many prefer to go shopping, attend a soccer game, or engage in other activities rather than going to mass. This growing trend toward secularism, which started back the 1930s, has increased in the new millenium. The Socialist Party in government ended obligatory religious education in state schools. Students may choose to take a class in either religion or ethics.

In light of the current spiritual condition of people in Spain, Christians should pray for Spaniards without Christ. Religiosity never saved anyone. True spiritual life begins with a true spiritual birth. As Jesus said to Nicodemus, a very religious person, "Verily, verily, I say unto thee, Except a man be born again, he cannot see the kingdom of God" (John 3:3). Anyone can be born again by putting his or her faith in the Lord Jesus Christ: "For God so loved the

Actividad 12-17: Preguntas de discusión

1. Why is religion such an important part of culture?

2. How did the Spanish show their religious zeal in times past?

3. As Spaniards perform penance processions every *Semana Santa* in a tribute to the passion of Christ, they believe these actions can help make them acceptable before God. Why is this wrong?

4. What is the *camino de Santiago,* and why is it significant for some Spaniards?

5. What would you say to a Spaniard who thinks the Bible has nothing important to say to people today?

Arqueología sin Fronteras

La religión en España

Primero de mayo (Día del Trabajo), Segovia, España

Eduardo y yo *hemos recorrido*[1] el sur de España. ¡Fue un recorrido genial y nos dio la oportunidad de grabar lugares importantes e históricos en Granada, Córdoba, Sevilla y Mérida!

No se puede viajar por España sin notar la cantidad de iglesias que hay en nuestro país. Todas las ciudades de España tienen un santo y unas fiestas dedicadas a ese santo. Por ejemplo, en Valencia se celebran las Fallas de Valencia y la Tomatina. En Pamplona se celebra la Fiesta de San Fermín. Esta es la famosa fiesta donde los mozos (hombres jóvenes) corren delante de los toros por las calles. ¡Es una locura!

Muchas personas hacen la peregrinación del camino a Santiago de Compostela en Galicia. Se cree que los restos del apóstol Santiago fueron enterrados allí. La Semana Santa es una fiesta muy famosa en España. Los costaleros llevan sobre sus hombros las imágenes de Jesús y María hasta la catedral. Hay algunos que hacen penitencia para recordar el sufrimiento de Jesús.

Jesucristo murió por nuestros pecados, pagó el precio en la cruz y resucitó. Por lo tanto, no podemos ganarnos el favor de Dios haciendo obras. ¡Solamente hay que creer en Jesucristo! Las obras vendrán después de la salvación por la obra del Espíritu Santo. De esta manera podemos vivir una vida santa y justa delante de Dios y los demás.

¡Es nuestra esperanza que os *haya gustado*[2] la última entrada en nuestro blog y *sigáis*[3] aprendiendo el castellano! Adiós.

Los mayas

Los incas

Los aztecas

Los españoles

Fiesta de San Fermín, Pamplona

La Catedral de Santiago de Compostela

Miembros de una hermandad en procesión

[1] gone all over
[2] may have liked
[3] you may continue

COMPETENCIA COMUNICATIVA

The following activities are designed to help you develop greater proficiency.

Sonidos, palabras y patrones

Pronunciación: Marcadores de discurso

Have you noticed how certain phrases used by the speakers in the dialogs help make the conversation flow more naturally? You use similar phrases in English all the time, though you may not realize it. Work on incorporating the following phrases (and others) into your vocabulary to help your Spanish sound more natural.

to confirm	example
de veras, claro, por supuesto, ¡Ah, sí!	**Juan:** Pero antes, quiero ir al centro comercial y comprar un cargador para mi teléfono celular. **Itzel:** ¡**Por supuesto**!

to give approval	example
bueno, bien, con mucho gusto, me parece bien, no hay problema, me alegro, perfecto, menos mal	**Luis:** Sí, vamos a tener testimonios también. Entonces tenemos un refrigerio y nos vamos a ver los fuegos artificiales. **María:** ¡**Qué bien**!

to sequence events	example
primero, luego, después, entonces	**Juan:** **Primero** necesito hablar con los maestros y **luego** tengo que conseguir los libros de texto.

to bring up an unrelated matter	example
por cierto, a propósito	**Itzel:** Y **por cierto**, ¿necesitan ayuda con la mudanza?

to clarify	example
¿De veras?, ¿Sí? (¿Ah, sí?), ¿No?, ¿Lo dices en serio?	**Luis:** ¡Es un telescopio! **Maria:** ¿**De veras**?

Actividad 12-18: Pronunciación de palabras 🔊

Listen to each example sentence, and then repeat the *marcador de discurso*.

Actividad 12-19: Dictado de palabras 🔊

Write the phrase that you hear being used as a *marcador de discurso*.

Los patrones con las expresiones

Actividad 12-20 : Escucha bien los patrones 🔊

Listen to the sentences. Choose the appropriate expression from the box to complete each line of dialog you hear.

expresiones con *qué*	
¡Qué casualidad!	¡Qué emoción!
¡Qué coincidencia!	¡Qué divertido!
¡Qué lindo!	¡Qué gracioso!
¡Qué pena!	¡Qué rico!

Presentar el evangelio

Finalize your testimony.

By now you should have the three parts of your testimony written in Spanish. Your testimony should cover your life before Christ, how you met Christ, and your life since trusting Christ.

Now put these three parts together into one piece. Read through your entire testimony and make sure each part is correct (spelling, verb conjugations, accents, verse references). Try to imagine what it would sound like before an audience. You may ask someone else to read it aloud to you. Is there anything else you should add about what God is doing in your life today? Is the gospel being clearly presented?

As you write this last part of your testimony, consider the following:

1. Practice giving your testimony multiple times.

2. Realize that your testimony is just one part of your Christian life. You are still growing by God's grace into the person He wants you to be.

3. Pray that God would use your testimony to help point others to Christ.

common phrases used to end testimonies	
Cuando tengo la oportunidad . . .	¡Qué alegría siento en mi corazón!
Para mí fue una gran bendición.	Estoy agradecido a Dios por . . .
Gracias a Dios por . . .	Que Dios les bendiga. (typically said as the last sentence in a testimony)

Actividad 12-21: Escucha y repite el versículo 🔊

Listen to the verse once, repeat the verse in sections, and then say the entire verse.

Efesios 2:10 "Porque somos hechura suya, creados en Cristo Jesús para buenas obras, las cuales Dios preparó de antemano para que anduviésemos en ellas."

Síntesis comunicativa: Educación en el futuro

Using the language skills you have reviewed in this chapter, envision your friend's future.

Paso 1: Presentational writing

What did you enjoy learning this year from all your classes? Based on the things you enjoyed, write down what you would be interested in studying.

Modelo

Me encantó la clase de literatura. Me gusta leer las novelas de romanticismo. Quiero estudiar la literatura.

Me gustó la asignatura de biología. Me gustaría ser científico.

Paso 2: Interpersonal speaking

Share with a partner what you enjoyed studying this year and what you would enjoy studying or doing in the future.

Paso 3: Presentational speaking

How well do you know your classmates? Based on what you just learned about your classmate, makes some predictions, such as what he or she will study, what he or she will do for work, places he or she will visit, and where he or she will live. Be creative.

Modelo

A mi compañera de clase le encantó la clase de literatura. Creo que estudiará en inglaterra. Trabajará en la Universidad de Oxford, verá muchas obras de teatro de Shakespeare y vivirá en Londres.

A mi compañero de clase le fascinan los animales. Pienso que estudiará la carrera de biología, vivirá en Africa y trabajará en un zoológico. Verá muchos leones.

Autoprueba: I can . . .

Rate how confidently you are able to do the following in Spanish.

Task	Not at all confidently			Very confidently	
I can talk about academic disciplines and fields of study.	1	2	3	4	5
I can describe my personal interests.	1	2	3	4	5
I can make predictions about the future of education.	1	2	3	4	5
I can express my plans, hopes, and expectations.	1	2	3	4	5
I can talk about my experiences and plans in various time frames.	1	2	3	4	5

Rate how confidently you are able to do the following in English.

Task	Not at all confidently			Very confidently	
I can describe how Spanish came to be a world language.	1	2	3	4	5
I can list some traditions and celebrations in Spain today.	1	2	3	4	5
I can describe the state of religion in Spain today.	1	2	3	4	5

Repaso: El pretérito

-*ar* verbs	-*car* verbs	-*gar* verbs	-*zar* verbs	-*er/-ir* verbs
-é	sa**qué**	col**gué**	empe**cé**	-í
-aste	sacaste	colgaste	empezaste	-iste
-ó	sacó	colgó	empezó	-ió
-amos	sacamos	colgamos	empezamos	-imos
-asteis	sacasteis	colgasteis	empezasteis	-isteis
-aron	sacaron	colgaron	empezaron	-ieron

Repaso: Pretéritos irregulares

Y Group endings	*U* and *I* Group endings	*J* Group endings
-**í**	-**e**	-**e**
-iste	-iste	-iste
-**yó**	-**o**	-**o**
-imos	-imos	-imos
-isteis	-isteis	-isteis
-**yeron**	-ieron	-**eron**

Repaso: Otros pretéritos irregulares

morir	pedir	ser / ir
morí	pedí	fui
moriste	pediste	fuiste
murió	**pidió**	fue
morimos	pedimos	fuimos
moristeis	pedisteis	fuisteis
murieron	**pidieron**	fueron

Repaso: El imperfecto

-*ar* endings	-*er/-ir* endings
-aba	-ía
-abas	-ías
-aba	-ía
-ábamos	-íamos
-abais	-íais
-aban	-ían

Repaso: Imperfectos irregulares

ser		ir		ver	
era	éramos	iba	íbamos	veía	veíamos
eras	erais	ibas	ibais	veías	veíais
era	eran	iba	iban	veía	veían

Repaso: El futuro

pronombre	terminación	ejemplos		
yo	-é	llegaré	comeré	viviré
tú	-ás	llegarás	comerás	vivirás
él/ella/usted	-á	llegará	comerá	vivirá
nosotros	-emos	llegaremos	comeremos	viviremos
vosotros	-éis	llegaréis	comeréis	viviréis
ellos/ellas/ustedes	-án	llegarán	comerán	vivirán

Repaso: El condicional

pronombre	terminación	ejemplos		
yo	-ía	llegaría	comería	viviría
tú	-ías	llegarías	comerías	vivirías
él/ella/usted	-ía	llegaría	comería	viviría
nosotros	-íamos	llegaríamos	comeríamos	viviríamos
vosotros	-íais	llegaríais	comeríais	viviríais
ellos/ellas/ustedes	-ían	llegarían	comerían	vivirían

Repaso: Futuros y condicionales irregulares

infinitivo	raíz	futuro	condicional
decir	dir-	diré, dirás, dirá . . .	diría, dirías, diría . . .
haber (hay)	habr-	habrá	habría
hacer	har-	haré, harás, hará . . .	haría, harías, haría . . .
poder	podr-	podré, podrás, podrá . . .	podría, podrías, podría . . .
poner	pondr-	pondré, pondrás, pondrá . . .	pondría, pondrías, pondría . . .
querer	querr-	querré, querrás, querrá . . .	querría, querrías, querría . . .
saber	sabr-	sabré, sabrás, sabrá . . .	sabría, sabrías, sabría . . .
salir	saldr-	saldré, saldrás, saldrá . . .	saldría, saldrías, saldría . . .
tener	tendr-	tendré, tendrás, tendrá . . .	tendría, tendrías, tendría . . .
valer	valdr-	valdré, valdrás, valdrá . . .	valdría, valdrías, valdría . . .
venir	vendr-	vendré, vendrás, vendrá . . .	vendría, vendrías, vendría . . .

Los tiempos verbales

The following tenses have been presented with the conjugations for -*ar*, -*er*, and -*ir* verbs. (The examples shown are all first-person singular.)

present	hablo, como, vivo	I speak, I eat, I live
preterite	hablé, comí, viví	I spoke, I ate, I lived
imperfect	hablaba, comía, vivía	I used to speak/eat/live
future	hablaré, comeré, viviré	I will speak/eat/live
conditional	hablaría, comería, viviría	I would speak/eat/live

Chapter vocabulary

CAPÍTULO 1

la familia / the family

la abuela	grandmother	la mujer	woman, wife
el abuelo	grandfather	la nieta	granddaughter
la bisabuela	great-grandmother	el nieto	grandson
el bisabuelo	great-grandfather	la nuera	daughter-in-law
la cuñada	sister-in-law	el padre	father
el cuñado	brother-in-law	el papá	dad
la esposa	wife	la prima	cousin (female)
el esposo	husband	el primo	cousin (male)
la hermana	sister	la sobrina	niece
el hermano	brother	el sobrino	nephew
la hija	daughter	la suegra	mother-in-law
el hijo	son	el suegro	father-in-law
la madre	mother	la tía	aunt
la mamá	mom	el tío	uncle
el marido	husband	el yerno	son-in-law

la personalidad / personality

aburrido/a	boring	obediente	obedient
amable	kind	orgulloso/a	proud
antipático/a	mean, not nice	perezoso/a	lazy
chistoso/a	funny	rebelde	rebellious
generoso/a	generous	responsable	responsible
grosero/a	rude	sabio/a	wise
hablador(a)	talkative, chatty	simpático/a	likeable, nice
humilde	humble	soñador(a)	dreamer
inteligente	smart, intelligent	tacaño/a	stingy
irresponsable	irresponsible	trabajador(a)	hard working
miedoso/a	cowardly, faint-hearted	vago/a	lazy
necio/a	foolish	valiente	brave

Continued . . .

vocabulario relevante / relevant vocabulary

la ancianita	elderly woman	galáctico/a	galactic
el ancianito	elderly man	imaginar	to imagine
la broma	joke, prank	el/la ingeniero/a	engineer
el chiste	joke, funny story	el loro	parrot
contar	to tell, to count	mayor	older, bigger, greater
divertido/a	fun	la medicina	medicine
espacial	having to do with outer space	la química	chemistry
la estrella	star	la salud	health
evitar	to avoid	el telescopio	telescope
el/la explorador(a)	explorer		

los países y las nacionalidades / countries and nationalities

Alemania	alemán/alemana	Inglaterra	inglés/inglesa
Canadá	canadiense	Italia	italiano/a
China	chino/a	Noruega	noruego/a
Corea	coreano/a	Polonia	polaco/a
Dinamarca	danés/danesa	Portugal	portugués/portuguesa
los Estados Unidos	estadounidense	Rumania	rumano/a
Francia	francés/francesa	Rusia	ruso/a
Grecia	griego/a	Suecia	sueco/a
Holanda	holandés/holandesa	Ucrania	ucraniano/a

los países hispanohablantes y las nacionalidades / Spanish-speaking countries and nationalities

Argentina	argentino/a	México	mexicano/a
Bolivia	boliviano/a	Nicaragua	nicaraguense
Chile	chileno/a	Panamá	panameño/a
Colombia	colombiano/a	Paraguay	paraguayo/a
Costa Rica	costaricense	Perú	peruano/a
Cuba	cubano/a	Puerto Rico	puertorriqueño/a
Ecuador	ecuatoriano/a	República Dominicana	dominicano/a
España	español(a)	Salvador	salvadoreño/a
Guatemala	guatemalteco/a	Uruguay	uruguayo/a
Guinea Ecuatorial	ecuatoguineano/a	Venezuela	venezolano/a
Honduras	hondureño/a		

las palabras interrogativas / interrogative words

¿Cómo?	How?	¿Cuántos?	How many? (masculine)
¿Cuál?	Which one?	¿Dónde?	Where?
¿Cuáles?	Which ones?	¿Por qué?	Why?
¿Cuándo?	When?	¿Qué?	What?
¿Cuánta?	How much? (feminine)	¿Quién?	Who? (sing.)
¿Cuántas?	How many? (feminine)	¿Quiénes?	Who? (pl.)
¿Cuánto?	How much? (masculine)		

CAPÍTULO 2

la escuela / school	
el aula (*pl.* las aulas)	classroom
la biblioteca	library
el borrador	(blackboard) eraser
la cancha	ball court or field
la capilla	chapel
las ciencias	science
la computadora	computer
el/la consejero/a	counselor
el/la director(a)	principal, director
la enfermería	infirmary
el/la enfermero/a	nurse
enseñar	to teach
el escritorio	desk
la estantería	shelf
el gimnasio	gym
la goma de borrar	(rubber) eraser
la informática	computer science
el laboratorio	laboratory
el mapa	map
el microscopio	microscope
la mochila	backpack
el patio de recreo	playground
la pizarra	blackboard
el/la profesor(a)	teacher
el proyector	projector
el pupitre	student desk
la secretaría	secretary's office
el/la secretario/a	secretary

los números / numbers

1	uno	11	once
2	dos	12	doce
3	tres	13	trece
4	cuatro	14	catorce
5	cinco	15	quince
6	seis	16	dieciséis
7	siete	17	diecisiete
8	ocho	18	dieciocho
9	nueve	19	diecinueve
10	diez	20	veinte
21	veintiuno	30	treinta
22	veintidós	40	cuarenta
23	veintitrés	50	cincuenta
24	veinticuatro	60	sesenta
25	veinticinco	70	setenta
26	veintiséis	80	ochenta
27	veintisiete	90	noventa
28	veintiocho	100	cien
29	veintinueve		
31	treinta y uno	110	ciento diez
42	cuarenta y dos	121	ciento veintiuno
53	cincuenta y tres	132	ciento treinta y dos
64	sesenta y cuatro	143	ciento cuarenta y tres
75	setenta y cinco	154	ciento cincuenta y cuatro
86	ochenta y seis	165	ciento sesenta y cinco
97	noventa y siete	176	ciento setenta y seis
101	ciento uno	187	ciento ochenta y siete
105	ciento cinco	198	ciento noventa y ocho

CAPÍTULO 3

los lugares del centro / places downtown

el banco	bank
la biblioteca	library
la clínica	clinic
la estación de bomberos	fire station
la estación de policía	police station
la estación de tren	train station
la farmacia	pharmacy
el hospital	hospital
el hotel	hotel
la iglesia católica	Catholic church
la iglesia evangélica	evangelical church
el mercado	market
la municipalidad	town hall (Guatemala)
la parada de taxis	taxi stop
el parque	park
el restaurante	restaurant
la terminal de autobuses	bus terminal

las preposiciones / prepositions

a (a + el = al)	to, toward
al lado de	beside, next to
cerca de	near
de (de + el = del)	from, of
debajo de	under
delante de	in front of, across from
dentro de	inside of
desde	from
desde . . . hasta	from . . . to
detrás de	behind
en	in, on, at
encima de	above, on top of
en frente de	in front of, across from
entre	between
frente a	in front of, across from
fuera de	out of
hacia	toward
hasta	until, till
junto a	beside, next to
lejos de	far from
sobre	above, on top of

en el restaurante / in the restaurant

caliente	hot (temperature)
el/la camarero/a, mesero/a	waiter
la cuenta	bill
frío/a	cold
pagar con tarjeta de crédito	to pay by credit card
pagar en efectivo	to pay with cash
picante, picoso/a	hot (spicy)
el postre	dessert
el primer plato	first course
la propina	tip

los cubiertos / cutlery

la cuchara	spoon
el cuchillo	knife
el plato de postre	dessert plate
el plato hondo	soup plate
la servilleta	napkin
el tenedor	fork

los platos / dishes

el arroz	rice
la carne asada	roast, barbecue
la ensalada	salad
los espaguetis	spaghetti
los macarrones	macaroni
la pasta con carne	pasta with meat
la pizza	pizza
el pollo frito	fried chicken
la sopa de verduras	vegetable soup
el taco	taco

las carnes / meats

el cerdo	pork
el cordero	lamb
la gallina	hen
la hamburguesa	hamburger
el lechón	young pig
el pato	duck
el pavo	turkey
el pollo	chicken
la res	beef
la ternera	veal
el venado	venison

los pescados / fish

la anchoa	anchovy
el atún	tuna
el bacalao	cod
la carpa	carp
la merluza	hake
el pez espada	swordfish
el salmón	salmon
la sardina	sardine
el tiburón	shark
la trucha	trout

los mariscos / seafood

la almeja	clam
el calamar	squid, calamari
el camarón	shrimp
el cangrejo	crab
la cigala	prawn
la langosta	lobster
el mejillón	mussel
la ostra	oyster
el pulpo	octopus
la sepia	cuttlefish

las verduras / vegetables

el aguacate	avocado
el ajo	garlic
la cebolla	onion
el chile	chili
la lechuga	lettuce
la papa	potato
la patata	potato (Spain)
el pimiento	bell pepper
el tomate	tomato
la zanahoria	carrot

las frutas / fruits

el arándano	blueberry
la banana	banana
la cereza	cherry
el coco	coconut
la fresa	strawberry
la lima	lime
el limón	lemon
la mandarina	mandarin
la manzana	apple
el melón	melon
la naranja	orange
la pera	pear
la piña	pineapple
la sandía	watermelon
la uva	grape

los lácteos / dairy

la crema	cream
la leche	milk
la mantequilla	butter
el queso	cheese
el yogur	yogurt

las bebidas / drinks

el agua	water
el café	coffee
la infusión	herbal tea
el jugo, el zumo	juice
el té	tea

los condimentos / spices

la canela	cinnamon
el cilantro	cilantro
la hoja de laurel	bay leaf
el orégano	oregano
el perejíl	parsley
el pimentón	paprika
la pimienta	pepper
el romero	rosemary
la sal	salt

las sopas / soups

el caldo	broth, stock
el cocido, el guiso	stew
el consomé	consommé
la crema de ___	cream of ___
la sopa	soup

otros / others

el aceite	oil
la harina	flour
el huevo	egg
la oliva	olive
el vinagre	vinegar

los frutos secos / nuts

la almendra	almond
la avellana	hazelnut
la castaña	chestnut
el maní	peanut
la nuez	walnut
la pipa	sunflower seed
el pistacho	pistachio

CAPÍTULO 4

vocabulario relevante / relevant vocabulary	
el/la antepasado/a	ancestor
arreglar	to repair, to fix
asustar(se)	to scare (to get scared)
la clave	password
cómodo/a	comfortable
conmigo	with me
contar	to tell a story
contigo	with you
creer	to believe, to think
el/la descendiente	descendant
enviar	to send
la época	time period
esconder(se)	to hide
heredar	to inherit
juntos/as	together
la limpieza	cleaning
ninguno/a	none, no one
ocurrente	smart, sharp, intelligent
peligroso/a	dangerous
la pena	pity, embarrassment
romper(se)	to break
rústico/a	rustic
la vergüenza	shame, embarrassment
volver	to return

verbos regulares -ar / regular -ar verbs	
acabar	to finish
agarrar	to take, to catch
cansarse	to get tired
cenar	to have supper
cocinar	to cook
comprar	to buy
contestar	to answer
curarse	to heal, to cure
decorar	to decorate
desayunar	to have breakfast
enfermar(se)	to make ill, to become ill
enseñar	to teach, to show
estudiar	to study
ganar	to win, to gain
hablar	to speak, to talk
invitar	to invite
levantarse	to get up, to rise
limpiar	to clean
llamar	to call
llevar	to carry
mandar	to send, to order
mirar	to look
pasar	to pass, to happen
preguntar	to ask
preparar	to prepare
tardar	to take (a long) time, to be late
terminar	to finish, to end
tomar	to take, to drink

verbos regulares -er / regular -er verbs		expresiones de tiempo / expressions of time	
aprender	to learn	anoche	last night
barrer	to sweep	anteanoche	the night before last
beber	to drink	anteayer	the day before yesterday
comer	to eat	el año pasado	last year
comprender	to understand	ayer	yesterday
correr	to run	esta mañana	this morning
deber	to owe	hace dos días	two days ago
esconder	to hide	hace mucho tiempo	a long time ago
prometer	to promise	hace una hora	an hour ago
responder	to answer	hace un día	a day ago
romper	to break	hace veinte años	twenty years ago
temer	to fear	hoy día, hoy en día	nowadays
vender	to sell	el mes pasado	last month
ver	to see	el otro día	the other day
verbos regulares -ir / regular -ir verbs		la semana pasada	last week
abrir	to open	ya	already
admitir	to admit		
asistir	to attend (a class, event), to assist		
compartir	to share		
cumplir	to fulfill		
decidir	to decide		
discutir	to discuss, to argue		
escribir	to write		
permitir	to permit, to allow		
recibir	to receive		
servir	to serve		
subir	to go up		
sufrir	to suffer		
vivir	to live		

CAPÍTULO 5

vocabulario relevante / relevant vocabulary	
el/la albañil	bricklayer, builder
amplio/a	spacious
cómodo/a	comfortable
el concreto	concrete
elegir (-ir stem-changing)	to choose
escoger	to choose
el hormigón	concrete
el juguete	toy
el ladrillo	brick
la lente	lens
la limpieza	cleaning
la piedra	stone
la pizarra de corcho	corkboard
platicar (-car verb)	to talk, to chat

la casa / the house	
el armario empotrado	built-in closet
la bañera	bathtub
el baño	restroom, bathroom
barrer	to sweep
la cama	bed
la chimenea	chimney, fireplace
la cómoda	dresser
el dormitorio	bedroom
la ducha	shower
las escaleras	stairs
el espejo	mirror
la estantería	bookshelf
la estufa	stove, heater
el fregadero	kitchen sink
fregar	to mop, to wash
el frigorífico, el refrigerador	refrigerator
el horno	oven
el inodoro	toilet
la lámpara	lamp
el lavabo	sink, bathroom
el lavaplatos	dishwasher
la mesita de noche	nightstand
la puerta	door
el sillón	couch
el sofá	sofa
la ventana	window

verbos que acaban en -car, -gar o -zar / verbs that end in -car, -gar, or -zar

-car		-gar		-zar	
aplicar	to apply	colgar	to hang	avanzar	to advance
atacar	to attack	congregar(se)	to meet	bautizar	to baptize
clasificar	to classify	conjugar	to conjugate	civilizar	to civilize
comunicar	to communicate	delegar	to delegate	digitalizar	to digitize
criticar	to critique, to gossip	fatigar	to tire	finalizar	to finish, finalize
crucificar	to crucify	interrogar	to interrogate	garantizar	to guarantee
glorificar	to glorify	investigar	to investigate	generalizar	to generalize
sacar	to take out of	juzgar	to judge	legalizar	to legalize
testificar	to testify	propagar	to spread	organizar	to organize

verbos *-ir* que cambian su raíz / *-ir* stem-changing verbs			
competir	to compete	preferir	to prefer
derretir	to melt	reír(se)	to laugh, to laugh about
despedir(se)	to say goodbye	repetir	to repeat
divertir(se)	to amuse, to have fun	sentir	to feel
dormir(se)	to sleep, to fall asleep	servir	to serve
impedir	to prevent, to stop	sonreír	to smile
medir	to measure	sugerir	to suggest
pedir	to ask for	vestir(se)	to dress, get dressed

verbos del grupo *Y* / *Y* Group verbs			
caer(se)	to fall	disminuir	to get smaller
concluir	to conclude	fluir	to flow
constituir	to constitute	incluir	to include
construir	to build	leer	to read
creer	to believe	oír	to hear, to listen
destruir	to destroy	poseer	to possess, to own

CAPÍTULO 6

vocabulario relevante / relevant vocabulary		las emociones / emotions	
agarrar	to grab	la alegría	joy, gladness
andar (*U* Group)	to walk	la emoción	emotion
el antibiótico	antibiotic	el enfado	anger
caber (*U* Group)	to fit	la felicidad	happiness
crecer	to grow	la ilusión	excitement
cuidar	to take care of	la molestia	annoyance
echar una mano	to give a hand, to help	los nervios	nerves
explotar	to explode	el orgullo	pride
hacer (*I* Group)	to do, to make	la preocupación	worry, preoccupation
el himno	hymn	la sorpresa	surprise
la hoja	leaf	la tranquilidad	tranquility
improvisar	to improvise	la tristeza	sadness
intravenoso/a	intravenous	**el estado emocional / emotional state**	
luego	later, then	alegre	glad
el mantel	tablecloth	emocionado/a	touched, moved
oler	to smell	enfadado/a	angry
orar	to pray	feliz	happy
poder (*U* Group)	to be able to, can	ilusionado/a	excited
poner (*U* Group)	to put	molesto/a	annoyed, upset
poner la mesa	to set the table	nervioso/a	nervous
querer (*I* Group)	to want	orgulloso/a	proud
la rama	tree branch	preocupado/a	worried
el refrigerio	snack	sorprendido/a	surprised
sentir	to feel, to think	tranquilo/a	calm, quiet
tener ganas de	to feel like, to look forward to	triste	sad
venir (*I* Group)	to come		

expresando emociones / expressing emotions

en familia / in the family		en la iglesia / in church	
¿Cómo estás?	How are you?	¿Cómo está (usted)?	How are you?
¡Cuánto tiempo!	It's been so long!	¡Cuánto tiempo!	It's been so long!
¡Me alegro de verte!	So happy to see you!	¡Me alegro de verle de nuevo!	So happy to see you again!
¡Qué alegría verte!	So glad to see you!	¡Qué alegría verle!	So good to see you!
¡Qué bueno verte de nuevo!	So good to see you again!	¡Qué bendición!	What a blessing!
		¡Qué gozo!	What a joy!

expresar tristeza o compasión / expressing sadness or sympathy

¡Cuánto lo siento!	I am so sorry!	¡Qué lástima!	What a pity!
¡Lo siento mucho!	I am so sorry!	¡Qué pena!, ¡Qué triste!	How sad!
Siento/sentí mucho el fallecimiento de tu abuelo.		I am/was so sorry about your grandfather's passing.	

las navidades / the holidays		verbos como *poner* / verbs like *poner* (*U* Group)	
el Año Nuevo	New Year's Day	componer	to compose
el árbol de Navidad	Christmas tree	exponer	to expose
la bengala	flare, sparkler	imponer	to impose
el cohete	rocket	posponer	to postpone
la decoración	decoration	proponer	to propose
los fuegos artificiales	fireworks	suponer	to suppose
el incienso	incense	verbos como *decir* / verbs like *decir* (*J* Group)	
la mirra	myrrh	bendecir	to bless
el nacimiento	birth, nativity scene	maldecir	to curse
la Navidad	Christmas	predecir	to predict
la Nochevieja	Christmas Eve	verbos como *traer* / verbs like *traer* (*J* Group)	
el oro	gold	atraer	to attract
el petardo	firecracker	contraer	to contract
los reyes magos	the wise men	distraer	to distract
pronombres de objeto indirecto / indirect object pronouns		extraer	to extract
me	to/for me	verbos como *conducir* / verbs like *conducir* (*J* Group)	
te	to/for you	deducir	to deduct
le	to/for him, her, it, you (sing.)	inducir	to induce
nos	to/for us	introducir	to introduce
os	to/for you (pl.) (Spain)	producir	to produce
les	to/for them, you (pl.)	reconducir	to redirect
		reducir	to reduce
		reproducir	to reproduce
		seducir	to seduce
		traducir	to translate

CAPÍTULO 7

vocabulario relevante / relevant vocabulary		las partes del cuerpo / parts of the body	
el analgésico	painkiller	el antebrazo	forearm
caerse	to fall	la barriga	belly
el cambio	change (money)	el brazo	arm
deber	to owe	la cabeza	head
dentro de un mes	in/within a month	la cadera	hip
doler	to hurt, to be in pain	el codo	elbow
el esguince	sprain	el cuello	neck
el golpe	hit, blow	los dedos	fingers, toes
grave	serious, grave	la espalda	back
el hueso	bone	el hombro	shoulder
el ligamento	ligament	la mano	hand
mandar	to send, to give an order	la muñeca	wrist
mareado/a	dizzy	el muslo	thigh
quitar	to remove, to take away	el pecho	chest
recetar	to prescribe	el pie	foot
roto/a	broken, torn	el riñon	kidney
la venda	bandage	la rodilla	knee
el yeso	(plaster) cast	el tobillo	ankle

la cara / the face		verbos de los sentidos / verbs of the senses	
la barbilla	chin	gustar	to taste
la boca	mouth	oír	to hear, to listen
las cejas	eyebrows	oler	to smell
los dientes	teeth	tocar	to touch
la frente	forehead	ver	to see
los labios	lips	los sentidos / the senses	
la lengua	tongue	el gusto	taste
la nariz	nose	el oído	hearing
los ojos	eyes	el olfato	smell
las orejas	ears	el tacto	touch
		la vista	sight

los síntomas / symptoms

cortarse	to cut oneself
desmayarse	to pass out
doler	to hurt, to be in pain
el dolor	pain
la fiebre	fever
la fractura	fracture
fracturarse un/el ___	to fracture one's ___
hacerse un corte	to get a cut
hacerse un morado	to get a bruise
lastimarse	to get hurt
el malestar	discomfort
marearse	to get dizzy
el mareo	dizziness
la molestia	discomfort, pain
las náuseas	nausea
resbalarse	to slip, to slide
romperse un/el ___	to break one's ___
sangrar	to bleed
tener fiebre	to have a fever
tropezar	to stumble, to fall over
vomitar	to throw up, to vomit

las causas / causes

la caída	fall
dolor intenso	intense pain
el golpe	hit, blow
el resbalón	slip
el tropiezo	stumble

el banco / the bank

abrir una cuenta	to open an account
ahorrar	to save (money)
el cajero automático	ATM
cerrar una cuenta	to close an account
la cuenta corriente	checking account
la cuenta de ahorros	savings account
depositar	to deposit
estar seguro/a	to be sure
gastar	to spend
los gastos	expenses
pedir prestado	to borrow
pedir un préstamo	to request a loan
prestar	to lend
retirar dinero, sacar dinero	to withdraw money
la tarjeta de crédito	credit card
la tarjeta de débito	debit card

las finanzas personales / personal finances

cobrar	to get paid
dar una ofrenda	to give an offering
diezmar	to tithe
en efectivo	in cash
estar desempleado	to be unemployed
ofrendar	to give an offering
pagar	to pay (for)
el sueldo	salary
tener trabajo	to have a job
el trabajo	job, work

CAPÍTULO 8

vocabulario relevante / relevant vocabulary

agacharse	to duck, to crouch down
el asfalto	asphalt
el barro	mud
la boda	wedding ceremony
caber	to fit
cargar	to carry
el clima	climate, weather
la corbata	tie
dejar	to let, to allow
de niño/a	as a child
disfrutar	to enjoy
echar de menos	to miss (someone/thing)
encender	to light, to turn on
extrañar	to miss (someone/thing)
faltar a clase	to miss class
ganar	to win, to gain
grueso/a	thick
jubilarse	to retire
justo en	just in, right (there) on
medir	to measure (height, length)
morado/a	purple, bruised
mudarse	to move (new house, city)
nadar	to swim
la niñez	childhood
el orgullo	pride
la partida	card game, table game
pasarla bien	to have a good time
la playa	beach
el pozo	water well
puntual	punctual
quemar	to burn
el recado	errand
romper	to break
salir a	go out to/for
tardar	to be late
tener razón	to be right
la terminal	terminal (bus, train)
traviesa	naughty, mischievous

tipos de calles / street types

la autopista	highway
la autovía	expressway, highway
la avenida	avenue
el bulevar	boulevard
la calle	street
el callejón	alley
la carretera	road
la circunvalación	bypass
la ronda	bypass

direcciones / addresses

el barrio	neighborhood
el bloque, la cuadra	street block
el centro	downtown
el código postal	ZIP code
la colonia	neighborhood, district
el número	street number

la casa / the house

el aire acondicionado	air conditioning
el balcón	balcony
construir	to build
la electricidad	electricity
el ladrillo	brick
la pared	wall
la piedra	stone, masonry
la puerta	door
la ventana	window

expresiones temporales con el imperfecto / time expressions with the imperfect	
antes	before, in the past
cuando (yo) era niño / joven / estudiante	when I was a child / young / a student
cuando (yo) estaba en la escuela / la universidad	when I was in school / university
cuando (yo) vivía en Argentina / Francia	when I lived in Argentina / France
en el pasado	in the past
muchas veces	many times, often
una vez	once, one time
un día	once, one day

CAPÍTULO 9

vocabulario relevante / relevant vocabulary	
acariciar	to pet, to caress
el/la agricultor(a)	farmer
artesanal	handmade
atreverse a	to dare to
atrevido/a	daring
contratar	to hire, to contract
convertirse	to get saved, to turn into
creer que	to believe that
la cueva	cave
darse cuenta	to realize
el diácono	deacon
escalar	to climb
hacer falta	to need
el natalicio	birthday, national holiday
ordeñar	to milk (farm animals)
el paracaídas	parachute
pobre	poor
por ese tiempo	around that time
por eso	because of that
prestar atención	to pay attention
la rondalla	choir, singing group (Mex.)
la sandalia	sandal
tener éxito	to be successful
el tiburón	shark

el parque temático / theme park	
la montaña rusa	roller coaster
montarse en	to ride

el ocio / leisure	
la barca	boat
el boliche, los bolos	bowling
el lago	lake
el parque	park
patinar	to skate
el río	river

los deportes / sports	
el/la árbitro/a	referee
el béisbol	baseball
el boxeo	boxing
el campo	field
la canasta	basketball goal or hoop
la cancha	court, field
el cuadrilátero	(boxing) ring
encestar una canasta	score a basket
el fútbol	soccer
la lucha libre	wrestling
marcar (un gol)	to score a point or goal
la portería	goal (net and posts)
el/la portero/a	goalie, goalkeeper

Continued . . .

los meses del año / months of the year	
enero	January
febrero	February
marzo	March
abril	April
mayo	May
junio	June
julio	July
agosto	August
septiembre	September
octubre	October
noviembre	November
diciembre	December

las estaciones del año / seasons of the year	
la primavera	spring
el verano	summer
el otoño	fall, autumn
el invierno	winter

el tiempo / the weather	
estar nublado	to be cloudy or overcast
el granizo	hail
hacer calor	to be hot
hacer frío	to be cold
hacer viento	to be windy
llover	to rain
la lluvia	rain
nevar	to snow
la niebla	fog
la nieve	snow
la nube	cloud
la tormenta	storm
el viento	wind

CAPÍTULO 10

vocabulario relevante / relevant vocabulary	
a tiempo completo/parcial	full-time/part-time
el bocadillo	sandwich, sub (Spain)
el bolso	purse
el compartimento	compartment, locker
de antelación	in advance
de sobras	more than enough, extra
el equipaje	baggage
la furgoneta	van (Spain)
la maleta	suitcase
el maletero	trunk
mandar saludos	to send greetings
preocuparse	to worry
la prisa	rush, hurry, haste
recoger	to pick up, to collect
reservar	to reserve
la revista	magazine
salir	to leave (trains, people)
tener ganas de	to feel like

la estación de tren / the train station	
el andén	platform (bus, train station)
el asiento	seat
el billete	ticket
el documento de identidad	identification, ID
la escalera mecánica	escalator
la locomotora	train engine
el monitor	information panel, monitor
el pasaporte	passport
el pasillo	hallway, corridor
la red	network
sacar/comprar billetes	to buy tickets
el trasbordo	transfer, change
el tren de alta velocidad	high-speed train
el vagón	railroad car, coach
la vía	track, railroad

expresiones de tiempo con el pretérito / time expressions used with the preterite	
anteayer	the day before yesterday
ayer	yesterday
de pronto, de repente	suddenly
el domingo	on Sunday
hace tres meses	three months ago
hace un año	a year ago
el mes pasado	last month
la semana pasada	last week
una vez	once, one time

expresiones de tiempo con el imperfecto / time expressions used with the imperfect	
a menudo	often
a veces	sometimes
casi nunca	hardly ever
cuando yo era, cuando yo tenía	when I was
de vez en cuando	once in a while
frecuentemente	frequently
generalmente, por lo general	generally, usually, typically
los lunes por la mañana/noche	on Monday mornings/evenings
mientras	in the meantime, while, meanwhile
siempre	always
un día	one day

CAPÍTULO 11

vocabulario relevante / relevant vocabulary

acortar	to shorten, make shorter	grabar	to record
aéreo/a	aerial	hacer/sacar fotos	to take pictures
alargar	to lengthen, to extend	el itinerario	itinerary
a lo mejor	maybe, perhaps	llevar tiempo	to take time
el amanecer	sunrise, dawn, daybreak	mandar	to send, to command
el atardecer	dusk, twilight, sunset	el nido	nest
a través de	through, by	la noche	night
bucear	to scuba dive	nocturno/a	nocturnal
la cámara	camera	olvidarse de	to forget about
el circo	circus	ponerse contento/a	to become happy
el coche	car	preguntarse	to wonder
cruzar	to cross	prometer	to promise
dar tiempo de sobras	to allow for plenty of time	el puente	bridge
descubrir	to discover	quedarse	to stay
el dron	drone	el/la reportero/a	reporter
durar	to last, to take (time)	las ruinas	ruins
emitir	to broadcast	la tarjeta de memoria	memory card
enviar	to send	valer la pena	to be worth it
la grabación	recording		

CAPÍTULO 12

vocabulario relevante / relevant vocabulary

acabar	to finish
aguantar	to stand, to bear, to tolerate
aprobar	to pass (tests, classes) (Spain)
la carrera universitaria	university major
el documental	documentary
la estancia	stay, duration of a visit
juntarse	to get together, to meet
la lágrima	tear (from the eyes)
marearse	to get dizzy or motion sick
el monstruo	monster
pasar	to pass, to hand over
quedar profesional/bonito	to turn out professional/beautiful
reprobar	to fail (tests, classes) (LA)
salir barato/a	to turn out cheap
salir caro/a	to turn out expensive
suspender	to fail (tests, classes) (Spain)

los estudios / studies		las profesiones / professions	
antropología	anthropology	el/la abogado/a	lawyer
arqueología	archaeology	el/la antropólogo/a	anthropologist
astrofísica	astrophysics	el/la arqueólogo/a	archaeologist
biología	biology	el/la astrofísico/a	astrophysicist
bioquímica	biochemistry	el/la biólogo/a	biologist
derecho	law	el/la bioquímico/a	biochemist
filosofía	philosophy	el/la filósofo/a	philosopher
física	physics	el/la físico/a	physicist
genética	genetics	el/la genetista	geneticist
historia	history	el/la historiador(a)	historian
informática	computer science	el/la informático/a	computer engineer
ingeniería	engineering	el/la ingeniero/a	engineer
lingüística	linguistics	el/la lingüista	linguist
literatura	literature	el/la literato/a	author, writer, intellectual
matemáticas	mathematics	el/la matemático/a	mathematician
medicina	medicine	el/la médico/a	medical doctor
química	chemistry	el/la químico/a	chemist
sicología	psychology	el/la sicólogo/a	psychologist
sociología	sociology	el/la sociólogo/a	sociologist
teología	theology	el/la teólogo/a	theologian

otras profesiones / other professions			
el/la arquitecto/a	architect	el/la músico/a	musician
el/la chef	chef	el/la oficial militar	military officer
el/la cirujano/a	surgeon	el pastor	pastor
el/la contable	accountant (Spain)	el/la periodista	journalist
el/la enfermero/a	nurse	el/la policía	police officer
el/la mecánico/a	mechanic	el/la profesor(a)	professor
el/la misionero/a	missionary		

Index

Index of competencias comunicativas

Text acknowledgments

Chapter 3

The Book of the People: POPOL VUH. Translated into English by Delia Goetz and Sylvanus Griswold Morley from the translation by Adrián Recinos (Los Angeles: Plantin Press, © 1954).

Popol vuh: las antiguas historias del Quiché. Translated into Spanish by Adrián Recinos (Mexico: Fondo de Cultura Económica, © 1947)

Chapter 4

The Incas: The Royal Commentaries of the Inca Garcilaso de la Vega, 1539–1616. Translated by Maria Jolas from the critical, annotated French edition by Alain Gheerbrant (© 1961).

Chapter 5

Pizarro, Pedro. *Relation of the Discovery and Conquest of the Kingdoms of Peru.* Translated into English by Phillip Ainsworth Means (© 1921).

Chapter 7

Díaz del Castillo, Bernal. *The History of the Conquest of New Spain.* Translated by Alfred Percival Maudslay (© 1908).

Chapter 8

Quote taken from "Segunda carta-relación de Hernán Cortés (1485–1547) al Emperador Carlos V. Segura de la Frontera 30 de octubre de 1520."

Special recognition

Thanks to the following for contributing personal testimonies of faith in Christ Jesus:
Neftalí Martínez
Antonio Moyano
Álvaro Rodríguez

Photo credits

Key: (t) top; (c) center;
(b) bottom; (l) left; (r) right; (i) inset;
(bg) background

Unit openers

xx–1t Danielcc/Shutterstock.com; **xx–1**c hartmanc10/iStock/Getty Images Plus/Getty Images; **xx–1**b SL_Photography/iStock Editorial/Getty Images Plus/Getty Images; **96–97**t age fotostock/Alamy Stock Photo; **96–97**c Adobe Stock/Andrés García; **96–97**b Oliver Foerstner/Shutterstock.com; **200–201**t baona/iStock/Getty Images Plus/Getty Images; **200–201**c GARDEL Bertrand/hemis.fr/Getty Images Plus/Getty Images; **200–201**b Aleksandar Todorovic/Shutterstock.com; **304–5**t Julian Castle/Alamy Stock Photo; **304–5**c Lord_Kuernyus/iStock Editorial/Getty Images Plus/Getty Images; **304–5**b cge2010/Shutterstock.com

Chapter 1

2–3 Danielcc/Shutterstock.com; **9** Michele and Tom Grimm/Alamy Stock Photo; **10**l, **11**r Aldo Murillo/iStock/Getty Images Plus/Getty Images; **10**r FangXiaNuo/E+/Getty Images; **11**l aldomurillo/iStock/Getty Images Plus/Getty Images; **14**t Cezary Wojtkowski/iStock/Getty Images Plus/Getty Images; **14**b Diego Grandi/Shutterstock.com; **24**t Barna Tanko/Shutterstock.com; **24**c ValentynVolkov/iStock/Getty Images Plus/Getty Images / EM Arts/Shutterstock.com; **24**b ©fitopardo.com/Moment/Getty Images; **25**t Rhonda Gutenberg/Lonely Planet Images/Getty Images Plus/Getty Images; **25**bl Agencja Fotograficzna Caro/Alamy Stock Photo; **25**br Cavan Images/Alamy Stock Photo; **26**bl Jan Wlodarczyk/Alamy Stock Photo; **26**tr Andres Valencia/Getty Images; **26**br DEA/G. DAGLI ORTI/De Agostini Picture Library/Getty Images Plus/Getty Images

Chapter 2

32–33 hartmanc10/iStock/Getty Images Plus/Getty Images; **45, 56**t, **58**tr Patricia Martín Morales; **47**t Gabrielle Therin–Weise/Photographer's Choice RF/Getty Images; **47**b diegograndi/iStock/Getty Images Plus/Getty Images; **48**t imageBROKER/Alamy Stock Photo; **48**cl © Ulita | Dreamstime.com; **48**cr ton koene/Alamy Stock Photo; **48**b Education Images/Contributor/Universal Images Group/

Getty Images; **53**t lunamarina/Shutterstock.com; **53**b Matteo Colombo/DigitalVision/Getty Images; **56**b National Geographic Image Collection/Alamy Stock Photo; **57**l "Caracol cyark"/CyArk/Wikimedia Commons/CC By-SA 3.0; **57**r Steve Murray/Alamy Stock Photo; **58**bl Hemis/Alamy Stock Photo; **58**br Fer Gregory/Shutterstock.com

Chapter 3

64–65 SL_Photography/iStock Editorial/Getty Images Plus/Getty Images; **70**t, **70**b Dan44/Shutterstock.com; **75**t, **88** Anne Lewis/Alamy Stock Photo; **75**b Al Argueta/Alamy Stock Photo; **76** Michael DeFreitas Central America/Alamy Stock Photo; **77** Dendenal/Shutterstock.com; **78**l Jason Meyer/Alamy Stock Photo; **78**tr, **82** LUNAMARINA/iStock/Getty Images Plus/Getty Images; **78**br JOHAN ORDONEZ/AFP/Getty Images; **79**tl carlosrojas20/iStock/Getty Images Plus/Getty Images; **79**cl Marcos Castillo/Shutterstock.com; **79**bl Lisa Romerein/Photolibrary/Getty Images Plus/Getty Images; **79**r Lew Robertson, Brand X Pictures/Stockbyte/Getty Images; **84**t Robert Briggs/Shutterstock.com; **84**c Maria Uspenskaya/Shutterstock.com; **84**b Tyler_ONeill/iStock/Getty Images Plus/Getty Images; **89**l Septemberlegs Editorial/Alamy Stock Photo; **89**r National Geographic Image Collection/Alamy Stock Photo; **90**bl Index Fototeca / Bridgeman Images; **90**tr Charles O. Cecil/Alamy Stock Photo; **90**br Markus Faymonville/iStock/Getty Images Plus/Getty Images; **92** aldomurillo/iStock/Getty Images Plus/Getty Images

Chapter 4

98–99 age fotostock/Alamy Stock Photo; **103** Antonio_Diaz/iStock/Getty Images Plus/Getty Images; **105**t M Ramirez/Alamy Stock Photo; **105**b Roussel Photography/Alamy Stock Photo; **110–11** Stephen Wood/iStock/Getty Images Plus/Getty Images; **112**t Glowimages/Getty Images; **112**b Martin Mecnarowski/Shutterstock.com; **113**tl imageBROKER/Alamy Stock Photo; **113**bl Greg Vaughn/Alamy Stock Photo; **113**tr ireneuke/Shutterstock.com; **113**br F. JIMENEZ MECA/Shutterstock.com; **116, 124**t History and Art Collection/Alamy Stock Photo; **119, 126**tr GL Archive/Alamy Stock Photo; **124**c tbradford/iStock/Getty Images Plus/Getty Images; **124**b sorincolac/iStock/Getty Images Plus/Getty Images; **125**l IanDagnall Computing/Alamy Stock Photo; **125**r INTERFOTO/Alamy Stock Photo; **126**bl Anna Gorin/Moment/Getty Images;